Erfolgreiche Abschlussarbeiten - Internationale Rechnungslegung

Ingrid Malms
Herausgeber

Erfolgreiche Abschlussarbeiten - Internationale Rechnungslegung

Leitfaden für Bachelor und Master

2., aktualisierte Auflage

 Springer Gabler

Herausgeber
Ingrid Malms
Hochschule Heilbronn
Heilbronn, Deutschland

ISBN 978-3-658-13004-6 ISBN 978-3-658-13005-3 (eBook)
DOI 10.1007/978-3-658-13005-3

Die Deutsche Nationalbibliothek verzeichnet diese Publikation in der Deutschen Nationalbibliografie; detaillierte bibliografische Daten sind im Internet über http://dnb.d-nb.de abrufbar.

Springer Gabler
© Springer Fachmedien Wiesbaden 2014, 2016

Gedruckt auf säurefreiem und chlorfrei gebleichtem Papier.

Springer Gabler ist Teil von Springer Nature
Die eingetragene Gesellschaft ist Springer Fachmedien Wiesbaden GmbH

Vorwort

Knowledge has to be improved, challenged, and increased constantly, or it vanishes.[1]

Das Zitat von Peter F. Drucker (1909–2005) liefert einen wichtigen Denkanstoß für den Umgang mit dem Wissen, das Sie sich während Ihres Studiums angeeignet und in kritischer Analyse kontinuierlich weiterentwickelt haben. Mit Ihrer Abschlussarbeit tragen Sie zur wissenschaftlichen Diskussion um das Thema bei, mit welchem Sie sich intensiv befassen und kritisch auseinandersetzen. Setzen Sie sich das Ziel, nicht nur einen Beitrag von vielen zu leisten, sondern einen besonders wertvollen, der für die Diskussion unentbehrlich ist.

Dieser Leitfaden bietet als Handlungsrahmen Hilfestellungen für eine erfolgreiche Abschlussarbeit. Ziel ist es, Sie für eine kritische Auseinandersetzung mit Informationen zu sensibilisieren und Ihnen das Werkzeug zu geben.

Nach der Einführung in Kap. 1 folgt in Kap. 2 fundiertes Gedankengut zu den vier Säulen einer erfolgreichen Abschlussarbeit, das Ihnen Ihre eigene Ideenfindung und Umsetzung erleichtert. Die Kap. 3 bis 6 beinhalten Bachelorthesen von ehemaligen Studierenden. Zu lesen wie andere ihre Abschlussarbeit geschrieben haben, ist ein Schlüssel zur Realisierung der eigenen.

Es ist mir ein wichtiges Anliegen, den Autorinnen und Autoren dieses Buches Frau Helen Bay, Frau Tanja S. Gehring, Herrn Matthias Müller und Herrn Marlon Ramolla zu danken, die nach Abgabe und Bewertung ihrer Bachelorarbeiten großes Engagement für dieses Buchprojekt gezeigt und es somit ermöglicht haben. Mein besonderer Dank gilt in besonderer Weise Frau Tanja S. Gehring für die Übernahme der Projektleitung und ihre Ausdauer bei der Korrektur aller Abschlussarbeiten.

Der lebhafte Austausch mit stets neuen Ideen und Verbesserungsvorschlägen haben zum Gelingen dieses Buches beigetragen. In diesem Zusammenhang möchte ich allen anderen, die beteiligt waren, für die vielen anregenden Diskussionen danken. Beim Verlag, insbesondere bei Frau Anna Pietras, bedanke ich mich ganz herzlich für die konstruktive und angenehme Zusammenarbeit.

Ingrid Malms

---

[1] „Wissen muss verbessert, in Frage gestellt und kontinuierlich erweitert werden, oder es wird nutzlos." (Eigene Übersetzung).

Inhaltsverzeichnis

Die Autoren

Helen Bay Junior Referentin im Steuer- und Gesellschaftsrecht bei der Bechtle AG. Bachelorabschluss im Studiengang Betriebswirtschaft und Unternehmensführung (BU) an der Hochschule Heilbronn (HHN). Ausbildung zur Groß- und Außenhandelskauffrau mit Zusatzqualifikation Internationales Wirtschaftsmanagement.

Tanja S. Gehring Masterstudentin im Studiengang Unternehmensführung/Business Management (MU) an der Hochschule Heilbronn (HHN).
Bachelorabschluss im Studiengang Betriebswirtschaft und Unternehmensführung (BU) an der Hochschule Heilbronn (HHN).

Matthias Müller Masterstudent im Studiengang Betriebswirtschaft (BWM) an der Hochschule Offenburg.
Bachelorabschluss im Studiengang Betriebswirtschaft und Unternehmensführung (BU) an der Hochschule Heilbronn (HHN).

Marlon Ramolla Assistent in der Wirtschaftsprüfung bei der Ernst & Young GmbH Wirtschaftsprüfungsgesellschaft.
Bachelorabschluss im Studiengang Betriebswirtschaft und Unternehmensführung (BU) an der Hochschule Heilbronn (HHN).

Prof. Dr. Ingrid Malms (Herausgeberin) Professorin an der Hochschule Heilbronn (HHN) im Bachelorstudiengang Betriebswirtschaft und Unternehmensführung (BU) sowie im Masterstudiengang Unternehmensführung/Business Management (MU) für Rechnungslegung und Steuern.
Studium der Betriebswirtschaftslehre an der FernUniversität in Hagen und Promotion am Lehrstuhl für Betriebswirtschaftslehre, insb. Steuer- und Prüfungswesen.

Einleitung

1

Ingrid Malms

Inhaltsverzeichnis

Es ist der **Gesamteindruck** Ihrer Abschlussarbeit, der zum Erfolg führt. Ausschlagge-bend für die Bewertung ist ein positives Gesamtbild, nicht nur inhaltlich, sondern auch in formaler Hinsicht. Ihre Thesis ist ein Abbild Ihrer wissenschaftlichen Arbeitsweise, die Sie sich im Laufe Ihres Studiums angeeignet haben; Effektivität und Effizienz bilden die Basis des Erfolgs.

Effektivität bedeutet, dass Sie im Vorfeld eine Strategie für Ihre Arbeit festlegen. Der Begriff basiert auf dem lateinischen Verb efficere („bewirken, entstehen lassen, zustan-de bringen"). Sie kennen Ihr Thema oder sind bereits im Gespräch mit der oder dem Betreuenden, um dieses festzulegen. Die Formulierung Ihres Themas ist von wichtiger Bedeutung; eine konkrete Themenstellung, welche die Schwerpunktsetzung erkennbar macht, ist unabdingbar. Eine zu allgemeine Themenformulierung birgt die Gefahr in sich, dass Sie eine andere Vorstellung der wichtigen Schwerpunkte entwickeln als von Ihnen erwartet wird; beispielsweise ist das Thema „Fair-Value-Bewertung" zu ungenau. Lautet es hingegen „Darstellung und kritische Würdigung der Fair-Value-Bewertung von Fi-nanzinstrumenten", ist die Wahrscheinlichkeit gering, dass Sie das Thema verfehlen. Zur Effektivität gehört auch eine deutliche Zielorientierung.

---

[1] Drucker, P. F., Management, 2008, p. 32. „Effizienz bedeutet, die Dinge richtig tun. Effektivität bedeutet, die richtigen Dinge tun." (Eigene Übersetzung).

I. Malms (✉)
Fakultät für Wirtschaft und Verkehr (WV), Hochschule Heilbronn
Heilbronn, Deutschland

© Springer Fachmedien Wiesbaden 2016
I. Malms (Hrsg.), *Erfolgreiche Abschlussarbeiten - Internationale Rechnungslegung*,
DOI 10.1007/978-3-658-13005-3_1

Im Zentrum der Überlegungen zur **Effizienz** steht die Frage, „wie" Sie das zuvor fest-gelegte Ziel erreichen können. Effizienz bezieht sich auf die Art und Weise, wie Sie Ihre Strategie umsetzen.

Ein bekanntes Zitat von Peter F. Drucker (1909–2005) beinhaltet die Kernaussage zur Effektivität und Effizienz: „Efficiency is concerned with doing things right. Effectiveness is doing the right things."[1] Die **Effektivität ist der Effizienz vorgelagert**, auch wenn die Reihenfolge in diesem Zitat umgekehrt ist. Erst, wenn die Frage der Effektivität geklärt ist, kann die Frage nach der Effizienz gestellt werden. Zunächst ist die richtige Auswahl der „Dinge" zu treffen, die zum Ziel führen, bevor die Ausführung „in richtiger Weise" erfolgen kann. Die Effektivität kann als Maß der Wirksamkeit angesehen werden, während die Effizienz das Maß des Ressourceneinsatzes (Zeit, Geld und Bemühen) ist.

Ziel des **zweiten Kapitels** ist es, Ihnen konkrete Tipps für Ihre Abschlussarbeit zu geben. Eine erfolgreiche Abschlussarbeit beruht auf vier Säulen:

- Abschn. 2.1: Auswahl von Literaturquellen.
- Abschn. 2.2: Zielorientierte Strukturierung.
- Abschn. 2.3: Erfolgreiches Schreiben.
- Abschn. 2.4: Sorgfältiges Korrigieren.

Sie finden in den folgenden Gliederungspunkten Ausführungen zu diesen vier Säulen mit zahlreichen praktischen Hinweisen für das Gelingen Ihrer Abschlussarbeit.

Die Basis einer Seminar- und Abschlussarbeit ist ein fundiertes Literaturstudium. Die Kunst liegt vor allem darin nicht irgendwelche, sondern **die relevanten Quellen** auszu-wählen. Welche Arten von Literaturquellen angemessen und welche besonders geeignet sind, erfahren Sie in Abschn. 2.1.

Das Lesen von darstellender und kritischer Literatur zu Ihrem Thema reicht bei Wei-tem nicht aus. Literaturrecherche und Kritische Analyse stehen in einem engen Zusam-menhang. In Abschn. 2.2 finden Sie detaillierte und tiefgründige Ausführungen zur **ziel-orientierten Strukturierung** Ihrer Arbeitsweise mittels der Trichter-Methode („funnel method").

Der Abschn. 2.3 zum **erfolgreichen Schreiben** beinhaltet Hinweise zur Gestaltung des Textes, zum Aufbau Ihrer Abschlussarbeit, hilfreiche Tipps zur inhaltlichen Überprüfung und Qualitätsverbesserung sowie Hinweise zur formalen Gestaltung, insbesondere Zitie-rung.

Bei der Gestaltung des Textes leisten die **Gliederung in Absätze** und Fokussierung der Kerngedanken einen wertvollen Beitrag. Neben einem überzeugenden **Aufbau der Abschlussarbeit** sind die inhaltlichen Ausführungen wesentlich. Sie müssen die Allge-meinen Grundlagen und Spezifischen Darstellungen erarbeiten, um im Anschluss eine Methodik zur und schließlich die Kritische Analyse selbst zu entwickeln. Aufbauend auf dem Wissen, das Sie sich erarbeitet haben, verfolgen Sie das Ziel neuer wissenschaftlicher Erkenntnisse.

Da die Einleitung Ihrer Arbeit und die **Nachverfolgung des „roten Fadens"** von besonderer Bedeutung sind, finden Sie zum Ende der inhaltlichen Ausführungen Checklisten und Beispiele.

Die **formale Gestaltung Ihrer Arbeit** ist ebenfalls ausschlaggebend für die Qualitätsbeurteilung Ihres wissenschaftlichen Beitrags. Der korrekte Umgang mit Fußnoten und die Zusammenstellung der Verzeichnisse sind entscheidend. Zur Zitierung finden Sie zahlreiche Beispiele, vorgestellt werden die Zitierweise mit Titelstichwort und die Harvard-Methode.

Die vierte Säule bildet das **sorgfältige Korrigieren**; die Korrekturphase wird zumeist unterschätzt. In Abschn. 2.4 werden abschließende Hinweise zur Lesbarkeit und zur Strukturierung des Textes gegeben.

In den Kap. 3 bis 6 finden Sie die **Abschlussarbeiten** von Studierenden der Hochschule Heilbronn (HHN) im Studiengang Betriebswirtschaft und Unternehmensführung (BU). Die Autoren haben Ihre Arbeiten nach Abgabe und Bewertung zur Verfügung gestellt, um diesen Leitfaden zu ermöglichen.

Kap. 3: Helen Bay, Bilanzierung von Leasingverhältnissen nach IAS 17 – Darstellung und kritische Analyse der Änderungen

Die Leasingbranche ist Deutschlands größter Investor. Marktstudien zeigen, dass knapp 80 % der Finanzentscheider in deutschen Unternehmen Leasing zur Realisation ihrer Investitionspläne in Betracht ziehen. Die Motive, die für das Leasing sprechen, sind dabei u. a. Liquiditätsschonung, Kalkulierbarkeit der Kosten, neuester Stand der Betriebsausstattung und eine bilanzschonende Finanzierung. Die bilanzschonende Finanzierung ergibt sich bei Erstellung von Konzernabschlüssen nach IFRS aus der Ausnutzung der aktuellen Bilanzierungsregeln des IAS 17, durch die es möglich ist, bestimmte Leasingverhältnisse außerbilanziell abzubilden. Genau diese Möglichkeit der bilanzneutralen Darstellung von Leasingverhältnissen steht stark in der Kritik, weshalb sich die Standardsetter IASB und FASB dieser Problematik angenommen haben. In einem gemeinsamen Konvergenzprojekt versuchen sie seit mehr als einem Jahrzehnt, eine Reform der Leasingbilanzierung in der internationalen Rechnungslegung voranzubringen. Ziel der vorliegenden Arbeit ist es, die aktuellen und die künftig geplanten Bilanzierungsvorschriften nach momentanem Stand darzustellen und diese kritisch zu betrachten.

Kap. 4: Tanja S. Gehring, Wertminderung nach IAS 36 – Eine kritische Analyse der Bilanzierung des Geschäfts- oder Firmenwertes im Konzernabschluss

Aufgrund der zunehmenden Bedeutung von Mergers & Acquisitions stehen in den Bilanzen bedeutender Konzernunternehmen hohe aktivierte Geschäfts- oder Firmenwerte (GoF). Empirische Untersuchungen der letzten Jahre zeigen, dass die Geschäfts- oder Firmenwerte in den Finanzberichten der Konzerne deutlich zugenommen haben. Von wesentlicher Bedeutung sind die Regelungen des IFRS 3 zu Unternehmenszusammenschlüssen, wonach Geschäfts- und Firmenwerte jährlich im Rahmen des Wertminderungstests (Impairmenttest) nach IAS 36 zu testen sind und keine planmäßige Abschreibung von

Geschäfts- und Firmenwerten erfolgt. Dieser als Impairment-Only-Approach bezeichnete Ansatz in der internationalen Rechnungslegung ist in Fachkreisen sehr umstritten. Zum einen ist die Anwendung des IAS 36 für die Unternehmen sehr aufwendig und zum anderen wird in der Rechnungslegung der Unternehmen Transparenz vermisst. Gleichzeitig wird ein Risiko für das Eigenkapital und die Kapitalstruktur gesehen, wegen der mangelnden planmäßigen Abschreibung von Geschäfts- oder Firmenwerten. Damit ist eine genaue Betrachtung des Impairment-Only-Approach und der damit zusammenhängenden kritischen Analyse der Bilanzierung des Geschäfts- oder Firmenwertes angebracht.

Kap. 5: Matthias Müller, Bilanzanalyse: Ein Beitrag zur Verminderung der Manipulation von Kennzahlen

Seit jeher werden Bilanzierungsregeln verändert, um sie der jeweiligen Zeit und ihren Gegebenheiten anzupassen. Dennoch bieten sie geübten Kaufleuten eine Fülle von Wahlrechten und Ermessensspielräumen, um Bilanzpolitik zu betreiben. Ein besonderes Wahlrecht ist die für nicht-kapitalmarktorientierte Unternehmen in Deutschland befreiende Konzernabschlusserstellung nach den Vorschriften der IFRS anstatt des HGB. Die Wahl des Rechnungslegungssystems sowie weitere Wahlrechte haben direkten Einfluss auf Positionen der einzelnen Berichtsinstrumente des Jahresabschlusses und somit auch auf die daraus ermittelten Kennzahlen. Ziel dieser Arbeit ist es, diesen Einfluss anhand ausgewählter Beispiele zu analysieren und zu konkretisieren. Der Schwerpunkt liegt hierbei auf Kennzahlen der Kapitalstruktur, Umschlagshäufigkeit und Liquidität.

Kap. 6: Marlon Ramolla, Die neuen Vorschriften zur Umsatzrealisierung nach IFRS 15 – Eine kritische Analyse der gesetzten Ziele und notwendigen Umsetzungsmaßnahmen

Die Umsatzerlöse gehören zu den wichtigsten Werten zur Messung der Performance und zur Vergleichbarkeit von Unternehmen. Bereits seit vielen Jahren steht diese Größe aufgrund der hohen Ermessensspielräume in der Kritik. Das IASB und das FASB haben sich bereits im September 2002 zusammengeschlossen, um gemeinsam einen neuen Standard zur Ermittlung der Umsatzerlöse zu entwickeln. Im Mai 2015 wurde der neue Standard „Revenue from Contracts with Customers" verabschiedet. Diese neuen Regelungen der beiden Boards beinhaltet eine komplett neue Ermittlung der Umsatzerlöse. Das neue 5-Schritte-Modell des IFRS 15, wodurch insbesondere die Bilanzierung von Mehrkomponentenverträgen geregelt werden soll, stellt dabei eine kleine Revolution dar. Ziel der vorliegenden Arbeit ist es, das Prinzip des neuen IFRS 15 zu erläutern. Darüber hinaus sollen die notwendigen Umsetzungsmaßnahmen für Unternehmen zur Implementierung des Standards und die gesetzten Ziele des Standardsetters sowohl aufgezeigt als auch kritisch analysiert werden.

Legende

✓ Es handelt sich um Hinweise, deren abschließende Überprüfung vor Fertigstellung
   Ihrer Abschlussarbeit sinnvoll ist.

→ Bitte schauen Sie – als Empfehlung – den entsprechenden Gliederungspunkt oder das
   Kapitel in der in diesem Buch integrierten Abschlussarbeit an.

Literatur

Drucker, Peter F., Management, 2008: Management, Revised Edition, New York 2008.

Vier Säulen einer erfolgreichen Abschlussarbeit 2

Ingrid Malms

Inhaltsverzeichnis

2.1 Auswahl von Literaturquellen

2.1.1 Überblick

Sie stehen vor der Frage, wie Sie sich Ihrem Thema am besten nähern. Wählen Sie zunächst vier bis sechs repräsentative Quellen aus, verschaffen Sie sich einen Überblick und erarbeiten Sie sich damit ein **fundiertes Grundwissen**. Denken Sie über die Schwerpunkt- und Zielsetzung Ihrer Arbeit nach.

I. Malms (✉)
Fakultät für Wirtschaft und Verkehr (WV), Hochschule Heilbronn
Heilbronn, Deutschland

© Springer Fachmedien Wiesbaden 2016   7
I. Malms (Hrsg.), *Erfolgreiche Abschlussarbeiten - Internationale Rechnungslegung*,
DOI 10.1007/978-3-658-13005-3_2

Sie können wie folgt vorgehen:

1. Sie greifen als erstes zu einer **Monographie**, d. h. zu einem der umfangreicheren Lehrwerke von bekannten Autoren oder zu einem **Handbuch** und erarbeiten sich die grundlegenden Kapitel, welche Ihr Thema betreffen.
2. **Aktuelle Aufsätze** zum Thema finden Sie in den verschiedenen **Fachzeitschriften**. Konzentrieren Sie sich nicht nur auf die im aktuellen Jahr erschienenen Hefte, sondern auch auf die der letzten Jahre.
3. Suchen Sie ebenfalls nach **Beiträgen in Sammelwerken**, z. B. in Tagungsbänden oder Festschriften. Jeder Aufsatz, den Sie dort finden, ist als eigene Literaturquelle zu behandeln.
4. Abschließend ist die Suche nach geeigneter **Kommentarliteratur** zu empfehlen. Die Beiträge sind zumeist ausführlicher als andere Literaturquellen.
5. Lesen Sie parallel zu den Quellen der genannten Sekundärliteratur die Ihr Thema betreffende Primärliteratur. Damit sind bei Themen zur Internationalen Rechnungslegung die konkreten **International Accounting Standards (IAS) bzw. International Financial Reporting Standards (IFRS)** gemeint. Wenn Sie sich mit einem aktuellen Thema befassen, das gerade im Umbruch ist, gehören zu den Primärquellen auch der **Standardentwurf („Exposure Draft")** und das **Diskussionspapier („Discussion Paper")** des IASB sowie zugehörige Stellungnahmen.

In den folgenden Gliederungspunkten finden Sie weitere Hinweise zu geeigneten Monographien, Handbüchern, Fachzeitschriften, Sammelwerken bzw. geeigneter Kommentarliteratur. Im Anschluss der Erläuterungen stehen Listen ausgewählter Standardwerke, empfehlenswerter Zeitschriften und bekannter Kommentare. Formale Hinweise zur Zitierweise beinhaltet Abschn. 2.3.4.

2.1.2 Monographien und Handbücher

Bei einer **Monographie** handelt es sich um ein Buch, das **von einem oder mehreren Autoren verfasst** wurde. Es kann sowohl ein Buch zu verschiedenen Themen als auch zu einem ganz speziellen Thema sein. Zu den Monographien gehören grundlegende Lehrwerke mit Titeln wie „Jahresabschlüsse", „Bilanzen", „Internationale Rechnungslegung", usw., aber auch Dissertationen oder Habilitationsschriften, die sich mit einem eingegrenzten Auswahlthema befassen.

Im letzten Absatz wurde bewusst der Begriff „Lehrwerke" und nicht „Lehrbücher" verwendet. Lehrwerke und Lehrbücher können nur durch ihren Leserkreis abgegrenzt werden. Der Leserkreis von Lehrbüchern ist grundsätzlich auf Studierende begrenzt, der von Lehrwerken geht darüber hinaus. Lehrwerke werden auch von anderen Fachangehörigen genutzt. Eine differenzierte Abgrenzung ist schwierig. Dennoch müssen Sie darauf achten, welche Vorgaben Sie zu befolgen haben; manchmal ist die Verwendung von Lehrbüchern nicht gewünscht.

Der Übergang von einer Monographie zum Handbuch ist fließend. Das Thema eines **Handbuchs** ist häufig umfassender; auch sind bei einem Handbuch zumeist wesentlich mehr Autoren beteiligt. Geführt werden Handbücher unter dem Namen des Herausgebers bzw. den Namen der Herausgeber.

Eine **Liste empfehlenswerter Lehrwerke bzw. Handbücher** zur Nationalen und Internationalen Rechnungslegung folgt anbei:

Baetge, Jörg/Kirsch, Hans-Jürgen/Thiele, Stefan, Bilanzen, 13. Auflage, Düsseldorf 2014.

Bitz, Michael/Schneeloch, Dieter/Wittstock, Wilfried/Patek, Guido, Der Jahresabschluss – Nationale und internationale Rechtsvorschriften, Analyse und Politik, 6. Auflage, München 2014.

Coenenberg, Adolf G./Haller, Axel/Schultze, Wolfgang, Jahresabschluss und Jahresabschlussanalyse. Betriebswirtschaftliche, handelsrechtliche, steuerrechtliche und internationale Grundlagen – HGB, IAS/IFRS-US-GAAP, DRS, 23. Auflage, Stuttgart 2014.

Grünberger, David, IFRS 2016 – Ein systematischer Praxis-Leitfaden, 13. Auflage, Herne/Berlin 2016.

Heuser, Paul J./Theile, Carsten, IFRS Handbuch – Einzel- und Konzernabschluss, 5. Auflage, Köln 2012.

Mackenzie, Bruce/Coetsee, Danie/Njikizana, Tapiwa/Chamboko, Raymond, Wiley Handbuch IFRS 2012, hrsg. von Wolfgang Ballwieser, Frank Beine, Sven Hayn, Volker H. Peemöller, Lothar Schruff und Claus-Peter Weber, 8. Auflage, Weinheim 2012.

Mackenzie, Bruce/Coetsee, Danie/Njikizana, Tapiwa/Selbst, Edwin/Chamboko, Raymond/Colyvas, Blaise/Hanekorn, Brandon, Wiley IFRS 2014 – Interpretation and Application of International Financial Reporting Standards, 11th edition, New York 2014. (Englisch)

Pellens, Bernhard/Fülbier, Rolf Uwe/Gassen, Joachim/Sellhorn, Thorsten, Internationale Rechnungslegung: IFRS 1 bis 13, IAS 1 bis 41, IFRIC-Interpretationen, Standardentwürfe – Mit Beispielen, Aufgaben und Fallstudie, 9. Auflage, Stuttgart 2014.

Petersen, Karl/Bansbach, Florian/Dornbach, Eike, IFRS Praxishandbuch 2016: Ein Leitfaden für die Rechnungslegung mit Fallbeispielen, 11. Auflage, München 2016.

2.1.3   Aufsätze aus Fachzeitschriften

Jeder Aufsatz einer Fachzeitschrift ist als gesonderte Literaturquelle zu behandeln. Beachten Sie, dass damit **wissenschaftliche Fachzeitschriften** gemeint sind.

Eine **Liste empfehlenswerter Fachzeitschriften**, die speziell als Zeitschriften zur Nationalen und Internationalen Rechnungslegung erscheinen bzw. Artikel zu Themen der Nationalen und Internationalen Rechnungslegung beinhalten, wird nachfolgend aufgeführt:

BB   Betriebs-Berater
        Zeitschrift für Recht, Steuern und Wirtschaft
        (Verlag: Deutscher Fachverlag GmbH, erscheint seit 1948)
DB   Der Betrieb
        Wochenschrift für Betriebswirtschaft, Steuerrecht, Wirtschaftsrecht, Arbeitsrecht.
        (Verlag: Fachverlag der Verlagsgruppe Handelsblatt GmbH, erscheint seit 1947)
IRZ   Zeitschrift für Internationale Rechnungslegung
        (Verlage: C. H. Beck oHG, Franz Vahlen GmbH, Linde GmbH, Stämpfli AG, erscheint seit 2005)
KoR   Zeitschrift für internationale und kapitalmarktorientierte Rechnungslegung
        (Verlag: Fachverlag der Verlagsgruppe Handelsblatt GmbH, erscheint seit 2000)
WPg   Die Wirtschaftsprüfung
        (Verlag: IDW, erscheint seit 1947)
zfbf   Schmalenbachs Zeitschrift für betriebswirtschaftliche Forschung
        (Verlag: Fachverlag der Verlagsgruppe Handelsblatt GmbH, erscheint seit 1949)

2.1.4   Beiträge aus Sammelwerken

Jeder **Aufsatz** eines Sammelwerks ist ebenfalls als gesonderte Literaturquelle zu behandeln. Zu den Sammelwerken gehören z. B. Tagungsbände, Jahrbücher oder andere Sammlungen von Aufsätzen verschiedener Autoren. Sammelwerke haben zumeist einen oder mehrere Herausgeber.

Sammelwerke erkennen Sie daran, dass im Inhaltsverzeichnis bereits die Autoren und die jeweiligen Titel der Beiträge genannt werden, z. B. gehören Festschriften, welche zu Ehren einer Person erscheinen, zu den Sammelwerken oder auch dieser Leitfaden „Erfolgreiche Abschlussarbeiten".

Eine **Liste ausgewählter Sammelwerke** folgt anbei:

Besteuerung, Rechnungslegung und Prüfung der Unternehmen: Festschrift für Professor Dr. Norbert Krawitz, hrsg. von Hubertus Baumhoff, Reinhard Dücker und Stefan Köhler, Wiesbaden 2010.

Internationale Rechnungslegung und Internationales Controlling. Herausforderungen –
Handlungsfelder – Erfolgspotenziale, hrsg. von Wilfried Funk und Jonas Rossmanith,
2. Auflage, Wiesbaden 2011.

Unternehmensbesteuerung: Festschrift für Norbert Herzig zum 65. Geburtstag, hrsg. von
Wolfgang Kessler, Guido Förster und Christoph Watrin, München 2010.

Erkundigen Sie sich, ob es Sammelwerke gibt, die von Ihren Dozenten herausgegeben
wurden. Sammelwerke sind zumeist von kurzer Lebensdauer, da es sich um Tagungsbände, Jahrbücher, Festschriften oder andere Aufsatzsammlungen zu aktuellen Themen
handelt, die zu einem bestimmten Anlass zusammengestellt werden.

2.1.5 Kommentarliteratur

Eine intensive Auseinandersetzung mit Gesetzesparagraphen bzw. Normen der Internationalen Rechnungslegung bedingt die **Verwendung von Kommentaren**. Demonstrieren
Sie Ihr Wissen und zeigen Sie, dass Sie Details untersucht haben. Belegen Sie, dass Sie
sich nicht auf Lehrwerke und grundsätzliche Aussagen zum Thema beschränken, sondern
die detaillierte Auseinandersetzung und Vertiefung Ihres Themas gesucht haben.

Bei Kommentaren kann es sich um ein einbändiges Werk von nur einem oder mehreren
Herausgebern handeln oder auch um mehrere Bände, die zu einem Kommentar gehören.

Zu Themen der Internationalen Rechnungslegung bieten sich die folgenden Kommentare an:

Beck'sches IFRS-Handbuch, Kommentierung der IFRS/IAS, hrsg. von Dirk Driesch, Joachim Riese, Jörg Schlüter und Thomas Senger, 5. Auflage, München 2016.

Bilanzrecht, Kommentar zu den §§ 238 bis 342e HGB, hrsg. von Harald Wiedmann, Hans-
Joachim Böcking und Marius Gros, 3. Auflage, München 2014.

Haufe IFRS-Kommentar, hrsg. von Norbert Lüdenbach, Wolf-Dieter Hoffmann und Jens
Freiberg, 14. Auflage, Freiburg i. Br. et al. 2016.

Internationales Bilanzrecht, Rechnungslegung nach IFRS, hrsg. von Stefan Thiele, Isabel von Keitz und Michael Brücks, Bonn/Berlin 2008, Loseblatt-Kommentar, Stand:
Oktober 2015.

Rechnungslegung nach IFRS, Kommentar auf der Grundlage des deutschen Bilanzrechts,
hrsg. von Jörg Baetge, Peter Wollmert, Hans-Jürgen Kirsch, Peter Oser und Stefan
Bischof, 2. Auflage, Stuttgart 2003, Loseblatt-Kommentar, Stand: August 2015.

2.1.6   Standards, Diskussionspapiere und Standardentwürfe

Das Regelwerk der Internationalen Rechnungslegung bilden die **IFRS**. Die IFRS wurden bis März 2001 mit IAS betitelt und dann umbenannt. Aufgrund dessen gibt es zum einen Standards, die nach wie vor mit IAS betitelt sind (z. B. IAS 38 „Immaterielle Vermögenswerte"), und zum anderen Standards, die mit IFRS benannt wurden (z. B. IFRS 3 „Unternehmenszusammenschlüsse").

Die **Sortierung der Standards** unterliegt keiner sachlichen Ordnung, sondern einer nach Verabschiedung bzw. Entwicklung der Standards chronologischen Reihenfolge. Je höher die Nummerierung (z. B. IFRS 13 „Bemessung des beizulegenden Zeitwerts"), desto neuer der Standard. Wenn Standards neu überarbeitet werden, entscheidet das IASB, ob die Nummerierung des Standards beibehalten wird oder ob die Änderungen so gravierend sind, dass der überarbeitete Standard als neuer IFRS eine neue Nummer erhält. Infolgedessen gibt es Nummern, die nicht mehr besetzt sind (z. B. IAS 22 „Unternehmenszusammenschlüsse", der durch IFRS 3 „Unternehmenszusammenschlüsse" abgelöst wurde).

Die entsprechenden **Absätze der Standards**, welche die Regelungen zu Ihrem Thema enthalten, sind die wichtigste Quelle Ihrer Arbeit. Klären Sie mit der betreuenden Person, wie Sie diese Quelle als Bezugsquelle angeben sollen. Empfehlenswert ist, dass Sie sich direkt im laufenden Text (z. B. mit „nach IAS 38.54") auf die entsprechenden Absätze beziehen und diesbezüglich auf das Setzen von Fußnoten verzichten.

Zur Bearbeitung Ihres Themas benötigen Sie entweder ein komplettes **Regelwerk der IFRS** oder lediglich einen Auszug mit den für Ihr Thema relevanten einzelnen Standards. Verwenden Sie keine ausschließlich deutschsprachige, sondern eine zweisprachige Ausgabe mit den englischen Originaltexten. Stellenweise ist es sinnvoll, dass Sie in Ihrer Arbeit englische Begriffe gebrauchen oder auf Originaltexte verweisen.

Die folgenden **Ausgaben** sind in Bibliotheken und im Buchhandel verfügbar. Jahreszahlen der Ausgaben werden absichtlich nicht genannt, weil diese fortlaufend überarbeitet werden.

- Aktuelle IFRS-Texte. Textausgabe Deutsch – Englisch. IFRS, IFRIC, IAS, SIC. (Beck'sche Textausgaben, Verlag C. H. Beck)
- International Financial Reporting Standards (IFRS): Die von der EU gebilligten Standards und Interpretationen (Englisch – Deutsch). The official standards and interpretations approved by the EU (English – German). (Verlag Wiley-VCH)
- International Financial Reporting Standards IFRS: IDW Textausgabe einschließlich International Accounting Standards (IAS) und Interpretationen. Die amtlichen EU-Texte Englisch – Deutsch. (Herausgeber IDW und Verlag IDW)

Die jeweils im Endorsementverfahren verabschiedeten Standards durch die EU-Kommission werden in deutscher Sprache im **Amtsblatt der Europäischen Union** veröffentlicht und sind im Internet frei verfügbar. Sie müssen jedoch die genaue Verordnung mit dem entsprechenden Datum kennen, um diese zu finden (z. B. handelt es sich bezüglich des IFRS 13 um die Verordnung (EU) Nr. 1255/2012 der Kommission vom 11. Dezember 2012). Besonders empfehlenswert zur Aufspürung der Verordnungen ist der folgende Link des IFRS-Portals: http://www.ifrs-portal.com/ (Stichwort: Endorsement). Hier finden Sie auch weitere hilfreiche Informationen zu den IFRS und Standards zum Downloaden.

Bevor ein Standard vom IASB verabschiedet wird, gibt es einen sich über mehrere Jahre erstreckenden **Entwicklungsprozess** mit Diskussionspapier und Standardentwurf.

Zunächst wird ein Thema bzw. ein zu überarbeitender Standard bei Feststellung des Bedarfs **in das Arbeitsprogramm des IASB aufgenommen**. Dieser sammelt Vorschläge und Änderungswünsche der Anwender sowie Anregungen verschiedener in den Entwicklungsprozess involvierter Gremien.

Ein erster Änderungsvorschlag wird in Form eines **Diskussionspapiers** vorgelegt. In diesem werden sämtliche bis zu diesem Zeitpunkt entwickelten Lösungsvorschläge dargelegt und relevante Fragestellungen formuliert. Das Diskussionspapier wird in der Hoffnung, dass ein breiter Interessentenkreis teilnimmt, mit einer vom IASB festgelegten Frist zur Kommentierung freigegeben.

Das IASB nimmt eine Auswertung der eingegangenen Stellungnahmen und der Diskussion in ihrer Gesamtheit vor und filtert die favorisierten Lösungsansätze. Es folgt ein **Standardentwurf**, der eine mögliche Endversion des Standards darstellt. Erneut wird eine Kommentierungsfrist festgelegt und die Ergebnisse werden ausgewertet.

Begleitet wird die Entwicklung eines Standards von zahlreichen Fragebogenaktionen, empirischen Untersuchungen und Diskussionsrunden, die von den nationalen Rechnungslegung Standard Komitees angeboten und durchgeführt werden.

Bei herrschender Einigkeit wird ein Thema bereits nach dem ersten Standardentwurf verabschiedet, häufig gibt es aber einen oder mehrere weitere Standardentwürfe, wie z. B. zum Thema Leasingbilanzierung.

Die vom IASB verabschiedeten Standards treten für die Mitgliedstaaten der EU erst nach Bestätigung durch das **Endorsementverfahren der EU-Kommission** in Kraft.

2.2 Zielorientierte Strukturierung

„Erst durch das Lesen lernt man, wie viel man ungelesen lassen kann." (Wilhelm Raabe, 1831–1910). Diese Fähigkeit müssen Sie sich aneignen, damit Sie nicht den Überblick über Ihr Thema verlieren.

Beachten Sie bei der Auswahl der Quellen und der Reihenfolge, in der Sie diese lesen, dass Sie dem **Grundsatz „Vom Allgemeinen zum Besonderen"** folgen. Wenn Sie sich mit ersten Quellen einen allgemeinen Überblick zu Ihrem Thema verschafft haben, können Sie sich danach auf die zielorientierte Strukturierung Ihrer Arbeit konzentrieren.

Ziel ist, dass Sie den **Weg vom Literaturstudium bis zur Kritischen Analyse** und alle notwendigen Zwischenziele erreichen. Hindernisse dürfen Sie nicht aufhalten. Es gilt,

Umwege zu vermeiden, die unnötig Zeit und Energie kosten. Die Metapher „Spuren im Schnee" mag dies zu verdeutlichen: Wer ein Ziel am Horizont fixiert und es nicht mehr aus den Augen lässt, läuft geradlinig darauf zu. Wer sich ablenken lässt, auf den Boden und die Umgebung schaut, wird immer einen längeren Weg beschreiten.

Die **Trichter-Methode** ist eine erfolgsversprechende Verfahrensweise zur effizienten Strukturierung. Sie systematisiert die Ziele, die erreicht werden sollen, und stellt diese mithilfe eines Ablaufschemas in den Gesamtzusammenhang einer ergebnisorientierten Arbeitsweise.

Sind die **Ziele Ihrer Abschlussarbeit** deckungsgleich mit den folgend genannten?

1. Korrekter Umgang mit der Literatur.
2. Fokussierung der Gedanken auf die Kernaussagen.
3. Konkretisierung der Untersuchung.
4. Filterung der Untersuchungsgegenstände für die Kritische Analyse.

Die **graphische Darstellung** unterstützt das Verständnis der folgenden Ausführungen.

Abb. 2.1 zur „**Strukturierung der Literaturrecherche nach der Trichter-Methode**" teilt sich in vier Kategorien:

Abb. 2.1 Strukturierung der Literaturrecherche nach der Trichter-Methode („The funnel method of structuring a literature review"). (Hofstee, E., Good Dissertation, 2006, p. 96)

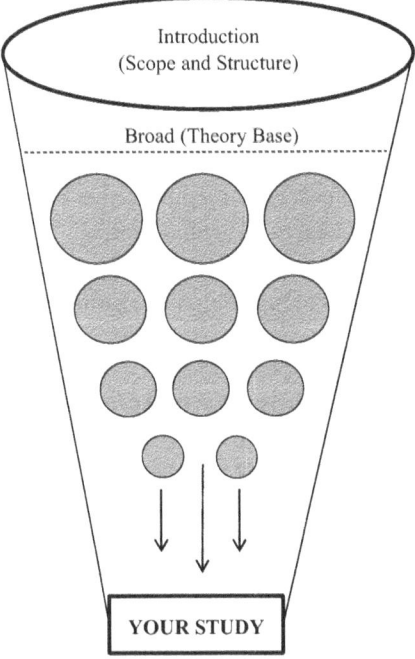

Introduction
(Scope and Structure)

Broad (Theory Base)

YOUR STUDY

= A logical group of works (books, articles, etc.)

1. Oberer Rand des Trichters mit Durchmesser,
2. Trichtereingang (mit „größeren" Bällen),
3. Verengung auf der darunter liegenden Ebene (mit „kleineren" Bällen),
4. Durchlass des Trichters.

Nach der Trichter-Methode werden die genannten Ziele mit den vier Kategorien verknüpft und führen zu folgenden Resultaten:

1. Die erste Kategorie am oberen Rand des Trichters bildet das **theoretische Fundament** („Introduction" and „Broad") für Ihre Arbeit. Ziel ist es, ein Gesamtbild zu vermitteln und das Thema in einen Gesamtzusammenhang einzuordnen. Dieses theoretische Fundament dient als Ausgangsbasis.
2. Die „größeren" Bälle am Trichtereingang reflektieren die Schwerpunkte, die Ihr Untersuchungsvorhaben bestimmen. Sie übernehmen die Funktion der **Hinführung zu den Kernstücken Ihrer Untersuchung**, die im Verlauf Ihrer Analyse zu konkretisieren sind.
3. Die „kleineren" Bälle in der Verengung stehen für zunehmende **Intensität und Konkretisierung**. Sie verdeutlichen die Stoßrichtung Ihrer Argumentation und geben Hinweise auf mögliche Schlussfolgerungen.
4. Je geringer der Abstand zum Durchlass des Trichters wird, desto deutlicher muss dem Leser Ihre Stoßrichtung werden. Die Untersuchungsgegenstände verdichten sich, so dass eine **Filterung** stattfindet. Sie befinden sich inmitten Ihrer Kritischen Analyse.

Die beschriebene Vorgehensweise beruht auf dem **Grundsatz einer konzeptionellen Arbeitsweise**. Das Ergebnis ist die zielorientierte Strukturierung Ihrer Literaturquellen und der daraus gewonnen Erkenntnisse; eine konsistente Auseinandersetzung mit der Materie wird erreicht. Der Leser wird merken, ob Sie dem gradlinigen Weg der Trichter-Methode gefolgt sind oder nicht. Ihr Schreibstil wird entsprechend verständlich und die Übergänge von einem Thema zum nächsten werden (im Sinne des „roten Fadens") fließend.

Es sci daran erinnert, dass die Phase des Schreibens und Korrigierens viel Zeit in Anspruch nimmt, mehr als Sie selbst zunächst vermuten. Deshalb ist es sinnvoll, die Phase des Literaturstudiums auf einige Wochen zu begrenzen. Setzten Sie sich einen festen Termin, wann Sie mit dem Schreiben beginnen.

2.3 Erfolgreiches Schreiben

2.3.1 Gestaltung des Textes

Schon Pablo Picasso (1881–1973) stellte fest: „**Ideen sind nur Ausgangspunkte.** Um zu wissen, was man zeichnen will, muss man zu zeichnen anfangen." Auch wenn Sie noch keine Idee haben, wie Sie konkret vorgehen sollen, überlegen Sie, welche zusammengehörigen Kerngedanken Ihnen zu einem grundlegenden Themenkomplex Ihrer Arbeit einfallen. Listen Sie diese Kerngedanken auf. Konzentrieren Sie sich auf die zu Ihrem Thema darzustellenden Grundlagen.

Eine klare Strukturierung Ihrer Arbeit ist wesentlich für den Erfolg. Gliedern Sie den Text in Absätze. Jeder Absatz enthält nur einen Kerngedanken und ist wie folgt aufgebaut:

- Im ersten Satz wird der Kerngedanke des Absatzes formuliert.
- Schließlich folgen einige Sätze mit detaillierten Ausführungen, Erklärungen oder weiteren Erläuterungen.
- Der letzte Satz des Absatzes ist wie eine Zusammenfassung oder ein abschließender Satz, der als Schlussfolgerung formuliert ist.

Konzentrieren Sie sich bei dem Textentwurf auf die zu vermittelnden Kerngedanken. Nehmen Sie sich die **Liste Ihrer Kerngedanken** vor und schreiben Sie zu jedem dieser Kernaussagen einen Absatz. Die konsequente Dreiteilung der Absätze (Kerngedanke, Erklärungen und Schlussfolgerung) stellt eine solide Struktur Ihrer Arbeit sicher und erleichtert dem Leser den Nachvollzug Ihrer Gedankengänge.

Überlegen Sie, welche Absätze zu einem Themenkomplex gehören und formulieren Sie ein Oberthema. Damit ist eine mögliche **Überschrift des Gliederungspunktes** gefunden. Bei der späteren Anpassung der Gesamtstruktur Ihrer Arbeit, wird es sicherlich Änderungsbedarf geben, der aber zu diesem Zeitpunkt noch nicht erkennbar ist.

Erst wenn Sie eine oder mehrere Absätze geschrieben haben, überlegen Sie, welche **Quellen in den Fußnoten** anzugeben sind. Fügen Sie die Quellen ein, die Sie bis zu diesem Zeitpunkt gelesen haben.

Die ersten Gliederungspunkte Ihrer Arbeit sind „gewachsen", jetzt dürfen Sie die Gesamtstruktur und das Ziel nicht aus den Augen verlieren.

2.3.2   Aufbau der Abschlussarbeit

2.3.2.1   Gliederung

Erstellen Sie einen kompletten **Gliederungsentwurf**, indem Sie die Hauptüberschriften Ihrer Kapitel notieren. Diese können z. B. der folgenden Struktur entsprechen:

- Kap. 1: Einleitung.
- Kap. 2: Allgemeine Grundlagen.
- Kap. 3: Spezifische Darstellungen.
- Kap. 4: Kritische Analyse.
- Kap. 5: Zusammenfassung der Ergebnisse.

Die Kapitelüberschriften und auch die der Gliederungspunkte sind individuell. Einer ersten Inhaltsübersicht können die obigen Hauptüberschriften vorübergehend als Platzhalter dienen, bis Sie sich im Klaren sind, wie die konkreten Kapitelüberschriften Ihrer Abschlussarbeit lauten sollen. Denken Sie daran, Ihre Überschriften den spezifischen Inhalten Ihrer Arbeit laufend anzupassen!

Nach der Lektüre einiger allgemeiner Quellen werden sich die Inhalte von Kap. 2 zu den **„Allgemeinen Grundlagen"** deutlich abzeichnen. Befolgen Sie den Grundsatz „Vom Allgemeinen zum Besonderen", werden Sie nachfolgend das Kap. 3 zu den **„Spezifische Darstellungen"** mit Inhalten füllen. In den Kapiteln zu den Allgemeinen Grundlagen und Spezifischen Darstellungen werden primär die Aspekte Ihres Themas dargestellt, die für die folgende Kritische Analyse entscheidend sind. Gestützt auf die zuvor genannten vier Kategorien der Trichter-Methode, überlegen Sie genau, was angesprochen werden soll. Langweilen Sie den Leser nicht mit Aspekten, die Ihnen wichtig erscheinen, aber für die eigentliche Untersuchung nicht von Relevanz sind. Schreiben Sie nicht über „ihre liebgewonnen Details", sondern zu Ihrem Thema.

Kap. 4 zur **„Kritischen Analyse"** wird Sie in besonderer Weise fordern, weil Sie hier „Eigenarbeit" leisten müssen. Die Kritische Analyse ist das Herzstück Ihrer Arbeit. Sie ist keine „Selbstdarstellung", mit der Sie zeigen, wie viel Sie gelesen haben, keine Auflistung von in der Literatur vorhandenen Inhalten und wissenschaftlichen Untersuchungen, sondern sie ist eine kritische und sorgfältige Auseinandersetzung mit der Thematik und beinhaltet das Hervorbringen darauf aufbauender neuer Gedanken.

Kap. 5 enthält die **„Zusammenfassung der Ergebnisse"**, ihrer eigenen Ergebnisse. Je nachdem, welches Thema Sie bearbeiten, sollten Sie einen Ausblick geben. In jedem Fall ist ein abschließendes Fazit angemessen.

Lassen Sie die obige Struktur der Gliederung noch einmal auf sich wirken. Eine Abschlussarbeit besteht aus der Einleitung, gefolgt von den Allgemeinen Grundlagen zum Thema, den Spezifischen Darstellungen, der Kritischen Analyse und schließlich der Zusammenfassung der Ergebnisse.

→ Zur Verdeutlichung betrachten Sie die inhaltliche Struktur, konkret das Inhaltsverzeichnis, von Helen Bay „Bilanzierung von Leasingverhältnissen"[1] Die Kapitel wurden wie folgt benannt:
  - Kap. 1: Einleitung.
  - Kap. 2: Gang der Arbeit.
  - Kap. 3: Bilanzierung von Leasingverhältnissen nach IAS 17.
  - Kap. 4: Zukünftige Bilanzierung von Leasingverhältnissen.
  - Kap. 5: Kritische Betrachtung.
  - Kap. 6: Fazit.
  Beachten Sie die ebenfalls sehr strukturell und inhaltlich nachvollziehbare weitere Untergliederung in Kap. 3 (siehe Abschn. 3.3) Abschn. 3.3.1 Definition, Abschn. 3.3.2

---

[1] Die genannten Abschlussarbeiten, welche Sie in diesem Buch finden, werden in den Verweisen nur mit ihrem Kurztitel benannt. Sollten Sie in Ihrer späteren Abschlussarbeit aus einer dieser Arbeiten zitieren und die im Gliederungspunkt „Hinweise zur formalen Gestaltung" empfohlene Zitierung mit Titelstichwort verwenden, können Sie die jeweiligen Beiträge dieses Sammelwerks so benennen.

Klassifizierung von Leasingverhältnissen, Abschn. 3.3.3 Bilanzierung von Leasing-verhältnissen oder dann in Kap. 4 (siehe Abschn. 3.4) – 3.4.1 Standardsetting, Ab-schn. 3.4.2 Anwendungsbereich, Abschn. 3.4.3 Definition, Abschn. 3.4.4 Schlüssel-konzepte und schließlich Abschn. 3.4.5 Bilanzierung von Leasingverhältnissen. In Kap. 5 (siehe Abschn. 3.5) führt die Autorin ihren Aufbau stringent fort und bezieht sich in der kritischen Analyse auf die gesetzten Überschriften (Abschn. 3.5.1 Kritische Betrachtung der aktuellen Leasingbilanzierung nach IAS 17, Abschn. 3.5.2 Kritische Betrachtung der künftigen Leasingbilanzierung). Diese Untergliederung ist für jeden nachvollziehbar, ohne dass die Inhalte der Abschlussarbeit bekannt sind.

Die **Trichter-Methode** beschreibt den **Zusammenhang von der Literaturrecherche bis zur Kritischen Analyse** und bildet somit das Grundgerüst für Ihre Abschlussarbeit. Verdeutlichen Sie sich die analogen Strukturen zwischen der Trichter-Methode und den ersten Ideen für die inhaltliche Gliederung Ihrer Arbeit. Ihre geplanten Kapitel lassen sich den **vier Kategorien** der Trichter-Methode zuordnen.

Es folgen die Erläuterungen der vier Entwicklungsphasen von der Literaturrecherche bis zur Kritischen Analyse nach der Trichter-Methode und schließlich in Klammern die Zuordnung Ihres Kapitels:

1. **Theoretisches Fundament.** In dieser ersten Kategorie besteht Ihre Aufgabe darin zu demonstrieren, dass Sie sich auskennen und auf dem aktuellen Stand Ihres Themas sind.
   Der Leser wird Ihre Arbeit nicht ernst nehmen, wenn Sie ihn nicht überzeugen, dass Sie sich in ihrem Untersuchungsgebiet gut auskennen. Sich gut auskennen heißt, dass Sie die wesentliche Fachliteratur gelesen haben und in hinreichender Tiefe vermitteln können, dass Sie das Gelesene verstanden haben und einordnen können (Kap. 2: All-gemeine Grundlagen).
2. **Hinführung zu den Kernstücken Ihrer Untersuchung.** Zeigen Sie, dass Sie sich die theoretisch wissenschaftliche Grundbasis Ihres Themas erarbeitet haben und den Zusammenhang dieser theoretischen Basis mit Ihren Darstellungen und zu erwarten-den Ausführungen plausibel herstellen können (Kap. 3: Spezifische Darstellungen und Hinführung zur Kritischen Analyse).
3. **Intensität und Konkretisierung.** Aufbauend auf den dargestellten Theorien und In-halten bedarf es der Konzeptionierung Ihrer Kritischen Analyse. Die Rahmenbedin-gungen werden festgelegt und die Methodik aufgezeigt. Stellen Sie die Signifikanz Ihrer wissenschaftlichen Untersuchung heraus, grenzen Sie Ihre Arbeit von ähnlichen Untersuchungen ab. Bei eingehender Diskussion der Untersuchungsgegenstände ergibt sich der Kontext zur Kritischen Analyse wie von alleine (Kap. 4: Kritische Analyse).
4. **Filterung der Untersuchungsgegenstände.** Sie nähern sich dem Durchlass des Trich-ters. Was letztendlich zählt sind Ihre eigenen Gedanken und Stellungnahmen. Beim Leser soll der nachhaltige Eindruck entstehen, dass Ihre kritischen Auseinanderset-

zungen relevant sind und Ihre Arbeit den Anstoß für weitere Untersuchungen geben kann (Kap. 4: Kritische Analyse und Kap. 5: Zusammenfassung der Ergebnisse).

Die vom Leser erwarteten Inhalte Ihrer Kapitel dürften Ihnen infolge dieser Ausführungen umso deutlicher geworden sein. Die Inhalte der einzelnen Kapitel und deren interaktive Verknüpfung entscheiden über die Qualität Ihrer Arbeit. Deshalb wird in den anschließenden Gliederungspunkten detailliert auf die Inhalte eines jedes Bestandteils der Arbeit eingegangen.

2.3.2.2 Einleitung

Die Bedeutung der Einleitung ist nicht zu unterschätzen, sie ist die **Visitenkarte** Ihres Könnens. Die gängige Gliederung gestaltet sich wie folgt:

In den ersten Absätzen, die zu den schwierigsten der ganzen Arbeit gehören, wird kurz und prägnant **in das Thema der Arbeit eingeführt**. Vergessen Sie dabei die **Problemstellung** nicht. Im Anschluss steht ein Absatz zum **Ziel der Arbeit**. Abschließend haben Sie die wichtige Aufgabe, im **Gang der Untersuchung** einen Überblick zu geben, was ihre Arbeit beinhaltet.

Wie Sie das bewältigen? Formulieren Sie die konkreten Sätze der Einleitung, gerade weil sie so wichtig ist, zum Schluss, wenn die anderen Kapitel fertiggestellt sind. Notieren Sie vorab die wichtigsten Gedankengänge, damit Sie Ihr Konzept konsequent verfolgen. Die Schwerpunktsetzung Ihrer Gedanken muss eine klare Zielorientierung haben! Erfahrungsgemäß fallen die konkreten Formulierungen leichter, wenn die Inhalte bereits geschrieben sind.

Diesem Vorschlag folgend, werden an dieser Stelle lediglich **konzeptionelle Hinweise** gegeben, damit Sie den Einstieg in Ihr Thema finden, die wichtigsten Gedankengänge zusammentragen und eine klare Zielorientierung entwickeln:

- Überlegen Sie, warum Sie selbst Ihr Thema besonders interessiert.
- Ist das Thema Gegenstand gegenwärtiger Diskussionen?
- Gibt es empirische Erhebungen, warum Ihr Thema von besonderem Interesse für einen großen Adressatenkreis ist?
- Finden Sie aktuelle Zeitschriftenartikel oder gegensätzliche Diskussionsbeiträge, die belegen, dass dieses Thema von Relevanz ist?

Weitere konkrete Hinweise stehen in Abschn. 2.3.3 „Hilfreiche Tipps".

Begründen Sie, warum gerade Ihr Thema besonders wichtig ist und eine **Auseinandersetzung im Rahmen einer Bachelorarbeit** rechtfertigt. Wenn Sie vorerst noch keine Idee haben, schauen Sie sich die in diesen Leitfaden aufgenommen Abschlussarbeiten an.

→ In der Einleitung von Helen Bay „Bilanzierung von Leasingverhältnissen", Abschn. 3.1, finden Sie Antworten auf alle diese Fragen. Das Thema „Leasing" ist stets von großem Interesse gewesen und wird es immer bleiben. Dies belegt die Autorin mit Marktstudien des Bundesverbands deutscher Leasingunternehmen. Die Aktualität des Themas lässt sich zum einen aus der aktuellen Diskussion um die Bilanzierung nach IFRS erkennen (es liegen Veränderungsvorschläge vor), zum anderen beruft sich die Autorin auf den (früheren) Vorsitzenden des IASB und zitiert somit eine bekannte Persönlichkeit, die für die Adressaten des Themas von Bedeutung ist.

→ In der Problemstellung von Tanja S. Gehring „Wertminderung des Geschäfts- oder Firmenwerts (GoF)", konkret in Abschn. 4.1.1, geht die Autorin zunächst auf die An-zahl von Transaktionen zu Mergers & Acquisitions (M&A) ein und leitet aus diesem Zusammenhang heraus auf die Bedeutung von GoF[2] über. Sie bedient sich statisti-scher Daten des Portals „de.statista.com", das statistische Daten verschiedener Institute und Quellen bündelt (bedeutender strategischer Partner ist z. B. das Deutsche Institut für Wirtschaftsforschung (DIW)). Damit hat die Autorin die Relevanz des Themas umrissen. Welcher Stellenwert dem Thema in der derzeitigen Diskussion beigemes-sen wird, unterstreicht sie, indem sie sich auf die aktuellen Prüfungsschwerpunkte der Deutschen Prüfstelle für Rechnungslegung (DPR) bezieht. Der Wertminderungs-test war im Jahr 2014 einer der bedeutenden Prüfungsschwerpunkte. Der DPR hat in Kooperation mit der Bundesanstalt für Finanzdienstleistungsaufsicht (BaFin) die Aufgabe, die Erfüllung der Rechnungslegungsvorschriften der Konzerne in ihren Ab-schlüssen zu prüfen. Dazu erstellt sie jährlich eine Liste von Prüfungsschwerpunkten. Eine solche Verankerung des Themas ist überzeugend. Lesen Sie die Problemstellung in Abschn. 4.1.1 besonders aufmerksam und Sie werden die oben genannten konzep-tionellen Hinweise wiedererkennen.

2.3.2.3 Allgemeine Grundlagen

Inzwischen haben Sie eine Zielvorstellung Ihrer Arbeit entwickelt, Schwerpunkte ge-setzt, ein Grundgerüst mit Grobgliederung erstellt und profitieren von Ihren erworbenen Kenntnissen. Sie können in den eigentlichen Textteil einsteigen und mit den **Allgemeinen Grundlagen** beginnen.

Belegen Sie in diesem Kapitel, dass Sie sich gründlich mit der Literatur zum Thema auseinandergesetzt haben und in fundierter Weise das wissenschaftliche Arbeiten beherr-schen. Zitieren Sie sorgfältig und erlangen Sie damit die Anerkennung Ihrer wissenschaft-lichen Arbeitsweise bei denjenigen, die Ihre Arbeit prüfen und bewerten.

Wenn Sie zunächst ratlos vor dem „weißen Papier" sitzen, überlegen Sie sich, welche Begriffe bei Ihrem Thema besonders wichtig sind. Definieren Sie diese und tragen Sie die verwendeten Quellen zusammen.

→ An dieser Stelle sei beispielhaft auf die Lektüre des zweiten Kapitels „Wertminderung des GoF" von Tanja S. Gehring in Abschn. 4.2 verwiesen. Zunächst wird ein Überblick

---

[2] An dieser Stelle sei als methodischer Hinweis auf eine Fußnote verwiesen, die von der Autorin selbst verwendet wird: „Anmerkung zur Abkürzung GoF: Zur Vereinfachung wird in dieser Arbeit die Abkürzung GoF im Singular sowie im Plural gleichermaßen genutzt." (Siehe Gliederungspunkt 4.1.1, Fußnote 3).

zur „Konzeption und Anwendungsbereich" des IAS 36 gegeben und in Abschn. 4.2.1 wird in übersichtlicher Zusammenfassung dargestellt (siehe Abb. 4.1), welche Begriffe für die weiteren Darstellungen wichtig sind, z. B. erzielbarer Betrag, Nettoveräußerungspreis und Nutzungswert. Diese werden im weiteren Verlauf des Kapitels ebenso erläutert wie das Vorgehen beim Wertminderungstest einzelner Vermögenswerte in Abschn. 4.2.3.1 als auch zahlungsmittelgenerierenden Einheiten in Abschn. 4.2.3.2. Somit ist die Basis für die Spezifischen Darstellungen in Abschn. 4.3 „Ergänzende Betrachtung des GoF" und Abschn. 4.4 „Vorgehensweise in der Praxis" gelegt. Die Nennung und Erläuterung der wesentlichen Abschnitte des IAS 36 ist ebenfalls erfolgt. Das Thema lautet schließlich „Wertminderung nach IAS 36", was deren Unerlässlichkeit beinhaltet.

Wenn Sie sich mit einem Thema befassen, bei welchem sich die Darstellung einer historischen Entwicklungsfolge anbietet, stellen Sie diese dar. Bedenken Sie aber, dass diese nicht zu ausführlich sein soll und verlieren Sie nicht Ihre Hauptpunkte des Themas aus den Augen!

→ Als sehr gutes Beispiel ist hier der Abschn. 6.2.2 zur „Historie des IFRS 15" von Marlon Ramolla „Umsatzrealisierung" zu erwähnen. Die Neuentwicklung des IFRS 15 hat sich über mehr als 10 Jahre hingezogen. Dennoch fasst der Autor die historische Abfolge auf einer dreiviertel Seite zusammen, nur das Wesentliche. Details können in den späteren Ausführungen folgen. Somit gelingt es ihm, das Interesse des Lesers zu behalten, ohne sich an dieser Stelle ins Detail zu verlieren.

2.3.2.4 Spezifische Darstellungen

Der Grundsatz „Vom Allgemeinen zum Besonderen" ist weiter zu verfolgen. Überlegen Sie:

- Was gehört zu den Allgemeinen Grundlagen Ihres Themas?
- Was gehört zu den Spezifischen Darstellungen?

Mit der Klärung von allgemeinen Begrifflichkeiten und der Bewusstmachung, wo die eigentliche **Schwerpunktsetzung (Konkretisierung)** Ihrer Arbeit liegt, dürfte sich der Übergang „Vom Allgemeinen zum Besonderen" leichter finden lassen und letztendlich eine Einheit bilden.

Befassen Sie sich mit einem Thema der Internationalen Rechnungslegung, bei welchem zukünftig Änderungen anstehen, so gehören die Inhalte eines aktuellen Standardentwurfs („Exposure Draft"), soweit bereits einer vorliegt, zu den Spezifischen Darstellungen.

→ Lesen Sie an dieser Stelle exemplarisch das dritte Kapitel von Helen Bay „Bilanzierung von Leasingverhältnissen" in Abschn. 3.3. Das Thema heißt „Bilanzierung von Leasingverhältnissen nach IAS 17 – Darstellung und kritische Analyse der Änderungen".

Also muss es ein weiteres Kapitel nach den Allgemeinen Grundlagen in Abschn. 3.3 geben, das sich mit den Änderungen des IAS 17 befasst. Bei der Leasingbilanzierung ist es nicht beim Discussion Paper (DP), das bereits im März 2009 veröffentlicht wurde, und einem aktuellen Exposure Draft (ED) geblieben, sondern es folgten ein überarbeiteter Expore Draft (Re-ED) und seitdem viele Project Updates. Dies zeigt, wie umfangreich ein Entwicklungsprozess werden kann, wenn Uneinigkeit herrscht. Genaue Ausführungen dazu finden Sie in Abschn. 3.4.1. Mit den Abschn. 3.3 und 3.4 ist das Fundament für den folgenden Hauptteil in Abschn. 3.5, die „Kritische Betrachtung", gelegt.

→ In den Kap. 2 und 3 von Mathias Müller „Bilanzanalyse", d. h. in den Abschn. 5.2 bis 5.3 mit Unterpunkten, ist der Grundsatz „Vom Allgemeinen zum Besonderen" sehr gut nachvollziehbar. Zunächst geht es um die Einordnung der Bilanzanalyse in den Gesamtzusammenhang in Abschn. 5.2. Im darauffolgenden Kapitel wird das „Spezielle" betrachtet, d. h. die „Wahlrechte und Ermessensspielräume" in Abschn. 5.3, welche die bilanzpolitischen Möglichkeiten ausmachen. Es folgt die „Kritische Würdigung".

Achten Sie auch bei den Inhalten dieses Kapitels darauf, dass Sie sorgfältig zitieren und bei allen Inhalten konsequent die entsprechenden Quellen nennen.

Die Allgemeinen Grundlagen und Spezifischen Darstellungen gehören zwingend zusammen und müssen nicht unbedingt in zwei Kapiteln erfolgen, sie können z. B. auch als Gliederungspunkte der zweiten Ebene mit entsprechenden Überschriften in einem Kapitel zusammengefasst werden.

2.3.2.5   Kritische Analyse

2.3.2.5.1   Methodik der Kritischen Analyse

Bevor Sie die Methodik zur Kritischen Analyse aufstellen können, muss Ihnen bewusst sein, was eine Kritische Analyse beinhaltet und welches **Ziel** damit zu **verfolgen** ist. Erst dann können Sie den **Weg dorthin entwickeln** und die Methodik beschreiben.

In den Kapiteln zu Allgemeinen und Spezifischen Darstellungen haben Sie den **Ist-Zustand** beschrieben, sind auf geltende Rechnungslegungsstandards eingegangen und darauf, wie diese umgesetzt werden. In der Kritischen Analyse weichen Sie von der darstellenden Denkweise ab. Inhalte wiedergeben ist nicht der Sinn Ihres Studiums und Ihrer Bachelorarbeit, viel wichtiger ist, dass Sie einen **wertvollen und neuen Beitrag zu Ihrem Thema anstreben**!

Wäre Albert Einstein mit seiner Relativitätstheorie berühmt geworden, wenn er nur die Gedanken anderer Wissenschaftler zusammengetragen hätte, ohne eine eigene Denkweise zu erarbeiten und fundiert zu begründen? Er hat sicherlich vorhandenes und ihm zugängliches Wissen zum Thema Raum und Zeit zusammengetragen, aber durch „Selbstarbeit" und Entwicklung einer neuen Theorie ist er bekannt geworden. Das zusammengetragene Wissen bildet lediglich das Fundament. Auf dieser Basis hat er ein Instrumentarium für

Neues entwickelt und eine neue Theorie entdeckt. Bis zu diesem Zeitpunkt noch unbekanntes Gedankengut ist das, was ihn berühmt gemacht hat.

Ihre Aufgabe gestaltet sich ähnlich. Sie können „die Rechnungslegung nicht neu erfinden", das ist nicht beabsichtigt. **Sie können aber Ist-Zustände kritisch prüfen** und **über Soll-Zustände nachdenken**. Was zählt sind praxisgerechte Vorschläge. Halten Sie sich stets vor Augen, dass Sie in Ihrem späteren Berufsleben Prozesse aktiv mitgestalten und nicht nur die verbleibenden ausführenden Tätigkeiten übernehmen wollen.

Sie schreiben eine **normative Arbeit**, die sich durch eine Kritische Analyse auszeichnet. Allgemein können normative Ansätze wie folgt umschrieben werden: „Als normative Ansätze sind diejenigen Beiträge aufzufassen, die – meist von Plausibilitätsüberlegungen ausgehend – konkrete Vorschläge zur Verbesserung … unterbreiten."[3] Es ist Ihre Aufgabe, bestehende Regelungen der Rechnungslegung im normativen Sinne kritisch zu würdigen, also durch eigene Plausibilitätsüberlegungen und auch mithilfe der Literatur zu untersuchen und zu argumentativ begründbaren Ergebnissen zu gelangen. Entwickeln Sie **sinnvolle Änderungsvorschläge**.

Jedes Thema ist anders und stellt Sie vor individuelle Herausforderungen. Eine einheitliche Methodik, die für alle Kritischen Analysen in gleicher Weise gilt, gibt es nicht.

Suchen Sie nach „Ihren" **Untersuchungskriterien** und erstellen Sie eine Art Untersuchungsleitfaden im Sinne der Erläuterungen zur Trichter-Methode in Abschn. 2.2, insbesondere zur dritten („Intensität und Konkretisierung") und vierten Kategorie („Filterung der Untersuchungsgegenstände"). Überlegen Sie mithilfe welcher Kriterien Sie Veränderungen bzw. Verbesserungen messen oder beurteilen können. Denken Sie z.B. über Zielkriterien nach und verwenden Sie diese oder Sie versuchen, einen neuen Standpunkt einzunehmen.

Wenn ein neues Gesetz oder ein neuer Standard Thema Ihrer Abschlussarbeit ist, so sind als Untersuchungskriterien Ihrer Kritischen Analyse häufig **die eigentlichen Zielkriterien des Gesetzgebers oder des IASB** naheliegend und verwendbar.

→ Die verwendeten Untersuchungskriterien für die kritische Analyse der Abschlussarbeit von Marlon Ramolla „Umsatzrealisierung" finden sich bereits in der Formulierung des Untertitels „Eine kritische Analyse der gesetzten Ziele und notwendigen Umsetzungsmaßnahmen". Zu den gesetzten Zielen gehört lt. Abschn. 6.5.2.1 zum einen die Zusammenfassung der bisherigen Standards, um so die Anwendung zu vereinfachen, weil bisher Kenntnisse mehrerer Standards notwendig sind. Zum anderen soll eine bessere Vergleichbarkeit von Abschlüssen geschaffen werden und Unstimmigkeiten und Schwächen bisheriger Regelungen eliminiert werden. Diese Kriterien sind deutlich und als Untersuchungskriterien anwendbar. Zum Abschluss der Untersuchung findet sich das Ergebnis zu diesen Kriterien in der „Zusammenfassung in Thesen" in Abschn. 6.6 unter Punkt 9.

---

[3] Coenenberg, A. G./Haller, A./Schultze, W.: Jahresabschluss, 2014, S. 1309.

Ein gelungener Ansatzpunkt ist möglicherweise eine **Betrachtung des eigentlichen Grundgedankens bzw. der Zielsetzung** der Internationalen Rechnungslegung. Einziges Ziel der Internationalen Rechnungslegung ist die Informationsfunktion, die Vermittlung von entscheidungsnützlichen Informationen (nach IAS 1.9).

→ Dieser Grundgedanke ist in der Thesis von Tanja S. Gehring „Wertminderung des GoF" als oberste Zielsetzung erkennbar. In Abschn. 4.1.1 (letzter Absatz) geht sie darauf ein: „Der Ausweis des Goodwills in den Finanzberichten der Konzerne ist von Relevanz für Abschlussadressaten, wie Fremd- und Eigenkapitalgeber, da diese sich über die Finanz-, Vermögens- und Ertragslage der jeweiligen Unternehmen umfassend informieren wollen. Sie benötigen entscheidungsnützliche Informationen (decision usefulness), um Darlehensvergabe-, Prolongations-, Investitions- oder Desinvestitionsentscheidungen treffen zu können." Aus dieser Zielsetzung ergeben sich die abgeleiteten Ziele, welche die Autorin schließlich als Untersuchungskriterien verwendet, wie z. B. die bestehenden Gestaltungsspielräume bis hin zur möglichen Willkür, welche im Ergebnis die Transparenz und Zielerfüllung stört. In der Zusammenfassung in Abschn. 4.6 ist zu lesen: „Der Bilanzleser ... soll vom Unternehmen alle relevanten Informationen erhalten, so dass dieser die Sicht des Managements erkennen und nachvollziehen kann. Trotzdem bietet der Standard durch teilweise mangelnde Genauigkeit oder Quantifizierung beachtliche Ermessensspielräume für die Unternehmen. Mitunter auch, indem konzeptionell bereits bei der Goodwill-Allokation eine gewisse Willkür im Sinne des Management Approachs einkalkuliert wird ... "

→ Eine gelungene Kritische Analyse anderer Art ist beispielsweise die von Matthias Müller „Bilanzanalyse" in Abschn. 5.4. Zunächst beschreibt er in Abschn. 5.4.1.1 den „Wandel der Bilanzpolitik nach HGB" und geht schließlich auf die Bilanzpolitik nach IFRS ein. Im Rahmen des Abschn. 5.4.3.1 der „Freiwilligen Abschlusserstellung nach IFRS" werden die Kennzahlen ausgewählt, die aufgrund anderer Regelungen nach IFRS zu anderen Ergebnissen im Vergleich zur gleichen Kennzahlenermittlung nach HGB führen. Der Autor stellt deren Aussagekraft auf den Prüfstand, indem er seine Untersuchungsergebnisse nach IFRS denen nach HGB gegenüberstellt. Er fordert vom Bilanzleser, dass er Auswirkungen erkennt und eliminiert und die letztendliche Lösung, um eine Manipulation mithilfe von Kennzahlen zu vermeiden, dass Wahlrechte und Ermessensspielräume abzuschaffen sind.

Es ist nicht notwendig, dass Sie sich bei der Methodik und Überleitung zur Kritischen Analyse komplett von der Literatur lösen. Bei normativen Arbeiten findet meist eine Anlehnung an die Literatur statt, das kann eine enge oder eine weitläufige sein. Im Idealfall haben Sie eigene Ideen für Untersuchungskriterien und benötigen die Literatur nur zur Anlehnung im weiteren Sinne.

2.3.2.5.2 Wesen der Kritischen Analyse

Die Formulierung zum Wesen der Kritischen Analyse, die Sie bereits einige Seiten zuvor gelesen haben, wird aufgrund ihrer Wichtigkeit an dieser Stelle noch einmal wiederholt: Die Kritische Analyse „ist keine ‚Selbstdarstellung', mit der Sie zeigen, wie viel Sie gelesen haben, keine Auflistung von in der Literatur vorhandenen Inhalten und wissenschaftlichen Untersuchungen, sondern sie ist **eine kritische und sorgfältige Auseinandersetzung mit der Thematik und beinhaltet das Hervorbringen darauf aufbauender neuer Gedanken.**"

Die Kritische Analyse ist das Ergebnis Ihrer „Selbstarbeit". Es geht nicht darum, Meinungen wiederzugeben, sondern **Position** zu **beziehen und eigene Standpunkte** zu **vertreten**. Denken Sie kritisch und hinterfragen Sie verschiedene Auffassungen. Vertreten Sie schließlich Ihre Meinung, die Sie begründen können.

Eine ausschließliche Wiederholung von dem, was andere bereits untersucht haben, ist eine Missallokation von Ressourcen (Zeit, Geld und Bemühen). Im Fokus steht, von anderen zu lernen und zu erkennen, wo Entwicklungsbedarf besteht.

Der chinesische Philosoph Konfuzius (engl. Confucius; vermutlich 551–479 v. Chr.) drückt dies ähnlich aus: „A man who reviews the old so as to find out the new is qualified to teach others".[4]

Wenn Sie in der Literatur eine Meinung entdecken, die Ihnen in den wesentlichen Behauptungen zusagt, überlegen Sie, wie Sie diese integrieren oder um wichtige Details ergänzen können. Finden und begründen Sie Ihre eigene Meinung! Wenn Sie hingegen in der Literatur widersprüchliche Meinungen finden, nehmen Sie diese zum Anlass, um eine eigene Position zu entwickeln. Entscheiden Sie sich für eine der Meinungen und schließen Sie sich dieser an oder vertreten Sie eine ähnliche Auffassung. Auf die andere Meinung gehen Sie entweder im anschließenden Textverlauf ein oder Sie verweisen darauf ausschließlich in einer Fußnote. Je wesentlicher, desto eher ist diese im Textverlauf zu integrieren, ansonsten beschränken Sie sich auf eine Fußnote.

Zu hilfreichen Erkenntnissen führen häufig **Plausibilitätsüberlegungen**. Verifizieren Sie die Normen zur Rechnungslegung auf ihre Anwendbarkeit, suchen Sie nach Unstimmigkeiten und Regelungslücken. Prüfen Sie z. B. die Umsetzbarkeit, indem Sie verschiedene Abschlüsse vergleichen. Setzen Sie Ihrem Ideenreichtum für geeignete Untersuchungskriterien keine zu engen Grenzen.

Wenn Sie Konzernabschlüsse prüfen wollen und nicht recht wissen, welche Sie bevorzugt verwenden können, verwenden Sie die der DAX 30 Unternehmen, da diese relativ transparent sind, z. B. in der Chemie- und Pharma- oder Automobil-Branche.

Sie sollen „die Rechnungslegung nicht neu erfinden", aber eigene Ideen einbringen. Stellen Sie sich vor, Sie dürften dem IASB Hilfestellungen für eine sinnvolle Gestaltung der Rechnungslegungsregeln geben.

---

[4] „Ein Mann, der die alten Rezensionen liest, um so neue herauszufinden, ist qualifiziert, andere zu lehren." (Eigene Übersetzung).

→ Eine sehr gute und sehr ausführliche kritische Analyse, die sich über mehr als zehn Seiten erstreckt, finden Sie auch bei Helen Bay „Bilanzierung von Leasingverhältnissen"
in Abschn. 3.5. Zu diesem Thema gibt es durch die sehr lange Phase der Neuentwicklung des IAS 17 sehr viele Beiträge in den Zeitschriften, die voll von Kritikpunkten
sind. In dieser kritischen Analyse finden Sie eine sehr gute Aufbereitung verschiedener Meinungen mit ausführlichen Begründungen, so dass diese nachvollziehbar und
transparent werden, in Verbindung mit eigener Urteilsfähigkeit.

2.3.2.6 Zusammenfassung der Ergebnisse

Verdeutlichen Sie sich, dass es hier um eine **Zusammenfassung Ihrer Ergebnisse** geht.
Es darf **kein neues Gedankengut** in die Zusammenfassung aufgenommen werden, keine
Gesichtspunkte oder Kritikpunkte, die vorher nicht angesprochen wurden.

Sie müssen die Ergebnisse nicht in einem durchgehenden Fließtext niederschreiben.
Wenn dies nicht zu der Art der Arbeit passt oder Ihnen nicht zusagt, haben Sie z. B. die
Möglichkeit, Ihre **Zusammenfassung in Thesen** zu gestalten. Oft bestätigt dem Leser die
Formulierung von Thesen noch einmal, dass Ihr gesamtes Gedankengut gut strukturiert
und durchdacht ist.

Eine mögliche Idee zur Formulierung von Thesen in wenigen Sätzen und Gliederung
in Absätzen sei wie folgt empfohlen:

- Zuerst formulieren Sie die in Ihrer Arbeit vorkommende Behauptung in einem einzigen
  Satz.
- In den folgenden Sätzen gehen Sie darauf ein, ob Ihre Untersuchung diese Behauptung
  bestätigt oder widerlegt.

Ein ausführliches Beispiel einer thesenartigen Zusammenfassung der Ergebnisse finden Sie in meiner Dissertation zum Thema „Internationale Rechnungslegung für kleine
und mittelgroße Unternehmen"[5], die aber weit über den Umfang der abschließenden Zusammenfassung einer Bachelor- oder Masterarbeit hinausgeht.

→ Zur beispielhaften Lektüre sei die „Zusammenfassung in Thesen" von Marlon Ramolla
„Umsatzrealisierung" in Abschn. 6.6 empfohlen. Im ersten Satz der jeweiligen Thesen
wird noch einmal kurz der behandelte Sachverhalt aufgegriffen und klargestellt. Es
folgt schließlich eine jeweilige kurze Zusammenfassung der Ergebnisse.

Es ist stets sinnvoll, ein **Gesamtfazit in wenigen abschließenden Sätzen** zu formulieren. Zum einen runden Sie Ihre Arbeit damit in optimaler Weise ab und zum anderen
beziehen Sie Position.

✓ Es ist wichtig, hier auf die richtige Formulierung zu achten! Angemessen ist eine Formulierung wie „meines Erachtens" oder „meines Ermessens". Formulieren Sie nicht

---

[5] Erschienen ist diese beim Gabler Verlag: Ingrid Lühr (jetzt Malms), Internationale Rechnungslegung für kleine und mittelgroße Unternehmen, Wiesbaden 2010.

in direkter Weise mit „Ich meine" oder „Der Autor sagt dazu ...". Das ist als verboten anzusehen!

Sie können das Kapitel auch als „Zusammenfassung der Ergebnisse und Ausblick" titulieren, wenn Sie auf zukünftig wahrscheinliche Entwicklungen eingehen oder absehbar ist, dass es in Kürze weitere Änderungen zu Ihrem Thema geben wird.

2.3.3 Hilfreiche Tipps

2.3.3.1 Übersicht zur Einleitung

Haben Sie noch in Erinnerung, dass es sich bei der Einleitung Ihrer Abschlussarbeit um die Visitenkarte Ihres Könnens handelt?

Die Einleitung gliedert sich in drei Teile:

- Einführung in das Thema und Problemstellung,
- Ziel der Arbeit,
- Gang der Untersuchung.

Verwenden Sie diesen strukturellen Rahmen ausschließlich für Ihre inhaltliche Gestaltung; unterteilen Sie den Text in Absätze ohne weitere Gliederungspunkte mit eigenen Überschriften zu benennen.

2.3.3.2 Checkliste zur Einführung in das Thema

✓ Eine thematische Einordnung in einen Gesamtzusammenhang ist wichtig. Wie ausführlich wollen Sie diese in der Einleitung bringen?

✓ Wie ist das Thema Ihrer Arbeit formuliert? Ist es notwendig, bereits an dieser Stelle eine Eingrenzung vorzunehmen oder werden konkrete Schwerpunkte, die Sie untersuchen, später abgegrenzt?

✓ Welche Quellen haben Sie ausgewählt? Es ist sinnvoll, sich in diesen ersten Absätzen bereits auf Literatur zu beziehen und Fußnoten zu setzen. Da es sich um erste allgemeine Ausführungen handelt, können viele verschiedene Autoren angeführt werden. Wählen Sie bekannte Autoren bzw. Standardwerke aus.

✓ Jedes gestellte Thema enthält Schlüsselwörter, die erläutert werden müssen. Ist es bei Ihrem Thema sinnvoll, diese Erläuterungen bereits in der Einführung bzw. Problemstellung zu platzieren oder gehen Sie darauf in Kap. 2 zu den Allgemeinen Grundlagen ein?

✓ Haben Sie alle notwendigen Quellen genannt? Achten Sie darauf, dass Sie bereits in der Einleitung bei Bezug auf ein Diskussionspapier oder Standardentwurf, einen Gesetzesentwurf oder -abschluss sowie eine EU-Verordnung oder EU-Richtlinie eine

Fußnote mit den genauen Literaturangaben einfügen. Beachten Sie die Tipps zur Zitierweise von Diskussionspapieren und Standardentwürfen, Artikelgesetzen und Parlamentaria sowie EU-Verordnungen und EU-Richtlinien in den „Hinweisen zur formalen Gestaltung" in Abschn. 2.3.4.

2.3.3.3   Beispiele zum Ziel der Arbeit

Die Zielformulierung meiner Dissertation zum Thema „Internationalen Rechnungslegung für kleine und mittelgroße Unternehmen"[6] ist ein Beispiel dafür, wie Sie das Ziel der Arbeit in wenigen Zeilen formulieren können.

> Ziel der folgenden Untersuchung ist es, einen Beitrag zur Frage nach einem zweckadäquaten Rechnungslegungssystem für kleine und mittelgroße Unternehmen (KMU) zu leisten. Es wird untersucht, wie sinnvoll eine Anwendung der IFRS und speziell des IFRS für KMU[7] ist, ausgehend von den besonderen Belangen kleiner und mittelgroßer Unternehmen. Ebenso erfolgt eine Beurteilung der in Deutschland nach der Verabschiedung des Bilanzrechtsmodernisierungsgesetzes (BilMoG)[8] zu erwartenden Entwicklungen. Es werden Handlungsempfehlungen zur Erfüllung der Rechnungslegungszwecke für kleine und mittelgroße Unternehmen entwickelt.

Bitte beachten Sie die hier angefügten Fußnoten 6 bis 8, die infolge der Ausführungen des vorhergehenden Gliederungspunktes an dieser Stelle notwendig sind.

Es bieten sich zahlreiche andere Möglichkeiten der Zielformulierung; auf die Idee, die Zielformulierung mithilfe von Fragen vorzunehmen, deren Beantwortung den Schwerpunkt der Arbeit bildet, soll hier außerdem eingegangen werden. Anbei ein anschauliches Beispiel zum Thema „Abgrenzung von Forschungs- und Entwicklungskosten bei selbstgeschaffenen immateriellen Vermögenswerten". Eine Zielformulierung kann wie folgt lauten:

> In dieser Arbeit werden Handlungsempfehlungen für die Bilanzierung, insbesondere die Abgrenzung von Forschungs- und Entwicklungskosten immaterieller Vermögenswerte erarbeitet. Die folgenden Fragen stehen im Mittelpunkt der kritischen Analyse:
>
> 1. Nach welchen Kriterien grenzen Unternehmen die Forschungs- von den Entwicklungskosten ab, um den in IAS 38 vorgegebenen Definitionen gerecht zu werden?
> 2. Sind eine Trennung von Forschungs- und Entwicklungskosten und eine Aktivierung von lediglich den Entwicklungskosten praxisgerecht und sinnvoll im Sinne der Zielsetzung der IFRS, der Vermittlung von entscheidungsnützlichen Informationen an Abschlussadressaten?

---

[6] Erschienen ist diese beim Gabler Verlag: Ingrid Lühr (jetzt Malms), Internationale Rechnungslegung für kleine und mittelgroße Unternehmen, Wiesbaden 2010.

[7] Die folgenden Ausführungen beruhen auf dem Standardentwurf des IASB, vgl. IASB, E-IFRS-KMU 2007. (Im Literaturverzeichnis – bei Verwendung der Buchversion – wie folgt anzugeben: IASB, ED-IFRS-KMU, 2007: Entwurf eines vorgeschlagenen IFRS für kleine und mittelgroße Unternehmen, Übersetzung in Zusammenarbeit mit Deloitte, München 2007.).

[8] Vgl. Gesetz zur Modernisierung des Bilanzrechts (Bilanzrechtsmodernisierungsgesetz – BilMoG) vom 25.05.2009, BGBl I 2009, S. 1102–1137.

Nach grundlegenden Darstellungen zu den Regelungen zu Ansatz und Bewertung von selbst geschaffenen immateriellen Vermögenswerten, basiert die Beantwortung der ersten Frage auf einer an der Praxis orientierten Untersuchung. Die zweite Frage bestimmt die kritische Analyse und bringt die normative Betrachtungsweise, die dieser zugrunde liegt, zum Ausdruck.

Des Weiteren möchte ich auf die in diesem Leitfaden klar und deutlich formulierten Ausführungen zu den Zielen der hier abgedruckten Abschlussarbeiten verweisen:

→ Abschn. 3.1 und 3.2 von Helen Bay „Bilanzierung von Leasingverhältnissen".
→ Abschn. 4.1.2 (erster Absatz) von Tanja S. Gehring „Wertminderung des GoF". Im weiteren Verlauf des Abschn. 4.1.2 „Ziel der Arbeit und Vorgehensweise" folgt der Gang der Untersuchung; beeindruckend sind aber die dann folgenden Beschreibungen des methodischen Vorgehens (beginnend mit „Um der Thesis sprachlich und inhaltlich ein einheitliches Bild zu geben und dadurch den Lesefluss zu erleichtern, werden nachfolgend genannte Regeln eingehalten."). Diese Ausführungen ergänzen nicht nur die Beschreibung der inhaltlichen Vorgehensweise, sondern geben darüber hinaus Einblicke in Begriffsverwendungen und sonstigen methodischen Umgang. Dies dürfte dem Leser helfen, das Gesamtbild der Arbeit zu vervollständigen; wenn auch vom Prüfer nicht zwingend gefordert, dürften solche Ergänzungen sich positiv auswirken.
→ Abschn. 5.1.2 (erster Absatz) von Matthias Müller „Bilanzanalyse".
→ Abschn. 6.1 (letzter Absatz) von Marlon Ramolla „Umsatzrealisierung".

2.3.3.4 Hinweise zum Gang der Untersuchung

✓ Beziehen Sie sich in Ihren kurzgefassten Sätzen zum Gang der Untersuchung nur auf die erste Gliederungsebene des Inhaltsverzeichnisses, d. h. auf die Kapitel.
Beispiel: Seien Sie konsequent und erleichtern Sie dem Leser die Erfassung der Inhalte, die ihn erwarten, indem Sie im Textverlauf deutlich auf die Kapitel hinweisen, wie z. B. „In Kap. 2 werden die Grundlagen dargestellt … Kap. 3 gibt einen Überblick zur aktuellen Rechtslage … Es folgt der Umsetzungsprozess in Kap. 4 … Kap. 5 bildet mit der Kritischen Analyse das Hauptkapitel dieser Arbeit … Kap. 6 enthält eine Zusammenfassung der wesentlichen Ergebnisse und gibt einen Ausblick auf zukünftige Entwicklungen."
✓ Nehmen Sie sich für die Formulierung dieser sog. Ablaufdarstellung genügend Zeit, hier ist besondere Sprachkunst gefragt. Schließlich handelt es sich um die ersten Seiten, die der Prüfer von Ihnen liest. Es ist Ihre einmalige Chance, einen ersten guten Eindruck zu hinterlassen. Der Leser ist schnell gelangweilt, wenn ihn eine Aneinanderreihung von Sätzen erwartet, die eigentlich einer Aufzählung ähnelt, wie z. B. „In Kap. 1 … In Kap. 2 … In Kap. 3 … usw."
✓ Achten Sie darauf, dass Ihre Sätze nicht wie eine Katalogaufstellung wirken, in der Sie einen Punkt nach dem anderen abhaken. Dieser Eindruck entsteht z. B. dann, wenn Sie

beginnen mit „Zuerst wird ...“ und fortfahren mit Formulierungen wie „Dann werden ... Weiter findet sich ... Hierbei wird ... Des Weiteren ...“ und zum Schluss
„Abschließend ...“. Ihnen fallen sicherlich elegantere Formulierungen ein! Bedenken
Sie, dass andere die Fehler schon vor Ihnen gemacht haben, zumeist ist Ihre Abschlussarbeit nicht die erste, die ein Prüfer liest und beurteilt. Es ist Ihre Aufgabe, dem Prüfer
mit Ihrer Einleitung einen besonderen ersten und eigenen Eindruck zu vermitteln.
Beispiele: Sehen Sie sich die verschiedenen Varianten des Gangs der Untersuchung
der in diesem Buch abgedruckten Abschlussarbeiten an und finden Sie Ihren eigenen
Stil!

✓ Die Formulierungen Ihrer Kapitelüberschriften dürfen Sie im Gang der Untersuchung
gerne übernehmen. Dies ist sogar zu empfehlen! Der Leser kennt Ihre Arbeit nicht und
es fällt ihm auf diese Weise leichter, eine Orientierung zu erlangen, was Ihre Arbeit
beinhaltet.

2.3.3.5 Checkliste zur Nachverfolgung des „roten Fadens"

Der „rote Faden“ ist die **Spur bzw. der Weg durch Ihre Arbeit**. Er gibt dem Leser die
notwendige Orientierung und zeigt, welches Ziel Sie verfolgen. Es ist wichtig, sich dies
zu verdeutlichen und im Auge zu behalten.

Denken Sie daran, dass die Abfolge Ihrer Gedanken logisch und nachvollziehbar sein
muss. Überprüfen Sie selbst, ob der „rote Faden“ in Ihrer Arbeit erkennbar ist, indem Sie
abschließend die folgenden Fragen beantworten:

✓ Haben Sie bei der Einführung in das Thema alle wesentlichen Punkte, die später in die
Betrachtung einfließen, bedacht?

✓ Haben Sie in der Einführung eine konsequente inhaltliche Fokussierung vorgenommen? Nehmen Sie keine inhaltlichen Ausführungen vor, die für den weiteren Verlauf
Ihrer Arbeit bedeutungslos sind.

✓ Halten Sie, was Sie in der Einleitung versprechen? Überprüfen Sie noch einmal, ob Sie
Ihr Zielvorhaben auch tatsächlich befolgt haben!

✓ Ist der Gang der Untersuchung vollständig?

✓ Haben Sie die Allgemeinen Grundlagen und Spezifischen Darstellungen deutlich voneinander abgegrenzt? Sollte dies nicht möglich sein, denken Sie darüber nach, die
entsprechenden Kapitel zusammenzufassen.

✓ Ist Ihre Methodik zur Kritischen Analyse und Vorgehensweise verständlich beschrieben und nachvollziehbar?

✓ Ist Ihre Kritische Analyse ausführlich genug und befasst sie sich mit den wesentlichen
Kritikpunkten? Werden die Sachverhalte und entsprechend von Ihnen geübte Kritik
deutlich?

✓ Haben Sie in der Zusammenfassung alle Ergebnisse aufgegriffen? Achten Sie darauf,
dass Sie keine wichtigen Erkenntnisse und Ergebnisse, die Sie selbst erarbeitet haben,
vergessen.

✓ Bauen die verschiedenen Bestandteile Ihrer Arbeit aufeinander auf?

✓ Haben Sie bedacht, dass am Ende eines jeden Kapitels ein paar abschließende bzw. auf
  das nächste Kapitel überleitende Sätze stehen?

✓ Rundet der letzte Satz Ihrer Arbeit die Inhalte in angemessener Weise ab? Haben Sie
  einen Schlusssatz formuliert?

✓ Berücksichtigen Sie in Ihrem Fazit, dass keine Untersuchung abschließend sein kann
  und somit eine weitere wissenschaftliche Auseinandersetzung wahrscheinlich ist.

Auf die Überprüfung, ob Ihre Arbeit den formalen Kriterien einer wissenschaftlichen
Arbeit in angemessener bis optimaler Weise entspricht, wird im nachfolgenden Gliederungspunkt eingegangen.

2.3.4   Hinweise zur formalen Gestaltung

2.3.4.1   Kurzzitierung in Fußnoten und Quellenangaben
im Literaturverzeichnis

2.3.4.1.1   Vorbemerkung

Zum Aufzeigen der Zitierweise von Quellen finden Sie in diesem Gliederungspunkt stets
die Beschreibung der **Kurzzitierweise in den Fußnoten** und schließlich die Angaben der
vollständigen Quellen im Literaturverzeichnis. Beides hängt eng zusammen, sodass sie
in diesem Gliederungspunkt gemeinsam behandelt werden.

In diesem Leitfaden wird auf **zwei Zitierweisen** eingegangen, zum einen auf die Zitierung mit Titelstichwort und zum anderen auf die Harvard-Methode. Zunächst werden
beide Methoden grundlegend beschrieben, anschließend folgen Beispiele zum Zitieren
von:

- Monographien und Handbüchern,
- Aufsätzen aus Fachzeitschriften,
- Beiträgen aus Sammelwerken,
- Kommentarliteratur,
- Standards, Diskussionspapieren und Standardentwürfen,
- EU-Verordnungen und EU-Richtlinien sowie
- steuerrechtlichen Quellen.

Bevor Sie sich für eine der Methoden entscheiden, informieren Sie sich, welche Vorgaben zum wissenschaftlichen Arbeiten Sie für Ihre Seminararbeiten, Bachelor- bzw.
Masterarbeiten zu berücksichtigen haben. Es gibt verschiedene grundlegende Möglichkeiten. Dieser Leitfaden zeigt nur die zwei ausgewählten Alternativen und erhebt keinen
Anspruch auf Vollständigkeit.

Wenn Sie die Umsetzung einer der beiden beschriebenen Methoden befolgen, d. h. entweder die Zitierung mit Titelstichwort oder die Harvard-Methode, entspricht das Ergebnis
Ihrer Arbeit dem wissenschaftlichen Standard.

Die **Zitierung mit Titelstichwort** zeichnet sich dadurch aus, dass bei der Nennung einer Quelle in den Fußnoten nicht nur der Autorenname bzw. die Autorennamen genannte werden, sondern auch ein Stichwort aus dem Titel. Der fachlich kompetente Leser hat dadurch die Möglichkeit, eine Quelle sofort zu erkennen ohne erst im Literaturverzeichnis den vollständigen Titel nachschlagen zu müssen, z. B. wird ihm dies bei bekannten Monographien oder Handbüchern gelingen.

Bei der **Harvard-Methode** werden nur der Autor bzw. die Autoren, das Jahr der Veröffentlichung und die Seitenzahl der Inhalte, auf welche verwiesen wird, genannt. Bei der Harvard-Methode können die entsprechenden Quellen in einer Fußnote stehen oder werden in Klammern in den Fließtext eingebunden.

Bevor in den folgenden Fußnoten Beispiele zur Zitierweise mit Titelstichwort und in der Harvard-Methode gezeigt werden, wird auf die Vorgehensweise der beiden Zitiermethoden eingegangen.

2.3.4.1.2 Zitierung mit Titelstichwort

Bei der Zitierung mit Titelstichwort werden die vollständigen **Nachnamen der Autoren** in den Fußnoten angegeben, die **Vornamen werden mit dem ersten Buchstaben abgekürzt**. Hat ein Autor mehrere Vornamen folgen die Erstbuchstaben seiner Vornamen in entsprechender Reihenfolge (z. B. Coenenberg, A. G.); steht ein Bindestrich zwischen den Vornamen, steht auch zwischen den Erstbuchstaben der Vornamen ein Bindestrich (z. B. Marten, K.-U. für Kai-Uwe).

Es folgt durch Komma getrennt das ausgewählte **Titelstichwort**. Dieses kann aus nur einem Wort oder mehreren Worten bestehen (z. B. „Internationale Rechnungslegung", „Leasingbilanzierung im Umbruch", „Bewertung von Finanzinstrumenten", etc.). Ebenfalls durch Kommata getrennt folgen das Jahr der Veröffentlichung und schließlich die Seitenzahl bzw. die Seitenzahlen.

Bei der **Angabe von mehreren Seitenzahlen** ist eine einheitliche Schreibweise zu verfolgen. Ist infolge der genannten Seitenzahl nur der Inhalt einer weiteren folgenden Seite relevant, wird der Zusatz „f." (für folgende) verwendet. Bezieht sich der Verweis auf mehrere folgende Seiten ist dies entweder durch „ff." (für fortfolgende) zu signalisieren oder Sie nennen die konkreten Seitenzahlen (z. B. S. 35–42). Mit der letztgenannten Variante belegen Sie die Sorgfalt Ihrer wissenschaftlichen Arbeitsweise, weil Sie mit Präzision überzeugen.

Bei mehreren **Autoren** beachten Sie zwingend, dass alle Autoren zu berücksichtigen und bei jeder Nennung der Quelle anzugeben sind; getrennt werden diese durch einen Schrägstrich (z. B. Bieg, H./Heyd, R., Fair Value, 2012, S. 34). Achten Sie darauf, dass weder vor noch nach dem Schrägstrich eine Leerstelle steht.

Bei **mehr als drei Autoren**, wird in der Kurzzitierweise in Fußnoten der Zusatz „u. a." (für „und andere") verwendet. Alternativ kann auch die Abkürzung „et al." (für „et alii") geschrieben werden. Diese Bezeichnung für „und andere" stammt aus dem Lateinischen und wird in wissenschaftlichen Publikationen der deutschen Sprache präferiert. Der Zusatz steht nach dem erstgenannten Autor (z. B. Pellens, B. et al., Internationale Rechnungs-legung, 2014, S. 111–118).

Selbstverständlich ist, dass Sie stets die **Reihenfolge der Autoren** beibehalten, wel-che auf dem Cover des Buches zu finden ist. Im Literaturverzeichnis sind alle Autoren zu nennen (z. B. Pellens, Bernhard/Fülbier, Rolf Uwe/Gassen, Joachim/Sellhorn, Thorsten, 2014: Internationale Rechnungslegung: IFRS 1 bis 13, IAS 1 bis 41, IFRIC-Interpretatio-nen, Standardentwürfe – Mit Beispielen, Aufgaben und Fallstudie, 9. Auflage, Stuttgart 2014).

Wenn Sie **mehrere Quellen in einer Fußnote** nennen, werden diese mit einem Semi-kolon voneinander getrennt (z. B. Vgl. Baetge, J./Kirsch, H.-J./Thiele, S., Bilanzen, 2014, S. 205–208; Bitz, M. et al., Jahresabschluss, 2014, S. 227 f.)

2.3.4.1.3 Zitierung nach der Harvard-Methode

Bei der Harvard-Methode werden die **Nachnamen der Autoren ohne Berücksichtigung der Vornamen** angegeben. Das Erscheinungsjahr folgt direkt, getrennt durch ein Komma oder in Klammern, auf den Autorennamen. Entscheiden Sie sich für eine Variante und wenden Sie diese konsistent an. Wichtig ist die Einheitlichkeit Ihrer wissenschaftlichen Arbeitsweise. Entweder Sie lassen das Komma stets weg (z. B. Maier 2015, S. 36), ver-wenden es bei jeder Quellenangabe (z. B. Maier, 2015, S. 36) oder setzen die Jahreszahl in Klammern (z. B. Maier (2015), S. 36). Die Angabe der Seitenzahl wird mit Komma abgetrennt.

Hat **ein Autor mehrere Veröffentlichungen**, sind diese stets am Erscheinungsjahr er-kennbar (z. B. Schmidt (2011), S. 162 f. oder Schmidt (2012), S. 88). Gibt es von einem Autor mehrere Veröffentlichungen des gleichen Jahres, wird die Jahreszahl um einen ara-bischen Kleinbuchstaben ergänzt (z. B. Weber (2013a), S. 10 und Weber (2013b), S. 14). Dabei richtet sich die Reihenfolge grundsätzlich nach der alphabetischen Reihenfolge der Titel, die im gleichen Jahr erschienen sind.

Gehen Sie mit den **Kleinbuchstaben** sorgfältig um und ergänzen Sie diese an allen notwendigen Stellen, wenn Sie eine zweite Quelle des gleichen Autors aus dem gleichen Jahr nachträglich einfügen. Dabei entstehen häufig Fehler, wenn nicht sehr aufmerksam gearbeitet wird.

Bei **mehreren Autoren** werden zwei Namen mit „und" verknüpft (Maier und Meier (2015), S. 12), drei Namen werden wie bei einer Aufzählung behandelt, bei mehr als drei Namen (und damit mehr als zwei Mitautoren) steht der erstgenannte Autorenname mit dem Zusatz „u. a." bzw. „et al.". Verwenden Sie von einem Autorenteam mehr als eine gemeinsame Quelle aus einem Jahr, sind ebenfalls Kleinbuchstaben zu ergänzen (z. B. Baetge, Kirsch und Thiele (2014a), S. 34 und als zweite Quelle Baetge, Kirsch und Thiele (2014b), S. 99). Im Literaturverzeichnis sind diese Quellen wie folgt anzugeben:

Baetge, Jörg/Kirsch, Hans-Jürgen/Thiele, Stefan (2014a). Bilanzen, 13. Auflage, Düssel-dorf: IDW Verlag.

Baetge, Jörg/Kirsch, Hans-Jürgen/Thiele, Stefan (2014b). Übungsbuch Bilanzen und Bilanzanalyse, 5. Auflage, Düsseldorf: IDW Verlag.

Haben **zwei Autoren den gleichen Namen**, so wird der Anfangsbuchstabe der Vornamen angefügt, nur in diesem Sonderfall werden die Vornamen berücksichtig (z. B. Schanz, A. und Schanz, G. (2012), S. 33.)

Sämtliche in diesem Kapitel aufgezeigten Beispiele beruhen zum einen auf der Zitierweise mit Titelstichwort und zum anderen auf der Harvard-Methode. Auch wenn die Zitierweise mit Titelstichwort in diesem Leitfaden präferiert wird, ist sie nicht zwingend. Die alternativ verwendbare Harvard-Methode ist weit verbreitet.

2.3.4.1.4 Zitierung von Monographien und Handbüchern

Wenn Sie die Zitierweise in verschiedenen wissenschaftlichen Werken vergleichen, werden Sie feststellen, dass bezüglich der **Monographien** eine einheitliche Gestaltung erkennbar ist. Die Angaben in den Fußnoten sind kurz. Bei Monographien sind Autor bzw. Autoren eindeutig. Im Literaturverzeichnis sind komplette Angaben notwendig. Nach Nennung der Autoren folgen der Titel des Werkes, die Auflage und der Ort mit Jahreszahl.

Entscheiden müssen Sie, wie Sie mit Untertiteln von Monographien umgehen, wenn Sie keinen eindeutigen Vorgaben Folge zu leisten haben. Empfehlenswert ist, wie auch in diesem Leitfaden befolgt, sämtliche Untertitel zu nennen. Beachten Sie, dass es nicht notwendig ist, den Titel der Buchreihe, zu welcher eine Monographie gegebenenfalls gehört, anzufügen.

Was die zu nennende Auflage betrifft, ist zu beachten, dass eine Erstauflage nicht als solche gekennzeichnet wird. Erst ab der zweiten Auflage ist die genaue Auflage anzugeben. Die im Buch stehenden Angaben, ob es sich um eine überarbeitete oder erweitere Auflage handelt, sind irrelevant.

Mit dem zu nennenden Ort ist der Sitz des Verlages gemeint, in welchem das Buch erschienen ist, nicht etwa der Ort, den Autoren im Vorwort nennen.

Als Erscheinungsdatum ist das vom Verlag genannte zu verwenden. Zum Jahreswechsel wird oft vorgegriffen und vom Verlag bereits die Jahreszahl des bald beginnenden Jahres angegeben.

Beachten Sie nachfolgende Beispiele zur Veranschaulichung der Zitierweise:

Beispiele zur Zitierung in den Fußnoten mit Titelstichwort

[1] Vgl. Leffson, U., GoB, 1987, S. 65.
[2] Vgl. Pellens, B. et al., Internationale Rechnungslegung, 2014, S. 345.
[3] Vgl. Kurz, D., Umsatzsteuer, 2014, S. 161.

Beispiele zur Zitierung in den Fußnoten nach Harvard

[1] Leffson (1987), S. 65.
[2] Pellens et al. (2014), S. 345.
[3] Kurz (2014), S. 161.

Beispiele zu den Angaben im Literaturverzeichnis mit Titelstichwort
Leffson, Ulrich, GoB, 1987: Die Grundsätze ordnungsgemäßer Buchführung, 7. Auflage,
    Düsseldorf 1987.

Pellens, Bernhard/Füllbier, Rolf/Gassen, Joachim/Sellhorn, Thorsten, Internationale
    Rechnungslegung, 2014: Internationale Rechnungslegung: IFRS 1 bis 13, IAS 1 bis 41,
    IFRIC-Interpretationen, Standardentwürfe – Mit Beispielen, Aufgaben und Fallstudie,
    9. Auflage, Stuttgart 2014.

Kurz, Dieter, 2014: Umsatzsteuer. Anschauliche Einführung in die Grundlagen des Um-
    satzsteuerrechts, 17. Auflage, Stuttgart 2014.

Beispiele zu den Angaben im Literaturverzeichnis nach Harvard
Leffson, Ulrich (1987). Die Grundsätze ordnungsgemäßer Buchführung, 7. Auflage, Düs-
    seldorf: IDW Verlag.

Pellens, Bernhard, Füllbier, Rolf, Gassen, Joachim und Sellhorn, Thorsten (2014). Inter-
    nationale Rechnungslegung: IFRS 1 bis 13, IAS 1 bis 41, IFRIC-Interpretationen, Stan-
    dardentwürfe – mit Beispielen, Aufgaben und Fallstudie, 9. Auflage, Stuttgart: Verlag
    Schäffer-Poeschel.

Kurz, Dieter (2014). Umsatzsteuer. Anschauliche Einführung in die Grundlagen des Um-
    satzsteuerrechts, 17. Auflage, Stuttgart: Verlag Schäffer-Poeschel.

In Abschn. 2.1.2 wurde bereits festgestellt, dass der Übergang von einer Monographie zum
Handbuch fließend ist. Daraus ergibt sich die indifferente Zitierweise, die Sie bezüglich
der Handbücher in verschiedenen wissenschaftlichen Werken finden.
    Grundsätzlich ist aus **Handbüchern** in gleicher Weise zu zitieren wie aus Monogra-
phien. Bei Handbüchern, deren Absätze mit Randziffern versehen sind, verwenden Sie
diese statt der Seitenzahlen.

Beispiele zur Zitierung in den Fußnoten mit Titelstichwort

[1] Vgl. Heuser, P. J./Theile, C., IFRS-Handbuch, 2012, Kapitel B, Rz. 252.
[2] Vgl. Petersen, K./Bansbach, F./Dornbach, E., IFRS-Praxishandbuch, 2016, S. 146.

Beispiele zur Zitierung in den Fußnoten nach Harvard

[1] Heuser und Theile (2012), Kapitel B, Rz. 252.
[2] Petersen, Bansbach und Dornbach (2016), S. 146.

Beispiele zu den Angaben im Literaturverzeichnis mit Titelstichwort
Heuser, Paul J./Theile, Carsten, IFRS-Handbuch, 2012: IFRS-Handbuch – Einzel- und
    Konzernabschluss, 5. Auflage, Köln 2012.

Petersen, Karl/Bansbach, Florian/Dornbach, Eike, IFRS-Praxishandbuch, 2016: IFRS-
    Praxishandbuch 2016 – Ein Leitfaden für die Rechnungslegung mit Fallbeispielen,
    11. Auflage, München 2016.

Beispiele zu den Angaben im Literaturverzeichnis nach Harvard
Heuser, Paul J. und Theile, Carsten (2012). IFRS-Handbuch – Einzel- und Konzernabschluss, 5. Auflage, Köln: Verlag Dr. Otto Schmidt.

Petersen, Karl/Bansbach, Florian/Dornbach, Eike (2016). IFRS-Praxishandbuch 2016 –
Ein Leitfaden für die Rechnungslegung mit Fallbeispielen, 11. Auflage, München: Verlag
Vahlen.

2.3.4.1.5 Zitierung von Aufsätzen aus Fachzeitschriften
Da jeder **Aufsatz aus einer Fachzeitschrift** als eigene Quelle im Literaturverzeichnis
steht, sind diese mit dem Autor im Literaturverzeichnis anzugeben. Wie bei Monographien
und Handbüchern sind das Erscheinungsdatum und der Titel wichtig. Im Anschluss steht
das Wort „in:" und die Nennung der Zeitschrift. Vergessen Sie abschließend nicht die
Seitenzahlen des Artikels anzugeben.

Beispiele zur Zitierung in den Fußnoten mit Titelstichwort

[1] Vgl. Urbain-Parleani, I., Frankreich, 2006, S. 580.
[2] Vgl. Gassen, J./Fischkin, M./Hill, V., Rahmenkonzept-Projekt, 2008, S. 876 f.
[3] Vgl. Tettenborn, M./Straub, S./Rogler, S., Nutzungsdauer, 2013, S. 190.

Beispiele zur Zitierung in den Fußnoten nach Harvard

[1] Urbain-Parleani (2006), S. 580.
[2] Gassen, Fischkin und Hill (2008), S. 876.
[3] Tettenborn, Straub und Rogler (2013), S. 190.

Beispiele zu den Angaben im Literaturverzeichnis mit Titelstichwort

Urbain-Parleani, Isabelle, Frankreich, 2006: Das Kapital der Aktiengesellschaft in Frankreich, in: ZGR-Sonderheft 17, 2006, S. 575–611.

Gassen, Joachim/Fischkin, Michael/Hill, Verena, Rahmenkonzept-Projekt, 2008: Das Rahmenkonzept-Projekt des IASB und der FASB: Eine normendeskriptive Analyse des aktuellen Stands, in: WPg 2008, S. 874–882.

Tettenborn, Martin/Straub, Sandro/Rogler, Silvia, Nutzungsdauer, 2013: Bestimmung der Nutzungsdauer für im Rahmen von Unternehmenszusammenschlüssen erworbene immaterielle Vermögenswerte, in: IRZ 2013, S. 185–190.

Beispiele zu den Angaben im Literaturverzeichnis nach Harvard

Urbain-Parleani, Isabelle (2006). Das Kapital der Aktiengesellschaft in Frankreich, in: ZGR, Jg. 38, Sonderheft Nr. 17, S. 575–611.

Gassen, Joachim, Fischkin, Michael und Hill, Verena (2008). Das Rahmenkonzept-Projekt des IASB und der FASB: Eine normendeskriptive Analyse des aktuellen Stands, in: WPg, Jg. 61, Nr. 18, S. 874–882.

Tettenborn, Martin, Straub, Sandro und Rogler, Silvia (2013). Bestimmung der Nutzungsdauer für im Rahmen von Unternehmenszusammenschlüssen erworbene immaterielle Vermögenswerte, in: IRZ 2013, Jg. 8, Nr. 5, S. 185–190.

Wichtige Hinweise

✓ Die verwendeten Abkürzungen „ZGR", „WPg" und „IRZ" sind zwingend ins Abkürzungsverzeichnis aufzunehmen, ansonsten schreiben Sie die vollständigen Titel der Zeitschriften: „ZGR – Zeitschrift für Unternehmens- und Gesellschaftsrecht", „WPg – Die Wirtschaftsprüfung", „IRZ – Zeitschrift für Internationale Rechnungslegung".

✓ „Jg." ist die Abkürzung für „Jahrgang"; gemeint ist im wievielten Jahr die Zeitschrift erscheint. Diese Angabe finden Sie in den bibliographischen Angaben bzw. auf der Zeitschrift selbst.

✓ Die „Nr." bezieht sich auf die Heftnummer. Die Nennung der Heftnummer ist nicht zwingend erforderlich. Denken Sie daran, auch „Nr." in das Abkürzungsverzeichnis aufzunehmen.

✓ Es besteht die Freiheit, im Literaturverzeichnis mit Titelstichwort stets Jahrgang und Heftnummer wegzulassen oder sie konsequent zu setzen. Achten Sie auf die individuellen Vorgaben für Ihre Abschlussarbeit und entscheiden Sie, welche Angaben Sie aufnehmen.

2.3.4.1.6   Zitierung von Beiträgen aus Sammelwerken

Beiträge aus Sammelwerken sind in ähnlicher Weise zu zitieren wie Aufsätze aus Fachzeitschriften. Wie bereits angesprochen, ist jeder Beitrag eines Sammelwerks als eigene Quelle zu behandeln. Im Literaturverzeichnis steht hinter dem Wort „in:" zunächst der Titel des Sammelwerks, gefolgt von den Herausgebern (mit „hrsg. von"), der Auflage und der Jahreszahl. Wichtig ist, dass Sie, wie bei Aufsätzen aus Fachzeitschriften, zwingend die Seitenzahlen des Beitrags angeben.

Beispiele zur Zitierung in den Fußnoten mit Titelstichwort

[1] Vgl. Küting, K./ Kessler, H./Keßler, M., Pensionsverpflichtungen, 2009, S. 341.
[2] Vgl. Weißenberger, B. E./Angelkort, H., IFRS-Rechnungslegung, 2007, S. 430.

Beispiele zur Zitierung in den Fußnoten nach Harvard

[1] Küting, Kessler und Keßler[9] (2009), S. 341.
[2] Weißenberger und Angelkort (2007), S. 430.

Beispiele zu den Angaben im Literaturverzeichnis mit Titelstichwort

Küting, Karlheinz/Kessler, Harald/Keßler, Marco, Pensionsverpflichtungen, 2009: Bilanzierung von Pensionsverpflichtungen, in: Das neue deutsche Bilanzrecht – Handbuch zur Anwendung des Bilanzrechtsmodernisierungsgesetzes (BilMoG), hrsg. von Karlheinz Küting, Norbert Pfitzer und Claus-Peter Weber, 2. Auflage, Stuttgart 2009, S. 339–374.

Weißenberger, Barbara E./Angelkort, Hendrik, IFRS-Rechnungslegung, 2007: IFRS-Rechnungslegung und Controlling, in: IFRS-Management, hrsg. von Reinhard Heyd und Isabel von Keitz, München 2007, S. 409–437.

Beispiele zu den Angaben im Literaturverzeichnis nach Harvard

Küting, Karlheinz, Kessler, Harald und Keßler, Marco (2009). Bilanzierung von Pensionsverpflichtungen, in: Das neue deutsche Bilanzrecht – Handbuch zur Anwendung des Bilanzrechtsmodernisierungsgesetzes (BilMoG), hrsg. von Karlheinz Küting, Norbert Pfitzer und Claus-Peter Weber, 2. Auflage, Stuttgart: Verlag Schäffer-Poeschel, S. 339–374.

Weißenberger, Barbara E. und Angelkort, Hendrik (2007). IFRS-Rechnungslegung und Controlling, in: IFRS-Management, hrsg. von Reinhard Heyd und Isabel von Keitz, München: Verlag Vahlen, S. 409–437.

---

[9] Die Namen von Kessler und Keßler klingen zwar gleich, die unterschiedliche Schreibweise führt aber dazu, dass eine Nennung der Erstbuchstaben ihrer Vornamen nicht erforderlich ist.

2.3.4.1.7 Zitierung von Kommentarliteratur

Eine vereinheitlichte Zitierweise bezüglich der Kommentare existiert nicht, da **Kommentare** viele Besonderheiten aufweisen. In vielen Kommentaren finden Sie einen Hinweis, wie aus diesem in Fußnoten zitiert werden kann. Ein einheitliches Gesamtbild entsteht jedoch nicht. Überlegen Sie, welche Zitierweise im Rahmen Ihrer sonstigen Vorgehensweise als stringent anzusehen ist.

Zur Kommentarliteratur gehören sowohl **die einbändigen gebundenen Werke** als auch **Loseblattausgaben in einem und mehreren Ordnern**. Anbei finden Sie drei Beispiele zur Zitierweise. Welchen Stellenwert die Herausgeber einnehmen, hängt davon ab, ob deren Namen bekannt sind oder ob der Kommentar primär unter dem Titel geführt wird. Suchen Sie im Internet nach den Originalquellen der Verlage und leiten Sie daraus ab, ob den Herausgebern (oder ehemaligen Herausgebern) oder dem Titel des Kommentars erste Priorität beigemessen wird.

Beispiele zur Zitierung in den Fußnoten mit Titelstichwort

[1] Vgl. Winkeljohann, N./Schellhorn, M., in: Beck'scher Bilanzkommentar, 2016, § 264 HGB, Rz. 41.

[2] Vgl. Brücks, M./Diehm, S./Kerkhoff, G., in: Internationales Bilanzrecht, 2008/2015, IAS 1, Rz. 282.

[3] Vgl. Bode, W., in: Blümich, EStG, KStG, GewStG, 1995/2015, EStG § 15, Rz. 13.

Beispiele zur Zitierung in den Fußnoten nach Harvard

[1] Winkeljohann und Schellhorn, in: Beck'scher Bilanzkommentar (2016) § 264 HGB, Rz. 41.

[2] Brücks, Diehm und Kerkhoff, in: Internationales Bilanzrecht (2008/2015), IAS 1, Rz. 282.

[3] Bode, in: Blümich, EStG, KStG, GewStG (1995/2015), EStG § 15, Rz. 13.

Beispiele zu den Angaben im Literaturverzeichnis mit Titelstichwort

Beck'scher Bilanzkommentar, 2016: Beck'scher Bilanzkommentar, Handels- und Steuerbilanz, hrsg. von Helmut Ellrott, Gerhard Förschle, Bernd Grottel, Michael Kozikowski, Stefan Schmidt und Norbert Winkeljohann, 10. Auflage, München 2016.

Internationales Bilanzrecht, 2008/2015: Internationales Bilanzrecht – Rechnungslegung nach IFRS, Kommentar, hrsg. von Stefan Thiele, Isabel von Keitz und Michael Brücks, Bonn/Berlin 2008, Loseblatt-Kommentar, Stand: Oktober 2015.

Blümich, EStG, KStG, GewStG, 1995/2015: EStG, KStG, GewStG – Einkommensteuergesetz, Körperschaftsteuergesetz, Gewerbesteuergesetz, hrsg. von Bernd Heuermann und Peter Brandis, München 1995, Loseblatt-Kommentar, Stand: Oktober 2015.

Beispiele zu den Angaben im Literaturverzeichnis nach Harvard
Beck'scher Bilanzkommentar (2016), hrsg. von Helmut Ellrott, Gerhard Förschle, Bernd Grottel, Michael Kozikowski, Stefan Schmidt und Norbert Winkeljohann, 10. Auflage, München: Verlag C. H. Beck.

Internationales Bilanzrecht (2008/2015), hrsg. von Stefan Thiele, Isabel von Keitz und Michael Brücks, Loseblatt-Kommentar, Stand: Oktober 2015, Bonn/Berlin: Stollfuß Medien.

Blümich, EStG, KStG, GewStG (1995/2015), hrsg. Bernd Heuermann und Peter Brandis, Loseblatt-Kommentar, Stand: Oktober 2015, München: Verlag Vahlen.

Wichtige Hinweise

✓ In der Fußnote stehen zuerst die Namen derjenigen, die den Beitrag im entsprechenden Kommentar geschrieben haben; zumeist sind ihre Namen auf der entsprechenden Textseite des Kommentars erkennbar.
✓ Nach „in:" folgen in der Fußnote die Bezeichnung des Kommentars, die Jahreszahlen und schließlich die Fundstelle.
✓ Bei gebundenen Werken ist das Erscheinungsjahr eindeutig, bei Loseblatt-Kommentaren werden grundsätzlich zwei Jahreszahlen genannt, die des Erscheinungsjahres des Kommentars und die der letzten Ergänzungslieferung.
✓ Bei den Angaben der Herausgeber im Literaturverzeichnis ist unbedingt darauf zu achten, dass sich die Herausgeber der gebundenen Werke mit jeder Auflage ändern können. Arbeiten Sie sorgfältig und geben Sie die Herausgeber der aktuellen verwendeten Auflage an.

2.3.4.1.8 Zitierung von Standards, Diskussionspapieren und Standardentwürfen

Für Ihre Seminar- oder Abschlussarbeit müssen Sie einen angemessenen Umgang mit den **Standards** selbst und eine Zitierweise von Diskussionspapieren und Standardentwürfen festlegen. Empfehlenswert ist, Fundstellen der IFRS nicht in die Fußnoten, sondern direkt in den Text einzufügen. Zum besseren Verständnis folgen einige Beispiele.

Beispiele zur Angabe von Fundstellen der IFRS im Textverlauf

1. Der Impairment-Only-Approach fordert nach IAS 36.10 (b) eine jährliche Überprüfung des Geschäfts- oder Firmenwerts auf Wertminderung, planmäßige Abschreibungen sind nicht vorgesehen.
2. Nach IAS 37.14 sind für ungewissen Verbindlichkeiten und drohende Verluste aus schwebenden Geschäften ebenso Rückstellungen zu bilden wie nach § 249 Abs. 1 HGB.

Wenn Sie sich im Rahmen Ihrer Ausarbeitungen mit einem Thema auseinandersetzen, das gerade im Umbruch ist und Sie sich auf ein **Diskussionspapier** oder einen **Standardentwurf** des IASB beziehen, zitieren Sie wie folgt:

Beispiele zur Zitierung in den Fußnoten mit Titelstichwort

[1] Vgl. IASB, DP-SME, 2004, point 21.
[2] Vgl. IASB, DP-Revenue-Recognition, 2008, chapter 2.10.
[3] Vgl. IASB, ED-Deferred Tax, 2010, paragraph 51B.

Beispiele zur Zitierung in den Fußnoten nach Harvard

[1] IASB (2004), point 21.
[2] IASB (2008), chapter 2.10.
[3] IASB (2010), paragraph 51B.

Beispiele zu den Angaben im Literaturverzeichnis mit Titelstichwort bzw. nach Harvard[10]

IASB, DP-SME, 2004 bzw. IASB (2004): Discussion Paper – Preliminary Views on Accounting Standards for Small and Medium-sized Entities, June 2004, http://www.iasb.org/NR/rdonlyres/40DFAE7D-3BSF-4764-AF05-0E2F0252F7E7/0/DPonSMEs.pdf, Abruf am 15.06.2009.

IASB, DP-Revenue Recognition, 2008 bzw. IASB (2008): Discussion Paper – Preliminary Views on Revenue Recognition in Contracts with Customers, December 2008, http://www.ifrs.org/Current-Projects/IASB-Projects/Revenue-Recognition/Discussion-Paper/Documents/DP_PreliminaryViewsRevenueRecognition1208.pdf, Abruf am 29.06.2013.

IASB, ED-Deferred Tax, 2010 bzw. IASB (2010): Exposure Draft – Deferred Tax: Recovery of Underlying Assets (proposed amendments to IAS 12), November 2010, http://www.ifrs.org/Current-Projects/IASB-Projects/Income-Taxes/ed/Documents/EDIncomeTax12Sept10.pdf, Abruf am 12.08.2012.

2.3.4.1.9   Zitierung von EU-Verordnungen und EU-Richtlinien

Zur Vervollständigung der relevanten Literaturquellen für Abschlussarbeiten zur Internationalen Rechnungslegung wird abschließend auf die Zitierung von **EU-Verordnungen und EU-Richtlinien** eingegangen.

---

[10] Da die Angaben im Literaturverzeichnis mit Titelstichwort bzw. nach Harvard in diesem und den folgenden Gliederungspunkten fast deckungsgleich sind, werden diese zusammengefasst.

Der wesentliche Unterschied zwischen EU-Verordnungen und EU-Richtlinien liegt in der Verbindlichkeit der Mitgliedstaaten diese anzuwenden. EU-Verordnungen sind, sobald sie von der EU-Kommission verabschiedet werden, von allen EU-Mitgliedstaaten verbindlich anzuwenden. EU-Richtlinien müssen erst in das nationale Recht der Mitgliedstaaten übernommen und dadurch bestätigt werden.

Beispiele zur Zitierung von EU-Verordnungen und EU-Richtlinien in den Fußnoten mit Titelstichwort

[1] Vgl. IAS-Verordnung, Verordnung (EG) Nr. 1606/2002, ABl. L 243 vom 11.09.2002, Artikel 9.
[2] Vgl. Micro-Richtlinie, Richtlinie 2012/6/EU, ABl. L 81 vom 21.03.2012, Artikel 2.

Beispiele zur Zitierung von Artikelgesetzen in den Fußnoten nach Harvard

[1] IAS-Verordnung (2002), Artikel 9.
[2] Micro-Richtlinie (2012), Artikel 2.

Beispiele zu den Angaben im Literaturverzeichnis mit Titelstichwort bzw. nach Harvard

IAS-Verordnung, Verordnung (EG) Nr. 1606/2002 des Europäischen Parlaments und des Rates vom 19. Juli 2002 betreffend die Anwendung internationaler Rechnungslegungsstandards, ABl. L 243 vom 11.09.2002, S. 1–4.

Micro-Richtlinie, Richtlinie 2012/6/EU des Europäischen Parlaments und des Rates vom 14.03.2012 zur Änderung der Richtlinie 78/660/EWG des Rates über den Jahresabschluss von Gesellschaften bestimmter Rechtformen hinsichtlich Kleinstbetrieben, ABl. L 81 vom 21.03.2012, S. 3–6.

Wichtige Hinweise

✓ „ABl." ist die Abkürzung für „Amtsblatt der Europäischen Union"; auch diese Abkürzung muss in das Abkürzungsverzeichnis.
✓ Geben Sie stets die genauen Seitenzahlen im Amtsblatt der Europäischen Union an.

2.3.4.1.10   Zitierung von steuerrechtlichen Quellen

Es kommt vor, dass Sie aus Gesetzesparagraphen, Artikelgesetzen, Parlamentaria oder aus Verwaltungsanweisungen zitieren müssen.

Für Paragraphen aus **Gesetzestexten** gilt die gleiche Empfehlung wie für Fundstellen der IFRS. Fügen Sie diese direkt in den Text ein.

Beispiele zur Angabe von Gesetzesparagraphen im Textverlauf

1. Bei der Gewinnermittlung für Gewerbetreibende ist nicht nur die allgemeine Definition des Gewinnbegriffs in § 4 Abs. 1 Satz 1 EStG zu beachten, sondern ebenso § 5 Abs. 1 zum steuerlichen Ansatz des Betriebsvermögens nach den handelsrechtlichen Grundsätzen ordnungsmäßiger Buchführung.
2. § 1 Abs. 1 Nr. 5 UStG ist zu entnehmen, dass es sich bei innergemeinschaftlichen Erwerben im Inland gegen Entgelt um steuerbare Umsätze handelt.

Die Zitierweise von Artikelgesetzen, Parlamentaria und Verwaltungsanweisungen ist anders als die sonstiger Literaturquellen.

Bei **Artikelgesetzen** handelt es sich um verabschiedete Einzelgesetze, wodurch eine Änderung von Paragraphen mehrerer Gesetze beschlossen wird, wie z. B. das Bilanzrechtsmodernisierungsgesetz (BilMoG) mit zahlreichen Änderungen zum HGB und EStG.

Beispiele zur Zitierung von Artikelgesetzen in den Fußnoten mit Titelstichwort

[1] Vgl. BilRUG vom 17.07.2015, BGBl I 2015, S. 1245.
[2] Vgl. Micro-BilG vom 20.12.2012, BGBl I 2012, S. 2753.

Beispiele zur Zitierung von Artikelgesetzen in den Fußnoten nach Harvard

[1] BilRUG (2015), S. 1245.
[2] Micro-BilG (2012), S. 2753.

Beispiele zu den Angaben im Literaturverzeichnis mit Titelstichwort bzw. nach Harvard. Das Gesetz muss mit der kompletten Bezeichnung, wie sie im Bundesgesetzblatt steht, benannt werden:

BilRUG vom 17.07.2015 bzw. BilRUG (2015): Gesetz zur Umsetzung der Richtlinie 2013/34/EU des Europäischen Parlaments und des Rates vom 26. Juni 2013 über den Jahresabschluss, den konsolidierten Abschluss und damit verbundene Berichte von Unternehmen bestimmter Rechtsformen und Änderung der Richtlinie 2006/43/EG des Europäischen Parlaments und des Rates und zur Aufhebung der Richtlinien 78/660/EWG und 83/349/EWG des Rates (Bilanzrichtlinie-Umsetzungsgesetz – BilRUG) vom 17.07.2015, BGBl I 2015, S. 1245–1267.

MicoBilG vom 20.12.2012 bzw. Micro-BilG (2012): Gesetz zur Umsetzung der Richtlinie 2012/6/EU des Europäischen Parlaments und des Rates vom 14. März 2012 zur Änderung der Richtlinie 78/660/EWG des Rates über den Jahresabschluss von Gesellschaften bestimmter Rechtsformen hinsichtlich Kleinstbetrieben (Kleinstkapitalgesellschaften-Bilanzrechtsänderungsgesetz – MicroBilG) vom 20.12.2012, BGBl I 2012, S. 2751–2755.

Wichtige Hinweise

✓ Die Abkürzungen der Artikelgesetze und weitere, wie „BGBl – Bundesgesetzblatt"
   sind ins Abkürzungsverzeichnis aufzunehmen.
✓ Denken Sie daran, bei den Angaben im Literaturverzeichnis die vollständigen Seiten
   des Bundesgesetzblattes anzugeben.

Zu den **Parlamentaria** gehören Entwürfe und Gesetzesbeschlüsse, die als BT- oder
BR-Drucksachen, d. h. Bundestags- oder Bundesrats-Drucksachen veröffentlicht werden.

Beispiele zur Zitierung von Parlamentaria in den Fußnoten mit Titelstichwort

[1] Vgl. Gesetzesbeschluss des Deutschen Bundestages, BilRUG, BR-Drucksache 285/15
    vom 19.06.2015, S. 1.
[2] Vgl. Gesetzentwurf der Bundesregierung, MicroBilG, BT-Drucksache 17/11292 vom
    05.11.2012, S. 20.

Beispiele zur Zitierung von Parlamentaria in den Fußnoten nach Harvard

[1] Gesetzesbeschluss BilRUG (2015), S. 1.
[2] Gesetzentwurf MicroBilG, (2012), S. 20.

**Beispiele zu den Angaben im Literaturverzeichnis mit Titelstichwort bzw. nach
Harvard**

Gesetzesbeschluss des Deutschen Bundestages – Gesetz zur Umsetzung der Richtlinie
2013/34/EU des Europäischen Parlaments und des Rates vom 26. Juni 2013 über den
Jahresabschluss, den konsolidierten Abschluss und damit verbundene Berichte von Unternehmen bestimmter Rechtsformen und zur Änderung der Richtlinie 2006/43/EG des
Europäischen Parlaments und des Rates und zur Aufhebung der Richtlinien 78/660/EWG
und 83/349/EWG des Rates (Bilanzrichtlinie-Umsetzungsgesetz – BilRUG), BR-Drucksache 285/15 vom 19.06.2015.

Gesetzentwurf der Bundesregierung – Entwurf eines Gesetzes zur Umsetzung der Richtlinie 2012/6/EU des europäischen Parlaments und des Rates vom 14. März 2012 zur Änderung der Richtlinie 78/660/EWG des Rates über den Jahresabschluss von Gesellschaften
bestimmter Rechtsformen hinsichtlich Kleinstbetrieben (Kleinstkapitalgesellschaften-Bilanzrechtsänderungsgesetz – MicoBilG), BT-Drucksache 17/11292 vom 05.11.2012.

Zu den **Verwaltungsanweisungen** gehören die BMF-Schreiben des Bundesministeriums
der Finanzen; aber auch die Finanzministerien der Länder geben BMF-Schreiben heraus.
BMF-Schreiben geben Rechtsklarheit und Entscheidungssicherheit seitens der Finanzver-
waltung bei Regelungslücken. Veröffentlicht werden BMF-Schreiben im Bundessteuer-
blatt (BStBl).

Beispiele zur Zitierung von BMF-Schreiben in den Fußnoten mit Titelstichwort

[1] Vgl. BMF-Schreiben zur Maßgeblichkeit vom 12.03.2010, IV C 6 – S 2133/09/10001, Rz. 15.

[2] Vgl. BdF-Schreiben zu Teilamortisations-Leasing-Verträgen vom 23.12.1991, IV B 2 – S 2170 – 115/91, S. 13.

Beispiele zur Zitierung von BMF-Schreiben in den Fußnoten nach Harvard

[1] BMF-Schreiben (2010), Rz. 15.

[2] BdF-Schreiben (1991), S. 13.

Beispiele zu den Angaben im Literaturverzeichnis mit Titelstichwort bzw. nach Harvard

BMF-Schreiben (zur Maßgeblichkeit) vom 12.03.2010, IV C 6 – S 2133/09/10001, betr: Maßgeblichkeit der handelsrechtlichen Grundsätze ordnungsmäßiger Buchführung für die steuerliche Gewinnermittlung; Änderung des § 5 Absatz 1 EStG durch das Gesetz zur Modernisierung des Bilanzrechts (Bilanzrechtsmodernisierungsgesetz – BilMoG) vom 15. Mai 2009 (BGBl. I S. 1102, BStBl I S. 650), in: BStBl I 2010, S. 239.

BdF-Schreiben (zu Teilamortisations-Leasing-Verträgen) vom 23.12.1991, IV B 2 – S 2170 – 115/91, betr.: Ertragsteuerliche Behandlung von Teilamortisations-Leasing-Verträgen über unbewegliche Wirtschaftsgüter, in: BStBl I 1992, S. 13.

Wichtige Hinweise

- Anzugeben ist stets der gesamte Betreff des BMF-Schreibens.
- „BMF" steht für „Bundesfinanzministerium", „BdF" ist die (veraltete) Abkürzung für „Bundesminister der Finanzen".

2.3.4.2 Verzeichnisse

2.3.4.2.1 Übersicht

Zu einer **vollständigen wissenschaftlichen Arbeit** gehören das Inhalts-, das Abbildungs- und das Abkürzungsverzeichnis, die vor dem Textteil stehen und ein Literaturverzeichnis, das nach dem Textteil steht. Auf das Literaturverzeichnis wurde bereits ausführlich eingegangen.

Bei umfangreichen Arbeiten wie Dissertationen oder Habilitationsschriften ist zwingend ein **Verzeichnis der verwendeten Gesetze** notwendig. Bei einer Abschlussarbeit kann grundsätzlich darauf verzichtet werden, es sei denn, Sie haben explizit andere Vorgaben.

Für herangezogene **steuerrechtlichen Quellen** kann es notwendig sein, ein eigenes Verzeichnis mit den zitierten Artikelgesetzen, Parlamentaria und Verwaltungsanweisungen anzulegen; allerdings nur, wenn Sie mehrere verwendet haben, ansonsten sind sie in das Literaturverzeichnis zu integrieren.

Prüfen Sie abschließend:

✓ Entspricht der Umfang Ihrer Arbeit den Vorgaben Ihres Prüfers? Zumeist bezieht sich die vorgegebene Seitenzahl für Ihre Seminar- oder Abschlussarbeit ausschließlich auf den Textteil ohne Verzeichnisse.

✓ Als letzte Seite Ihrer Abschlussarbeit ist die notwendige Ehrenerklärung einzufügen.

2.3.4.2.2   Inhaltsverzeichnis

Verwenden Sie von Anfang an die automatische Funktion zur Erstellung eines Inhaltsverzeichnisses, die **kontinuierliche Anpassung von Überschriften** fällt dann leicht. Achten Sie darauf, dass die Überschriften einer jeweiligen Gliederungsebene zueinander passen und eine einheitliche Struktur aufweisen.

Als Hilfestellung sei die Erstellung einer Inhaltsübersicht empfohlen. Eine Inhaltsübersicht enthält lediglich die Kapitelüberschriften und die Überschriften der zweiten Gliederungsebene. Dies sind die wichtigsten Überschriften Ihrer Arbeit, sie geben dem Leser einen Überblick, was ihn erwartet. Alle weiteren Gliederungsebenen sind ebenfalls wichtig, enthalten aber Details, die nachrangig sind.

Anbei einige weitere Tipps zur Prüfung Ihres Inhaltsverzeichnisses:

✓ Nehmen Sie sich genügend Zeit, um die Überschriften im Inhaltsverzeichnis immer wieder kritisch zu überprüfen und anzupassen. Ist eine Parallelstruktur auf gleichen Gliederungsebenen gegeben? Ist die Formulierungsweise der Überschriften einer Gliederungsebene ähnlich und passend?

✓ Eine optimale Gliederungsstruktur enthält keine „Zwischentexte". Unter der Überschrift des Abschn. 2.1 darf z. B. kein Text stehen, wenn der Abschn. 2.1.1 folgt oder unter der Überschrift des Kap. 3 darf kein Text stehen, weil der Abschn. 3.1 folgt.

✓ Liegen mehrere Untergliederungspunkte vor, wie z. B. Abschn. 4.2.1 bis 4.2.5 so stellen Sie diesen den Abschn. 4.2.1 mit der Überschrift „Übersicht" oder „Einführung" voran, um in diesem Gliederungspunkt Ausführungen niederzuschreiben, die alle folgenden Gliederungspunkte dieser Ebene betreffen. Geben Sie dem Leser einen Überblick, was ihn in den folgenden Gliederungspunkten erwartet.

✓ Beachten Sie, dass Überschriften der Gliederungspunkte Ihrer Arbeit nicht als Fragen, die mit Fragezeichen enden, formuliert werden dürfen.

✓ Haben Sie sämtliche Überschriften groß geschrieben?

✓ Ist Ihre Gliederung logisch aufgebaut? Achten Sie darauf, dass kein Gliederungspunkt „alleine bleibt", z. B. darf kein Abschn. 2.1.1 in Ihrer Gliederung stehen, wenn nicht Abschn. 2.1.2 folgt.

✓ Bei automatischer Erstellung des Inhaltsverzeichnisses ist es sinnvoll, mit Punkten zwischen dem jeweiligen Titel und der Seitenzahl zu arbeiten. Stehen zwischen Titel und Seitenzahl mindestens drei Punkte? Wenn nicht trennen Sie den Titel so, dass er in der nächsten Zeile fortgesetzt wird.

✓ Haben Sie das Inhaltsverzeichnis abschließend aktualisiert? Stimmen die Seitenzahlen tatsächlich mit Ihrem Textteil überein?

2.3.4.2.3 Abbildungsverzeichnis

Ein Abbildungsverzeichnis ist zu erstellen, wenn Sie **mehr als zwei Abbildungen** verwendet haben. Wählen Sie die Überschriften der Abbildungen so präzise, dass ein Blick in das Abbildungsverzeichnis dem Leser zweckmäßige Informationen vermittelt. Bei ähnlichen und aufeinanderfolgenden Abbildungen müssen Differenzierungen der Inhalte verbal deutlich erkennbar sein.

Stellen Sie sich die Frage, ob eine zwingende Abgrenzung von **Abbildungen und Tabellen** vorzunehmen ist. Wenn Sie diese unterscheiden, muss nicht nur ein Abbildungs-, sondern auch ein Tabellenverzeichnis angelegt werden. Bei geringer Anzahl (z. B. drei Abbildungen und zwei Tabellen) empfiehlt es sich, keine Differenzierung vorzunehmen und die Tabellen ebenfalls als Abbildungen zu deklarieren.

✓ Haben Sie alle Abbildungen sorgfältig tituliert und die Überschriften der Abbildungen einheitlich gestaltet?

✓ Ist die Nummerierung Ihrer Abbildungen stringent? Entweder Sie nummerieren die Abbildung von der ersten bis zur letzten durchgängig oder Sie beginnen für jedes Kapitel neu, diese zu nummerieren (z. B. handelt es sich bei Abb. 3.1, Abb. 3.2 und Abb. 3.3 um die Abbildungen des dritten Kapitels).

✓ Haben Sie die Seitenzahlen des Abbildungsverzeichnisses abschließend aktualisiert?

2.3.4.2.4 Abkürzungsverzeichnis

Achten Sie ab der ersten Textseite darauf, dass Sie mit Abkürzungen angemessen umgehen. Für Abkürzungen gilt, dass **bei erster Verwendung der Begrifflichkeiten** die kompletten Worte auszuschreiben sind und die im dann folgenden Textverlauf verwendete Abkürzung in Klammern angefügt wird, z. B. United States Generally Accepted Accounting Principles (US-GAAP) oder International Accounting Standards Committee Foundation (IASCF).

Ausnahmen bilden **gängige Abkürzungen, die im Duden** stehen, wie z. B. (für zum Beispiel), ca. (für circa), u. a. (für unter anderem) oder vgl. (für vergleiche). Diese brauchen nicht in ausgeschriebener Fassung vorkommen. Grundsätzlich ist es nicht notwendig, sie ins Abkürzungsverzeichnis aufzunehmen, da aber häufig darauf Wert gelegt wird, lautet die Empfehlung, sämtliche Abkürzungen im Abkürzungsverzeichnis anzuführen.

✓ Verwenden Sie Abkürzungen in Ihren Abbildungen, ist zum einen eine Legende notwendig und zum anderen die Eintragung in das Abkürzungsverzeichnis.

✓ Achten Sie darauf, die im Literaturverzeichnis verwendeten Abkürzungen mit in das Abkürzungsverzeichnis aufzunehmen.

✓ Bei den Abkürzungen von Zeitschriften ist es sinnvoll, dass Sie die Erläuterung mit dem Zusatz „(Zeitschrift)" versehen.

2.4 Literaturverzeichnis

Sämtliche **Quellen** sind **in alphabetischer Reihenfolge** nach den genannten Autoren aufzuführen. Die genannten Beispiele zur Zitierung, wenn zu Beginn der Quellenangabe kein Autor, sondern wie z. B. bei Kommentaren der Titel des Kommentars angeführt wird, zeigen Ihnen, wo die Einordnung vorzunehmen ist.

Beachten Sie, dass Sie genügend **Literaturquellen** und nicht zu viele **Internetquellen** verwenden. E-Books sind als Bücher in das Literaturverzeichnis aufzunehmen und nicht als Internetquellen. Prüfen Sie sorgfältig, bei welchen Quellen eine Uniform Resource Locator (URL) anzugeben ist und bei welchen nicht. Im Anschluss an die URL folgt die Angabe des Abrufdatums.

Prüfen Sie die **Wissenschaftlichkeit von Internetquellen**, verwenden Sie z. B. keine Informationsbriefe von Steuerberatungsgesellschaften, die von diesen als aktuelle Schreiben für Ihre Mandanten zur Verfügung gestellt werden.

Weder Beiträge aus **WIKIPEDIA** noch Kurzzusammenfassungen zu Themen dürfen zitiert werden.

Achten Sie darauf, ob **Quellen** als **öffentlich zugänglich** angesehen werden können. Dies ist z. B. bei Veröffentlichungen von den großen Prüfungsgesellschaften (PwC, Ernst & Young, Deloitte oder KPMG) der Fall. Da zumeist viele Mitarbeiter als Autoren beteiligt sind und diese Publikationen nicht als Sammelschriften veröffentlich werden, wo eindeutig erkennbar wäre, wer welchen Artikel geschrieben hat, steht statt des Autors die Prüfungsgesellschaft.

✓ Achten Sie darauf, dass der Leser die in den Fußnoten angegebenen Quellen unter genau gleichen Angaben im Literaturverzeichnis findet. Eine Wiedererkennung muss zwingend gegeben sein, z. B. darf es nicht vorkommen, dass Sie einen Standardentwurf in der Fußnote mit „IASB, ED-…" angeben und im Literaturverzeichnis unter „ED" (für Exposure Draft) aufführen.

✓ Prüfen Sie abschließend die Vollständigkeit des Literaturverzeichnisses; es müssen alle Quellen genannt werden, aus welchen Sie zitiert haben.

✓ Zusätzliche Quellen hingegen dürfen nicht in das Literaturverzeichnis aufgenommen werden.

2.5 Sorgfältiges Korrigieren

Nach der Phase des Schreibens folgt die **Korrekturphase**. Zumeist ist Ihre Zeit begrenzt, so dass Sie diese nicht endlos ausweiten können, ansonsten wäre es sicherlich eine Phase, die nur schwer ein Ende findet. Aus einem Zitat von Theodor Fontane (1819–1898) geht hervor, wie wichtig sie ist: „Drei Viertel meiner ganzen literarischen Tätigkeit ist überhaupt Korrigieren und Feilen gewesen. Und vielleicht ist drei Viertel noch zu wenig gesagt."

Abschließend noch einige Hinweise:

- ✓ Lesen Sie sich Ihre Texte laut vor, zumeist merken Sie dann selbst, wenn Sätze den Leser langweilen oder unverständlich sind.
- ✓ Achten Sie auf kurze Sätze. Es gibt keine Regel, wie viele Wörter ein Satz haben darf. Fest steht aber, dass ein Satz mit mehr als 20 Wörtern an Verständlichkeit verliert. Teilen Sie Sätze, die zu lang sind.
- ✓ Achten Sie auf eine gute Struktur von Haupt- und Nebensätzen.
- ✓ Stilistisch sind Personalpronomen (z. B. ich, du, er und sie) und Indefinitpronomen (z. B. man, jemand und etwas) zu vermeiden.
- ✓ Achten Sie auf eine gute Absatzgliederung.
- ✓ Überprüfen Sie, ob die Übergänge von einem Gliederungspunkt zum nächsten und am Ende eines Kapitels fließend sind. Jeder Gliederungspunkt sollte abschließend sein, d. h. mit einer Art Fazit enden und zugleich zu den Inhalten des folgenden Gliederungspunktes überleiten.
- ✓ Sind Rechtschreibung, Interpunktion und Grammatik korrekt?
- ✓ Haben Sie die Zitierweise in den Fußnoten vereinheitlicht? Setzen Sie auch die Kommata einheitlich.
- ✓ Achten Sie auf eine einheitliche und ansprechende Layoutgestaltung.
- ✓ Vermeiden Sie „Hurenkinder" und „Schusterjungen". Hurenkind bedeutet, dass die letzte Zeile eines Absatzes am Anfang einer neuen Buchseite steht, bei einem Schusterjungen steht die erste Zeile eines Absatzes auf der vorhergehenden und der Rest des Absatzes auf der neuen Seite. Hurenkinder und Schusterjungen beeinträchtigen die Ästhetik des Textes.
- ✓ Sind Ihre Graphiken und vorgenommene Beschriftungen gut erkennbar?
- ✓ Wurden bei allen Graphiken die Quellen genannt und eigene Graphiken entsprechend gekennzeichnet?
- ✓ Haben Sie die Graphiken vollständig im Abbildungsverzeichnis aufgeführt?
- ✓ Haben Sie die Graphiken in optimaler Weise in den Textfluss eingebunden? Wichtig ist, dass Sie das Dargestellte im Text erläutern und nicht von der Graphik erwarten „dass Sie selbst zum Leser spricht".

Ziel dieses Leitfadens ist, Sie für eine kritische Auseinandersetzung mit Informationen zu sensibilisieren und Ihnen das Werkzeug für eine erfolgreiche Abschlussarbeit zu geben.

In den Kap. 3 bis 6 folgen Abschlussarbeiten von ehemaligen Studierenden. Zu lesen, wie andere eine erfolgreiche Abschlussarbeit geschrieben haben, erleichtert Ihnen die Realisierung der eigenen. Nutzen Sie die Hilfestellungen, Hinweise und praktischen Tipps für Ihren Lernerfolg, der jetzt in Ihrem eigenen Handeln liegt.

Literatur zu Kapitel 1 und 2

Coenenberg, Adolf G./Haller, Axel/Schultze, Wolfgang, Jahresabschluss, 2014: Jahresabschluss und Jahresabschlussanalyse – Betriebswirtschaftliche, handelsrechtliche, steuerrechtliche und internationale Grundsätze – HGB, IFRS-US-GAAP, DRS, 23. Auflage, Stuttgart 2014.

Gesetz zur Modernisierung des Bilanzrechts (Bilanzrechtsmodernisierungsgesetz – BilMoG) vom 25. Mai 2009, BGBl I 2009, S. 1102–1137.

Hofstee, Erik, Good Dissertation, 2006: Constructing a Good Dissertation: A Practical Guide to Finishing a Master's, MBA or Phd on Schedule, Johannesburg 2006.

IASB, ED-IFRS-KMU, 2007: Entwurf eines vorgeschlagenen IFRS für kleine und mittelgroße Unternehmen, Übersetzung in Zusammenarbeit mit Deloitte, München 2007.

Lühr, Ingrid, Internationale Rechnungslegung KMU, 2010: Internationale Rechnungslegung für kleine und mittelgroße Unternehmen, Wiesbaden 2010.

Bilanzierung von Leasingverhältnissen nach IAS 17 – Darstellung und kritische Analyse der Änderungen

3

Helen Bay

Inhaltsverzeichnis

Abbildungsverzeichnis

H. Bay (✉)
Bechtle AG
Neckarsulm, Deutschland

© Springer Fachmedien Wiesbaden 2016
I. Malms (Hrsg.), *Erfolgreiche Abschlussarbeiten - Internationale Rechnungslegung*,
DOI 10.1007/978-3-658-13005-3_3

Tabellenverzeichnis

Abkürzungsverzeichnis

DP   Discussion Paper
ED   Exposure Draft
EU   Europäische Union
EY   Ernst & Young GmbH
FASB   Financial Accounting Standards Board
GuV   Gewinn- und Verlustrechnung
IAS   International Accounting Standard
IASB   International Accounting Standards Board
IFRIC   International Financial Reporting Interpretations Commitee
IFRS   International Financial Reporting Standards
Jg.   Jahrgang
KoR   Kapitalmarktorientierte Rechnungslegung
Mrd.   Milliarden
ND   Nutzungsdauer
Nr.   Nummer
PWC   PricewaterhouseCoopers AG
ROU   Right-of-use-Vermögenswert
Rz.   Randziffer
SIC   Standing Interpretation Commitee
Tsd.   Tausend
US-GAAP United States Generally Accepted Accounting Principles

3.1 Einleitung

Die entgeltliche und zeitlich begrenzte Nutzungsüberlassung im Sinne von heutigen Leasingverhältnissen wurde schon vor 5000 Jahren praktiziert. Die ersten schriftlichen Aufzeichnungen stammen dabei aus der Zeit der Babylonier, die sich bereits 1700 vor Christus
dieser Idee bedienten, um die Risikoverteilung zwischen dem Mieter (Leasingnehmer)
und dem Vermieter (Leasinggeber) eines Ochsen zu regeln. Der Mieter erhielt das Recht

zur Nutzung (z. B. der Ochse als Zugtier) oder an den Erzeugnissen, während der Vermieter als Eigentümer das Risiko des plötzlichen Untergangs (z. B. Ochse wird von einem Löwen gerissen) trug.[1]

Diese Grundidee wird auch in der heutigen Wirtschaft weiterverfolgt. Bedingt durch eine schier unbegrenzte Zahl möglicher Leasingobjekte und komplexer wirtschaftlicher Zusammenhänge jedoch in einer sehr viel diffizileren Art und Weise.[2]

Die Leasingbranche ist Deutschlands größter Investor. Im Jahr 2015 generierte diese Branche 52,5 Mrd. Euro. Marktstudien zeigen, dass knapp 80 % der Finanzentscheider in deutschen Unternehmen Leasing zur Realisierung ihrer Investitionspläne in Betracht ziehen. Gut die Hälfte aller außenfinanzierten Investitionen der Unternehmen wird über Leasing abgewickelt, womit es eine Spitzenposition als Alternative zum klassischen Bankkredit einnimmt und so zu einem unverzichtbaren Konjunktur- und Innovationsmotor in Deutschland geworden ist.[3]

Die Motive, die für das Leasing sprechen, sind dabei Liquiditätsschonung, Kalkulierbarkeit der Kosten, neuester Stand der Betriebsausstattung, die Möglichkeit, Investitionen trotz niedrigem Budget zu tätigen und eine bilanzschonende Finanzierung.[4]

Die bilanzschonende Finanzierung ergibt sich aus der Ausnutzung der aktuellen Bilanzierungsregeln des IAS 17, die es ermöglicht, bestimmte Leasingverhältnisse außerbilanziell abzubilden, was Vorteile wie Bilanzverkürzungen, Verbesserung der Bilanzkennzahlen und Ratingverbesserungen nach sich zieht.[5]

Genau diese Möglichkeit der bilanzneutralen Darstellung von Leasingverhältnissen steht aber auch stark in der Kritik, weshalb sich das International Accounting Standards Board (IASB) und das Financial Accounting Standards Board (FASB) dieser Problematik angenommen haben und in einem gemeinsamen Konvergenzprojekt seit mehr als einem Jahrzehnt versuchen, einen Vorschlag für die konzeptionelle Reformierung der Leasingbilanzierung in der internationalen Rechnungslegung auszuarbeiten.[6]

Aus den vorangehenden Beschreibungen der Notwendigkeit einer Reform der Leasingbilanzierung ergibt sich auch der Wunsch des früheren IASB-Vorsitzenden Sir David Tweedie: „One of my great ambitions before I die is to fly in an aircraft that is on an airline's balance sheet."[7] Ob dies mit der geplanten neuen Art der Leasingbilanzierung wahr werden könnte, soll in der vorliegenden Arbeit aufgezeigt werden.

In der vorliegenden Arbeit wurden die Veröffentlichungen von IASB und FASB bis Ende Oktober 2015 berücksichtigt. Mit einer Veröffentlichung des finalen Standards wurde

---

[1] Vgl. Pferdehirt (2007), S. 1.
[2] Vgl. Beatge u. a. (2012), S. 657.
[3] Vgl. Bundesverband deutscher Leasingunternehmen (2015a).
[4] Vgl. Bundesverband deutscher Leasingunternehmen (2015b).
[5] Vgl. Küting u. a. (2013), S. 394 f.
[6] Vgl. Deloitte (2015a).
[7] IASB (2008), p. 5.

im Dezember 2015 gerechnet.[8] Bei Fertigstellung der vorliegenden Arbeit am 20. Dezember 2015 war jedoch noch kein fertiger neuer Standard veröffentlicht.

3.2   Gang der Arbeit

Ziel der vorliegenden Arbeit ist es, die aktuelle und die künftige Leasingbilanzierung darzustellen und diese kritisch zu betrachten. In Abschn. 3.3 „Bilanzierung von Leasingverhältnissen nach IAS 17" werden daher die aktuellen Bilanzierungsvorschriften beschrieben. In Abschn. 3.3.3.1 geht es um die Regeln für Finanzierungsleasingverhältnisse. Im darauffolgenden Abschn. 3.3.3.2 geht es um die Regeln für Operating-Leasingverhältnisse. Analog zu Abschn. 3.3.3.1 werden auch hier die Vorschriften für Leasingnehmer und für Leasinggeber dargestellt. Abschn. 3.5.1 stellt dann die Kritikpunkte an der aktuellen Leasingbilanzierung dar. In Abschn. 3.4 werden die künftigen Bilanzierungsvorschriften für Leasingverhältnisse aufgezeigt. Zunächst werden in Abschn. 3.4.3 die Schlüsselkonzepte der neuen Bilanzierungsweise vorgestellt. Anschließend geht es in Abschn. 3.4.4 um die künftigen Bilanzierungsvorschriften für Leasingnehmer und Leasinggeber nach aktuellem Stand, die in Abschn. 3.5.2 kritisch betrachtet werden. Abschließend wird in Abschn. 3.6 ein kurzes Fazit zu den beschriebenen Themen gezogen.

3.3   Bilanzierung von Leasingverhältnissen nach IAS 17

3.3.1   Definition

Leasing ist ein Begriff aus dem Englischen und bedeutet übersetzt sowohl das *Mieten/Pachten* als auch das *Vermieten/Verpachten*.[9] Aus diesen Übersetzungsmöglichkeiten lassen sich bereits die beiden Parteien eines Leasingverhältnisses ableiten – der Leasinggeber und der Leasingnehmer.

Der Leasinggeber räumt laut Definition des IAS 17.4 dem Leasingnehmer für einen vereinbarten Zeitraum das Nutzungsrecht an einem bestimmten Leasinggegenstand ein. Leasinggegenstände können dabei sowohl materielle als auch immaterielle Vermögenswerte sein. Die Gegenleistung des Leasingnehmers an den Leasinggeber ist ein Entgelt, das einmalig oder in einer Reihe von Zahlungen entrichtet wird.[10] Der Hintergrund von Leasingverträgen ist also in der Regel die Möglichkeit, einen Leasinggegenstand nutzen zu können, ohne dass zivilrechtlich das Eigentum übergeht.[11]

Für die Ausgestaltung des Vertrags, der dem Leasingverhältnis zu Grunde gelegt wird, dem sogenannten Leasingvertrag, gibt es eine Reihe von verschiedenen Möglichkeiten.

---

[8] Vgl. Dinh u. a. (2015), S. 218; Bausch/Fülbier (2015), S. 2342; Freiberg (2015), S. 2539.
[9] Vgl. Merz u. a. (2002), S. 307.
[10] Vgl. Petersen u. a. (2015), S. 384; Pellens u. a. (2014), S. 660.
[11] Vgl. Coenenberg u. a. (2012), S. 193.

Variabel festgelegt werden können hierbei die Mindestdauer des Nutzungsüberlassungs-
verhältnisses, während der eine Kündigung ausgeschlossen ist, die Höhe der Leasingraten,
etwaige Anschlussregelungen für die Zeit nach Ablauf der Mindestleasingdauer und für
die Verwendung des Erlöses aus der Verwertung des Leasinggegenstands.[12] Die Folge
dieser Gestaltungsmöglichkeiten ist, dass Leasingverhältnisse wirtschaftlich den Charakter von Mietverträgen, aber auch von Ratenkaufverträgen annehmen können.[13] Bilanziell
wirft das die Frage auf, wer was zu bilanzieren hat.

Die Regelungen für die internationale Rechnungslegung finden sich im IAS 17 *Leasingverhältnisse*, der regelt, dass Leasingverträge gemäß ihrem wirtschaftlichen Gehalt
bilanziert werden müssen. IFRIC 4, die *Beurteilung, ob eine Vereinbarung ein Leasingverhältnis enthält*, SIC-15 *Mietleasingverhältnisse – Anreizvereinbarungen* und SIC-27,
die *Beurteilung des wirtschaftlichen Gehalts von Transaktionen in der rechtlichen Form
von Leasingverhältnissen* bieten weitergehende Hilfestellungen.

Die Vorschriften im IAS 17 gelten laut IAS 17.2 grundsätzlich für alle Leasingverhältnisse mit Ausnahme von Lizenzvereinbarungen über Filme, Manuskripte, Patente u. Ä.
und Leasingvereinbarungen, die für die Entdeckung und Verarbeitung von nicht regenerativen Ressourcen wie Mineralien, Öl oder Erdgas getroffen werden. Außerdem gelten die
Bewertungsgrundsätze aus IAS 17 nicht für Immobilien, die zu Renditezwecken gehalten
werden und nicht für biologische Vermögenswerte, die im Rahmen eines Finanzierungsleasings gehalten werden.[14]

Um die Frage zu klären, welche der beiden Vertragsparteien eines Leasingverhältnisses im Anwendungsbereich des IAS 17 welche Vermögenswerte und Schulden in welcher
Höhe ansetzen muss, gilt es zunächst zu klären, wem das wirtschaftliche Eigentum zuzurechnen ist.[15] Dies entspricht dem zentralen Bewertungsgrundsatz der IFRS *substance
over form*, wonach bei der Beurteilung eines Sachverhaltes primär auf seine wirtschaftlichen Auswirkungen abgestellt werden sollte und nicht auf seine rechtliche Gestaltung.[16]
Die Zuordnung erfolgt über eine Klassifizierung, die im folgenden Gliederungspunkt beschrieben wird.

3.3.2 Klassifizierung von Leasingverhältnissen

IAS 17 unterscheidet Leasingverhältnisse nach Finanzierungsleasing (*finance lease*) und
Operating-Leasing (*operating lease*). Entscheidend ist, wie vorangehend beschrieben, ob
das wirtschaftliche Eigentum am Leasingobjekt dem Leasinggeber oder dem Leasingnehmer zuzurechnen ist, wobei das im Einzelfall sehr schwierig sein kann.[17]

---

[12] Vgl. Petersen u. a. (2015), S. 384.
[13] Vgl. Kirsch (2013), S. 60.
[14] Vgl. Petersen u. a. (2015), S. 384 f.
[15] Vgl. Coenenberg u. a. (2012), S. 197.
[16] Vgl. Coenenberg u. a. (2012), S. 23 f.
[17] Vgl. Pellens u. a. (2014), S. 663.

Diese Zuordnung des wirtschaftlichen Eigentums entspricht dem *all-or-nothing-approach*, der durch eine an bestimmten Kriterien festmachende wirtschaftliche Gesamtbetrachtung eines Sachverhaltes jeweils nur eine der Vertragsparteien als bilanzrechtlichen Eigentümer des Vermögenswertes qualifiziert.[18]

Im ersten Schritt muss laut IAS 17.7 geprüft werden, in welchem Umfang die mit dem Eigentum eines Leasinggegenstands verbundenen Chancen und Risiken beim Leasinggeber oder Leasingnehmer liegen (*risks and rewards approach*).[19] Als Chancen sind in diesem Zusammenhang Gewinnmöglichkeiten zu sehen, die z. B. durch den Einsatz des Leasinggegenstands im Geschäftsbetrieb oder dessen Wertzuwachses entstehen. Als Risiken Verlustmöglichkeiten, z. B. durch Ausfall oder technische Überholung des Leasinggegenstands.[20]

Grundlage für die Klassifizierung sind laut IAS 17.4 die Bedingungen, die im Zeitpunkt des Vertragsabschlusses gelten (*inception of the lease*). Nicht verwechselt werden sollte dieser mit dem Zeitpunkt, an dem die Laufzeit des Leasingverhältnisses beginnt. Sobald der Leasingvertrag während der Laufzeit maßgeblich verändert wird und dies zu einer abweichenden Klassifizierung führt, liegt eine neue Vereinbarung über die Restlaufzeit vor und muss nach den allgemeinen Kriterien neu beurteilt werden.[21]

Wenn im Wesentlichen alle Chancen und Risiken, die mit dem Eigentum des Leasinggegenstands verbunden sind, beim Leasingnehmer liegen, handelt es sich laut IAS 17.8 um Finanzierungsleasing. Dabei wird davon ausgegangen, dass der Leasingnehmer im Zuge einer Art fremdfinanzierten Kaufs der wirtschaftliche Eigentümer des Leasinggegenstands wird, wobei der Kaufpreis nicht sofort, sondern meist in Raten entrichtet wird. Darüber hinaus werden noch zusätzliche Finanzierungsaufwendungen berücksichtigt. Für den überwiegenden Teil der wirtschaftlichen Nutzungsdauer des Leasinggegenstands kann der Leasingnehmer also den wirtschaftlichen Nutzen für sich in Anspruch nehmen und muss im Gegenzug die Leasingraten entrichten, die in der Summe ungefähr dem beizulegenden Zeitwert plus den Finanzierungskosten des Leasinggegenstands entsprechen.[22]

Die vorangehende Beschreibung bietet eine sehr allgemeine Basis zur Klassifizierung von Leasingverhältnissen. In IAS 17.10 und IAS 17.11 finden sich konkrete Kriterien, die auf ein Finanzierungsleasing hindeuten. Um Operating-Leasing handelt es sich hingegen laut IAS 17.4, wenn kein Finanzierungsleasing vorliegt, die Klassifizierung erfolgt also durch eine Negativabgrenzung.

Treffen nachfolgend aufgeführte Kriterien und Indikatoren einzeln oder in Kombination zu, dann deutet dies auf Finanzierungsleasing hin. Bei den Kriterien handelt es sich jedoch nur um Interpretationshilfen und nicht um eine abschließende Aufzählung, denn selbst wenn eines oder mehrere Kriterien zutreffen, dabei aber nicht alle wesentlichen Chancen und Risiken auf den Leasingnehmer übergehen, kann es sich noch um ein

---

[18] Vgl. Scharenberg (2009), S. 94.
[19] Vgl. Petersen u. a. (2015), S. 385.
[20] Vgl. Pellens u. a. (2014), S. 663.
[21] Vgl. Petersen u. a. (2015), S. 385.
[22] Vgl. Pellens u. a. (2014), S. 663 f.

Operating-Leasing handeln. Wichtig ist also, dass der Sachverhalt jeweils im Gesamtzu-sammenhang betrachtet wird.[23]

Die Kriterien in IAS 17.10 lauten wie folgt:[24]

- Vereinbarter Eigentumsübergang (*transfer of ownership test*):
  Am Ende der Vertragslaufzeit (Grundmietzeit plus Zeitraum, den der Leasingnehmer durch Mietverlängerungsoptionen in Anspruch nehmen kann) wird das rechtliche Eigentum am Leasinggegenstand auf den Leasingnehmer übertragen.
  Begründung: Der Leasingnehmer hat von Beginn an die tatsächliche Herrschaft über den Leasinggegenstand, die ihm nicht mehr streitig gemacht werden kann, solange er den Leasingvertrag ordnungsgemäß erfüllt.
- Günstige Kaufoption (*bargain purchase option*):
  Der Leasingvertrag enthält eine günstige Kaufoption, die es dem Leasingnehmer er-möglicht, den Leasinggegenstand zu einem Preis zu erwerben, der erheblich unterhalb des erwarteten beizulegenden Zeitwerts zum Zeitpunkt der Ausübung der Option liegt.
  Begründung: Durch die günstige Kaufpreisgestaltung ist bereits zu Beginn des Lea-singverhältnisses sicher, dass die Option auch ausgeübt wird. Allerdings bleibt unklar, was „günstig" in diesem Zusammenhang tatsächlich bedeutet, weshalb hier Ermessens-spielräume offen bleiben.[25] Zusätzlich sollte geprüft werden, inwieweit der Leasing-nehmer unter Umständen regelrecht gezwungen ist, die Kaufoption auszuüben, weil im Falle der Nichtausübung hohe Opportunitätskosten einer dann erforderlichen Er-satzbeschaffung auf ihn zukommen würden.[26]
- Laufzeittest (*economic life test*):
  Die Vertragslaufzeit (einschließlich dem eventuellen Zeitraum einer Mietverlänge-rungsoption) umfasst den überwiegenden Teil der wirtschaftlichen Nutzungsdauer des Leasinggegenstands. Begründung: Auch ohne Übertragung des rechtlichen Eigentums nutzt der Leasingnehmer den Leasinggegenstand fast über dessen gesamte Nutzungs-dauer, so dass beinah alle Chancen und Risiken bei ihm liegen. Genau quantifizierte Größen wie z. B. ein Mindestverhältnis von Vertragslaufzeit zur wirtschaftlichen Nut-zungsdauer enthält IAS 17.10 allerdings nicht, weshalb nur auf den Wortsinn von „überwiegender Teil" abgezielt werden kann, wonach die Vertragslaufzeit mindestens 50 % umfassen müsste. Darüber hinaus wäre eine Orientierung an konkreten Grenzen wie 75 % nach US-GAAP oder 90 % nach deutschem Steuerrecht denkbar, aber nicht zwingend.[27]

---

[23] Vgl. Pawelzik (2012), Kapitel C, Rz. 1622.

[24] Vgl. Pellens u. a. (2014), S. 664 f.; Kirsch (2013), S. 60 f.; Coenenberg u. a. (2012), S. 198 f.; für die folgenden Abschnitte.

[25] Vgl. Focken/Hansmann, in: Gabler Kommentar Internationale Rechnungslegung (2011), IAS 17, Rz. 51.

[26] Vgl. Pawelzik (2012), Kapitel C, Rz. 1626.

[27] Vgl. Pawelzik (2012), Kapitel C, Rz. 1627.

- Barwerttest (*recovery of investment test*):
  Zu Beginn des Leasingverhältnisses entspricht der Barwert der (Mindest-) Leasingzahlungen im Wesentlichen dem beizulegenden Zeitwert des Leasinggegenstands. Begründung: Wirtschaftlich betrachtet kann vermutet werden, dass hier ein Ratenkauf
  vorliegt. Falls eine geringe Differenz zwischen den Mindestleasingzahlungen und dem
  beizulegenden Zeitwert besteht, kann dies durch Finanzierungskosten erklärt werden.
  Auch bei diesem Kriterium bleibt ein Interpretationsspielraum offen, da nicht abschließend geklärt ist, ob das Kriterium wörtlich zu nehmen ist oder bereits greift, wenn der
  Barwert des Leasinggegenstands annähernd dem beizulegenden Zeitwert entspricht.
  Hier bietet die amerikanische Rechnungslegung nach US-GAAP wieder eine Orien-
  tierungshilfe, wonach der Barwert der Mindestleasingzahlungen mindestens 90 % des
  beizulegenden Zeitwerts des Leasinggegenstands entsprechen sollte.[28]
  An dieser Stelle sollte noch geklärt werden, was Mindestleasingzahlungen sind. Sie
  schließen laut IAS 17.4 für den Leasingnehmer die während der Laufzeit des Leasingverhältnisses zu leistenden Grundmietzahlungen und alle sonstigen Zahlungen ein, zu
  denen er herangezogen werden kann. Außerdem zählen im Falle einer günstigen Kaufoption die Kaufpreiszahlungen am Ende des Leasingverhältnisses und ein eventuell
  von ihm oder einer ihm verbundenen Partei garantierter Restwert hinzu.
  Für den Leasinggeber zählen dieselben Zahlungen zu den Mindestleasingzahlungen
  wie für den Leasingnehmer. Abweichungen gibt es allerdings beim Restwert. Zu den
  Mindestleasingzahlungen des Leasinggebers zählen zusätzlich jegliche Restwerte, die
  ihm garantiert werden. Diese Garantie kann sowohl vom Leasingnehmer als auch von
  einer mit dem Leasingnehmer verbundenen Partei oder von einer dritten unabhängigen
  Partei gegeben werden.[29]
  In den Mindestleasingzahlungen nicht enthalten sind erfolgsabhängige Zahlungen,
  Steuern, Umlagen für Reparaturen, Wartung, Service und ähnliche Dienstleistungen,
  sofern diese nicht quasi sicher sind. Diese Zahlungen sind von zukünftigen, ungewissen Ereignissen abhängig und erfüllen damit laut IAS 17.4 die Definition der bedingten
  Leasingraten.[30]
  Damit der Barwert der Mindestleasingzahlungen ermittelt werden kann, sollte der interne Kalkulationszinssatz des Leasinggebers zur Diskontierung verwendet werden. Falls
  dieser vom Leasingnehmer nicht in praktikabler Weise ermittelt werden kann, so wird
  gemäß IAS 17.20 derjenige Zinssatz verwendet, den der Leasingnehmer im alternativen Fall des Kaufs und der damit evtl. verbundenen Fremdfinanzierung mit gleicher
  Dauer und Sicherheit des Kaufpreises aufwenden müsste.[31]

---

[28] Vgl. Pawelzik (2012), Kapitel C, Rz. 1630.
[29] Vgl. Lüdenbach u. a. (2015), § 15, Rz. 47 ff.
[30] Vgl. Lüdenbach u. a. (2015), § 15, Rz. 49.
[31] Vgl. Kirsch (2013), S. 61.

- Spezialleasing (*special lease*):
  Liegt dann vor, wenn der Leasinggegenstand von so spezieller Beschaffenheit ist, dass er ohne wesentliche Veränderungen nur vom jeweiligen Leasingnehmer genutzt werden kann. Begründung: Mangels anderweitiger Verwendungsmöglichkeiten muss sich der Leasinggegenstand aus Sicht des Leasinggebers über die Laufzeit des Leasingvertrags amortisieren, wodurch der Leasingnehmer automatisch die Position des wirtschaftlichen Eigentümers einnimmt. Aus diesem Grund wird dieses Kriterium überwiegend nur als klarstellend angesehen, da sich der Leasinggeber bei rationalem Verhalten gegen sein wirtschaftliches Risiko bereits so absichern wird, dass schon die anderen Kriterien zu einer Klassifizierung als Finanzierungsleasing führen.[32]

Die Indikatoren in IAS 17.11 lauten wie folgt:

- Verlustübernahme bei vorzeitiger Kündigung:
  Der Leasingnehmer trägt die Verluste des Leasinggebers wenn das Leasingverhältnis vorzeitig aufgelöst wird. Begründung: Hier wird durch den Zwang zur Verlustübernahme bei vorzeitiger Vertragsauflösung konkret aufgezeigt, wie große Teile der mit dem Leasinggegenstand verbundenen Chancen und Risiken auf den Leasingnehmer übertragen werden.
- Restwertchancen und Restwertrisiken:
  Der Leasingnehmer trägt die Gewinne oder Verluste infolge von Schwankungen des fair values des Restwertes, der sich für den Leasinggegenstand ergibt.
- Günstige Verlängerungsoption:
  Der Leasingnehmer hat die Möglichkeit, das Leasingverhältnis im Rahmen einer zweiten Leasingperiode zu einer Miete fortzuführen, die weit unter den marktüblichen Bedingungen liegt.

Vorangehende Ausführungen lassen sich verkürzt auch in Abb. 3.1 darstellen, die die Vorgehensweise für die Klassifizierung von Leasingverhältnissen zeigt.

Eine besondere Schwierigkeit liegt in der Klassifizierung von Leasingverhältnissen über bebaute Grundstücke. Im Grundsatz gilt, dass Leasingverhältnisse über Grundstücke und Gebäude ebenso wie alle anderen Leasingverhältnisse entweder als Finanzierungsleasing oder als Operating-Leasing klassifiziert werden. Liegt ein kombinierter Vertrag über ein bebautes Grundstück vor, so ist dieser in seine einzelnen Bestandteile aufzuteilen, um im Ergebnis den Gebäude- und den Bodenanteil gemäß IAS 17.15A separat voneinander klassifizieren zu können.[33]

Die Aufteilung der Mindestleasingraten sollte laut IAS 17.16 im Verhältnis der fair values der Mietwerte für den Grundstücks- und Gebäudeanteil im Zeitpunkt des Beginns des Leasingverhältnisses erfolgen. Wenn die fair values nicht verlässlich ermittelt wer-

---

[32] Vgl. Pawelzik (2012), Kapitel C, Rz. 1631.
[33] Vgl. Petersen u. a. (2015), S. 386 f.

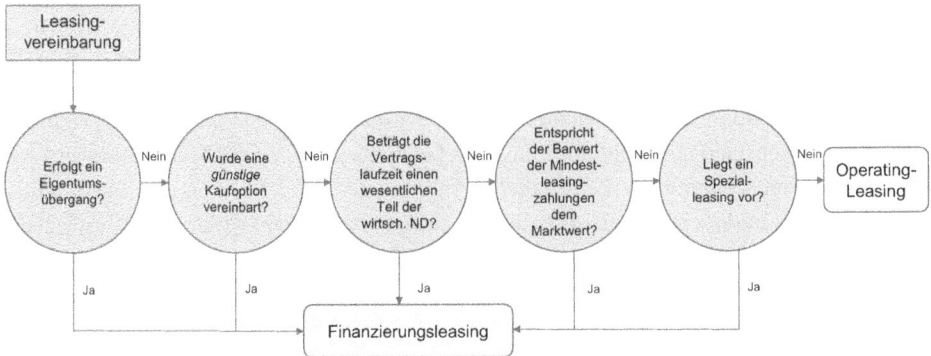

Abb. 3.1 Klassifizierung von Leasingverhältnissen nach IAS 17. (Eigene Darstellung in Anlehnung an Coenenberg u. a. 2012, S. 198)

den können, muss das gesamte Leasingverhältnis laut IAS 17.16 als Finanzierungsleasing eingestuft werden.

Sobald der anfänglich anzusetzende Anteil der Grundstückskomponente unwesentlich ist, wird das Leasingverhältnis nach IAS 17.17 als komplette Einheit klassifiziert.[34] Von einer Unwesentlichkeit des Grundstückanteils kann laut Kommentierung in Anlehnung an die Vorgaben der Rechnungslegung nach US-GAAP ausgegangen werden, sobald der fair value des Grundstücks nicht mehr als 25 % des gesamten fair values von Grundstück und Gebäude beträgt.[35]

Bei Leasingvereinbarungen über unbebaute Grundstücke gilt stets, dass Grundstücke eine unbegrenzte wirtschaftliche Nutzungsdauer haben. Daher kann der Leasinggeber auch bei einer noch so langen, jedoch endlichen Vertragslaufzeit, immer uneingeschränkt über das vollwertige Nutzungspotential des jeweiligen Grundstücks verfügen und die Chancen und Risiken liegen nach wie vor beim Leasinggeber. Damit wird ein Finanzierungsleasing unmöglich, wenn es sich beim Leasinggegenstand um ein unbebautes Grundstück handelt und der Übergang der Chancen und Risiken nicht speziell gesichert wird. Eine solche spezielle Sicherung könnten z. B. die Übertragung des rechtlichen Eigentums am Laufzeitende oder eine unendliche Vertragslaufzeit sein.[36]

Wenn ein Leasingverhältnis nach den vorangehenden Ausführungen klassifiziert wurde, finden sowohl der Leasinggeber als auch der Leasingnehmer die Vorgaben zur Bilanzierung in IAS 17. Im folgenden Gliederungspunkt wird beschrieben, wie diese nach aktuellem Stand erfolgen sollte. Abb. 3.2 bietet einen ersten Überblick über die Bilanzierungsvorschriften in Abhängigkeit von der zuvor erfolgten Klassifizierung.

---

[34] Vgl. Petersen u. a. (2015), S. 387.
[35] Vgl. Lüdenbach u. a. (2015), § 15, Rz. 88.
[36] Vgl. Kirsch (2013), S. 60 f.; Pellens u. a. (2014), S. 664.

3.3.3 Bilanzierung von Leasingverhältnissen

3.3.3.1 Finanzierungsleasing

3.3.3.1.1 Bilanzierung beim Leasingnehmer

3.3.3.1.1.1 Ansatz und Erstbewertung

Da der Leasingnehmer beim Finanzierungsleasing als wirtschaftlicher Eigentümer identifiziert wird, muss er zu Beginn des Leasingverhältnisses (*inception of the lease*) den Leasinggegenstand nach IAS 17.20 als langfristigen Vermögenswert aktivieren und in gleicher Höhe eine Leasingverbindlichkeit, die die Verpflichtung zu künftigen Leasingzahlungen ausdrückt, passivieren.[37] Diese bilanzielle Vorgehensweise beim Leasingnehmer entspricht einer normalen kreditfinanzierten Anschaffung.[38] Der dazugehörige Buchungssatz lautet wie folgt:

Vermögenswert	*an*	*Leasingverbindlichkeit*

Der Wertansatz für den Vermögenswert und die Leasingverbindlichkeit ergibt sich laut IAS 17.20 aus dem geringeren Wert aus fair value (vor evtl. Steuergutschriften und staatlichen Zuwendungen) des Leasinggegenstands und dem Barwert der Mindestleasingzahlungen. Bei der Berechnung des Barwerts der Mindestleasingzahlungen wird der beim Barwerttest verwendete Zinssatz (interner Zinssatz des Leasinggebers oder Fremdkapitalzinssatz des Leasingnehmers) zu Grunde gelegt.[39] Eine aktivische Saldierung von Vermögenswert und Schuld ist laut IAS 17.23 ausdrücklich verboten.

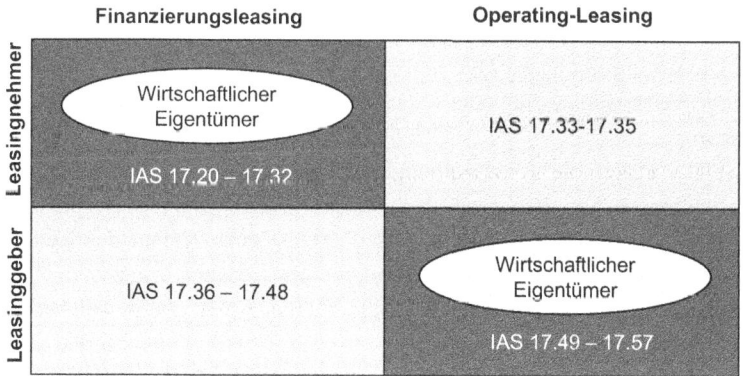

Abb. 3.2 Bilanzierungsvorschriften nach IAS 17 in Abhängigkeit von der Klassifizierung. (Eigene Darstellung in Anlehnung an Pellens u. a. 2014, S. 666)

---

[37] Vgl. Kirsch (2013), S. 61.
[38] Vgl. Pellens u. a. (2014), S. 666.
[39] Vgl. Pawelzik (2012), Kapitel C, Rz. 1660.

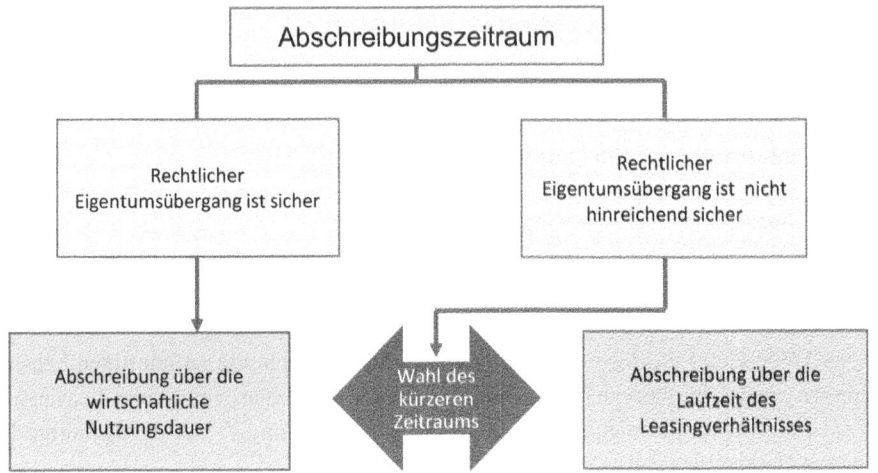

Abb. 3.3 Abschreibungszeitraum beim Finanzierungsleasing. (Eigene Darstellung in Anlehnung an Pellens u. a. 2014, S. 673)

Anfängliche direkte Kosten, die in Verbindung mit spezifischen Aktivitäten, wie dem Aushandeln oder Absichern von Leasingvereinbarungen anfallen, und sonstige Anschaffungsnebenkosten, die dem Leasingnehmer direkt zugerechnet werden können, werden dem als Vermögenswert angesetzten Betrag nach IAS 17.24 hinzugerechnet, erhöhen allerdings nicht die Leasingverbindlichkeit.[40]

3.3.3.1.1.2 Folgebewertung

Der auf der Aktivseite angesetzte Vermögenswert ist laut IAS 17.27 ebenso wie andere langfristige Vermögenswerte planmäßig und gegebenenfalls auch außerplanmäßig abzuschreiben. Die Abschreibungsbeträge sind dabei gemäß IAS 16 „Sachanlagen" und IAS 38 „Immaterielle Vermögenswerte" oder IAS 36 „Wertminderungen von Vermögenswerten" zu berechnen.

Über welche Dauer die Abschreibung vorgenommen werden muss, lässt sich aus Abb. 3.3 entnehmen. Aus dieser geht hervor, dass nach IAS 17.28 bei nicht vereinbartem oder unsicherem rechtlichen Eigentumsübergang nach Ablauf des Leasingvertrags der Vermögenswert entweder über die Laufzeit des Leasingvertrags oder die verbleibende wirtschaftliche Nutzungsdauer abzuschreiben ist, je nachdem welcher von beiden Zeiträumen der kürzere ist.

Falls jedoch ein rechtlicher Eigentumsübergang am Ende des Leasingvertrags vom Leasinggeber auf den Leasingnehmer hinreichend sicher ist, muss der Vermögenswert von vornherein über seine wirtschaftliche Nutzungsdauer abgeschrieben werden.[41] Der dazugehörige Buchungssatz lautet wie folgt:

---

[40] Vgl. Lüdenbach u. a. (2015), § 15, Rz. 121.
[41] Vgl. Petersen u. a. (2015), S. 394 ff.

Abschreibungen	an	Vermögenswert

Da die Abschreibungen Aufwand sind, tritt eine GuV-Wirkung bei der Folgebewertung ein.

Die auf der Passivseite ausgewiesene Verbindlichkeit, die die Verpflichtung zur Zahlung der Leasingraten darstellt, ist in einen Zins- (Finanzierungskosten) und einen Tilgungsteil aufzuteilen. Nebenkosten müssen erfolgswirksam als sonstige betriebliche Aufwendungen erfasst werden.[42]

Die Höhe der Leasingverbindlichkeit vermindert sich erfolgsneutral um den Tilgungsanteil. Die Summe der Tilgungsraten muss am Ende der Vertragslaufzeit also der anfänglich eingebuchten Verbindlichkeit entsprechen, damit die Verbindlichkeit auch vollständig getilgt ist.[43] Der Zinsanteil ist laut IAS 17.25 so zu verteilen, dass auf den jeweiligen Restbuchwert der Verbindlichkeit ein konstanter Zinsanteil entfällt (Effektivzinsmethode).[44] Der dazugehörige Buchungssatz lautet wie folgt:

Leasingverbindlichkeit	an	Bank
Finanzaufwand		
Sonstige betriebliche Aufwendungen		

Das folgende Beispiel soll die Aufteilung des Zinsanteils verdeutlichen:[45]

Ein Leasingnehmer least ab dem 01.01.2015 eine Anlage mit beizulegendem Zeitwert in Höhe von 250.000 Euro über eine Grundmietzeit von 5 Jahren. Dabei gelten die folgenden Annahmen:

- Zinssatz 10 %; wirtschaftliche Nutzungsdauer 8 Jahre; Barwert der Mindestleasingrate 247.159,30 Euro; jährliche Leasingrate 67.600 Euro (inklusive 2400 Euro Nebenkosten).

Nach IAS 17.26 dürfen auch Näherungsverfahren zur Bestimmung des Zinssatzes angewendet werden, wobei keine konkreten Verfahren wie z. B. das Zinsstaffelverfahren genannt werden.[46] Aus diesem Grund bleibt auch unklar, ob lineare Aufteilungen als Näherungslösung im Sinne von IAS 17.26 akzeptiert werden, bei denen die Finanzierungskosten unter Vernachlässigung jeder Verzinsung linear auf die Vertragslaufzeit verteilt werden. Grundsätzlich dürfte aber gelten, dass die lineare Verteilung je eher infrage kommt, desto kürzer die Laufzeit des Leasingverhältnisses ist.[47]

---

[42] Vgl. Kirsch (2013), S. 62.
[43] Vgl. Lüdenbach u. a. (2015), § 15, Rz. 133.
[44] Vgl. Petersen u. a. (2015), S. 398.
[45] Beispiel entnommen aus Lüdenbach u. a. § 15, Rz. 133 und ergänzt.
[46] Vgl. Pawelzik (2012), Kapitel C., Rz. 1662.
[47] Vgl. Pellens u. a. (2014), S. 676.

In IAS 17.29 wird in diesem Zusammenhang klargestellt, dass es unzulässig ist, die
Leasingzahlungen undifferenziert als Aufwand anstelle von Abschreibungen und Zinsaufwendungen zu verbuchen, da die Summe aus Abschreibungen und Zinsaufwendungen
nur in Ausnahmefällen den Leasingzahlungen entsprechen dürfte. Aus diesem Grund enthalten die Wertansätze für den Vermögensgegenstand und für die Verbindlichkeit meist
auch nur am Anfang, abgesehen von den anfänglichen direkten Kosten, den gleichen Wert
und im Zuge der Folgebewertung entwickeln sich diese beiden Positionen dann unterschiedlich.[48]

3.3.3.1.2 Bilanzierung beim Leasinggeber

3.3.3.1.2.1 Ansatz und Erstbewertung
Wie vorab beschrieben geht bei Vorliegen eines direkten Finanzierungsleasingverhältnisses, das wirtschaftliche Eigentum am Leasinggegenstand auf den Leasingnehmer über.
Auf Grund dessen der Leasinggeber laut IAS 17.36 nicht den Leasinggegenstand sondern
eine Forderung gegen den Leasingnehmer in seiner Bilanz ein- und den Leasinggegenstand als Vermögenswert ausbuchen muss.[49]

Die Höhe der anzusetzenden Forderung sollte im Zugangszeitpunkt laut IAS 17.36
dem Nettoinvestitionswert aus dem Leasingverhältnis entsprechen.[50] Obwohl dies wieder
eine neue Wertkategorie in IAS 17 ist, unterscheidet sich dieser Wert nicht grundlegend
von den Werten, die für den Leasingnehmer bei der Erstbewertung verpflichtend sind. Der
Nettoinvestitionswert ist folgendermaßen definiert:[51]

Mindestleasingzahlungen (Mindestleasingraten + garantierter Restwert)

+ geschätzter nicht garantierter Restwert,

= Bruttoinvestition in das Leasingverhältnis,

− noch nicht realisierter Finanzertrag,

= Nettoinvestition in das Leasingverhältnis.

Im Umkehrschluss handelt es sich beim Nettoinvestitionswert also um die Summe aus
dem Barwert der Mindestleasingzahlungen und dem Barwert eines eventuellen Restwerts
am Ende des Leasingzeitraumes. Dieser ist aber nicht garantiert. Als Abzinsungssatz wird
der interne Zinssatz des Leasinggebers verwendet. Dieser Wert entspricht häufig dem
fair value des Leasinggegenstands.[52] Durch das Abstellen auf den Nettoinvestitionswert
wird aus Sicht des Leasinggebers der noch nicht realisierte Finanzertrag also erst einmal

---

[48] Vgl. Focken/Hansmann, in: Gabler Kommentar Internationale Rechnungslegung (2011), IAS 17,
Rz. 65.
[49] Vgl. Pawelzik (2012), Kapitel C, Rz. 1665.
[50] Vgl. Lüdenbach u. a. (2015), § 15, Rz. 134.
[51] Vgl. Petersen u. a. (2015), S. 395.
[52] Vgl. Kirsch (2013), S. 64.

abgezogen und dann im weiteren Zeitverlauf des Leasingverhältnisses erfolgswirksam vereinnahmt.[53] Der Buchungssatz bei der Erstbewertung lautet wie folgt:

Leasingforderung	*an*	*Vermögenswert*

Wenn beim Leasinggeber anfängliche direkte Kosten anfallen, müssen diese laut IAS 17.38 zum Wertansatz der Forderung hinzu addiert werden und mindern die über die Laufzeit des Leasingverhältnisses anfallenden Finanzerträge.[54]

Im Falle eines Hersteller- oder Händlerleasings stellen sich die beschriebenen Sachverhalte anders dar. In dieser Arbeit soll allerdings nur auf das direkte Finanzierungsleasing eingegangen werden, weshalb auf weitere Ausführungen verzichtet wird.

3.3.3.1.2.2 Folgebewertung

Auch beim Leasinggeber sind die Leasingforderungen zum Zwecke der Folgebewertung in einen Zins- und einen Tilgungsanteil zu zerlegen. Der Teil der Leasingforderungen, der den Zinsanteil übersteigt, mindert die Forderung des Leasinggebers gegenüber dem Leasingnehmer.[55]

Nach IAS 17.39 müssen die Finanzerträge so auf die Laufzeit verteilt werden, dass sich auf Basis des internen Zinssatzes des Leasinggebers eine periodisch gleichbleibende Rendite des Nettoinvestitionswertes ergibt.[56] Dabei wird nicht explizit darauf hingewiesen, dass auf der Seite des Leasinggebers Näherungsverfahren zugelassen sind. Allerdings wäre es nicht konsistent, die Verwendung dem Leasingnehmer in IAS 17.26 ausdrücklich zu gestatten, dem Leasinggeber jedoch nicht. Ein Ermessensspielraum bleibt also in dieser Frage offen, da in IAS 17.40 nur von einer Verteilung auf einer „planmäßigen und vernünftigen Grundlage" die Rede ist.[57] Der Buchungssatz lautet wie folgt:

Bank	*an*	*Leasingforderung*
		Zinsertrag

Der Teil der Leasingforderung, bei dem es sich um den nicht garantierten Restwert handelt, ist laut IAS 17.41 zu jedem Abschlussstichtag auf seine Realisierbarkeit hin zu überprüfen. Sobald sich Anzeichen für eine Verminderung des Restwerts ergeben, ist der Nettoinvestitionswert entsprechend anzupassen. Dabei ist die Wertanpassung so vorzunehmen, als ob die Änderung bereits zu Beginn des Leasingverhältnisses bekannt gewesen wäre. Dies bedeutet, dass die Ertragsverteilung über die Laufzeit des Leasingverhältnisses berichtigt und jede Änderung bereits abgegrenzter Beträge unmittelbar erfolgswirksam erfasst wird.[58]

---

[53] Vgl. Pellens u. a. (2014), S. 670.
[54] Vgl. Pellens u. a. (2014), S. 671 f.
[55] Vgl. Lüdenbach u. a. (2015), § 15, Rz. 136.
[56] Vgl. Kirsch (2013), S. 64.
[57] Vgl. Pellens u. a. (2014), S. 678.
[58] Vgl. Lüdenbach u. a. (2015), § 15, Rz. 137 ff.

3.3.3.2 Operating-Leasing

3.3.3.2.1 Bilanzierung beim Leasingnehmer

Beim Operating-Leasing bleibt der Leasinggeber der wirtschaftliche Eigentümer des Leasinggegenstands, weshalb der Leasinggegenstand auch in dessen Bilanz ausgewiesen werden muss und nicht als Posten in der Bilanz des Leasingnehmers auftaucht.[59]

In der Gewinn- und Verlustrechnung des Leasingnehmers hingegen erscheinen die zu entrichtenden Leasingzahlungen als Aufwand.[60] Die zu zahlenden Leasingraten sind laut IAS 17.33 linear über die Laufzeit des Leasingverhältnisses zu erfassen, es sei denn, ein anderes systematisches Verfahren führt zu einer periodengerechteren Erfolgsermittlung, die dem zeitlichen Nutzenverlauf des Leasingnehmers besser entspricht. Laut IAS 17.34 ist dies auch der Fall, wenn die Zahlungen nicht auf dieser Grundlage erfolgen.[61] Anreize, die der Leasinggeber in diesem Zusammenhang dem Leasingnehmer gewährt, mindern die Gesamtsumme der Mietzahlungen und sind daher ebenfalls linear bzw. entsprechend dem Nutzenverlauf zu verteilen.[62]

Verdeutlicht werden soll dies mit dem folgenden Beispiel,[63] bei dem ein Leasingnehmer einen PKW least. Es gelten die folgenden Bedingungen:

- wirtschaftliche Nutzungsdauer 6 Jahre; Grundmietzeit 4 Jahre; monatliche Leasingrate 750 €; beizulegender Zeitwert PKW 38.000 €; keine Kaufoption nach Ablauf der Grundmietzeit; die ersten 4 Monate sind mietfrei.

Die Summe der Leasingraten des Operating-Leasingverhältnisses beträgt 750 € * 44 (4 Jahre * 12 Monate − 4) = 33.000 €. Der Aufwand muss über die vollen 4 Jahre aufgeteilt werden.

Das entspricht 8250 € Aufwand pro Jahr und nicht nur 6000 € im ersten Jahr und 9000 € in den Folgejahren. Der Buchungssatz dazu lautet wie folgt:

Jahr 1: *Leasingaufwand 8250 €*	*an*	*Bank*	*6000 €,*
		Abgegrenzte Verbindlichkeit	*2250 €.*
Jahr 2–4: *Leasingaufwand 8250 €*	*an*	*Bank*	*9000 €,*
		Abgegrenzte Verbindlichkeit	*750 €.*

Da die Leasingzahlungen, wie vorangehend beschrieben, während der Dauer des gesamten Leasingverhältnisses nur als Aufwand in der GuV-Rechnung des Leasingnehmers ausgewiesen werden, ist weder eine bilanzielle Erst- noch eine Folgebewertung nötig.

---

[59] Vgl. Kirsch (2013), S. 64 f.
[60] Vgl. Kirsch (2013), S. 64 f.
[61] Vgl. Baetge u. a. (2012), S. 670.
[62] Vgl. Pawelzik (2012), Kapitel C, Rz. 1670.
[63] Beispiel entnommen aus Kirsch (2013), S. 65 und ergänzt.

3.3.3.2.2 Bilanzierung beim Leasinggeber

3.3.3.2.2.1 Ansatz und Erstbewertung

Beim Operating-Leasing verbleibt, wie bereits beschrieben, das wirtschaftliche Eigentum am Leasinggegenstand beim Leasinggeber. Aus diesem Grund muss dieser den Leasinggegenstand als Vermögenswert in seiner Bilanz aktivieren und bewerten. Die Bewertung des Vermögenswerts muss laut IAS 17.49 gemäß seiner Eigenschaften als materieller oder immaterieller Vermögensgegenstand nach den jeweiligen Standards (wie IAS 16 Sachanlagen, IAS 38 Immaterielle Vermögenswerte usw.) erfolgen.[64]

Die Aktivierung erfolgt regelmäßig zu Anschaffungs- oder Herstellkosten. Anfängliche direkte Kosten, die dem Leasinggeber im Zusammenhang mit dem Abschluss des Leasingverhältnisses entstehen, sind dabei gemäß IAS 17.52 als Teil der Anschaffungs- und Herstellkosten zu aktivieren.[65]

3.3.3.2.2.2 Folgebewertung

Der in der Bilanz angesetzte Vermögenswert muss laut IAS 17.53 in Übereinstimmung mit den Abschreibungsgrundsätzen des Leasinggebers für ähnliche Vermögenswerte gemäß IAS 16 und IAS 38 über die wirtschaftliche Nutzungsdauer abgeschrieben werden. Wertminderungen sollen laut IAS 17.54 in Übereinstimmung mit den Vorschriften in IAS 36 erfasst werden.[66]

Die Leasingerträge, die der Leasingnehmer vereinnahmt, sind laut IAS 17.50 linear über die Laufzeit des Leasingverhältnisses als Ertrag zu erfassen. Falls allerdings eine andere Methode den Nutzenverbrauch des Leasinggegenstands besser darstellt, so ist ebenfalls laut IAS 17.50 auch eine dementsprechende Darstellung zulässig.[67] Analog zur Erfassung beim Leasingnehmer bemisst sich die Verteilung der Leasingerträge damit unabhängig von den tatsächlichen Zahlungsflüssen, was dem Konzept der Periodenabgrenzung[68] entspricht.[69]

Die dem Leasinggeber anfänglich entstehenden Kosten sollen laut IAS 17.52 so verteilt werden, wie die Vereinnahmung der Erträge erfolgt, also entweder linear oder entspre-

---

[64] Vgl. Pellens u. a. (2014), S. 672.
[65] Vgl. Petersen u. a. (2015), S. 392.
[66] Vgl. Baetge u. a. (2012), S. 669 f.
[67] Vgl. Focken/Hansmann, in: Gabler Kommentar Internationale Rechnungslegung, IAS 17, Rz. 68.
[68] Periodenabgrenzung: Posten der Rechnungsabgrenzung dienen der periodengerechten Erfolgsermittlung nach dem accrual principle in IAS 1.25 und im Rahmenkonzept Rz. 22. Es wird unterschieden in transitorische Abgrenzungsposten, bei denen es sich um Ausgaben bzw. Einnahmen des Unternehmens, die Aufwand bzw. Ertrag für eine bestimmte Zeit nach dem Bilanzstichtag darstellen und antizipative Abgrenzungsposten, bei denen es sich um Aufwendungen bzw. Erträge handelt, die in der laufenden Periode anfallen, jedoch erst nach dem Bilanzstichtag zu Ausgaben oder Einnahmen führen. Vgl. Coenenberg u. a. (2012), S. 469 f.
[69] Vgl. Pellens u. a. (2014), S. 681.

chend dem Nutzenverlauf und zwar auch, wenn der Leasinggegenstand selbst auf eine andere Art abgeschrieben wird.[70]

Anreize, die der Leasinggeber dem Leasingnehmer gewährt, stellen laut SIC 15.4 für den Leasinggeber Kosten dar, welche dieser als Abzug von den Erträgen aus dem Leasingverhältnis behandeln muss. Sie sind ebenfalls linear oder in einer den Nutzenverlauf besser abbildenden Weise über die Laufzeit des Leasingverhältnisses zu verteilen. Dabei spielen laut SIC 15.3 die Zahlungswirksamkeit, Zeitpunkte oder Art der Anreize keine Rolle.[71]

3.3.3.3   Sale and lease back Transaktionen

Die Bilanzierung von sale and lease back Transaktionen fällt ebenfalls in den Anwendungsbereich von IAS 17. Die Vorschriften finden sich in IAS 17.58–17.66. Bei einer sale and lease back Transaktion veräußert der rechtliche Eigentümer einen Vermögenswert und least diesen anschließend vom neuen rechtlichen Eigentümer zurück. Auch hier muss eine Klassifizierung in Finanzierungs- oder Operating-Leasing vorgenommen werden. Ist der Leasinggegenstand in diesem Zusammenhang allerdings eine Immobilie, so fällt der Vorgang in den Anwendungsbereich des IAS 40 „Als Finanzinvestition gehaltene Immobilien".[72]

In der Regel handelt es sich bei sale and lease back Transaktionen um Finanzierungsleasingverhältnisse, da sie gerade das Ziel haben, dass nur das rechtliche nicht aber das wirtschaftliche Eigentum übergeht und letzteres beim Leasingnehmer verbleibt. Ausgeschlossen ist Operating-Leasing jedoch nicht, was in den folgenden Beschreibungen deutlich werden sollte.[73]

Grundsätzlich sollen Finanzierungs- und Operating-Leasingverhältnisse, die aus sale and lease back Verträgen resultieren laut IAS 17.58 genauso bilanziert werden, wie alle sonstigen Leasingverhältnisse. Allerdings gibt es einige Besonderheiten bezüglich eines eventuell anfallenden Verkaufsgewinns zu beachten.[74]

Handelt es sich beim Leasingverhältnis um ein finance lease back, ist laut IAS 17.59 ein etwaiger Gewinn, der bei der Veräußerung des Leasinggegenstands entsteht, abzugrenzen. In der Folgezeit ist der so gebildete abgegrenzte Posten linear über die Laufzeit des Leasingverhältnisses erfolgswirksam aufzulösen. Fallen Veräußerungsverluste an, sind diese nur insoweit erfolgswirksam zu erfassen, wie sie einer Wertminderung gemäß IAS 36 entsprechen. Sofern der Veräußerungsverlust aus einem anderen Grund entstand, muss dieser ebenfalls abgegrenzt und erst über die Laufzeit erfolgswirksam aufgelöst werden.[75]

Wie mit den Verkaufsgewinnen im Falle eines operating lease backs umgegangen werden soll, kann Tab. 3.1 entnommen werden.

---

[70] Vgl. Focken/Hansmann, in Gabler Kommentar Internationale Rechnungslegung, IAS 17, Rz. 68.
[71] Vgl. Pellens u. a. (2014), S. 681.
[72] Vgl. Pawelzik (2012), Kapitel C, Rz. 1680.
[73] Vgl. Pellens u. a. (2014), S. 686.
[74] Vgl. Lüdenbach (2015), § 15, Rz. 166.
[75] Vgl. Petersen u. a. (2015), S. 401.

Tab. 3.1 Verkaufsgewinne im Falle eines operating lease back. (In Anlehnung an Kirsch 2013, S. 66)

Verkaufspreis entspricht dem fair value des Leasinggegenstandes	Verkaufspreis übersteigt den fair value des Leasinggegenstandes	Verkaufspreis liegt unter dem fair value des Leasinggegenstandes
Verkaufsgewinne- und verluste müssen sofort erfolgswirksam erfasst werden (IAS 17.61 S. 1)	Veräußerungsgewinn (Veräußerungspreis – fair value) muss als Verbindlichkeit abgegrenzt werden und über den Leasingzeitraum erfolgswirksam aufgelöst werden (IAS 17.61 S. 3).	Veräußerungsverlust (fair value – Verkaufspreis) ist als Forderung abgrenzen und nur über den Leasingzeitraum aufzulösen, wenn der Verlust durch günstige Leasingraten ausgeglichen wird; sonst sofortige erfolgswirksame Erfassung des Veräußerungsverlustes (IAS 17.61 S. 2).

3.4 Zukünftige Bilanzierung von Leasingverhältnissen

3.4.1 Standardsetting

Mit den vorausgehenden Ausführungen wurde beschrieben, wie Leasingverhältnisse nach aktuellem Stand bilanziert werden müssen. Immer wieder werden die geltenden Standards allerdings durch neue abgelöst.

An dieser Stelle soll das Verfahren zur Verabschiedung eines neuen Standards, das sogenannte Standardsetting, zum besseren Verständnis beschrieben werden. In einem ersten Schritt veröffentlicht das International Accounting Standards Board (IASB) auf seiner Homepage ein Discussion Paper, das die interessierte (Fach-)Öffentlichkeit kommentieren kann. Im nächsten Schritt erarbeitet das Board dann einen Standardentwurf (*Exposure Draft*), der wiederum kommentiert werden kann. Erst danach entwickelt das IASB einen finalen Standard, der ab dem Zeitpunkt des Erscheinens auf der Homepage des IASB gültig ist. Allerdings ist der Standard erst anzuwenden, wenn die EU ihn geprüft und anerkannt hat, dies ist der sogenannte Endorsement-Prozess.[76]

Im Falle der Leasingbilanzierung haben die Standardsetter des IASB in Zusammenarbeit mit dem amerikanischen Financial Accounting Standards Board (FASB) am 19.03.2009 das Discussion Paper DP/2009/1[77] und am 17.08.2010 einen neuen Standardentwurf, den Exposure Draft ED/2010/9[78] *Leases* veröffentlicht. Auf den ED/2010/9 ist

---

[76] Vgl. Coenenberg u. a. (2012), S. 63.
[77] Vgl. IASB (2009).
[78] Vgl. IASB (2010).

aufgrund zahlreicher Kritik am 16.05.2013 der überarbeitete Re-ED/2013/6[79] gefolgt, im weiteren Verlauf ED 2013 genannt, der allerdings auch wieder kritisiert wurde. Aufgrund dieser Kritik überarbeitete das IASB seinen Standardentwurf erneut und veröffentlichte im August 2014 ein project update[80] mit neuen Überlegungen und Konkretisierungen, im Februar 2015 nochmals ein project update[81] sowie im Oktober 2015 ein weiteres project update[82], in denen das IASB die Definition eines Leasingverhältnisses finalisiert hat.[83] Der geplante neue Standard soll den bisherigen Standard IAS 17 „Leasingverhältnisse" und die Interpretationen IFRIC 4, SIC 15 und SIC 27 ablösen.[84]

Im weiteren Verlauf dieser Arbeit soll ausführlich der Inhalt von ED 2013 beschrieben werden und um die aktuellsten vom IASB veröffentlichten Überlegungen ergänzt werden.

3.4.2 Anwendungsbereich

Der neue Standard soll angewendet werden auf Leasingverhältnisse über alle Vermögenswerte mit Ausnahme von:

- Leasingverhältnisse über immaterielle Vermögenswerte beim Leasinggeber gemäß ED 2013 Rz. 4a – wobei in diesem Zusammenhang gemäß ED 2013 Rz. 5 zu beachten gilt, dass auch ein Leasingnehmer Leasingverhältnisse über immaterielle Vermögenswerte nicht zwingend als Leasingverhältnis bilanzieren muss.
- Leasingverhältnisse, die das Recht auf Entdeckung und Verarbeitung von natürlichen Ressourcen wie z. B. Mineralien, Öl, Erdgas und ähnlichen nicht regenerativen Ressourcen übertragen gemäß ED 2013 Rz. 4b.
- Leasingverhältnisse über biologische Vermögenswerte gemäß ED 2013 Rz. 4c.
- Leasingverhältnisse über Dienstleistungskonzessionen, die in den Anwendungsbereich von IFRIC 12 fallen gemäß ED 2013 Rz. 4d.

3.4.3 Definition

Ein Leasingverhältnis wird in ED 2013 gemäß Rz. 6 als „ein Vertrag (eine Vereinbarung zwischen zwei oder mehr Vertragsparteien, die rechtlich durchsetzbare Verpflichtungen begründet), mit dem das Recht zur Nutzung eines bestimmten Vermögenswerts für einen bestimmten Zeitraum gegen Entgelt übertragen wird" definiert. Diese Definition stimmt mit der aktuellsten Veröffentlichung des IASB vom Oktober 2015 *Definition of a lease*

---

[79] Vgl. IASB (2013).
[80] Vgl. IASB (2014b).
[81] Vgl. IASB (2015a).
[82] Vgl. IASB (2015c).
[83] Vgl. Deloitte (2015a).
[84] Vgl. Deloitte (2013a), S. 2.

Datum	Leasing-gegen-stand	Abschrei-bungen	Verbind-lich-keiten	Zins-anteil	Tilgungs-anteil	Neben-kos-ten	Gesamte Leasing-rate
01.01.2015	247.159,30		247.159,30				67.600
31.12.2015	197.727,44	49.431,86	206.675,23	24.715,93	40.484,07	2.400	67.600
31.12.2016	148.295,58	49.431,86	162.142,75	20.667,52	44.532,48	2.400	67.600
31.12.2017	98.863,72	49.431,86	113.157,03	16.214,28	48.985,72	2.400	67.600
31.12.2018	49.431,86	49.431,86	59.272,73	11.315,70	53.884,30	2.400	67.600
31.12.2019	0,00	49.431,86		5.927,27	59.272,73	2.400	67.600
				78.840,70	247.159,30	12.000	338.000

| Ansatz des Barwertes der Mindestleasingrate, da dieser Wert geringer ist als der fair value (IAS 17.20) | Abschreibung über die kürzere Vertragslaufzeit von 5 Jahren, da kein sicherer Eigentumsübergang nach Leasingende (IAS 17.28) | 10 % von 247.159,30; also jeweils 10 % vom Restwert der Verbindlichkeit Dieser wird durch Abzug des Tilgungsanteils vom Bilanzwert der Verbindlichkeit in jedem Jahr berechnet | Der Tilgungsanteil lässt sich berechnen, indem von der gesamten Leasingrate (68.600) die Nebenkosten abgezogen werden und von diesem Wert (65.200) dann noch der Zinsanteil (24.715,93) |

Abb. 3.4 Aufteilung von Zins- und Tilgungsanteil über die Laufzeit. (Beispiel entnommen aus Lüdenbach u. a. 2015 § 15, Rz. 133 und ergänzt)

überein. Sie wurde veröffentlicht, um den betroffenen Gruppen bei der Vorbereitung der Implementierung des geplanten neuen Standards zu helfen.[85]

Gemäß ED 2013 Rz. 7 muss ein solcher Vertrag folgende Bedingungen erfüllen, um als Leasingverhältnis eingestuft zu werden, die auch in Abb. 3.4 dargestellt werden:

- Die Erfüllung des Vertrags hängt von der Nutzung eines identifizierbaren Vermögenswertes ab gemäß ED 2013 Rz. 7a.
- Mit dem Vertrag wird das Recht zur Kontrolle der Nutzung eines identifizierbaren Vermögenswertes übertragen gemäß ED 2013 Rz. 7b.

3.4.3.1 Identifizierbarer Vermögenswert (identified asset)

Das Kriterium des identifizierbaren Vermögenswerts ist laut IASB ein wesentlicher Bestandteil der Definition eines Leasingverhältnisses. Es deckt sich im Wesentlichen mit dem Konzept des „bestimmten Vermögenswerts" in IFRIC 4.[86]

Wenn der Lieferant eines Vermögenswertes (Leasinggeber) gemäß ED 2013 Rz. 8 das substanzielle Recht hat, den Vermögenswert auszutauschen, ist ein Vertrag nicht von der Nutzung eines identifizierbaren Vermögenswertes abhängig, womit kein Leasingverhältnis vorliegt.

Ein substanzielles Recht des Leasinggebers auf Austausch gilt dann als vorliegend, wenn die beiden folgenden Kriterien zu Beginn des Leasingverhältnisses kumulativ erfüllt sind:[87]

- Der Leasinggeber hat die praktische Möglichkeit, den Vermögenswert gegen einen alternativen Vermögenswert auszutauschen gemäß ED 2013 Rz. 9a.

---

[85] Vgl. IASB (2015c), p. 2.
[86] Vgl. IASB (2015a), p. 4.
[87] Vgl. IASB (2015c), p. 3; Dinh u. a. (2015), S. 288.

- Es gibt keine Barrieren, die den Leasinggeber vom Austausch des Vermögenswertes abhalten würden laut ED 2013 Rz. 9b. Als vorliegende Barrieren kommen beispielsweise mit dem Austausch verbundene Kosten oder operative Hürden aufgrund mangelnder Verfügbarkeit alternativer Vermögenswerte in Betracht.[88] Nach den neuesten Überlegungen des IASB ist das Vorliegen von Barrieren nicht mehr signifikant; es soll vielmehr darauf abgezielt werden, ob der Leasinggeber Vorteile aus dem Ersetzen des Leasinggegenstands hat oder nicht.

Zukünftige Ereignisse sollen der neuesten Definition des IASB zufolge bei der Beurteilung, ob ein Recht auf Austausch des Leasinggebers vorhanden ist, nur dann berücksichtigt werden, wenn das Eintreten sicher ist.[89]

Wenn der Leasingnehmer nicht in der Lage ist, eines der beiden Kriterien zu beurteilen, soll im Zweifel davon ausgegangen werden, dass das Recht auf Austausch des Leasinggegenstands nicht substanziell ist.[90]

Vertragsbedingungen, die einem Leasinggeber nur dann erlauben, den Vermögenswert auszutauschen, wenn dieser nicht einwandfrei funktioniert, oder ein technisches Upgrade zur Verfügung steht, stellen gemäß ED 2013 Rz. 10 kein substanzielles Recht auf Austausch dar.

Laut ED 2013 Rz. 11 kann nur ein physisch abgrenzbarer Teil eines Vermögenswerts einen identifizierbaren Vermögenswert darstellen. Ein Vertrag über einen bestimmten Kapazitätsanteil stellt jedoch keinen identifizierbaren Vermögenswert dar, da dieser sich nicht physisch von der verbleibenden Kapazität des Vermögenswerts abgrenzen lässt (z. B. 50 % Fassungsvermögen einer Ölpipeline).

3.4.3.2 Recht zur Kontrolle des Nutzens (right to control the use)

Nach ED 2013 Rz. 12 überträgt ein Vertrag das Recht zur Kontrolle des Nutzens eines identifizierbaren Vermögenswerts, wenn der Leasingnehmer während der Vertragslaufzeit die beiden folgenden Rechte hat:

- Die Nutzung des identifizierbaren Vermögenswerts zu bestimmen gemäß ED 2013 Rz. 12a.
- Im Wesentlichen den gesamten potenziellen wirtschaftlichen Nutzen aus der Bestimmung der Verwendung des identifizierbaren Vermögenswerts zu ziehen gemäß ED 2013 Rz. 12b.

Die Nutzung des Vermögenswerts kann der Leasingnehmer laut ED 2013 Rz. 13 und 14 bestimmen, wenn er festlegen kann, wie und für welchen Zweck dieser während der Ver-

[88] Vgl. Deloitte (2013a), S. 3.
[89] Vgl. IASB (2015c), p. 3.
[90] Vgl. Dinh u. a. (2015), S. 288.

tragslaufzeit verwendet werden soll. Dies enthält auch das Recht, die Art und Weise sowie den Zweck der Nutzung des Vermögenswerts während der Laufzeit zu ändern.[91]

Hier liegt das zentrale Abgrenzungskriterium zwischen Leasingverhältnissen und Dienstleistungsverträgen, da im Sinne der neuen Definition bei Vorliegen eines Leasingverhältnisses der Leasingnehmer die Nutzung bestimmt, während bei Dienstleistungsverträgen der Anbieter weiterhin über die Nutzung entscheidet.[92]

Die Feststellung, ob ein Leasingnehmer über das Bestimmungsrecht verfügt, wie und für welchen Zweck ein Vermögenswert verwendet wird, konzentriert sich ED 2013 darauf, ob der Leasingnehmer das Recht hat, die Entscheidungen zu treffen, die den wirtschaftlichen Nutzen am stärksten beeinflussen. Nach den neuesten Überlegungen des IASB ist hingegen nur noch darauf abzuzielen, welche Entscheidungen dem Leasingnehmer das Recht geben, die Nutzung des Vermögensgegenstands während der Vertragslaufzeit zu regeln.[93] Hier weicht der Standardentwurf von der bisherigen Bestimmung in IFRIC 4 ab. Laut IFRIC 4 musste der Leasingnehmer nicht das Recht, die Nutzung des identifizierbaren Vermögenswerts zu bestimmen, besitzen. Laut IFRIC 4 hat es bereits ausgereicht, wenn der Leasingnehmer beispielsweise den gesamten Ertrag aus dem zugrunde liegenden Vermögenswert für sich vereinnahmen konnte.

Das Recht, im Wesentlichen den gesamten potenziellen wirtschaftlichen Nutzen aus der Bestimmung der Verwendung des identifizierbaren Vermögenswerts zu ziehen, kann der Leasingnehmer gemäß ED 2013 Rz. 18 entweder direkt oder indirekt durch die Hauptleistung des Vermögenswerts (Waren oder Dienstleistungen) und durch dessen Nebenprodukte (z. B. Gutschriften aus dem Bereich erneuerbare Energien) für sich nutzen.[94]

ED 2013 Rz. 19 zufolge hat der Leasingnehmer nur ein eingeschränktes Recht auf Vereinnahmung des potenziellen wirtschaftlichen Nutzens, wenn dieser nur in Kombination mit zusätzlichen Gütern oder Leistungen erlangt werden kann, die nicht separat vom Leasinggeber vermarktet werden. Sobald der identifizierbare Vermögenswert nur ein nebensächlicher Bestandteil der übergreifenden Güter oder Leistungen ist, liegt ebenfalls kein Leasingverhältnis vor.[95]

Wenn weder der Leasinggeber noch der Leasingnehmer die Nutzung des Leasinggegenstands bestimmen, wird das Recht der Nutzung grundsätzlich beim Leasingnehmer gesehen. Voraussetzung dafür ist, dass der Leasingnehmer bestimmen kann, wie der Leasinggegenstand zu betreiben ist oder er den Leasinggegenstand so gestaltet, dass damit während der Vertragslaufzeit geregelt ist, wie und für welchen Zweck der Vermögenswert genutzt werden soll.[96]

[91] Vgl. EY (2015), S. 10.
[92] Vgl. Deloitte (2015b), S. 4.
[93] Vgl. IASB (2015c), p. 2; Dinh u. a. (2015), S. 288.
[94] Vgl. Deloitte (2013a), S. 3.
[95] Vgl. Dreesen/Engels (2015), S. 194.
[96] Vgl. Adolph/Findeisen (2014), S. 2727 f.

3.4.4 Schlüsselkonzepte

3.4.4.1 Identifizierung und Separierung von Vertragskomponenten

Viele Leasingverträge enthalten sowohl Leasingkomponenten als auch sonstige Komponenten, wie z. B. Dienstleistungskomponenten. Die Nichtleasingkomponenten müssen laut ED 2013 Rz. 20 identifiziert und separat bilanziert werden.[97] Dabei soll es dem Leasingnehmer den neuesten Überlegungen des IASB zufolge erlaubt werden, Schätzungen für die Aufteilung der Gegenleistungen auf Leasing- und Nichtleasingkomponenten eines Vertrags vorzunehmen.[98]

Im nächsten Schritt muss geklärt werden, ob der Leasingvertrag in eine oder mehrere Leasingkomponenten aufzuteilen ist.[99] Immer dann, wenn die folgenden beiden Bedingungen erfüllt sind, stellt die Nutzungsüberlassung eines Vermögenswerts eine eigene Leasingkomponente dar:

• Der Leasingnehmer kann bereits aus der alleinigen Nutzung der Komponente einen Nutzen ziehen oder in Verbindung mit anderen, ihm jederzeit zugänglichen Ressourcen gemäß ED 2013 Rz. 20a.
• Der Vermögenswert hängt weder von anderen Vermögenswerten ab, die Teil der Leasingvereinbarung sind, noch steht er mit diesen hochgradig in einer Wechselwirkung gemäß ED 2013 Rz. 20b.

Wenn laut den Vorgaben des Standardentwurfs eine Aufteilung, wie oben beschrieben, in mehrere Komponenten geboten ist, gilt es, die Gegenleistungen auf die einzelnen Vertragskomponenten aufzuteilen.[100]

Der Leasingnehmer muss die Allokation nach den Vorschriften für die Erlöserfassung in IFRS 15 „Erlöse aus Verträgen mit Kunden" vornehmen. Der Leasinggeber hingegen muss die Aufteilung gemäß ED 2013 Rz. 23a anhand der am Markt gebotenen Einzelpreise der Komponenten vornehmen. Sind jedoch keine Einzelpreise ermittelbar, sind die betroffenen Komponenten zusammenzufassen und nach ED 2013 Rz. 23c als eine Leasingkomponente zu bilanzieren.[101]

Eine Ausnahmeregelung im geplanten Standard gestattet es dem Leasingnehmer, für jede Klasse von Vermögenswerten ein Bilanzierungswahlrecht auszuüben und die Leasing- und Nichtleasingkomponenten eines Vertrags als eine einzige Leasingkomponente zu bilanzieren.[102] Laut IASB wird dieses Wahlrecht wohl meist dann in Anspruch genommen, wenn die Nichtleasingkomponenten eines Vertrags im Vergleich mit den Leasingkomponenten nur einen unwesentlichen Anteil haben.[103]

---

[97] Vgl. IASB (2015a), p. 5.
[98] Vgl. IASB (2014b), p. 12.
[99] Vgl. Kirsch (2013), S. 75.
[100] Vgl. IASB (2015a), p. 5.
[101] Vgl. EY (2015), S. 17.
[102] Vgl. IASB (2015a), p. 5.
[103] Vgl. EY (2015), S. 15.

3.4.4.2 Zusammenfassung von Leasingverträgen und Portfolioansatz

Werden zwei oder mehrere Leasingverträge zur (nahezu) gleichen Zeit mit demselben Vertragspartner abgeschlossen, müssen diese künftig als eine einzige Transaktion betrachtet werden, wenn[104]:

- Die Verträge als Paket mit einem gemeinsamen wirtschaftlichen Ziel ausgehandelt werden oder
- Die Höhe der Gegenleistung für den einen Vertrag entweder vom Preis oder von der Erfüllung des anderen Vertrags abhängt.

Für Leasingverhältnisse über eine große Zahl von Vermögenswerten mit ähnlichen Eigenschaften hat das IASB entschieden, Leasingnehmern und Leasinggebern anstelle der Bilanzierung von Leasingverhältnissen auf Einzelbasis die Anwendung eines Portfolioansatzes zu gestatten. Vorausgesetzt in vernünftiger Weise kann erwartet werden, dass sich dadurch kein wesentlicher Unterschied im Vergleich zur Einzelbilanzierung ergibt.[105] Dies steht im Einklang mit IFRS 15.4, in dem sich Vorgaben für die Zusammenfassung von Verträgen für die Erlösrealisation finden.[106] In den neuen Standard sollen für den Portfolioansatz verschiedene Leitlinien aufgenommen werden.[107]

3.4.4.3 Laufzeit eines Leasingverhältnisses

Grundsätzlich besteht die Laufzeit eines Leasingverhältnisses ED 2013 Rz. 25 zufolge immer aus dem nicht kündbaren Leasingzeitraum. Der Beginn der Laufzeit des Leasingverhältnisses (*commencement date*) ist gemäß Appendix A im ED 2013 *Defined terms* der Zeitpunkt, an dem der Leasinggeber dem Leasingnehmer den Leasinggegenstand zur Verfügung stellt.[108] Nicht verwechselt werden sollte dies mit dem Zeitpunkt, ab dem das Leasingverhältnis beginnt. Dies ist der Tag, an dem der Vertrag abgeschlossen wird, beziehungsweise an dem die wesentlichen vertraglichen Konditionen vereinbart wurden (*date of inception*).[109]

Erweitert werden muss die Laufzeit des Leasingverhältnisses laut ED 2013 Rz. 25a um jenen Zeitraum, der sich aus einer Verlängerungsoption ergibt, wenn für den Leasingnehmer ein bedeutender wirtschaftlicher Anreiz besteht, das Leasingverhältnis zu verlängern. Besteht für den Leasinggeber jedoch ein bedeutender wirtschaftlicher Anreiz zur vorzeitigen Kündigung des Leasingverhältnisses, muss gemäß ED 2013 Rz. 25b auf den verkürzten Leasingzeitraum abgestellt werden.[110] Bei der Beurteilung der Ausübungs-

---

[104] Vgl. EY (2015), S. 19.
[105] Vgl. IASB (2014b), p. 13.
[106] Vgl. Freiberg (2015), S. 2543.
[107] Vgl. EY (2015), S. 19.
[108] Vgl. Küting u. a. (2013), S. 393.
[109] Vgl. Freiberg (2015), S. 2541.
[110] Vgl. IASB (2015c), p. 2.

wahrscheinlichkeit der Optionen sind alle markt-, vertrags-, objekt- und unternehmensbe-
zogenen Faktoren zu berücksichtigen.[111]

Nach ED 2013 Rz. 27a müsste die Laufzeit eines Leasingverhältnisses dann neu beurteilt werden, wenn es zu einer Änderung von relevanten Faktoren kommt, aufgrund derer
der Leasingnehmer die vorangehend beschriebenen Optionen nun doch oder doch nicht
ausübt. Außerdem müsste gemäß ED 2013 Rz. 27b die Laufzeit des Leasingverhältnisses
auch dann neu beurteilt werden, wenn der Leasingnehmer eine Option tatsächlich ausübt,
auch wenn dies zuvor nicht absehbar war. Wenn der Leasingnehmer eine Option nicht
ausübt, obwohl zunächst davon ausgegangen worden war, müsste die Laufzeit ebenfalls
neu beurteilt werden.

Diese oben beschriebenen Vorschriften in ED 2013 wurden vom IASB nochmals über-
dacht und aufgrund der daran geübten Kritik vereinfacht. Demnach muss die Laufzeit
des Leasingverhältnisses durch den Leasingnehmer nur noch dann neu beurteilt werden,
wenn bedeutende Ereignisse eintreten oder sich wesentliche Änderungen der Umstände
ergeben, aufgrund derer sich die Laufzeit des Leasingverhältnisses ändert und diese im
Einflussbereich des Leasingnehmers liegen.[112]

3.4.4.4 Erleichterung für kurzfristige Leasingverhältnisse

Im Standardentwurf ED 2013 finden sich Ausnahmeregelungen, die auf kurzfristige Leasingverhältnisse angewendet werden dürfen. Demnach dürfen auf Leasingverhältnisse,
deren Laufzeit weniger als 12 Monate beträgt, gemäß ED 2013 Rz. 118 und 119 beim Leasingnehmer die bisherigen Bilanzierungsvorschriften für Operating-Leasingverhältnisse
angewendet werden. Demzufolge wird bei Inanspruchnahme der Ausnahmeregelung ein
Aufwand bei Anfall erfasst. Dieses Bilanzierungswahlrecht kann gemäß ED 2013 Rz. 120
für jede Klasse von Vermögenswerten gesondert ausgeübt werden.[113]

Bei der Beurteilung der Laufzeit in diesem Zusammenhang müssen nach den neuesten
Überlegungen des IASB auch nur noch jene Optionen auf Verlängerung berücksichtigt
werden, deren Ausübung hinreichend sicher ist, nicht mehr wie im ED 2013 vorgesehen,
sämtliche bestehende Optionen.[114]

Das Bilanzierungswahlrecht soll dabei helfen, Kosten und Komplexität bei der Anwendung des neuen Standards gering zu halten. Auch wenn diese Leasingverhältnisse
dadurch nicht in der Bilanz des Leasingnehmers erscheinen, erfüllen sie die Definition
eines Leasingverhältnisses, weshalb der Leasingnehmer trotzdem bestimmte Angaben zu
kurzfristigen Leasingverhältnissen machen muss.[115]

---

[111] Vgl. EY (2015), S. 23.
[112] Vgl. Dinh u. a. (2015), S. 290 f.
[113] Vgl. Kirsch (2013), S. 77.
[114] Vgl. Dinh u. a. (2015), S. 289.
[115] Vgl. EY (2015), S. 13.

3.4.4.5   Erleichterung für geringwertige Vermögenswerte

Für Leasingverträge über geringwertige Vermögenswerte, sogenannte *small ticket leases,* sieht der neue Standard ebenfalls eine Ausnahmeregelung für die Bilanzierung beim Leasingnehmer vor, die es erlaubt, diese Verträge über eine Portfoliolösung abzubilden. Alternativ kann der Leasingnehmer einen bilanziellen Ansatz gänzlich unterlassen und die *small ticket leases* gemäß der bisherigen Abbildung von Operating-Leasingverhältnissen nur als Aufwand in der GuV erfassen. Diese Ausnahmeregelung kann allerdings nur in Anspruch genommen werden für Leasinggegenstände, die nicht von anderen Leasinggegenständen abhängig oder derart stark mit solchen verbunden sind, dass ein Betrieb ohne diese nicht oder nur eingeschränkt möglich ist.[116]

Das IASB plant, in seine Schlussfolgerungen einen Schwellenwert in Höhe von 5000 $ beim Neuwert aufzunehmen, der konkretisiert, was „geringwertig" in diesem Zusammenhang bedeutet.[117]

Die Möglichkeit der Inanspruchnahme darf für einzelne Leasingverhältnisse in Anspruch genommen werden (*lease-by-lease basis*) und nicht nur pro Klasse von Vermögenswerten, wie bei der Ausnahmeregelung für kurzfristige Leasingverhältnisse.[118]

3.4.4.6   Änderung von Leasingverhältnissen

Als Änderung eines Leasingverhältnisses wird nach ED 2013 Rz. 36 „jegliche Änderung der vertraglichen Ausgestaltung eines Leasingverhältnisses, die nicht bereits Teil der ursprünglichen Leasingvereinbarung war" betrachtet.[119] Wenn die beiden folgenden Bedingungen kumulativ erfüllt sind, ist das Leasingverhältnis als neues Leasingverhältnis zu bilanzieren:[120]

- Durch die Vertragsänderung wird dem Leasingnehmer ein neues Nutzungsrecht gewährt, das nicht Bestandteil der ursprünglichen Vereinbarung war.
- Der Preis für das zusätzliche Nutzungsrecht entspricht seinem üblichen Einzelveräußerungspreis.

Wenn die beiden Bedingungen zutreffen, müssen sowohl der Leasingnehmer als auch der Leasinggeber gemäß ED 2013 Rz. 36 zwei separate Leasingverhältnisse bilanzieren – das alte und das neue.

Bei einer Vertragsänderung, aus der sich kein neu zu bilanzierendes Leasingverhältnis ergibt, muss die Neubewertung beim Leasingnehmer ergebnisneutral vorgenommen werden. Das bedeutet die Änderung an der Leasingverbindlichkeit wird gegen das Nutzungsrecht gebucht.[121] Wenn sich die Änderungen allerdings aus einer Änderung des in

---

[116] Vgl. Dreesen/Engels (2015), S. 196; Freiberg (2015), S. 2542.

[117] Vgl. EY (2015), S. 13 f.

[118] Vgl. Freiberg (2015), S. 2542.

[119] Vgl. EY (2015), S. 18.

[120] Vgl. EY (2015), S. 18.

[121] Vgl. Deloitte (2013b), S. 7.

der aktuellen Periode verwendeten Index oder Zinssatzes ergeben, muss die Differenz in der GuV der Periode erfasst und nicht der Wert des Nutzungsrechts und der Leasingverbindlichkeit angepasst werden.[122]

3.4.4.7 Klassifizierung von Leasingverhältnissen

Künftig wird es nicht mehr den *All-or-nothing*-Ansatz aus IAS 17 geben, bei dem, wie zu Beginn der Seminararbeit beschrieben, durch eine an bestimmten Kriterien festmachende wirtschaftliche Gesamtbetrachtung eines Sachverhaltes jeweils nur eine der Vertragsparteien als bilanzrechtlicher Eigentümer des Vermögenswertes qualifiziert wird.[123]

Dem Standardentwurf zufolge sind künftig alle Leasingverhältnisse – mit Ausnahme der kurzfristigen Leasingverhältnisse und Leasingverhältnisse über Leasinggegenstände von geringem Wert – bilanziell abzubilden. Beide Vertragsparteien müssen also die jeweiligen Vermögenswerte und Schulden aus einem Leasingverhältnis erfassen.[124]

Im ED 2013 Rz. 28 findet sich die Regelung, dass alle Leasingverhältnisse in zwei unterschiedliche Typen unterteilt werden müssen. Zum einen gibt es Leasingverhältnisse vom Typ A, dies sind meist Leasingverträge über Mobilien. Zum anderen Leasingverhältnisse vom Typ B, dies sind meist Leasingverträge über Immobilien. Die grundlegende Frage in diesem Zusammenhang ist, ob der Leasingnehmer mehr als den unbedeutenden Teil des wirtschaftlichen Nutzens des zugrunde liegenden Vermögenswerts verbraucht oder nicht.[125] In Abb. 3.5 wird die geplante Klassifizierung nach ED 2013 in Kurzform dargestellt. Nach den neuesten Überlegungen des IASB fällt diese Art der Klassifizierung allerdings weg.[126]

Übrig geblieben ist gemäß den aktuellsten Überlegungen des IASB nur noch der Wortlaut „Typ A“ und „Typ B“. Typ A Leasingverhältnisse sind demnach künftig Finanzierungsleasingverhältnisse, für die die Klassifizierungsrichtlinien, wie sie im bisherigen Standard IAS 17 zu finden sind, für den Leasinggeber weiterhin gelten. Typ B Leasingverhältnisse heißen künftig die bisherigen Operating-Leasingverhältnisse, die auch weiterhin über eine Negativabgrenzung von den Typ A-Leasingverhältnissen auf Seiten des Leasinggebers nach den Kriterien in IAS 17 als solche klassifiziert werden.[127]

Der Leasingnehmer muss künftig gemäß den neuesten Entwicklungen des Standards durch den IASB gar keine Klassifizierung mehr vornehmen.[128]

Liegt einer Leasingkomponente mehr als nur ein Vermögenswert zugrunde, dann richtet sich die Klassifizierung ED 2013 Rz. 32 zufolge immer nach dem primären Vermö-

---

[122] Vgl. Deloitte (2013a), S. 10.
[123] Vgl. Bausch/Fülbier (2015), S. 2341 ff.
[124] Vgl. IASB (2014b), p. 9; Dinh u. a. (2015), S. 281.
[125] Vgl. Kirsch (2013), S. 76 f.
[126] Vgl. IASB (2014b), p. 11.
[127] Vgl. Deloitte (2015b), S. 3.
[128] Vgl. IASB (2014b), p. 11.

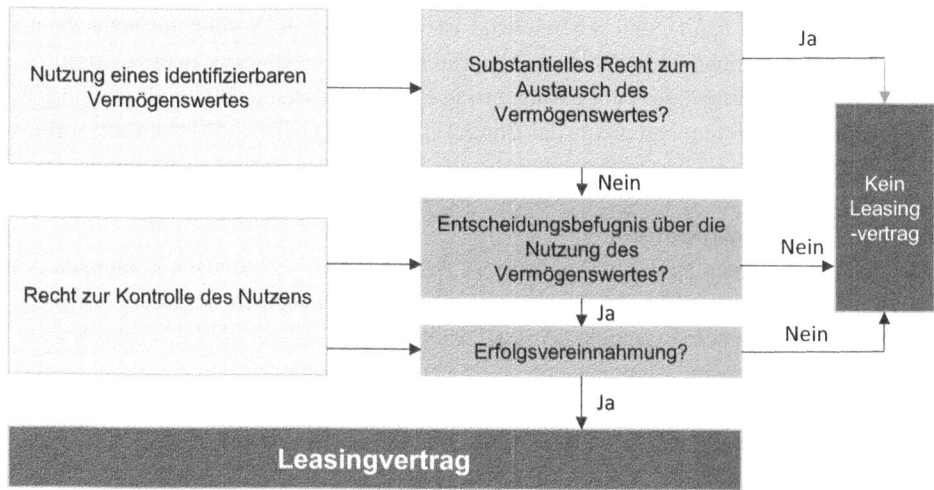

Abb. 3.5 Prüfschema zum Vorliegen eines Leasingverhältnisses gemäß ED 2013. (In Anlehnung an Deloitte 2013a, S. 4.)

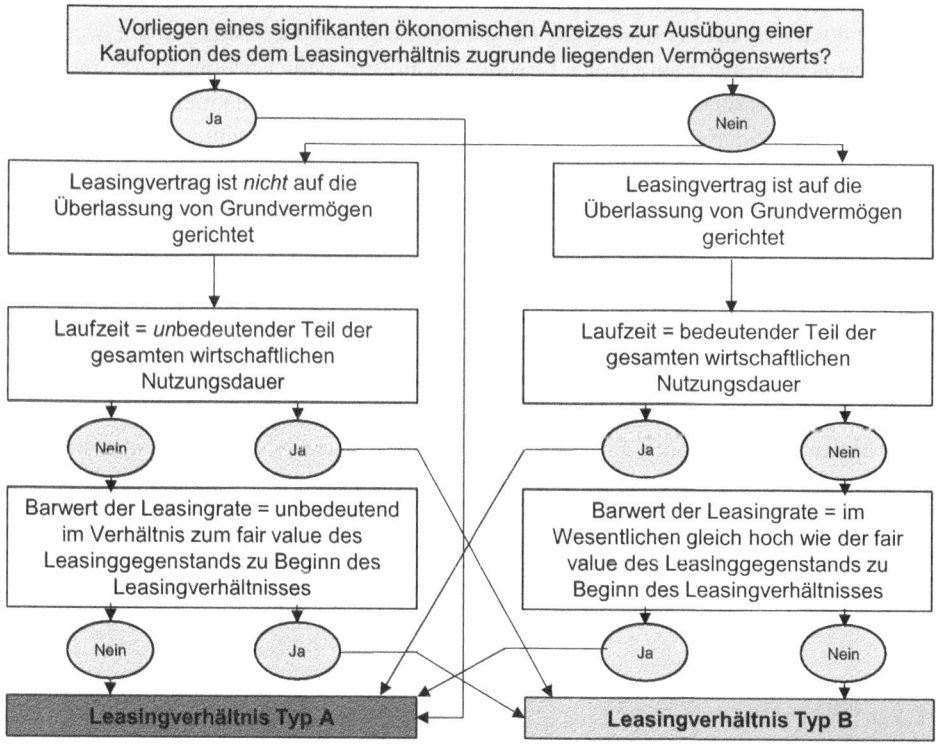

Abb. 3.6 Geplante Klassifizierung von Leasingverhältnissen nach ED 2013. (In Anlehnung an Kirsch 2013, S. 76)

genswert *(primary asset)*, der beherrschend ist. Alle weiteren Vermögenswerte dienen dazu, dem Leasingnehmer die Nutzung des primären Vermögenswerts zu erleichtern.[129]

Ein Beispiel hierfür wäre ein Leasingvertrag über eine Turbine und ein dazugehöriges Turbinenhaus. In diesem Fall würde das Bündel aus Turbinenhaus und Turbine als Turbine klassifiziert werden, da das Turbinenhaus für die Nutzung der Turbine unabdingbar ist.[130]

3.4.4.8 Leasingzahlungen

Als Leasingzahlungen sind laut Appendix A *Defined terms* in ED 2013 Zahlungen definiert, die der Leasingnehmer an den Leasinggeber leistet und im Gegenzug dafür das Nutzungsrecht an einem Leasinggegenstand während der Laufzeit des Leasingverhältnisses erhält. In die Leasingzahlungen einzubeziehen ist Folgendes:[131]

- Feste Zahlungen abzüglich vom Leasinggeber geleisteter oder zu leistender Leasinganreize.
- Variable Leasingzahlungen, die an einen Index oder einen Zinssatz gebunden sind.
- Leasingzahlungen die als variable Zahlungen gestaltet sind, de facto aber fest sind.
- Ausübungspreis einer Kaufoption, wenn hinreichend sicher ist, dass der Leasingnehmer sie ausüben wird.
- Vertragsstrafen, die bei Kündigung eines Leasingverhältnisses fällig werden, wenn für die Bemessung der Laufzeit des Leasingverhältnisses berücksichtigt wurde, dass der Leasingnehmer diese Kündigungsoption tatsächlich in Anspruch nimmt.
- Beträge, die voraussichtlich im Rahmen von Restwertgarantien fällig werden (für Leasingnehmer).
- Feste Zahlungen, die als Restwertgarantien strukturiert sind (für Leasinggeber).

Sobald der Leasingnehmer das Wahlrecht, wie beschrieben, in Anspruch nimmt, nach dem er Leasing- und Nichtleasingkomponenten als eine Leasingkomponente behandelt, beinhalten die Leasingzahlungen auch Zahlungen für die Nichtleasingkomponenten.[132]

Variable Leasingzahlungen, die an einen Index oder Zinssatz gebunden sind, werden deshalb in die Leasingzahlungen einbezogen, weil sie nicht vermeidbar sind. Zugrunde zu legen ist der Indexstand oder Zinssatz am Bewertungsstichtag.[133] Zu einer Neubeurteilung der variablen Leasingzahlungen, die an einen Index oder Zinssatz gebunden sind, ist der Leasingnehmer dann verpflichtet, wenn die Leasingverbindlichkeit aus anderen Gründen (z. B. Änderung der Leasinglaufzeit) neu bewertet wird. Außerdem bei Änderungen der Zahlungsflüsse infolge einer Änderung des Referenzindex oder Referenzzinssatzes.[134]

---

[129] Vgl. EY (2015), S. 32.
[130] Vgl. Deloitte (2013a), S. 7.
[131] Vgl. Dinh u. a. (2015), S. 290.
[132] Vgl. EY (2015), S. 23.
[133] Vgl. Dinh u. a. (2015), S. 290.
[134] Vgl. EY (2015), S. 62.

Im Gegensatz dazu sind sonstige variable Leasingzahlungen in den meisten Fällen vermeidbar, mit der Folge, dass diese nicht in die Leasingzahlungen einbezogen werden. Dabei handelt es sich um Leasingzahlungen, die nach Leistung oder Nutzung des Leasinggegenstands bemessen werden. Diese variablen Leasingzahlungen müssen GuV-wirksam erfasst werden, sobald sie anfallen.[135]

Wenn der Leasinggegenstand am Ende der Leasinglaufzeit nicht mehr den Wert hat, den der Leasingnehmer dem Leasinggeber zugesichert hatte, sind die vorangehend beschriebenen Zahlungen im Zusammenhang mit Restwertgarantien fällig. Solche Garantien sind rechtlich durchsetzbare Verpflichtungen, die der Leasingnehmer mit dem Abschluss des Leasingvertrags übernimmt, weshalb sie in die Leasingzahlungen einbezogen werden. Bei der Berechnung der Leasingzahlungen des Leasinggebers werden nur feste Zahlungen, die als Restwertgarantien strukturiert sind, einbezogen.[136]

Im weiteren Verlauf dieser Ausarbeitung soll unter zugrunde legen der in diesem Abschn. 3.4.4 beschriebenen Schlüsselkonzepte beschrieben werden, wie die Bilanzierung von Leasingverhältnissen in Zukunft erfolgen soll.

3.4.5 Bilanzierung von Leasingverhältnissen

3.4.5.1 Bilanzierung beim Leasingnehmer

3.4.5.1.1 Ansatz und Erstbewertung

Nachdem verschiedene Modelle diskutiert wurden, hat sich das IASB in seinen neuesten Überlegungen dazu entschlossen, für die Bilanzierung beim Leasingnehmer zu einem single model analog zu ED/2010/9 zurückzukehren, mit der Option, kurzfristige Leasingverhältnisse und small ticket leases nicht bilanziell zu erfassen und zu bewerten.[137]

Künftig sollen demnach alle Leasingverhältnisse in Form eines „*Right-of-use*"-Vermögenswert (ROU) bilanziell erfasst werden. Grund dafür ist, dass das Recht des Leasingnehmers zur Nutzung des Leasinggegenstands innerhalb des Leasingzeitraums und die damit verbundene Verpflichtung zur Zahlung der Leasingraten nach der Ansicht des IASB die Kriterien eines Vermögenswerts beziehungsweise einer Schuld im Sinne des Conceptual Framework der IFRS erfüllen.[138]

Damit sind in Zukunft nach dem *right-of-use-approach* alle Leasingverhältnisse beim Leasingnehmer *on balance* und die bisherige *Off-balance*-Bilanzierung im Falle von Operating-Leasingverhältnissen fällt weg, wodurch die Transparenz und der Informationsgehalt der Jahresabschlüsse deutlich verbessert werden.[139]

---

[135] Vgl. Deloitte (2015b), S. 8.
[136] Vgl. EY (2015), S. 25.
[137] Vgl. IASB (2014b), p. 10; Dinh u. a. (2015), S. 289 f.
[138] Vgl. Küting u. a. (2013), S. 393.
[139] Vgl. IASB (2014b), p. 3; Deloitte (2015b), S. 2 und S. 5; Dinh u. a. (2015), S. 290;.

Als Gegenstück zum ROU soll der Leasingnehmer gemäß ED 2013 Rz. 38a eine Leasingverbindlichkeit ausweisen, die sich am Barwert der über die Leasinglaufzeit zu leistenden Leasingzahlungen bemisst.[140]

Anzusetzen sind der Vermögenswert und die Leasingverbindlichkeit erstmals zum Zeitpunkt der Leistungserbringung des Leasinggebers. Dies ist der Zeitpunkt, an dem der Leasinggeber dem Leasingnehmer den Leasinggegenstand zur Verfügung stellt. Bis zu diesem Zeitpunkt wird das Leasingverhältnis lediglich als schwebendes Geschäft behandelt und daher nicht bilanzwirksam erfasst.[141]

Die Ermittlung des Barwerts der Leasingzahlungen erfolgt gemäß ED 2013 Rz. 38 und Appendix B7–B9 durch die Abzinsung der über die Laufzeit zu leistenden Leasingzahlungen mit dem Zinssatz, den der Leasinggeber dem Leasingnehmer „in Rechnung stellt". Für die Definition der Leasingzahlungen siehe Abschn. 3.4.4.8 „Leasingzahlungen" in der vorliegenden Arbeit. Falls dieser Zinssatz nicht zuverlässig durch den Leasingnehmer ermittelbar ist, so ist ebenso wie nach IAS 17 der Grenzfinanzierungssatz des Leasingnehmers zugrunde zu legen.[142] Der Grenzfinanzierungssatz ist gleichzusetzen mit dem Zinssatz, den der Leasingnehmer im alternativen Fall des Kaufs und der damit evtl. verbundenen Fremdfinanzierung mit gleicher Dauer und Sicherheit des Kaufpreises aufwenden müsste.[143]

Das ROU am Leasinggegenstand sollte nach ED 2013 Rz. 40 beim erstmaligen Ansatz mit den Anschaffungskosten bewertet werden, wobei gemäß ED 2013 Rz. 39 folgende Beträge einbezogen werden müssen:[144]

- Den Betrag aus der erstmaligen Bewertung der Leasingverbindlichkeit.
- Sämtliche Leasingzahlungen, die vor oder zu Beginn der Laufzeit des Leasingverhältnisses an den Leasinggeber geleistet werden müssen.
- Abgezogen werden müssen Leasinganreize, die der Leasinggeber dem Leasingnehmer gewährt.
- Zu addieren sind alle dem Leasingnehmer entstehenden anfänglichen Kosten, die direkt mit den Verhandlungen und dem Abschluss des Leasingvertrags in Zusammenhang stehen und ohne den Abschluss des Leasingvertrags nicht entstanden wären.

Folgendes Beispiel soll die vorangehend beschriebenen Sachverhalte verdeutlichen:[145]

Unternehmen Alpha schließt einen Leasingvertrag mit Unternehmen Beta ab. Dabei gelten folgende Bedingungen:

---

[140] Vgl. IASB (2015b), p. 5.
[141] Vgl. Küting (2013), S. 393 f.
[142] Vgl. Bardens u. a. (2013), S. 510.
[143] Vgl. Kirsch (2013), S. 61.
[144] Vgl. IASB (2015b), pp. 5; Dinh u. a. (2015), S. 290; S. 2342; Adolph/Findeisen (2014), S. 2728 für den folgenden Abschnitt.
[145] Vgl. Bardens u. a. (2013), S. 510.

- Laufzeit 10 Jahre; Leasingraten 50.000 Euro pro Jahr (jeweils am Jahresbeginn fällig); anfängliche direkte Kosten 15.000 Euro; Grenzfinanzierungssatz des Leasingnehmers 5,87 %.

Die Leasingverbindlichkeit ist der Barwert der noch ausstehenden neun Leasingzahlungen in Höhe von 342.017 Euro. Der Betrag für das anzusetzende Nutzungsrecht ergibt sich aus der Höhe der Leasingverbindlichkeit plus den bereits bezahlten 50.000 Euro der ersten Leasingrate und den anfänglichen direkten Kosten in Höhe von 15.000 Euro. Daraus ergibt sich folgender Buchungssatz für Unternehmen Alpha im Zeitpunkt des Zugangs:

Nutzungsrecht	407.017		an	Leasingverbindlichkeit	342.017
				Bank	65.000

Diese Art von Ansatz und Erstbewertung auf Seiten des Leasingnehmers stimmt sowohl mit ED 2013 als auch mit den neuesten Überlegungen des IASB überein. Unterschiede ergeben sich erst bei der Folgebewertung, die im weiteren Verlauf beschrieben werden soll.

3.4.5.1.2 Folgebewertung

3.4.5.1.2.1 Typ A

In ED 2013 war vorgesehen, dass Leasingverhältnisse, die als Typ A eingestuft wurden anders behandelt werden sollen, als Leasingverhältnisse, die als Typ B eingestuft wurden. Unterschiede ergeben sich vor allem bei der Höhe der Abschreibungen, die abhängig von der Klassifizierung des Leasingverhältnisses sind und zu sehr unterschiedlichen Ertrags- und Aufwandsverläufen (= duales Modell) führen.[146]

Bei Typ A Leasingverhältnissen wird, wie bereits in Abschn. 3.4.4.7 „Klassifizierung von Leasingverhältnissen" beschrieben, davon ausgegangen, dass das Leasingobjekt in einem „verbrauchten" Zustand zurückgegeben wird. Gemäß ED 2013 Rz. 41a soll die Zahlungsverpflichtung zu fortgeführten Anschaffungskosten mit Hilfe der Effektivzinsmethode bewertet werden, während ED 2013 Rz. 43 f. Fälle beschreiben, in denen eine Neubewertung erforderlich wird.[147]

Die Anwendung der Effektivzinsmethode zur Folgebewertung der Leasingverbindlichkeit entspricht den geltenden Regelungen zur Erfassung eines Finanzierungsleasingverhältnisses nach IAS 17.[148]

Die Leasingzahlung wird dabei in einen Zins- und einen Tilgungsanteil aufgeteilt. Die Höhe der Leasingverbindlichkeit vermindert sich erfolgsneutral um den Tilgungsanteil. Die Summe der Tilgungsraten muss am Ende der Vertragslaufzeit also der anfänglich eingebuchten Verbindlichkeit entsprechen, damit die Verbindlichkeit auch vollständig getilgt

---

[146] Vgl. Adolph/Findeisen (2014), S. 2727.
[147] Vgl. Küting u. a. (2013), S. 394.
[148] Vgl. EY (2015), S. 35.

ist.[149] Der Zinsanteil ist laut IAS 17.25 so zu verteilen, dass auf den jeweiligen Restbuchwert der Verbindlichkeit ein konstanter Zinsanteil entfällt.[150]

Das Nutzungsrecht (ROU) soll gemäß ED 2013 Rz. 41b grundsätzlich zu fortgeführten
Anschaffungskosten bewertet werden. Die Abschreibungen sollen gemäß ED 2013 Rz. 47
linear erfolgen, es sein denn, eine andere systematische Basis beschreibt den Nutzenverbrauch des Leasinggegenstands besser.[151]

Gemäß ED 2013 Rz. 48 soll sich die Abschreibungsdauer, ebenfalls wie nach IAS 17.28,
nach der kürzeren Dauer aus wirtschaftlicher Nutzungsdauer oder Leasinglaufzeit richten.
Im Falle des Vorliegens einer günstigen Kaufoption, bei der davon ausgegangen werden
kann, dass der Leasingnehmer diese auch ausübt, soll ebenfalls gemäß ED 2013 Rz. 48
grundsätzlich über die wirtschaftliche Nutzungsdauer abgeschrieben werden.

Alternativ kann die Folgebewertung gemäß ED 2013 Rz. 53 auch nach der Neubewertungsmethode nach IAS 16 vorgenommen werden, wenn die Neubewertungsmethode auf
alle im rechtlichen Eigentum des Leasingnehmers befindlichen Vermögenswerte dieser
Klasse des Sachanlagevermögens und auf alle Nutzungsrechte dieser Klasse einheitlich
angewendet wird.[152]

Für Nutzungsrechte, die der Leasingnehmer im Zusammenhang mit gemieteten Immobilien erwirbt, ist er verpflichtet, diese gemäß IAS 40 „Als Finanzinvestition gehaltene
Immobilien" zu bewerten, sofern diese die Definition in IAS 40 erfüllen und der Leasingnehmer für alle derartigen Immobilien das Modell des beizulegenden Zeitwerts gewählt
hat.[153]

Gemäß ED 2013 Rz. 51 muss der Leasinggegenstand in Übereinstimmung mit IAS 36
„Wertminderung von Vermögenswerten" in jeder Periode hinsichtlich seiner Werthaltigkeit überprüft werden.[154]

In der GuV müssen die Zinsaufwendungen und die Abschreibungen getrennt voneinander ausgewiesen werden.[155]

Das folgende Beispiel[156] soll dazu dienen, die oben beschriebene Form der Bilanzierung übersichtlich darzustellen.

- Es liegt ein Leasingvertrag über einen PKW mit Laufzeit ab 01. Januar 2014 vor;
  Leasinglaufzeit 3 Jahre; Grenzkapitalzinssatz des Leasingnehmers 7 %; jährlich nachschüssig zu leistende Leasingraten 9600 Euro; anfängliche direkte Kosten des Leasingnehmers 800 Euro; wirtschaftliche Nutzungsdauer des PKW 7 Jahre; Buchwert zu
  Beginn der Laufzeit 30.000 Euro; fair value zu Beginn der Laufzeit 40.000 Euro; ge-

---

[149] Vgl. Lüdenbach u. a. (2015), § 15, Rz. 133.
[150] Vgl. Petersen u. a. (2015), S. 398.
[151] Vgl. Dinh u. a. (2015), S. 290.
[152] Vgl. Küting u. a. (2013), S. 394.
[153] Vgl. EY (2015), S. 37.
[154] Vgl. Bardens u. a. (2013), S. 511.
[155] Vgl. Dinh u. a. (2015), S. 290.
[156] In Anlehnung an Deloitte (2013b), S. 9 ff.

schätzter fair value am Ende der Laufzeit 18.000 Euro ⇒ Vorliegen eines nach den Kriterien in ED 2013 Typ A Leasingvertrags.

Die Leasingverbindlichkeit ist mit 25.193 Euro anzusetzen, dieser Wert ergibt sich aus der Diskontierung der drei Leasingraten in Höhe von 9600 Euro mit den 7 %.

Das Nutzungsrecht muss mit 25.993 Euro angesetzt werden, was sich aus der Höhe der Leasingverbindlichkeit 25.193 Euro plus den anfänglichen direkten Kosten in Höhe von 800 Euro ergibt. Der dazugehörige Buchungssatz auf Seiten des Leasingnehmers zum Zeitpunkt des Beginns der Laufzeit des Leasingverhältnisses lautet wie folgt:

| ROU | 25.993 | an | Leasingverbindlichkeit | 25.193 |
| | | | Bank | 800 |

Am Ende des ersten Jahres der Leasinglaufzeit muss der Leasingnehmer das ROU dem erwarteten Nutzungsverlauf entsprechend linear abschreiben. Vom ROU wird also ein Drittel abgezogen und wie folgt verbucht:

| Abschreibungsaufwand | an | ROU | 8664 |

Die Leasingverbindlichkeit wird in den Zins- und Tilgungsanteil aufgeteilt, indem die Leasingverbindlichkeit mit dem dem Leasingverhältnis zugrunde liegenden Zinssatz von 7 % multipliziert wird ($25.193 \times 0{,}07$).

Verbuchen muss der Leasingnehmer dies wie folgt:

| Zinsaufwand | an | Leasingverbindlichkeit | 1764 |
| Leasingverbindlichkeit | an | Bank | 9600 |

Insgesamt sieht die Bilanzierung wie folgt aus:

Tab. 3.2 Beispiel Typ A-Bilanzierung nach ED 2013. (In Anlehnung an Deloitte 2013b, S. 9 ff.)

Datum	Leasingver-bindlichkeit	ROU	Abschrei-bung	Zinsaufwand	Summe Lea-singaufwand
01.01.2014	25.193	25.993			
31.12.2014	17.357	17.329	8.664	1.764	10.428
31.12.2015	8.972	8.665	8.664	1.215	9.879
31.12.2016			8.665	628	9.293
Summe			25.993	3.607	29.600

3.4.5.1.2.2   Typ B

Bei Leasingverhältnissen, die als Typ B-Leasingverhältnis eingestuft wurden, wird davon ausgegangen, dass der Leasingnehmer eine konstante Leihgebühr für ein der Höhe nach gleichbleibendes Darlehen entrichten muss. Die Leasingverbindlichkeit wird gemäß ED 2013 Rz. 41a auch im Falle eines Typ B-Leasingverhältnisses mit Hilfe der Effektivzinsmethode fortgeschrieben.[157]

Die Abschreibungen des ROU allerdings stellen eine Korrekturposition dar, mit deren Hilfe ein konstanter Aufwandsverlauf herbeigeführt werden soll. Die Abschreibungen ergeben sich gemäß ED 2013 Rz. 50 aus der Differenz eines fiktiven (konstanten) Leasingaufwands abzüglich des Zinsaufwands der jeweiligen Periode.[158]

Der kombinierte Leasingaufwand als Summe aus Abschreibungen und Zinsaufwendungen ist gemäß ED 2013 Rz. 56b zusammengefasst in einer Position in der GuV auszuweisen.[159]

Das folgende Beispiel[160] soll veranschaulichend darstellen, wie die in ED 2013 vorgesehene Bilanzierung eines Typ B-Leasingverhältnisses erfolgen sollte.

• Es liegt ein Leasingvertrag über ein Gebäude mit dazugehörigem Grundstück mit Beginn der Leasinglaufzeit zum 01. Januar 2014 vor; Grundmietzeit 10 Jahre; wirtschaftliche Nutzungsdauer Gebäude 60 Jahre; Zeitwert Grundstück und Gebäude gesamt 4 Mio. Euro; jährlich nachschüssig zu leistende Leasingzahlungen 200.000 Euro; Zinssatz 5 % ⇒ Vorliegen eines nach den Kriterien in ED 2013 Typ B Leasingvertrags.

Der Leasingnehmer muss zum 01. Januar 2014 eine Leasingverbindlichkeit in Höhe von 1.544.000 Euro ansetzen, deren Wert sich aus dem Barwert der abgezinsten jährlichen Mietzahlungen in Höhe von 200.000 Euro ergibt. Da es keine anfänglichen direkten Kosten gibt, wird ein ROU in gleicher Höhe angesetzt. Die dazugehörige Buchung lautet:

| *ROU* | *an* | *Leasingverbindlichkeit* | *1.544.000* |

Der jährliche Gesamtaufwand beträgt insgesamt 200.000 Euro. Um den Abschreibungsaufwand des Nutzungsrechts ermitteln zu können, muss vom Gesamtaufwand der Zinsaufwand aus der Leasingverbindlichkeit abgezogen werden (200.000 − 77.000 = 123.000). Es ergeben sich folgende Buchungssätze:

| *Leasingverbindlichkeit* | *an* | *ROU* | *123.000* |
| *Leasingaufwand* | *an* | *Bank* | *200.000* |

Insgesamt stellt sich die Bilanzierung über die Laufzeit des Leasingverhältnisses wie folgt dar (Zahlen in Tsd. Euro).

---

[157] Vgl. Küting u. a. (2013), S. 395.
[158] Vgl. Küting u. a. (2013), S. 395; Deloitte (2013a), S. 9.
[159] Vgl. Bardens u. a. (2013), S. 510.
[160] In Anlehnung an Deloitte (2013b), S. 13 f.

Tab. 3.3 Beispiel Typ B-Bilanzierung nach ED 2013. (In Anlehnung an Deloitte 2013b, S. 13 f.)

Datum	Leasing- verbind- lichkeit	Mietzins	Tilgung Leasing- verbind- lichkeit	Zinsauf- wand	Abschrei- bung ROU	Gesamt- aufwand
01.01.2014	1.544	200				
31.12.2014	1.422	200	123	77	123	200
31.12.2015	1.293	200	129	71	129	200
31.12.2016	1.157	200	135	65	135	200
31.12.2017	1.015	200	142	58	142	200
31.12.2018	866	200	149	51	149	200
31.12.2019	709	200	157	43	157	200
31.12.2020	545	200	164	36	164	200
31.12.2021	372	200	173	27	173	200
31.12.2022	190	200	182	18	182	200
31.12.2023	0	200	190	10	190	200
Summe		**2.000**	**1.544**	**456**	**1.544**	**2.000**

Da eine Klassifizierung von Leasingverhältnissen auf Seiten des Leasingnehmers, wie zuvor bereits beschrieben, in Zukunft gänzlich unterbleiben soll, gibt es künftig auch nur noch eine Art der Bilanzierung für Leasingverhältnisse auf Seiten der Leasingnehmer.[161]

In der Folge bedeutet dies ebenfalls, dass auf eine symmetrische Abbildung eines Leasingverhältnisses auf Seiten des Leasingnehmers und des Leasinggebers verzichtet wird.[162]

In Zukunft sollen nach aktuellstem Stand alle Leasingverhältnisse auf Seiten des Leasingnehmers so bilanziert werden, wie es in der vorliegenden Arbeit in Abschn. 3.4.5.1.2.1 „Folgebewertung von Typ A Leasingverhältnissen" ausführlich dargelegt wurde.[163] Die Folgebewertung, wie sie noch in ED 2013 für Typ B Leasingverhältnisse vorgesehen war, wurde nur zur besseren Übersichtlichkeit dargelegt und damit eine Grundlage geschaffen, um im späteren Verlauf der vorliegenden Arbeit die Kritikpunkte aufzeigen zu können, die an der in ED 2013 geplanten Bilanzierung von Leasingverhältnissen geübt wurde.

3.4.5.1.3 Bilanzausweis

Erstmals gibt es für Leasingnehmer explizite Vorschriften, wie sie Leasingverhältnisse bilanziell abzubilden haben. Diese besagen gemäß ED 2013 Rz. 54, dass der Leasingnehmer das ROU entweder in der Bilanz oder im Anhang gesondert von den anderen Vermögenswerten ausweisen muss. Ebenso muss er entweder in der Bilanz oder eben im

---

[161] Vgl. Freiberg (2015), S. 2541; Dinh u. a. (2015), S. 290.

[162] Vgl. Deloitte (2015b), S. 2.

[163] Vgl. IASB (2014b), p. 9, IASB (2015b), p. 3, Dreesen/Engels (2015), S. 195.

Anhang die Leasingverbindlichkeit gesondert von den anderen Verbindlichkeiten ausweisen. Entscheidet sich der Leasingnehmer gegen einen gesonderten Ausweis in der Bilanz,
muss er das ROU gemäß ED 2013 Rz. 55 in den gleichen Bilanzposten aufnehmen, in
dem er den Leasinggegenstand ausweisen würde, wenn es sich um seinen eigenen Vermögenswert handeln würde. Zusätzlich ist dann anzugeben, in welchem Bilanzposten das
Nutzungsrecht und die Leasingverbindlichkeit enthalten sind.[164]

Da es, wie im vorangehenden Gliederungspunkt beschrieben, nur noch eine Art der
Folgebewertung gibt, müssen künftig gemäß ED 2013 Rz. 56a auch für alle Leasingver-
hältnisse der Zins- und der Abschreibungsaufwand getrennt voneinander in der GuV des
Leasingnehmers ausgewiesen werden.[165]

3.4.5.2 Bilanzierung beim Leasinggeber

Für die Bilanzierung beim Leasinggeber waren ebenfalls wie für die Bilanzierung beim
Leasingnehmer schon verschiedene Modelle vorgesehen. In ED/2010/9 beispielsweise
war geplant, dass entweder das Leasingobjekt weiterhin angesetzt und zusätzlich eine
Forderung und eine Leistungsverpflichtung als Verbindlichkeit bilanziert (*performance-
obligation-modell*) wird oder der Wert des Leasingobjektes durch eine Ausbuchung in
Höhe des Nutzungsrechtes des Leasingnehmers gemindert und zusätzlich eine Forderung
aktiviert wird (*partial-derecognition-modell*).[166]

Gemäß ED 2013 sollte der Leasinggeber Leasingverhältnisse in Abhängigkeit von der
bereits in dieser Arbeit beschriebenen Klassifizierung als Typ A- oder Typ B-Leasingverhältnis bilanziell abbilden. Allerdings wäre auch diese bilanzielle Abbildung weder
spiegelbildlich, noch komplementär zu der bilanziellen Abbildung des Leasingnehmers,
da auch die Vermögensdarstellung beim Leasinggeber vom Typ des Leasingverhältnisses
abhängig gewesen wäre.[167]

In ED 2013 Rz. 68–92 finden sich die vorgesehenen Regelungen für Typ A-Leasing-
verhältnisse. Danach sollte der Leasinggeber den Leasinggegenstand ausbuchen und im
Gegenzug eine Leasingforderung sowie einen sogenannten Restvermögenswert (der wert-
mäßige Anteil am Leasingobjekt, der dem Leasingnehmer nicht zur Nutzung überlassen
wird) erfassen. Die Leasingforderung sollte bei der Folgebewertung unter Anwendung der
Effektivzinsmethode aufgezinst und um erhaltene Leasingzahlungen gekürzt und gemäß
IAS 39 „Finanzinstrumente" auf Wertminderungen überprüft werden. Analog dazu soll-
te der Restvermögenswert aufgezinst werden und gemäß IAS 36 „Wertminderungen von
Vermögenswerten" auf Wertminderungen überprüft.[168]

In ED 2013 Rz. 93–109 finden sich die vorgesehenen Regelungen für Typ B-Leasingverhältnisse. Danach sollte der Leasinggeber diese Leasingverhältnisse wie Operating-
Leasingverhältnisse gemäß den Regelungen in IAS 17 erfassen, wonach der Leasingge-

---

[164] Vgl. Deloitte (2013a), S. 10; IASB (2015b), p. 7.
[165] Vgl. EY (2015), S. 39; IASB (2015b), p. 8.
[166] Vgl. Beine/Nardmann, in: Ballwieser u. a. (2011), Abschn. 16, Rz. 175.
[167] Vgl. Deloitte (2013a), S. 10 f.
[168] Vgl. Bardens u. a. (2013), S. 512.

ber den Leasinggegenstand in seiner Bilanz behält und lediglich die vom Leasingnehmer erhaltenen Leasingzahlungen erfolgswirksam vereinnahmt.[169]

Nach den neuesten Überlegungen des IASB werden diese bisher geplanten Bilanzierungsarten allerdings verworfen. Die Bilanzierung durch den Leasinggeber erfolgt weiterhin unter Berücksichtigung der mit dem Vermögenswert verbundenen Chancen und Risiken (*risks and rewards approach*) und nicht auf Basis von Nutzungsrechten. In der Umsetzung bedeutet dies, dass sich für die Bilanzierung des Leasinggebers nichts ändert, da sich diese weiterhin nach den bisherigen Regelungen des IAS 17 richtet[170]. Auf diese Richtlinien wird an dieser Stelle für alle weiteren Ausführungen verwiesen (siehe hierzu ausführlich die Abschn. 3.3.3.1.2 und 3.3.3.2.2 „Bilanzierung beim Leasinggeber" in der vorliegenden Arbeit).

Damit hat das IASB auch vom bisherigen Ziel Abstand genommen, nach dem Leasingverhältnisse auf der Leasingnehmer- und der Leasinggeberseite symmetrisch abgebildet werden sollten.[171]

Zu beachten gilt nur noch, wie in Abschn. 3.4.4.7 „Klassifizierung von Leasingverhältnissen" dieser Arbeit bereits erläutert, dass die Bezeichnungen Typ A- und Typ B-Leasingverhältnis die Begriffe Finanzierungsleasingverhältnis (Typ A) und Operating-Leasingverhältnis (Typ B) ersetzen.[172]

3.4.5.3 Sale and lease back Transaktionen

Auch für Sale and lease back Transaktionen sind künftig außerbilanzielle Finanzierungen durch den Leasingnehmer kaum mehr möglich, da der Leasingnehmer in Zukunft, wie bereits ausführlich beschrieben, die meisten Leasingverhältnisse in der Bilanz zu erfassen hat.[173]

Um festzustellen, ob die der Nutzungsüberlassung vorgelagerte Verkaufstransaktion einen Verkauf im Sinne der IFRS darstellt, muss der Leasingnehmer (Verkäufer) gemäß ED 2013 Rz. 111 die Vorschriften in IFRS 15 Erlöse aus Verträgen mit Kunden prüfen. Dies stellt eine erhebliche Neuerung dar, da es gemäß IAS 17 keine Vorgaben gibt, nach denen zunächst festgestellt werden müsste, ob überhaupt ein Verkauf stattgefunden hat.[174]

Liegt danach ein vorgelagerter Verkauf vor, dann müssen Leasingnehmer und Leasinggeber den Verkauf gemäß ED 2013 Rz. 113 nach den allgemeinen Regelungen für Verkaufsvorgänge bilanzieren. Zu beachten ist dann die anschließende Nutzungsüberlassung nach den geplanten neuen Regelungen im neuen Standard für Leasingverhältnisse, wie sie in dieser Arbeit ausführlich beschrieben wurden.[175]

---

[169] Vgl. Deloitte (2013a), S. 10.
[170] Vgl. IASB (2014b), p. 13; Dinh u. a. (2015), S. 291; Freiberg (2015), S. 2539; Dreesen/Engles (2015), S. 199.
[171] Vgl. IASB (2014b), p. 13; Bausch/Fülbier (2015), S. 2342.
[172] Vgl. Adolph/Findeisen (2014), S. 2728.
[173] Vgl. EY (2015), S. 54.
[174] Vgl. Deloitte (2013a), S. 12.
[175] Vgl. Adolph/Findeisen (2014), S. 2729.

Bei Verkaufskonditionen, die nicht den marktüblichen Gegebenheiten entsprechen, müssen sowohl der Leasingnehmer als auch der Leasinggeber Anpassungen vornehmen. Ist der Verkaufspreis niedriger als der fair value des Leasinggegenstands, muss der Leasingnehmer das ROU bei der Erstbewertung höher ansetzen. Ist der Verkaufspreis dagegen höher als der fair value des Leasinggegenstands, dann muss der Leasingnehmer das ROU niedriger ansetzen. Der Leasinggeber muss die Anpassungen als Leasingvorauszahlungen oder als eine dem Leasingnehmer zusätzlich gewährte Finanzierung erfassen.[176]

Falls keine vorgelagerte Verkaufstransaktion festgestellt werden kann, muss die gesamte Transaktion gemäß ED 2013 Rz. 115 als Darlehensvereinbarung behandelt werden, was auch in den neuesten vom IASB veröffentlichten Updates bestätigt wurde.[177]

3.4.5.4 Übergangsregelungen

Die neue Leasingdefinition ist nicht auf zum erstmaligen Anwendungszeitpunkt des neuen Standards für die Bilanzierung von Leasingverhältnissen bereits bestehende Leasingverhältnisse anzuwenden. Der Anwendungsbereich muss demnach für bereits bestehende Verträge nicht neu beurteilt werden.[178]

Für Leasingverhältnisse, die bisher als Finanzierungsleasingverhältnisse bilanziert wurden, soll sowohl vom Leasingnehmer als auch vom Leasinggeber der bisherige Bilanzansatz übernommen werden. Die weitere bilanzielle Abbildung soll sich dann nach den neuen Vorschriften richten. Die bereits bestehenden Werte für den Leasingvermögenswert und die Leasingverbindlichkeit bzw. Nettoinvestition in das Leasingverhältnis werden also als Startwerte für das neue Bilanzierungsmodell verwendet und als ROU-Vermögenswert und Leasingverbindlichkeit bzw. Leasingforderung entsprechend den neuen Vorschriften fortgeschrieben.[179]

Dem Leasingnehmer soll laut IASB ein Wahlrecht eingeräumt werden, nachdem dieser die neuen Vorschriften auf bisherige Operating-Leasingverhältnisse vollumfänglich retroperspektivisch oder nur modifiziert retroperspektivisch anwenden kann. Das Wahlrecht muss allerdings einheitlich für alle bestehenden Operating-Leasingverhältnisse ausgeübt werden.[180] Nach dem modifizierten retroperspektivischen Ansatz kann der Leasingnehmer darauf verzichten, Vergleichsinformationen in den Abschluss aufzunehmen. Er muss aber den kumulierten Effekt aus der erstmaligen Anwendung des neuen Standards im Eröffnungsbilanzwert der Gewinnrücklagen ausweisen und die Leasingverbindlichkeit mit dem Barwert der verbleibenden Leasingzahlungen mit dem Grenzkapitalzinssatz zum Zeitpunkt der erstmaligen Anwendung des neuen Standards ansetzen. Das ROU muss der Leasingnehmer entweder mit dem Wert ansetzen, der sich ergeben würde, wenn der neue Standard schon immer angewendet worden wäre. Dabei ist der Grenzkapitalzinssatz des Leasingnehmers zum erstmaligen Anwendungszeitpunkt oder in Höhe der Leasing-

---

[176] Vgl. EY (2015), S. 56.
[177] Vgl. IASB (2014a), p. 12.
[178] Vgl. EY (2015), S. 59.
[179] Vgl. Deloitte (2015b), S. 9.
[180] Vgl. EY (2015), S. 59 f. für den gesamten Abschnitt.

verbindlichkeit zum erstmaligen Anwendungszeitpunkt des neuen Standards zu berücksichtigen. Angepasst werden muss dieser um bereits erfasste Vorauszahlungen und evtl. abgegrenzte Leasingverbindlichkeiten.

3.5 Kritische Betrachtung

3.5.1 Kritische Betrachtung der aktuellen Leasingbilanzierung nach IAS 17

3.5.1.1 Bilanzauswirkungen

Die Kritikpunkte an IAS 17 wurden bereits in zahlreichen Veröffentlichungen diskutiert. Aus diesem Grund sollen in der vorliegenden Arbeit nur die Hauptkritikpunkte aufgegriffen und ausgeführt werden.

An erster Stelle ist die Hauptkritik an den Bilanzierungsregeln in IAS 17 zu nennen, nach denen Leasingverhältnisse, die der Leasingnehmer als Operating-Leasingverhältnisse klassifiziert, in der Bilanz des Leasingnehmers nicht abgebildet werden. Dies macht eine Vergleichbarkeit von Abschlüssen sehr schwer und zusätzlich sind wichtige Informationen nicht aus der Bilanz ersichtlich.[181]

Die Bilanzstruktur von Unternehmen, die ihr Anlagevermögen als Eigentum erwerben, unterscheidet sich meist deutlich von der Bilanzstruktur der Unternehmen, die ihr Anlagevermögen anmieten und die Kosten hierfür über die Nutzungsdauer als Aufwand verteilen.[182]

Durch die fremdfinanzierte Anschaffung erhöhen sich das Anlagevermögen und das Fremdkapital. Es ergibt sich also eine Bilanzverlängerung, wodurch sich gleichzeitig der Verschuldungsgrad erhöht. Im Falle eines Operating-Leasingverhältnisses und der damit verbundenen Off-balance-Finanzierung kommt es, wie bereits beschrieben, zu keiner Veränderung in der Bilanz, woraus sich Auswirkungen auf verschiedene Bilanzkennzahlen ergeben. Es ergibt sich eine höhere Eigenkapitalquote bzw. eine niedrigere Fremdkapitalquote im Vergleich zu einem fremdfinanzierten Kauf und Finanzierungsleasingverhältnis. Außerdem fällt durch die Nichtaktivierung eines Vermögenswerts die Anlagenintensität niedriger aus.

Das EBITDA fällt niedriger aus als bei einem Finanzierungsleasing, da die Leasingzahlungen bei einem Operating-Leasing in voller Höhe als Aufwand im operativen Ergebnis erfasst werden. Im Hinblick auf das Jahresergebnis stehen den reduzierten Abschreibungen und Zinsaufwendungen beim Operating-Leasing erhöhte Mietaufwendungen gegenüber, sodass der Effekt des Leasings im Gesamten hier zu vernachlässigen ist.[183]

---

[181] Vgl. Dreesen/Engels (2015), S. 191; Dinh u. a. (2015), S. 281;.
[182] Vgl. Küting u. a. (2013), S. 394 ff. für den gesamten Abschnitt.
[183] Vgl. Dreesen/Engels (2015), S. 192.

Aus der Sicht der Leasingnehmer werden diese Effekte gewünscht und oft durch eine zielgerichtete Vertragsgestaltung eine Klassifizierung als Operating-Leasing herbeigeführt, wodurch sich eine ungleiche Abbildung gleichartiger Sachverhalte zwischen verschiedenen Unternehmen ergibt.[184]

Die Erstellung eines IFRS-Abschlusses hat zur Aufgabe, dass die Bilanzierenden losgelöst von nationalen Rechtsvorschriften einen auf internationaler Ebene vergleichbaren Jahresabschluss aufstellen, der die Vermögens-, Finanz- und Ertragslage des Unternehmens für alle Stakeholder darstellt.[185] Die Off-balance-Darstellung im Falle von Operating-Leasingverhältnissen steht im Widerspruch zu dieser Informationsfunktion des IFRS-Abschlusses.

3.5.1.2 Erfüllung von Definitionen

Ein weiterer Widerspruch ergibt sich, wenn die Definitionen des Frameworks zu Rate gezogen werden, in dem die grundlegenden Konzepte für die Erstellung eines Jahresabschlusses nach IFRS festgehalten wurden.

Die Nutzungsrechte und Verpflichtungen des Leasingnehmers, die aus einem Operating-Leasingverhältnis resultieren, erfüllen die Definition von Vermögenswerten und Schulden gemäß dem Framework der IFRS in Rz. 53 f. und Rz. 60 f. und werden aktuell trotzdem nicht bilanziell erfasst. Dies führt zu einer Inkonsistenz des IAS 17 mit dem Framework.[186]

Wie in Abschn. 3.3.3.1.2.1 „Ansatz und Erstbewertung beim Leasinggeber" beschrieben, wird ein nicht garantierter Restwert zum Ansatz der Forderung gezählt, obwohl dieser die Definition einer Forderung gemäß IAS 32.11 nicht erfüllt. Dadurch wird evtl. die Höhe der Forderung verzerrt, was als kritisch gesehen werden sollte.

3.5.1.3 Ermessensspielräume

Wie vorangehend beschrieben, ergeben sich aus der bisherigen Klassifizierung als Finanzierungs- und Operating-Leasing Unterschiede im Hinblick auf Bilanzstruktur und Finanzkennzahlen. Im folgenden Abschnitt der vorliegenden Arbeit soll nun aufgezeigt werden, inwieweit mit Hilfe von materieller Abschlusspolitik die Klassifizierung beeinflusst werden kann.

Die Kriterien in IAS 17.10 und 17.11 sind bewusst offen gehalten, um eine ganzheitliche wirtschaftliche Betrachtungsweise zu ermöglichen. Dadurch soll vermieden werden, dass bei der Vertragsgestaltung bewusst quantitative Grenzen unterschritten werden, um eine Bilanzierung des Leasingobjekts beim Leasingnehmer zu verhindern. Die Konsequenzen daraus sind weitreichende Interpretationsspielräume der Klassifizierungskriterien in IAS 17, woraus sich eine unterschiedliche bilanzielle Behandlung gleichartiger Verträge und ein faktisches Bilanzierungswahlrecht ergeben.[187]

---

[184] Vgl. Coenenberg (2012), S. 204.
[185] Vgl. Kirsch (2013), S. 13 f.
[186] Vgl. Küting u. a. (2013), S. 393.
[187] Vgl. Dreesen/Engels (2015), S. 192.

Wie bereits andeutungsweise in Abschn. 3.3.2 „Klassifizierung von Leasingverhältnissen" der vorliegenden Arbeit beschrieben, sind der vereinbarte Eigentumsübergang und das Spezialleasing nicht gänzlich geeignet, um durch Sachverhaltsgestaltungen eine Klassifizierung als Finanzierungsleasing zu umgehen.

Anders verhält es sich bei dem Kriterium der günstigen Kaufoption. Bereits die Begrifflichkeit „erheblich unterhalb" des erwarteten beizulegenden Zeitwerts ist nicht genauer beschrieben, woraus sich ein Interpretationsspielraum ergibt. Geschätzt werden muss ebenfalls der künftige fair value, was sich schwer umsetzen lässt, da zukünftige Einflussfaktoren, wie z. B. der technische Fortschritt vorausgesagt werden müssen, weshalb sich hier ein weiterer Ermessensspielraum ergibt.[188]

Beim Laufzeittest geht es darum, ob die Leasingdauer dem überwiegenden Teil der wirtschaftlichen Nutzungsdauer entspricht. Durch die vom IASB vermiedene Quantifizierung ergibt sich auch hier ein bilanzpolitischer Spielraum, da die vorgeschlagene Orientierung an konkreten Grenzen beispielsweise aus den US-GAAP eben nur eine Hilfe bieten soll und keine konkrete Vorschrift darstellt.[189]

Das Kriterium des Barwerttests lässt ebenfalls Gestaltungsspielräume offen, da sich durch die Verwendung eines höheren Diskontierungszinssatzes ein niedrigerer Barwert der Mindestleasingzahlungen ergibt und damit eher zu einer Klassifizierung als Operating-Leasing tendiert werden könnte. Die Höhe der Mindestleasingzahlungen beim Leasinggeber kann durch die Einbeziehung von Restwertgarantien, die von Dritten gewährt werden, von der Höhe der Mindestleasingzahlungen beim Leasingnehmer abweichen. Hier kann es passieren, dass der Leasinggeber von einem Finanzierungsleasing ausgeht, während der Leasingnehmer von einem Operating-Leasing ausgeht. Zur Folge hätte dies, dass keine der beiden Parteien den Leasinggegenstand in seiner Bilanz ausweist. Aus dem Wortlaut, dass der Barwert der Mindestleasingzahlungen „im Wesentlichen" dem beizulegenden Zeitwert entsprechen sollte, ergibt sich ein weiterer Ermessensspielraum, da auch diese Begrifflichkeit nicht näher definiert ist. Da bedingte Leasingzahlungen nicht in die Mindestleasingzahlungen miteinbezogen werden, kann über eine Umstrukturierung von genügend Leasingzahlungen zu bedingten Leasingzahlungen in diesem Zusammenhang eine Klassifizierung als Operating-Leasingverhältnis herbeigeführt werden.[190]

Durch die vorangehenden Ausführungen sollte deutlich geworden sein, dass die geltenden Regelungen nach IAS 17 nicht mehr ausreichen, um die zu vermittelnden Informationen in einem Mindestmaß zu objektivieren. Abhilfe schaffen zum Teil die im neu geplanten Standard vorgesehenen Regelungen, die im weiteren Verlauf der vorliegenden Arbeit kritisch betrachtet werden.

---

[188] Vgl. Petersen u. a. (2015), S. 385.
[189] Vgl. Pawelzik (2012), Kapitel C., Rz. 1627.
[190] Vgl. Dreesen/Engels (2015), S. 193.

3.5.2 Kritische Betrachtung der künftigen Leasingbilanzierung

3.5.2.1 ROU-Konzept

Der Hauptkritikpunkt verschiedener Stakeholder an der bisherigen Leasingbilanzierung ist, wie vorangehend beschrieben, dass Leasingverhältnisse durch nicht eindeutige Vertragskonstellationen in Verbindung mit bilanzpolitischen Gestaltungsspielräumen oft als Operating-Leasingverhältnis eingestuft werden, obwohl tatsächlich ein Finanzierungsleasingverhältnis vorliegt und diese dadurch fälschlicherweise nicht in der Bilanz des Leasingnehmers ausgewiesen werden.[191]

Aus diesem Grund ist es sehr positiv zu bewerten, dass künftig eine Klassifizierung auf Seiten des Leasingnehmers unterbleiben soll und alle Leasingverhältnisse auf Seiten des Leasingnehmers in Form eines Nutzungsrechts und einer Verbindlichkeit, wie in Abschn. 3.4.5.1 „Künftige Bilanzierung beim Leasingnehmer" der vorliegenden Arbeit ausführlich beschrieben, bilanziell abgebildet werden sollen.

Durch den Off-balance-sheet-Effekt im Falle des Operating-Leasings nach IAS 17 wurden in der Bilanz des Leasingnehmers keine entscheidungsrelevanten Informationen bzgl. dieser Leasingverhältnisse geliefert. Im Falle des Finanzierungsleasings war die Informationsvermittlung ebenfalls durch die Nichtberücksichtigung bedingter Leasingraten eingeschränkt.[192]

Mit dem Übergang zum ROU-Modell wird die Vollständigkeit und Transparenz der zu vermittelnden Informationen für die Stakeholder deutlich erhöht, da sämtliche Leasingverhältnisse in der Bilanz des Leasingnehmers abgebildet werden. Die Entscheidungsnützlichkeit der Berichterstattung wird verbessert und eine unternehmensübergreifende Vergleichbarkeit erleichtert. Durch die Nichtberücksichtigung von nutzungsabhängigen Leasingraten und optionalen Verlängerungszeiträumen wird diesen Effekten aber wieder leicht entgegengewirkt.[193]

Fraglich bleibt in diesem Zusammenhang, ob tatsächlich jedes Leasingverhältnis mit der Intention einer Finanzierung eingegangen wird, wie dies vom IASB mit dieser Bilanzierungsweise unterstellt wird.[194] Vor allem im Bereich des Immobilienleasings sind die Kritiker der Meinung, dass dieses nicht zwangsläufig eine Finanzierungsform darstellt.[195]

Ein weiterer Kritikpunkt am ROU-Konzept ist, dass dadurch Dauerschuldverhältnisse ungleich behandelt werden. Üblicherweise werden Dauerschuldverhältnisse nicht bilanziert, da der Kunde einen Service erhält und keinen Vermögenswert kontrolliert. Zahlungen muss der Kunde üblicherweise nur für bereits erhaltene Leistungen leisten, während der Lieferant bis zur Erfüllung gegenüber dem Kunden Verpflichtungen hat. Im Falle des Leasings wird von IASB und FASB argumentiert, dass der Leasinggeber mit der Übertragung des ROU seine Verpflichtung erfüllt hat und der Leasingnehmer damit die Kontrolle

---

[191] Vgl. Coenenberg (2012), S. 204.
[192] Vgl. Beatge u. a. (2012), S. 670.
[193] Vgl. Dreesen/Engels (2015), S. 196.
[194] Vgl. PWC (2015).
[195] Vgl. Dinh u. a. (2015), S. 283.

über das Nutzungsrecht und die unbedingte Verpflichtung zur Zahlung der Leasingraten hat, womit kein schwebendes Geschäft mehr bestehe.[196]

Der sogenannte Front-loading-Effekt, der die höhere GuV-Belastung zu Anfang des Leasingverhältnisses durch die typischerweise lineare Abschreibung des ROU und den über die Laufzeit abnehmenden Zinsaufwands beschreibt, bildet einen weiteren Kritik-punkt am „ROU-Modell".[197]

3.5.2.2 Anwendungsbereich

Im Hinblick auf den Anwendungsbereich des neuen Leasingstandards wurde von den Stakeholdern diskutiert, ob es Sinn macht, den Anwendungsbereich des geltenden IAS 17 zu übernehmen oder nicht. Begründet wurde dies damit, dass der bisherige Anwendungs-bereich den Anwendern bekannt sei. Außerdem hielten es IASB und FASB für effizienter, sich auf die Hauptaspekte des neuen Bilanzierungsmodells zu konzentrieren. Die Frage, ob Änderungen bezüglich des Anwendungsbereichs vorliegen, sollte keine zentrale Rolle spielen.[198]

An dieser Sichtweise wurde allerdings Kritik geübt, da bei einem Übergang zu einem grundlegend neuen Bilanzierungskonzept auch eine Neubetrachtung dessen erfolgen soll-te, was ein Leasingverhältnis ausmacht, weshalb sich die Kritiker für die Erarbeitung einer neuen, tragfähigen Definition eines Leasingverhältnisses aussprachen.[199] Grundsätzlich sollte in diesem Zusammenhang klargestellt werden, dass die Feststellungen zum Vor-liegen eines Leasingverhältnisses nicht allein am Vertragswortlaut ausgerichtet werden dürfen. Vielmehr gilt es, anhand der Kriterien in der Definition auch verdeckte Leasing-verhältnisse aufzudecken.[200]

Ebenfalls ist es künftig nötig, Leasingverträge von Dienstleistungsverträgen abzugren-zen, was mit den bisherigen Regelungen zum Anwendungsbereich nicht sauber erfolgen konnte. Da Operating-Leasingverhältnisse und Dienstleistungsverträge nach den gelten-den Vorschriften auf ähnliche Art und Weise bilanziert werden, war die Bestimmung, ob ein Leasingverhältnis oder ein Dienstleistungsvertrag vorliegt, bisher eher von unterge-ordneter Bedeutung. Wenn die bilanzierenden Unternehmen jetzt den geplanten neuen Leasingstandard anwenden, können sich aus der Einordnung eines Vertrags als Leasing-verhältnis und nicht als Dienstleistungsverhältnis künftig wesentliche Folgen ergeben.[201]

Wie in den Abschn. 3.4.2 „Anwendungsbereich" und 3.4.3 „Definition' in der vorlie-genden Arbeit erläutert, wurde auf die geübte Kritik eingegangen sowie der Anwendungs-bereich des neuen Standards neu definiert und eine Definition erarbeitet, die es ermöglicht, Leasingverträge und Dienstleistungsverträge voneinander abzugrenzen.

---

[196] Vgl. Dreesen/Engels (2015), S. 196; Küting u. a. (2013), S. 398.

[197] Vgl. Dinh u. a. (2015), S. 283.

[198] Vgl. Adolph/Findeisen (2015), S. 2728.

[199] Vgl. Schmidt/Thiele (2010), S. 256.

[200] Vgl. Lüdenbach u. a. (2015), § 15, Rz. 200.

[201] Vgl. EY (2015), S. 59.

Allerdings gibt es auch in diesem Zusammenhang die Kritik, dass sich aufgrund der faktischen Differenzierung zwischen bilanzwirksamen Leasingverhältnissen und bilanzneutralen Dienstleistungsverträgen erneut Ermessensspielräume ergeben. Dem Nutzenkriterium ist dabei eine große Unschärfe zuzurechnen, da das potenzielle Nutzenniveau bestimmt werden muss und durch den Bilanzierenden das Wesentlichkeitsprinzip in diesem Zusammenhang konkretisiert. An dieser Stelle ist also festzuhalten, dass eine zielgerichtete Steuerung der Bilanzierung weiterhin möglich ist, jedoch gegenüber der bisherigen Bilanzierung nach IAS 17 in einem deutlich geringeren Umfang. [202]

3.5.2.3 Kritik an ED 2013

An ED 2013 wurden von verschiedenen Stakeholdern hauptsächlich die erhöhte Komplexität und die steigenden Kosten, die sich bei einer Umsetzung der Vorschriften für die bilanzierenden Unternehmen ergeben würden, kritisiert. Der Mehrwert für die Adressaten stehe nicht im Verhältnis zu den Aufwendungen, die mit der in ED 2013 vorgesehenen Bilanzierung verbunden sind.[203]

Abhilfe schaffen hier zum einen die Erleichterungsregeln, die im folgenden Abschn. 3.5.2.4 „Erleichterungsregeln" der vorliegenden Arbeit kritisch betrachtet werden, und das Unterlassen der aufwändigen Klassifizierung in Typ A- und Typ B-Leasingverhältnisse, zum anderen hauptsächlich auch die Abkehr von der in ED 2013 vorgesehenen Bilanzierung beim Leasinggeber.

Durch die Beibehaltung der bisherigen Bilanzierungsvorschriften für Leasinggeber können diese ihre Bilanzierungspraktiken beibehalten, wofür die Daten und das nötige Fachwissen bereits vorhanden sind, was die Komplexität und die operativen Kosten der Leasingbilanzierung mit Einführung des neuen Standards erheblich reduziert.[204]

Die Abkehr von der in ED 2013 vorgesehenen Klassifizierung beim Leasinggeber kann nicht nur aus Komplexitätsgründen, sondern auch konzeptionell als berechtigt angesehen werden.[205] Bei Typ B-Leasingverhältnissen gemäß ED 2013 sollte keine Forderung angesetzt werden, weil der ökonomische Nutzen des Vermögenswerts nicht verbraucht würde. Die fortlaufende Bilanzierung des Vermögenswerts sollte nützlichere Informationen liefern als die Bilanzierung von Forderung und Residualvermögenswert. Typ B-Leasingverhältnisse gemäß ED 2013 würden damit wie schwebende Geschäfte behandelt werden, obwohl IASB und FASB Leasingverhältnisse künftig eben gerade nicht mehr als schwebende Geschäfte sehen. Auch auf die Abschreibung von Vermögenswerten hätte die in ED 2013 geplante Bilanzierung von Typ B-Leasingverhältnissen ungewohnte Effekte, da diese nur eine von den Zinsen regulierte Restgröße darstellen würden. Das Finanzergebnis würde demnach faktisch den Werteverzehr des Unternehmens steuern, was im Widerspruch zu den üblichen Bewertungsregeln für nichtfinanzielle Vermögenswerte

---

[202] Vgl. Dreesen/Engels (2015), S. 197.
[203] Vgl. Dreesen/Engels (2015), S. 195; Bausch/Fülbier (2015), S. 2344; Adolph/Findeisen (2015), S. 2727.
[204] Vgl. Dinh u. a. (2015), S. 291.
[205] Vgl. Dreesen/Engels (2015), S. 197 für den gesamten Abschnitt.

steht, für die ein progressiver Abschreibungsverlauf als nicht IFRS konform gilt. Die vorgesehene Zusammenfassung von Abschreibungs- und Zinsaufwand und die Anpassung der Bewertung des ROU an die Bewertung der Verbindlichkeit widersprechen außerdem dem Grundsatz der Einzelbewertung.

3.5.2.4 Erleichterungsregelungen

Der neue Leasingstandard sieht, wie in den Abschn. 3.4.4.4 „Erleichterungen für kurzfristige Leasingverhältnissen" und 3.4.4.5 „Erleichterungen für geringwertige Vermögenswerte" der vorliegenden Arbeit beschrieben, Ausnahmeregelungen vor. Gemäß diesen müssen kurzfristige Leasingverhältnisse und Leasingverhältnisse über Vermögenswerte von geringem Wert beim Leasingnehmer nicht bilanziell abgebildet werden. Auch diese Ausnahmeregelungen wurden in der Vergangenheit von den Board-Mitgliedern und den Stakeholdern diskutiert.[206]

Für beide Ausnahmeregelungen sprach vor allem, dass das eklatante Missverhältnis zwischen den Kosten der Abschlusserstellung und dem Nutzen der Informationen durch eine Herausnahme von der bilanziellen Abbildung ausgeglichen wird. Es würden zwar Informationen verloren gehen und eine Vergleichbarkeit von Abschlüssen erschwert werden – was immer als kritisch anzusehen ist – dies wird bei kurzfristigen Leasingverhältnissen und *small ticket leases* jedoch nur von untergeordneter Bedeutung sein. Außerdem sind die Ausnahmeregelungen einfach zu implementieren und umzusetzen. Aus diesem Grund sollten die geplanten Ausnahmeregelungen begrüßt und als äußerst sinnvoll betrachtet werden.[207]

Befürchtet wurde, dass mit der Ausnahmeregelung für kurzfristige Leasingverhältnisse eine Möglichkeit geschaffen wird, Leasingverhältnisse so zu strukturieren, dass mittels einer Verkürzung der Leasingdauer die entsprechende Zwölfmonatsgrenze unterschritten wird. Allerdings wird diese Gefahr als sehr gering eingestuft, weil die Beibehaltung der ökonomischen Gegebenheiten bei gleichzeitiger Reduzierung der Leasingdauer unter die gegebene Grenze nur schwer möglich ist.[208]

Wie in Abschn. 3.4.4.2 „Zusammenfassung von Leasingverträgen und Portfolioansatz" dieser Arbeit beschrieben, sieht der geplante neue Standard auch die Möglichkeit vor, einzelne homogene Leasingvereinbarungen zu einer Gruppe zusammenzufassen. Dies wäre zu begrüßen, da dadurch eine Begrenzung der Anzahl von Leasingverhältnissen erreicht wird, für die sowohl Ansatz als auch Bewertung zu beurteilen sind, ohne die bilanzielle Abbildung auszuschließen.[209]

Deutlich positiv wird die Entscheidung der Boards gesehen, die Notwendigkeit der Neubewertung der Leasinglaufzeit, wie in Abschn. 3.4.4.3 „Laufzeit eines Leasingverhältnisses" der vorliegenden Arbeit erläutert, erheblich zu vereinfachen.[210] Einerseits bieten

---

[206] Vgl. PWC (2015).
[207] Vgl. Dinh u. a. (2015), S. 290.
[208] Vgl. Schmidt/Thiele (2010), S. 257.
[209] Vgl. Freiberg (2015), S. 2543.
[210] Vgl. Dinh u. a. (2015), S. 290 f. für den gesamten Abschnitt.

Neubewertungen während der Laufzeit der Leasingverhältnisse den Abschlussadressaten eine aktuelle Informationsbasis. Andererseits ist aber negativ zu beurteilen, dass die in ED 2013 vorgeschlagenen Vorschriften zur Neubeurteilung der Laufzeit eines Leasingverhältnisses häufige Schätzungen und Ermessensentscheidungen nötig machen, wodurch es zu einer höheren Volatilität der Vermögenswerte und Verbindlichkeiten kommen könnte. Zur Folge hätte dies unter Umständen stark schwankende und schwer interpretierbare Wertverläufe, die negative Auswirkungen auf die Prognosefähigkeit der betroffenen Unternehmen haben könnten. Die Entscheidung des IASB, die Ereignisse die zu einer Neubewertung der Laufzeit führen, deutlich zu reduzieren, würde bei Berücksichtigung im endgültigen Standard die Anwendung des neuen Leasingstandards für die bilanzierenden Unternehmen erheblich einfacher gestalten.

3.5.2.5 Auswirkungen der Bilanzierung gemäß dem geplanten Leasingstandard

Durch die Anwendung des geplanten neuen Leasingstandards und die damit verbundene Bilanzierung ist zu erwarten, dass sich Bilanzstrukturkennzahlen betroffener Leasingnehmer verschlechtern. So werden sich, wie in Abschn. 3.5.1.1 „Bilanzauswirkungen" der vorliegenden Arbeit dargestellt, die Eigenkapitalquote und der Verschuldungsgrad verschlechtern, wodurch sich evtl. Entscheidungsänderungen bei Abschlussadressaten ergeben könnten.[211]

Auf Seite der Banken dürften sich in der Theorie keine großen Veränderungen ergeben. Sie behaupten meist, die bilanziellen Auswirkungen von Operating-Leasingverhältnissen und die finanziellen Verpflichtungen hieraus aktuell schon anhand der Informationen im Anhang der Jahresabschlüsse adäquat abschätzen zu können.[212] In der Praxis muss sich allerdings erst noch zeigen, ob es bei künftigen Kreditvergabeentscheidungen der Banken nicht doch zu Entscheidungsänderungen kommt, da es einen Unterschied macht, ob eine Information im Anhang zu finden ist oder ganz klar auf den ersten Blick aus der Bilanz ersichtlich ist.

Durch die Veränderungen, die sich im Bereich der Covenants[213] durch die neue Bilanzierungsweise ergeben, dürfte es aber zu einer Verschlechterung der Kreditkonditionen kommen. Diese können sich auch aus einem durch die neue Bilanzierungsweise erhöhten Kreditrisiko und damit verbundenen schlechteren Kreditrankings ergeben.[214]

Vereinbarungen, die an das EBITDA und das EBIT gebunden sind, wie z. B. Bonusvereinbarungen, müssen gegebenenfalls neu vereinbart werden, da das EBITDA höher aus-

---

[211] Vgl. Küting u. a. (2013), S. 396.

[212] Vgl. Bausch/Fülbier (2015), S. 2345.

[213] Covenants sind vertraglich zugesicherte Bedingungen, wie z. B. bestimmte Finanzkennzahlen, die während der Laufzeit des Kreditvertrags vom Kreditnehmer eingehalten werden müssen. Wenn die vereinbarten Bedingungen nicht eingehalten werden, zieht dies eine Verschlechterung der Kreditkonditionen oder sogar eine außerordentliche Kündigung des Kreditvertrags durch den Kreditgeber nach sich. Vgl. Grill u. a. (1995), S. 369.

[214] Vgl. Bausch/Fülbier (2015), S. 2344 f.

fällt als bisher. Bei Operating-Leasingverhältnissen waren die Leasingzahlungen bisher als operativer Aufwand im EBITDA enthalten, was das EBITDA schmälerte. Künftig werden diese operativen Aufwendungen wegfallen und durch Abschreibungen und Zinsaufwand ersetzt, die unterhalb des EBITDA ausgewiesen werden. Das EBIT wird ebenfalls höher ausfallen, da der bisherige operative Aufwand künftig teilweise als Zinsaufwand erst unterhalb des EBITs erfasst wird.[215]

3.5.2.6 Umstellungen bei den bilanzierenden Unternehmen

In ED 2013 C2 ff. war noch vorgesehen, dass die Neuregelungen vollständig retroperspektivisch auch auf alle bisher als Operating-Leasing behandelte Vereinbarungen angewendet werden sollen. Wie in Abschn. 3.4.5.4 „Übergangsregelungen" der vorliegenden Arbeit aufgezeigt wurde, soll dem Leasingnehmer nun aber ein Wahlrecht eingeräumt werden, nachdem dieser die Neuregelungen auch nur modifiziert retroperspektivisch anwenden kann. Wenn dieses Wahlrecht in den endgültigen Standard aufgenommen wird, ist dies sehr zu begrüßen, da die Leasingnehmer dadurch unter anderem auf komplexe Berechnungen verzichten könnten, die nötig wären, um nachträglich wertrelevante Parameter zu erfassen.[216]

Auf Leasingnehmer kommen komplexe und umfangreiche Umstellungen zu. Die umfassenden System- und Prozessanpassungen zu bewältigen und die Berichterstattung an die neuen Erfordernisse anzupassen, sind für die Unternehmen mit erheblichem Aufwand und Kosten verbunden.[217] Den betroffenen Unternehmen kann vor diesem Hintergrund geraten werden, sich frühzeitig mit dem neuen Standard, dessen Auswirkungen und den damit verbundenen Umstellungen, zu beschäftigen.

3.6 Fazit

An den Ausführungen der vorliegenden Arbeit ist zu erkennen, dass schon sehr lange an einer Reform der Leasingbilanzierung gearbeitet wird. Die Länge des Projekts, zwei Exposure Drafts und die zahlreichen Anpassungen derer zeigen, dass das Thema der Leasingbilanzierung sehr breit und kontrovers diskutiert wurde. In den umfangreichen Diskussionen sind die sehr theoretischen und eher der reinen Lehre entsprechenden Ansätze mehr und mehr einer pragmatischen praxisorientierten Vorgehensweise gewichen. Das ist positiv zu bewerten, da die Bilanzierenden keinen theoretisch einwandfreien Ansatz brauchen, sondern viel eher von einer praktikabel umsetzbaren Lösung profitieren.

Durch die geplante Bilanzierungsweise beim Leasingnehmer wird einer der Hauptkritikpunkte an der bisherigen Leasingbilanzierung gelöst, was die vorliegende Arbeit

---

[215] Vgl. Dreesen/Engels (2015), S. 192.
[216] Vgl. EY (2015), S. 59 f.
[217] Vgl. Dreesen/Engels (2015), S. 198.

deutlich macht. Das große aktuelle Problem der weitreichenden Off-balance-sheet Geschäfte wird größtenteils beseitigt.

Auch wenn sich durch die Umsetzung der neuen Bilanzierungsvorschriften auf Sei-
ten des Leasingnehmers zusätzliche Kosten ergeben und es zu weitreichenden Folgen auf
Bilanzkennzahlen kommt, so konnte dies zumindest auf der Leasinggeberseite durch die
Beibehaltung der bestehenden Vorschriften weitestgehend eingeschränkt werden.

Die Ausführungen zu den künftigen Bilanzierungsvorschriften, wie auch die kritische
Betrachtung dieser stützen sich in der vorliegenden Arbeit auf den aktuellen Stand der
Veröffentlichungen des IASB. Da diese noch nicht endgültig sind, bleibt letztendlich abzuwarten, welche Vorschriften der offizielle Standard zur Leasingbilanzierung tatsächlich
enthalten wird. Aus diesem Grund ist eine abschließende Beurteilung, ob der in der Einleitung beschriebene Wunsch von Sir David Tweedie tatsächlich in Erfüllung gehen könnte,
erst nach der Veröffentlichung des finalen Standards möglich. Festgehalten werden kann
aber, dass die nach aktuellem Stand geplanten Bilanzierungsvorschriften dafür in die richtige Richtung gehen.

Literatur

Adolph P. / Findeisen K.-D. (2014): Neue Leasingbilanzierung: Aktueller Stand und weitere Entwicklung, in: Der Betrieb, 67. Jg., Nr. 48, 28.11.2014, Seite 2727–2730

Baetge J. / Kirsch H.-J. / Thiele S. (2012): Bilanzen, 12. Auflage, Düsseldorf 2012

Ballwieser W. u. a. (2011): Handbuch IFRS, 7. Auflage, Weinheim 2011

Bardens A. / Kroner M. / Meurer H. (2013): Neuer Standardentwurf zur Reformierung der Leasingbilanzierung nach IFRS und US-GAAP – eine schöne Bescherung?, in: KoR, 13. Jg., Nr. 11,
04.11.2013, Seite 509–516

Bausch J. / Fülbier R. (2015): Beurteilung und erwartete Auswirkungen der neuen IFRS-
Leasingbilanzierung, in: Der Betrieb, 68. Jg., Nr. 41, 09.10.2015, Seite 2341–2348

Beine F. / Nardmann H. (2011): Leasingverhältnisse, in: Ballwieser W. u. a. (2011): Handbuch IFRS,
7. Auflage, Weinheim 2011

Bundesverband   deutscher   Leasingunternehmen   (2015a):   Marktbedeutung,   http://bdl.
leasingverband.de/leasing/marktbedeutung, Zugriff am 17. Dezember 2015

Bundesverband deutscher Leasingunternehmen (2015b): Leasingvorteile, http://bdl.leasingverband.
de/leasing/leasing-vorteile, Zugriff am 17. Dezember 2015

Buschhüter M. / Striegel A. (2011): Kommentar Internationale Rechnungslegung IFRS, Wiesbaden
2011

Coenenberg A. / Haller A. /Schultze W. (2012): Jahresabschluss und Jahresabschlussanalyse, 22.
Auflage, Stuttgart 2012

Deloitte and Touche GmbH Wirtschaftsprüfungsgesellschaft (2013a): IFRS fokussiert – Leasingverhältnisse zur Wiedervorlage, Frankfurt 2013

Deloitte and Touche GmbH Wirtschaftsprüfungsgesellschaft (2013b): IFRS fokussiert – Ausgewählte Anwendungsfragen zur neuen Leasingbilanzierung, Frankfurt 2013

Deloitte and Touche GmbH Wirtschaftsprüfungsgesellschaft (2015a): Leasingverhältnisse, http://www.iasplus.com/de/projects/major/project25, Zugriff am 30. Oktober 2015

Deloitte and Touche GmbH Wirtschaftsprüfungsgesellschaft (2015b): IFRS fokussiert – Leases, Stand der Dinge, Frankfurt 2015

Dinh T. / Heining A.-K. / Seitz B. (2015): Bilanzierung von Leasingverhältnissen – Von IAS 17 zum neuen Standard – Status Quo, in: KoR, 15. Jg., Nr. 6, 05.06.2015, Seite 281–293

Dreesen H. /Engels J. (2015): Leasingbilanzierung in der internationalen Rechnungslegung – kritische Würdigung der Neukonzeption des IAS 17, in: KoR, 15. Jg., Nr. 4, 09.04.2015, Seite 191–200

Ernst & Young GmbH (2015): EY Scout – Eine Skizze des neuen Leasingstandards, Eschborn 2015

Focken E. / Hansmann M. (2011): IAS 17 Leases, in: Buschhüter M. / Striegel A. (2011): Gabler Kommentar Internationale Rechnungslegung IFRS, Wiesbaden 2011

Freiberg J. (2015): Kompromissvorschlag des IASB für die Vollendung der Reform der Leasingbilanzierung, in: Der Betriebsberater, 70. Jg., Nr. 42, 19.10.2015, S. 2539–2544

Grill W. / Gramlich L. / Eller R. (1995): Gabler Banklexikon, 11. Auflage, Wiesbaden 1995

Heuser P. / Theile C. (2012): IFRS Handbuch, 5. Auflage, Köln 2012

IASB (2008): Prepared Remarks of Sir David Tweedie, Chairman of the International Accounting Standards Board, http://www.ifrs.org/News/Announcements-and-Speeches/Documents/Sir_David_Tweedie_Empire_Club_Speech.pdf, Zugriff am 17. Dezember 2015

IASB (2009): Discussion Paper DP/2009/1 Leases, http://www.ifrs.org/Current-Projects/IASB-Projects/Leases/DPMar09/Documents/DPLeasesPreliminaryViews.pdf, Zugriff am 08. Oktober 2015

IASB (2010): Exposure Draft ED/2010/9 Leases, http://www.ifrs.org/Current-Projects/IASB-Projects/Leases/ed10/Documents/EDLeasesStandard0810.pdf, Zugriff am 08. Oktober 2015

IASB (2013): Exposure Draft ED/2013/6 Leases, http://www.ifrs.org/Current-Projects/IASB-Projects/Leases/Exposure-Draft-May-2013/Documents/ED-Leases-Standard-May-2013.pdf, Zugriff am 08. Oktober 2015

IASB (2014a): Leases (Agenda Paper 3) July 2014, http://media.ifrs.org/2014/IASB/July/IASB-Update-July-2014.html#7, Zugriff am 09. Oktober 2015

IASB (2014b): Project Update Leases August 2014, http://www.ifrs.org/Current-Projects/IASB-Projects/Leases/Documents/Project-Update-Leases-August-2014.pdf, Zugriff am 12. Oktober 2015

IASB (2015b): Project Update Leases: Practical implications of the new Leases Standard, http://www.ifrs.org/Current-Projects/IASB-Projects/Leases/Documents/Practical-implications-Leases-Standard-Project-Update-March-2015.pdf, Zugriff am 12. Oktober 2015

IASB (2015c): Project Update Leases: Definition of a Lease, http://www.ifrs.org/Current-Projects/IASB-Projects/Leases/Documents/Definition-of-a-Lease-Oct-2015-FINAL.pdf, Zugriff am 30. Oktober 2015

IASB (2015a): Project Update Leases February 2015, http://www.ifrs.org/Current-Projects/IASB-Projects/Leases/Documents/Leases-Project-Update-February-2015.pdf, Zugriff am 14. Oktober 2015

Kirsch H. (2013): Einführung in die internationale Rechnungslegung nach IFRS, 9. Auflage, Herne 2013

Küting K. / Hell C. / Tesche T. (2013): Paradigmenwechsel in der internationalen Leasingbilanzierung – Auswirkungen auf die Unternehmensbewertung?, in: Corporate Finance biz, 4. Jg., Nr. 7, 07.10.2013, Seite 391–402

Lüdenbach N. / Hoffmann W.-D. / Freiberg J. (2015): Haufe IFRS-Kommentar – Das Standardwerk, 13. Auflage, Freiburg 2015

Merz L. u. a. (2002): Langenscheidt Fachwörterbuch Wirtschaft, Handel und Finanzen Englisch, 2. Auflage, München 2002

Pawelzik U. (2012): Leasing (IAS 17), in: Heuser P. / Theile C. (2012): IFRS Handbuch, 5. Auflage, Köln 2012

Pellens B. u. a. (2014): Internationale Rechnungslegung, 9. Auflage, Stuttgart 2014

Petersen K. / Bansbach F. / Dornbach E. (2015): IFRS Praxishandbuch – Ein Leitfaden für die Rechnungslegung mit Fallbeispielen, 10. Auflage, Köln 2015

Pferdehirt H. (2007): Die Leasingbilanzierung nach IFRS – Eine theoretische und empirische Analyse der Reformbestrebungen, Wiesbaden 2007

PWC AG (2015): Leasing-Projekt: IASB und FASB reagieren auf massive Kritik am Standardentwurf, http://www.pwc.de/de/accounting-of-the-future/re-exposure-draft-leasing-das-nutzungsrecht-kommt-die-klassifizierung-wird-komplexer.html, Zugriff am 11. November 2015

Scharenberg S. (2009): Die Bilanzierung von wirtschaftlichem Eigentum in der IFRS-Rechnungslegung, Wiesbaden 2009

Schmidt P. / Thiele M. (2010): Die internationale Leasingbilanzierung im Umbruch, in: KoR, 10. Jg., Nr. 5, 03.05.2010, Seite 254–263

Wertminderung nach IAS 36 – Eine kritische Analyse der Bilanzierung des Geschäfts- oder Firmenwertes im Konzernabschluss

4

Tanja S. Gehring

Inhaltsverzeichnis

T. S. Gehring (✉)
Hochschule Heilbronn (HHN)
Heilbronn, Deutschland

© Springer Fachmedien Wiesbaden 2016
I. Malms (Hrsg.), *Erfolgreiche Abschlussarbeiten - Internationale Rechnungslegung*,
DOI 10.1007/978-3-658-13005-3_4

103

Abbildungsverzeichnis

Tabellenverzeichnis

Abkürzungsverzeichnis

CAPM   Capital Asset Pricing Model
DB   Der Betrieb
DCF   Discounted Cashflow
DPR   Deutsche Prüfstelle für Rechnungslegung
DStR   Deutsches Steuerrecht
EBIT   Earnings before interest and tax
EBITDA   Earnings before interest, tax, depreciation and amortisation
ESMA   European Securities and Markets Authority
GE   Geldeinheiten
GoF   Geschäfts- oder Firmenwert
GuV   Gewinn- und Verlustrechnung
i. V. m. in Verbindung mit
i. H. v. in Höhe von
IAS   International Accounting Standard
IASB   International Accounting Standard Board
IDW   Institut der Wirtschaftsprüfer

IFRS   International Financial Reporting Standard
IOA   Impairment-Only-Approach
IRZ   Zeitschrift für internationale Rechnungslegung
KoR   Zeitschrift für internationale und kapitalmarktorientierte Rechnungslegung
M&A   Mergers & Acquisitions
PiR   Praxis der internationalen Rechnungslegung
Rz.   Randzeichen
Tab.   Tabelle
WACC   Weighted Average Cost of Capital
ZGE   Zahlungsmittelgenerierende Einheit

4.1   Einleitung

4.1.1   Problemstellung

Um die Jahrtausendwende und in den Jahren 2006 und 2007 gab es weltweit signifikante Aktivitätswellen von Mergers & Acquisitions (nachfolgend M&A genannt). In Europa betrug ihr Volumen jeweils circa 1080 Mrd. Euro pro Jahr. Doch auch danach wurde in der Unternehmenswelt eine beachtliche Anzahl an Transaktionen vollzogen. Allein im Zeitraum 2009 bis 2012 hatten die M&A-Deals in Europa ein durchschnittlich jährliches Volumen von rund 442 Mrd. Euro. Dabei nahm das Volumen in dieser Zeit jährlich circa 6 Prozent zu.[1] In Deutschland lag die M&A-Aktivität im gleichen Zeitraum durchschnittlich bei rund 970 Deals pro Jahr.[2] Eine große Anzahl an Unternehmenszusammenschlüssen lassen entsprechend hohe aktivierte Geschäfts- oder Firmenwerte (nachfolgend GoF[3] oder Goodwill genannt) in den Bilanzen der jeweiligen Mutterunternehmen vermuten. Tatsächlich zeigen diverse empirische Untersuchungen der letzten Jahre, dass die GoF in den Finanzberichten der Konzerne deutlich zugenommen haben.[4] Der GoF-Anteil an der Bilanzsumme ist im Zeitraum 2005 bis 2012 von 33,52 Prozent auf 42,51 Prozent gestiegen.[5] Besonders unterstützt wurde diese Entwicklung durch eine Veränderung der International Financial Reporting Standards (nachfolgend IFRS genannt). Seit dem Geschäftsjahr 2004 wurde der IFRS 3 zu Unternehmenszusammenschlüssen eingeführt und die praktische Bedeutung von außerplanmäßigen Abschreibungen nach IAS 36 Wertminderung von Vermögenswerten (Impairment of assets) hat dadurch zugenommen.[6] Denn der GoF, die positive Differenz zwischen Kaufpreis und dem erworbenen

---

[1] Vgl. Statista (2013), S. 10.
[2] Vgl. Uni St. Gallen (2014), o. S.
[3] Anmerkung zur Abkürzung GoF: Zur Vereinfachung wird in dieser Arbeit die Abkürzung GoF im Singular sowie im Plural gleichermaßen genutzt.
[4] Vgl. Küting (2013), S. 1795 ff. und vgl. Gundel et al. (2014), S. 130 ff.
[5] Vgl. Küting (2013), S. 1795.
[6] Vgl. IASB (2014), S. 478 f.

neu bewerteten Reinvermögen, ist seitdem jährlich im Rahmen des Wertminderungstests (nachfolgend auch Wertminderungstest genannt, impairment test) auf Wertminderung zu prüfen und es erfolgt keine planmäßige Abschreibung mehr. Dieser grundsätzliche Ansatz zur Handhabung des Goodwills in der internationalen Rechnungslegung wird als Impairment-Only-Approach (nachfolgend IOA genannt) bezeichnet und ist in Fachkreisen sehr umstritten.[7] Zum einen ist die Anwendung des IAS 36 für die Unternehmen sehr aufwendig und zum anderen wird in der Rechnungslegung der Unternehmen Transparenz vermisst. Gleichzeitig wird ein Risiko für das Eigenkapital und die Kapitalstruktur gesehen, wegen der in den letzten Jahren mangelnden Abschreibung von GoF. Einige kritische Stimmen gehen soweit, die Entscheidungsnützlichkeit der Berichterstattung in diesem Zusammenhang deutlich anzuzweifeln.[8] Wohl nicht umsonst nennt die europäische Wertpapier- und Marktaufsichtsbehörde (ESMA) unter anderem die „Wertminderung von nicht-finanziellen Vermögenswerten" sowie „Bewertungen zum beizulegenden Zeitwert und der entsprechenden Angaben" als Prüfungsschwerpunkte der Jahresabschlüsse 2013.[9] Die Deutsche Prüfstelle für Rechnungslegung (DPR) geht noch weiter und hat bei der Bekanntgabe der Prüfungsschwerpunkte für 2014 als ersten von 5 Themenschwerpunkten den Goodwill-Wertminderungstest angegeben. Dabei soll ein besonderes Augenmerk auf die Verlässlichkeit und Stimmigkeit der Cashflow[10]-Annahmen bei der Determinierung des erzielbaren Betrags gelegt werden. Weiterhin im Fokus stehen die Ableitung des Diskontierungszinses und der Wachstumsraten sowie die intensivere Betrachtung der Unternehmensangaben über die Bewertungsprämissen.[11] Der Ausweis des Goodwills in den Finanzberichten der Konzerne ist von Relevanz für Abschlussadressaten, wie Fremd- und Eigenkapitalgeber, da diese sich über die Finanz-, Vermögens- und Ertragslage der jeweiligen Unternehmen umfassend informieren wollen. Sie benötigen entscheidungsnützliche Informationen (decision usefulness), um Darlehensvergabe-, Prolongations-, Investitions- oder Desinvestitionsentscheidungen treffen zu können.[12] Dabei hat das Management ein besonderes Interesse daran, im Sinne der Unternehmensinteressen gegenüber allen bilanzlesenden Stakeholdern zu kommunizieren. Somit ist eine genaue Betrachtung des Wertminderungstests und der damit zusammenhängenden kritischen Analyse der Goodwill-Bilanzierung angebracht.

---

[7] Vgl. Pawelzik et al. (2012), S. 363 und vgl. Küting (2008), S. 1795.

[8] Vgl. Freiberg et al. (2013), § 11, Rz. 181, vgl. Küting (2013), S. 1796 ff., vgl. Gundel et al. (2014), S. 130 ff. und Schmidlin (2013), S. 69.

[9] Deloitte & Touche (2013a) o. S. und vgl. ESMA (2013), o. S.

[10] Anmerkung zu den in der Arbeit verwendeten Begriffen Cashflows und Zahlungsströme: Die Bezeichnung beinhaltet keine Cashflows beziehungsweise Zahlungsströme im Sinne der Kapitalflussrechnung als Bestandteil des Jahresabschlusses.

[11] Vgl. DPR (2013), o. S.

[12] Vgl. Coenenberg et al. (2012), S. 23 f. und 1013 ff. und vgl. Hoskisson et al. (2013), S. 17 f.

4.1.2 Ziel der Arbeit und Vorgehensweise

Ziel dieser Arbeit ist daher, umfassend die Kritikpunkte am IOA darzulegen und die Auswirkungen des Wegfalls der Goodwill-Amortisation in der praktizierten Goodwill-Bilanzierung aufzuzeigen. Damit soll diese Arbeit ein grundlegendes Verständnis für den bilanzierten GoF und die durchaus aufwendigen Regelungen im Rahmen des IAS 36 zum Wertminderungstest vermitteln. Außerdem soll diese Arbeit einerseits einen Beitrag zur besseren Interpretation des ausgewiesenen GoFs sowie Einsicht in die vorhandene und fehlende Transparenz bei der Bilanzierung des GoFs geben. Hierzu ist es jedoch notwendig im ersten Schritt den IAS 36 Wertminderung von Vermögenswerten schrittweise zu betrachten.[13] Dabei beschränkt sich diese Arbeit nicht allein auf die goodwillbezogenen Aspekte, sondern gibt Einsicht in ausgesuchte Themenbereiche des gesamten Standards. Ein solcher Einblick ist notwendig, um eine umfassende kritische Auseinandersetzung mit dem Thema führen zu können.

In Abschn. 4.2 werden die Grundlagen zur Wertminderung nach IAS 36 beschrieben. Außer der Konzeption, dem Anwendungsbereich oder dem Zeitpunkt des Wertminderungstests und der Indikatoren für eine Wertminderung kommt der Durchführung des Wertminderungstests bezogen auf einzelne Vermögenswerte und zahlungsmittelgenerierende Einheiten (nachfolgend ZGE genannt[14], cash-generating unit) eine besondere Bedeutung zu. Denn ein GoF ist vor dem Ansatz in der Bilanz zunächst einer oder mehreren ZGE zuzuordnen. Des Weiteren wird die Ermittlung des erzielbaren Betrags beschrieben sowie ein Überblick über die anzuwendenden Bewertungsmethoden gegeben und anschließend die Wertaufholung und die Anhangangaben näher erläutert. Dem schließt sich in Abschn. 4.3 eine ergänzende Betrachtung der Wertminderung des Goodwills an. Mit dem Praxisbezug im Abschn. 4.4 zeigt diese Arbeit, welche Themenbereiche in Bezug auf den Wertminderungstest von großer Bedeutung sind. Unter Zuhilfenahme ausgesuchter Beispiele aus IFRS Praxishandbüchern sowie Literatur aus Fachzeitschriften wird aufgezeigt, wie ZGE definiert werden können, wie die Indikatoren für potentielle Wertminderungen in der Unternehmenspraxis zu interpretieren sind und darüber hinaus, wie Nettoveräußerungspreis und Nutzungswert ermittelt werden. Von grundlegender Bedeutung sind bei der Determinierung des Nutzungswertes einerseits die Findung der richtigen Zahlungsströme (nachfolgend auch Mittelzuflüsse oder Cashflows genannt) und andererseits der passende Diskontierungszinssatz. Daher wird diesen beiden Themenbereichen jeweils ein extra Gliederungspunkt aus dem Praxisblickwinkel gewidmet. Ein vereinfachtes Beispiel zur Wertminderung bei goodwilltragenden ZGE rundet den Blick in die Praxis ab. In Abschn. 4.5 werden Gestaltungsspielräume der Unternehmen im Rahmen der Erst- sowie der Folgebewertung kritisch betrachtet. Ebenso gibt der Gliederungspunkt anhand

---

[13] Vgl. IASB (2014), S. 478.

[14] Anmerkung zur Abkürzung ZGE: Aus Vereinfachungsgründen wird in dieser Arbeit von einer ZGE gesprochen, obgleich eine Gruppe von ZGEen oder alle ZGEen gemeint sind. Außerdem wird die Abkürzung ZGE im Singular und Plural gleichermaßen genutzt.

diverser empirischer Analysen von Küting, Gundel und weiteren Autoren Einblick in die Praxis der Goodwillbilanzierung deutscher Konzerne und setzt sich mit dem IOA kritisch auseinander. Letztlich rundet das Fazit die Ergebnisse der Arbeit ab.

Um der Thesis sprachlich und inhaltlich ein einheitliches Bild zu geben und dadurch den Lesefluss zu erleichtern, werden nachfolgend genannte Regeln eingehalten. Die Sprache der internationalen Standards ist zwar Englisch, jedoch werden in der vorliegenden Arbeit bis auf wenige Ausnahmen, wie Goodwill und IOA, die deutschen Begriffe verwendet. Bei erstmaliger Verwendung eines Begriffes wird die englische Bezeichnung in Klammern hinter das Wort gesetzt. Etliche Worte werden beim ersten Auftreten ausgeschrieben, die Abkürzung in Klammern dahinter angegeben und danach nur noch in der Kurzform genannt. Inhaltlich werden Standards erläutert, die ab dem zu berichtenden Geschäftsjahr 2014 anzuwendendes Recht in Europa sind. Die Regelungen vor dem Berichtszeitraum 2014 bleiben entweder nur erwähnt oder vollständig unberücksichtigt. Die Standards IAS 38, IFRS 13 und 3 werden lediglich entsprechend ihrer Relevanz bezogen auf das Thema inhaltlich verarbeitet oder wiedergegeben. Aus Fokussierungsgründen wird in dieser Arbeit der Themenschwerpunkt Fremdwährung genauso wie Steuerlatenzen oder der Standard in Bezug auf klein- und mittelständische Unternehmen nicht bearbeitet. Diese Arbeit zieht ebenfalls keinen Vergleich zu den Vorschriften des HGB oder den Regelungen nach US-GAAP. Genauso findet keine Betrachtung der Besonderheiten bei der Bilanzierung von Firmenwerten in der Unternehmenspraxis statt, wenn bei Konzernen mit Töchtern aus den Vereinigten Staaten die Regeln nach IFRS und US-GAAP aufeinandertreffen. Diese Arbeit betrachtet die Regeln aus dem Blickwinkel deutscher kapitalmarktorientierter Konzerne, die nach § 315a Abs. 1 oder 2 HGB verpflichtet sind, ihre Konzernabschlüsse nach IFRS zu erstellen.

4.2   Grundlagen zur Wertminderung nach IAS 36

4.2.1   Konzeption und Anwendungsbereich

In diesem Gliederpunkt werden die grundlegende Konzeption des IFRS Standards IAS 36 und dessen Anwendungsbereich erläutert. Die Regelungen des Standards umfassen im Rahmen des Wertminderungstests die Vorgehensweise bei Wertminderungen von Vermögenswerten, die Wertaufholung sowie die anzugebenden Angaben im Anhang. Dabei realisiert der Standard in Form von einzelnen Regelungen das Niederstwertprinzip. Gemäß seiner Konzeption ist sicherzustellen, dass Vermögenswerte (assets) maximal mit ihrem erzielbaren Betrag (recoverable amount) bewertet werden.[15] Das heißt der Buchwert (carrying amount) der Vermögenswerte soll den Wert nicht übersteigen, der aus der Nutzung (Nutzungswert) oder dem Verkauf (Nettoveräußerungswert oder -preis) des Vermögenswertes erzielt werden kann. Ist der Buchwert höher als der erzielbare Wert, verlangt der

---

[15] Vgl. IASB (2014), S. 478 und vgl. Coenenberg et al. (2012), S. 123.

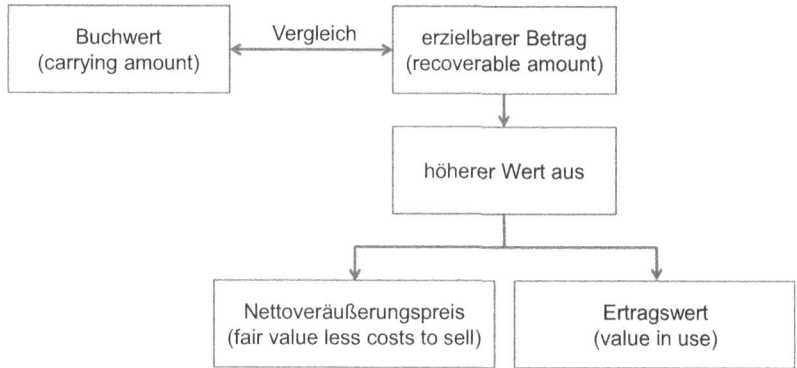

Abb. 4.1 Vereinfachte Darstellung des Wertminderungstests nach IAS 36. (In Anlehnung an Coenenberg et al. 2012, S. 125)

Standard in IAS 36.59, dass für den betreffenden Vermögenswert ein Wertminderungsaufwand, wie in Abb. 4.1 vereinfacht dargestellt, erfasst wird.[16] Die voraussichtliche Dauer der Wertminderung spielt dabei für die außerplanmäßige Abschreibung grundsätzlich keine Rolle.[17]

Außerdem schreibt IAS 36.2 vor, dass der Standard zur Wertminderung von Vermögenswerten bei der Bilanzierung von Wertminderungen aller Vermögenswerte anzuwenden ist.[18] Explizit nicht in den Anwendungsbereich des Standards gehören Vorräte (inventories) nach IAS 2, Vermögenswerte aus Fertigungsaufträgen (construction contracts) nach IAS 11, latente Steueransprüche (income taxes) nach IAS 12 und Vermögenswerte in Zusammenhang mit Arbeitnehmerzuwendungen (employee benefits) nach IAS 19. Finanzanlagen, die in den Anwendungsbereich des IAS 39 (Financial instruments: recognition and measurement) fallen, gehören ebenso nicht zum Regelungsbereich des Standards. Ein Beispiel hierfür sind Beteiligungsbuchwerte im Einzel-abschluss, die nicht nach Anschaffungskosten bewertet werden.[19] Ebenso wenig ist der IAS 36 bei landwirtschaftlich genutzten biologischen Vermögenswerten nach IAS 41, die zum beizulegenden Zeitwert vermindert um die Kosten der Veräußerung (fair value less costs of disposal) bilanziert werden, anzuwenden. Aktiva aus Versicherungsverträgen nach IFRS 4 und gemäß IFRS 5 zur Veräußerung gehaltene langfristige Vermögenswerte und aufgegebene Geschäftsbereiche, die als zur Veräußerung gehalten (held for sale) zu klassifizieren sind, gehören ebenfalls nicht in den Anwendungsbereich des Standards.[20] Eine Besonderheit stellen Beteiligungen dar, die nach der Equity-Methode bewertet werden. Sie gehören zwar nicht

---

[16] Vgl. IASB (2014), S. 478 f.
[17] Vgl. Coenenberg et al. (2012), S. 124 und 189.
[18] Vgl. IASB (2014), S. 478 ff.
[19] Vgl. IASB (2014), S. 479 f., vgl. Coenenberg et al. (2012), S. 123 und vgl. Pawelzik et al. (2012), Rz. 2005 f.
[20] Vgl. Coenenberg et al. (2012), S. 123 und vgl. IASB (2014), S. 480 f.

in den Regelungsbereich des IAS 36, sind aber auf mögliche vorliegende Indikatoren für Wertminderung gemäß IAS 39.59 ff. zu prüfen. Bei Anzeichen auf Wertminderung ist der Wertminderungstest im Sinne des IAS 36 i. V. m. IAS 28.33 durchzuführen.[21]

Zusammengefasst stellt der Standard sicher, dass ein Vermögenswert niemals mit einem den erzielbaren Betrag übersteigenden Buchwert bilanziert wird. Des Weiteren fokussiert der Standard das immaterielle und sächliche langfristige Vermögen.[22] Folglich ist der Standard für Sachanlagevermögen nach IAS 16, immaterielle Vermögenswerte nach IAS 38 einschließlich eines gegebenenfalls zu bewertenden GoFs sowie bestimmte Finanzanlagen anzuwenden. Hierzu gehören Investitionen in assoziierte Unternehmen, Tochterunternehmen und Gemeinschaftsunternehmen.[23] Die nach IAS 36 zu behandelnden Vermögenswerte kommen in unterschiedlichen Konstellationen vor. Zum einen sind es die einzelnen Vermögenswerte, zum anderen sind es ZGE mit oder ohne GoF und zuletzt sind es Gruppen von ZGE.[24]

4.2.2 Zeitpunkt des Wertminderungstests und Indikatoren für eine Wertminderung

4.2.2.1 Bei Vermögenswerten mit bestimmter Nutzungsdauer

Nach der Zielsetzung und Konzeption des IAS 36 behandelt dieser Gliederungspunkt der Arbeit den vorgeschriebenen Zeitpunkt für den Wertminderungstest und die erste Bearbeitungsstufe des Wertminderungstests, der Identifikation von Indikatoren für eine vorliegende Wertminderung. Im ersten Schritt gibt der IAS 36 eine qualitative Werthaltigkeitsprüfung vor.[25] Diese beinhaltet für jeden betreffenden Vermögenswert eine jährliche Prüfung zum Bilanzstichtag, auf vorliegende Anzeichen (indications) für eine Wertminderung. Hinweise für eine mögliche Wertminderung sind intern und extern des Unternehmens zu finden. Ist beispielsweise der Marktwert einer gebrauchten Maschine wesentlich gesunken, liegen marktbedingte und damit Anzeichen aus externen Quellen vor. Während Informationen über eine vorliegende Beschädigung einer Maschine aus internen Quellen stammen und es sich somit um unternehmensbedingte Indizien für eine Wertminderung handelt.[26] Externe Hinweise nach IAS 36.12 können wesentliche Veränderungen der rechtlichen, wirtschaftlichen, technologischen oder marktbezogenen Unternehmensumwelt sein, die sich negativ auf das Unternehmen auswirken. Des Weiteren kann die Zunahme des Marktzinssatzes ein Anzeichen sein, denn dieser Zins wird als Diskontierungszinssatz bei der Berechnung des Nutzungswertes verwendet. Der Anstieg des

---

[21] Vgl. Pawelzik et al. (2012), Rz. 6050 f. und zum Vertiefen die dort weiterführenden Ausführungen unter den angegebenen Rz. 6055 ff.

[22] Vgl. Pawelzik et al. (2012), Rz. 2006.

[23] Vgl. Coenenberg et al. (2012), S. 123.

[24] Vgl. IDW (2010), Rz. 80.

[25] Vgl. Petersen et al. (2014, S. 68.

[26] Vgl. Buchholz (2012), S. 112 und vgl. Coenenberg et al. (2012), S. 123.

Zinssatzes wirkt sich demnach senkend auf den Nutzungswert aus. Ist die Marktkapitalisierung eines Unternehmens höher als die Buchwerte des Nettovermögens (net assets) kann dies ebenso ein Anhaltspunkt für eine mögliche Wertminderung sein. Zu den internen Anzeichen gehören physische Schäden an Vermögenswerten oder deren Obsoleszenz sowie eine negativ abweichende wirtschaftliche Leistung von Vermögenswerten. Änderungen in der Art der Nutzung eines Vermögenswertes im Unternehmen stellt auch ein internes Indiz auf eventuelle Wertminderung dar.[27] Im Falle, dass eines oder mehrere unternehmensinterne oder -externe Anzeichen vorliegen, ist dann im zweiten Schritt für den jeweiligen Vermögenswert der erzielbare Betrag zu ermitteln.[28] Zudem ist unabhängig von einer späteren Wertminderung der vorliegende Abschreibungsplan des Vermögenswertes gemäß IAS 36.17 neu zu beurteilen. Das bedeutet die Restnutzungsdauer (remaining useful life), der angenommene Restwert (residual value) und die Methode der Abschreibung (depreciation method) sind auf ihre Angemessenheit zu prüfen und eventuell anzupassen. Sollte aufgrund dieser Neubeurteilung eine erfolgswirksame Korrektur nötig sein, ist diese jedoch erst nach einer erfolgten Wertminderung vorzunehmen.[29]

4.2.2.2   Bei immateriellen Vermögenswerten mit unbestimmter Nutzungsdauer

Im Gegensatz zu den begrenzt nutzbaren Vermögenswerten stellen immaterielle Vermögenswerte mit unbegrenzter Nutzungsdauer oder Vermögenswerte, die am Bilanzstichtag noch nicht betrieblich genutzt werden können, eine Besonderheit dar. Sie sind seit dem Geschäftsjahr 2005 nach IAS 36.10a unabhängig von Indikatoren gleich im ersten Schritt auf mögliche Wertminderung jährlich zu testen. Der Standard schreibt keinen bestimmten Zeitpunkt während eines Geschäftsjahres für diesen obligatorischen Wertminderungstest vor. Allerdings ist der einmal gewählte Testzeitpunkt eines Vermögenswertes zukünftig beizubehalten. Gleichfalls jährlich auf außerplanmäßige Wertminderung zu testen ist der derivative GoF, auf dessen Besonderheiten und spezielle Vorschriften im später folgenden Abschn. 4.3.1 noch näher eingegangen wird.[30] Darüber hinaus ist bei diesen Vermögenswerten bei vorliegenden Indizien auf Wertminderung während einer Geschäftsperiode ein ereignisbezogener Werthaltigkeitstest noch vor dem jährlich obligatorischen Test durchzuführen.[31] Jedoch gibt IAS 36.24 die Möglichkeit, die Pflicht zur vollständigen Durchführung eines Wertminderungstests bei immateriellen Vermögenswerten zu umgehen. Voraussetzung ist, dass eine Wertminderung nahezu ausgeschlossen ist. Nahezu ausgeschlossen ist eine Wertminderung, wenn folgende drei Voraussetzungen kumulativ gegeben sind. Zuerst darf sich im Falle einer bestehenden Zugehörigkeit zu einer ZGE seit der letzten Bewertung keine signifikante Änderung in der Zusammensetzung der Vermö-

---

[27] Vgl. Coenenberg et al. (2012), S. 123 f. und vgl. IASB (2014), S. 484.
[28] Vgl. Coenenberg et al. (2012), S. 123 f., vgl. IASB (2014), S. 484 und vgl. IDW (2010), Rz. 77.
[29] Vgl. Freiberg et al. (2013), § 11, Rz. 25.
[30] Vgl. Coenenberg et al. (2012), S. 124, vgl. IASB (2014), S. 484 und vgl. Pawelzik et al. (2012), Rz. 2001.
[31] Vgl. Petersen et al. (2014), S. 65.

genswerte innerhalb der ZGE ergeben haben. Dann soll der beim letzten Test ermittelte erzielbare Betrag wesentlich über dem Buchwert gelegen haben. Zuletzt ist es notwendig, dass der Verlauf der Geschehnisse seit dem letzten Test auf eine äußerst geringe Wahrscheinlichkeit einer möglichen Wertminderung hindeutet. Sind alle Voraussetzungen erfüllt, kann der zuletzt ermittelte erzielbare Betrag aus der vergangenen Periode im aktuellen Jahr als erzielbarer Betrag herangezogen werden.[32]

4.2.3 Durchführung des Wertminderungstests

4.2.3.1 Wertminderungstest bei einzelnen Vermögenswerten

Im Anschluss an die Betrachtung der qualitativen Werthaltigkeitsprüfung in Abschn. 4.2.2 wird in den folgenden Abschn. 4.2.3 und 4.2.4 der Wertminderungstest mit der Ermittlung des erzielbaren Betrags bei einzelnen Vermögenswerten wie auch bei Gruppen von Vermögenswerten in den Mittelpunkt gerückt. Eine zentrale Bedeutung kommt in diesem Zusammenhang der Bildung von ZGE zu, weshalb anschließend Abschn. 4.2.3.2.1 diesen Themenbereich genauer betrachtet.

Im zweiten Schritt des Wertminderungstests gibt der IAS 36 eine quantitative Werthaltigkeitsprüfung vor.[33] Das bedeutet der in Abschn. 4.2.1 genannte erzielbare Wert des jeweiligen Anlagewertes oder der betreffenden Gruppe von Vermögenswerten soll ermittelt werden. Erzielbarer Wert ist der höhere Wert des Nutzungswertes (value in use) und des Nettoveräußerungswertes (fair value less costs to sell), der wörtlich übersetzt beizulegender Zeitwert abzüglich der Veräußerungskosten (Veräußerungskosten entsprechen den costs of disposal) genannt wird.[34] Ist einer der beiden Werte (Nettoveräußerungswert oder Nutzungswert) größer als der Buchwert, ist der zweite der beiden Werte gemäß IAS 36.19 nicht mehr zu ermitteln.[35] Die Vorschrift besagt, den höheren der beiden Werte als Korrekturwert zu nutzen. Hierin liegt die Annahme zugrunde, dass sich ein rational agierendes Unternehmen, wie bei einer Investitionsentscheidung, zwischen den Alternativen, Nutzung oder Verkauf eines Vermögenswertes, für die vorteilhaftere Handlungsalternative entscheiden würde.[36] In anderen Worten wird ein genutzter Vermögenswert, der einen höheren Wertbeitrag als sein Nettoveräußerungswert generiert, aus rationalen Gründen weitergenutzt und somit der Wert eines Unternehmens durch den Wert seiner Nutzung festgelegt. Ist umgekehrt der Nettoveräußerungswert über dem Nutzungswert, ist die Veräußerung als ökonomisch vorteilhaftere Verwendung (highest and best use) zu wählen und folglich ist der Unternehmenswert durch den erzielbaren Veräußerungswert bestimmt.[37]

[32] Vgl. Petersen et al. (2014), S. 65 und vgl. IASB (2014), S. 488.
[33] Vgl. Petersen et al. (2014), S. 68.
[34] Vgl. Coenenberg et al. (2012), S. 124 f., vgl. Baetge et al. (2012), S. 233 und 303 und vgl. IASB (2014), S. 482 f.
[35] Vgl. Freiberg et al. (2013), § 11, Rz. 7.
[36] Vgl. Baetge et al. (2012), S. 304.
[37] Vgl. Pawelzik et al. (2012), Rz. 2021 und vgl. Freiberg et al. (2013), § 11, Rz. 7.

Der erzielbare Wert dient als Korrekturwert für den Buchwert und Differenz zwischen dem höheren Buchwert und dem niederen erzielbaren Wert stellt den Abwertungsverlust (impairment loss) dar. Die Abschreibung wird generell als Wertminderungsaufwand erfolgswirksam in der Gewinn- und Verlustrechnung (GuV) erfasst. Handelt es sich hingegen um Sachanlagevermögen, das nach dem Neubewertungsmodell (revaluation model) bewertet wird, wird der Abwertungsaufwand ohne Beeinflussung des Periodenergebnisses mit der Neubewertungsrücklage (revaluation surplus) verrechnet.[38] Obwohl der Standard bei der Wertminderung nicht zwischen dauerhafter und nicht dauerhafter Wertminderung unterscheidet, besteht die Möglichkeit, bei nicht dauernder Wertminderung mit der Richtlinie der Wesentlichkeit (materiality) im Sinne des Rahmenkonzeptes (framework) auf eine Wertminderung zu verzichten. Dies geschieht unter der Prämisse, dass das Weglassen eines Informationswertes oder seine Fehlerhaftigkeit für den Abschlussadressaten unwesentlich und damit nicht relevant für seine Entscheidungsfindung ist.[39]

4.2.3.2 Wertminderungstest bei zahlungsmittelgenerierenden Einheiten

4.2.3.2.1 Wertminderung bei zahlungsmittelgenerierenden Einheiten

Generell wird in IAS 36.66 bei der Wertminderung von Vermögenswerten der Einzelbewertungsgrundsatz vorgeschrieben. Folglich ist für den zu testenden Vermögenswert der erzielbare Betrag einzeln zu ermitteln. Nach dem Standard ist für den Fall, dass der erzielbare Betrag nicht für den einzelnen Vermögenswert ermittelt werden kann, der erzielbare Betrag für die dem Vermögenswert zugehörige ZGE zu ermitteln.[40] Coenenberg, Haller und Schultze nennen zusätzlich den IAS 36.22, der ebenfalls den Einzelbewertungsgrundsatz aufgreift und die Bestimmung des erzielbaren Betrags auf die ZGE vorschreibt, wenn ein Vermögenswert bei fortdauernder Nutzung keine Einzahlungen, die unabhängig von den Rückflüssen anderer Vermögenswerte sind, generiert.[41] Pawelzik und Dörschell merken hierzu besonders den Regelfall an, bei dem von vornherein ZGE auf Wertminderung nach IAS 36.7 getestet werden. Dies geschieht insbesondere dann, wenn eine ZGE einen GoF beinhaltet.[42] IAS 36.6 definiert eine ZGE als die kleinste Gruppe von Vermögenswerten, die identifiziert werden kann, und überwiegend unabhängig von anderen einzelnen Vermögenswerten oder Gruppen von Vermögenswerten Einzahlungen erzeugen. Bei der Ermittlung des erzielbaren Betrags der ZGE sind für die einzelnen Anlagewerte die zugehörigen Regeln der Vermögenswerte zu beachten.[43]

Der erzielbare Betrag der ZGE wird mit der Buchwertsumme aller zur ZGE zugehörigen Vermögenswerte verglichen. Im Falle einer Wertminderung wird dann, wie auch bei

---

[38] Vgl. Coenenberg et al. (2012), S. 124 f. und vgl. IDW (2010), Rz. 76.
[39] Vgl. Coenenberg et al. (2012), S. 66 und 189.
[40] Vgl. IASB (2014), S. 478 und vgl. IASB (2014), S. 486 f.
[41] Vgl. Coenenberg et al. (2012), S. 125.
[42] Vgl. Pawelzik et al. (2012), Rz. 2025.
[43] Vgl. IASB (2014), S. 496 f. und vgl. Coenenberg et al. (2012), S. 125.

den einzelnen Vermögenswerten, ein Abschreibungsaufwand nach IAS 36.104 erfasst.[44] Der Verlust wird proportional zu den Buchwerten auf die entsprechenden Vermögenswerte zugeordnet. Enthält die ZGE einen Goodwill, ist der Verlust zunächst voll mit dem GoF zu verrechnen und ein eventueller Restaufwand im Verhältnis zum Buchwert auf die der ZGE zugehörigen Vermögenswerte zu verteilen. Gemäß IAS 36.105 ist jedoch darauf zu achten, dass die Buchwerte der jeweiligen wertgeminderten Vermögenswerte nicht niedriger als deren Nutzungswert, Nettoveräußerungswert oder kleiner null sind. Ein dadurch eventuell übriger Aufwandsbetrag ist anschließend anteilig auf die restlichen Vermögenswerte der Einheit zu verteilen.[45] Ist ein Anlagewert in derselben Berichtsperiode bereits zuvor abgeschrieben worden, geht dieser in abgeschriebener Höhe als Buchwert in die ZGE ein. Dies tritt allerdings nur dann auf, wenn der Anlagewert einzeln oder als Bestandteil einer ZGE ohne Goodwill bewertet wurde.[46] Im Falle, dass ein Vermögenswert dem Unternehmen keinen Nutzen zufließen lassen kann, das heißt sein Nettoveräußerungspreis sowie Nutzungswert gleich null sind, wird der Vermögenswert trotz vorheriger Zuordnung zu einer ZGE wieder einzeln betrachtet und vollständig abgeschrieben.[47]

4.2.3.2.2   Eingrenzung von zahlungsmittelgenerierenden Einheiten

Hilfestellung bei der genauen Eingrenzung einer ZGE geben IAS 36.67 und die nachfolgenden Paragrafen.[48] Zur ZGE werden nach IAS 36.76 diejenigen bilanzierten Anlagewerte hinzugerechnet, die unter Anwendung einer sinnvollen und beständigen Zurechnungsregel zugeordnet werden können. Ist der erzielbare Betrag der ZGE ohne die Berücksichtigung der Rückstellungen und Verbindlichkeiten nicht zutreffend ermittelbar, sind diese einzubeziehen. Ein Beispiel dafür sind Rückbauverpflichtungen, die einerseits als Teil der Anschaffungskosten nach IAS 16.16c aktiviert und andererseits als Rückstellungen passiviert werden.[49] Anders dagegen bei passivierten Pensionsrückstellungen, sie stellen Werte der Fremdfinanzierung dar und sind daher gemäß IAS 36.76b nicht einzubeziehen.[50] Des Weiteren lassen sich beim erworbenen GoF sowie bei gemeinschaftlichen Vermögenswerten (siehe Abschn. 4.2.3.2.3) laut IASB keine einzeln zuordenbaren Werte ermitteln.[51] Der Wert des GoFs ist nach IFRS 3.B63 (a) i. V. m. IAS 36.80 durch die Ermittlung der Werthaltigkeit der mit dem GoF in Verbindung stehenden ZGE oder Gruppe von Einheiten zu bestimmen. Daher ist zum Zeitpunkt des Erwerbs nach IAS 36.80 der GoF auf die ZGE oder Gruppe von ZGE zu verteilen, die aus Sicht des Managements voraussichtlich vom Zusammenschluss

---

[44] Vgl. IDW (2010), Rz. 99.
[45] Vgl. Baetge et al. (2012), S. 307 f. und vgl. IASB (2014), S. 508.
[46] Vgl. IDW (2010), Rz. 99.
[47] Vgl. Pawelzik et al. (2012), Rz. 2026.
[48] Vgl. IASB (2014), S. 496 f. und vgl. Coenenberg et al. (2012), S. 125.
[49] Vgl. Coenenberg et al. (2012), S. 110 und 125 f.
[50] Vgl. Petersen et al. (2014), S. 66.
[51] Vgl. Coenenberg et al. (2012), S. 125.

profitieren werden.[52] Baetge, Kirsch und Thiele sprechen in diesem Zusammenhang vom sogenannten Management Approach. Das bedeutet die ZGE stellt als Gebilde der externen Rechnungslegung die kleinste Stufe dar, auf der das Management den Erfolg aus einem gekauften Goodwill mithilfe der internen Rechnungslegung beobachten und kontrollieren kann.[53] IAS 36.69 nennt zwei Aspekte, die generell bei der Eingrenzung von ZGE zu beachten sind. Zum einen das soeben erwähnte interne Berichtswesen und zum anderen die Ebene der strategischen Entscheidungen, auf der über die Weiternutzung oder Aufgabe von Vermögenswerten genauso wie über das Einstellen oder Fortsetzen von unternehmerischen Aktivitäten entschieden wird.[54] Der Struktur des internen Berichtssystems, also der Sicht des Unternehmens, folgen laut Coenenberg, Haller und Schultze die Bestimmungen der Standardsetter, um den Werthaltigkeitstest umsetzen zu können.[55] Ist eine ZGE einmal determiniert worden, ist diese nach dem Stetigkeitsgebot gemäß IAS 36.72 fortzuführen.[56] Jedoch kann dieser Grundsatz bereits im Falle von internen Umstrukturierungen durchbrochen werden, da sich die Umgebungsbedingungen verän-

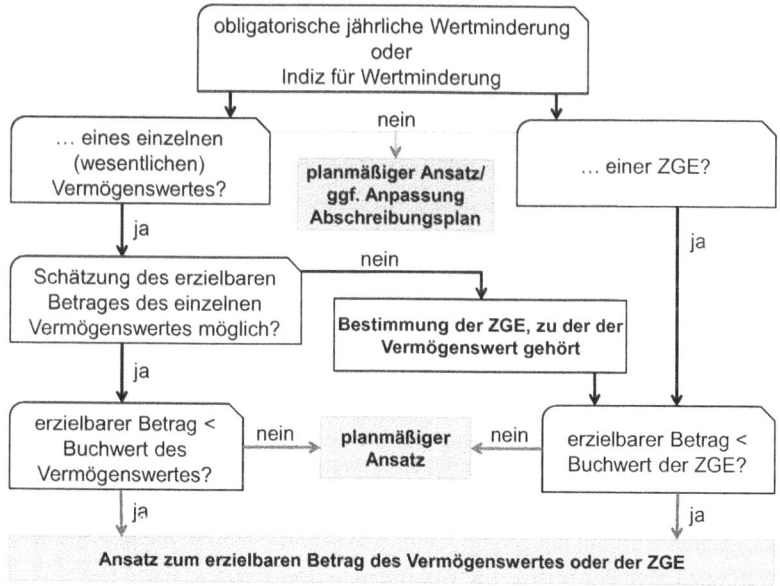

Abb. 4.2 Ablaufschema zum Wertminderungstest. (In Anlehnung an Pawelzik et al. 2012, Rz. 2022)

---

[52] Vgl. Baetge et al. (2012), S. 300 f., vgl. IASB (2014), S. 502 und 868, vgl. Petersen et al. (2014), S. 75 und Anmerkung zur Goodwill-Allokation: Siehe nähere Erläuterungen hierzu in Abschn. 4.3.1.

[53] Vgl. IASB (2014), S. 502, vgl. Baetge et al. (2012), S. 310 und vgl. Brücks et al. (2005), S. 2.

[54] Vgl. Pawelzik et al. (2012), Rz. 2032.

[55] Vgl. Coenenberg et al. (2012), S. 698.

[56] Vgl. IASB (2014), S. 496 f. und vgl. Coenenberg et al. (2012), S. 125.

dert haben.[57] Abschließend zu Abschn. 4.3.2 zeigt die Abb. 4.2 zusammenfassend und im Überblick das Ablaufschema des Wertminderungstests für einzelne Vermögenswerte wie auch Gruppen von Vermögenswerten.

4.2.3.2.3 Wertminderung und Zuordnung von gemeinschaftlich genutzten Vermögenswerten

Gemeinschaftlich genutztes Anlagevermögen (corporate assets) ist zum Beispiel eine EDV-Ausrüstung, ein Verwaltungsgebäude oder ein Forschungs- und Entwicklungszentrum. Ebenso kann gemeinschaftliches Produktivvermögen, wie beispielsweise Patente, Fertigungsstraßen oder Transportflotten, von verschiedenen ZGE genutzt werden. Gemeinsame Anlagewerte sind gemäß IAS 36.102 unter Verwendung vernünftiger Verteilungsschlüssel auf die entsprechend identifizierten ZGE aufzuteilen.[58] Der Standard gibt folgende Hilfestellung: Kann ein Teilbereich (portion) eines gemeinschaftlich verwendeten Anlagevermögens sinnvoll und dauerhaft einer ZGE zugerechnet werden, ist der Vergleich des (anteiligen) Buchwertes und des Nutzungswertes im Rahmen des Wertminderungstests inklusive Berücksichtigung des Teilbereichs vorzunehmen. Kann eine solche Teilzuordnung nicht vorgenommen werden, ist ohne Berücksichtigung des gemeinschaftlichen Vermögenswertes der Buchwert mit dem Nutzungswert zu vergleichen. Für den gemeinschaftlich genutzten Vermögenswert ist nach einer Gruppe von ZGE zu suchen, bis in Teilen oder vollständig eine Zuordnung erfolgen kann. Danach erfolgt ein Wertminderungstest der gefundenen ZGE inklusive Berücksichtigung des gemeinschaftlichen Vermögenswertes. Was in der Praxis häufig zur Folge hat, dass die Zuordnungseinheit das gesamte Unternehmen wird.[59]

4.2.4   Methoden zur Ermittlung des erzielbaren Betrags

4.2.4.1   Beizulegender Zeitwert abzüglich der Veräußerungskosten

Nachdem die vorangegangen Gliederungspunkte den Werthaltigkeitstest in Bezug auf einzelne Vermögenswerte wie auch ZGE erörtern, haben die beiden nachstehenden Gliederungspunkte die Bestimmung des Nettoveräußerungspreises und des Nutzungswertes zum Thema. Begonnen wird mit dem Nettoveräußerungspreis, auch bezeichnet als beizulegender Zeitwert abzüglich der Kosten für Veräußerung. Der Paragraf 6 des IAS 36 beschreibt den beizulegenden Zeitwert abzüglich der Veräußerungskosten als den Betrag, der bei einem Verkauf eines Vermögenswertes zu Marktbedingungen zwischen fachkundigen und vertragswilligen Transaktionspartnern erzielt werden könnte und von dem dann noch die Veräußerungskosten abzuziehen sind.[60] Demnach besteht der Nettoveräußerungswert aus zwei Bestandteilen, die zunächst zu determinieren sind. Einmal der beizulegende Zeit-

---

[57] Vgl. Pawelzik et al. (2012), Rz. 2038.

[58] Vgl. IDW (2010), Rz. 90, vgl. Coenenberg et al. (2012), S. 125 und vgl. Küting (2013), S. 1798.

[59] Vgl. Freiberg et al. (2013), § 11, Rz. 120.

[60] Vgl. IASB (2014), S. 480 und 482.

wert und dann die Veräußerungskosten, welche in dieser Reihenfolge nachfolgend näher untersucht werden.

Für die Geschäftsjahre beginnend ab oder nach dem 1. Januar 2014 wird nach IAS 36.6 der beizulegende Zeitwert mithilfe des am 1. Januar 2013 in Kraft getretenen IFRS 13 Bemessung des beizulegenden Zeitwertes (Fail Value Measurement) ermittelt. Die vorherigen Paragrafen 25 bis 27 in IAS 36 sind damit gestrichen.[61] Er ist als Verkehrswert oder Marktwert zu verstehen und resultiert aus einem rein hypothetischen Geschäftsvorfall.[62] IFRS 13 nimmt eine konsequente Marktsicht ein, daher wird anhand verschiedener objektivierbarer und am Markt abgeleiteter Informationskriterien der beizulegende Zeitwert des Vermögenswertes oder der Schuld geschätzt. Daraus folgt, dass der beizulegende Zeitwert im Sinne des IFRS 13.31 i. V. m. IFRS 13.IE2–6 auch Synergien beinhaltet, die am Markt, aber nicht zwingend für das Unternehmen, realisierbar wären.[63] Für die möglichen Inputfaktoren sieht der IASB drei verschiedene Hierarchiestufen als anzugebende Klassifizierung im Abschluss vor, um eine nachvollziehbare, einheitliche und vergleichbare Vorgehensweise bei Vermögenswerten und Schulden standardübergreifend zu erreichen. Am verlässlichsten für die Ermittlung des beizulegenden Zeitwertes sind für Unternehmen Informationsquellen der ersten Stufe. Folglich hat das Unternehmen am Bemessungsstichtag Zugang zu Marktpreisnotierungen für identische Schulden oder Vermögenswerte auf aktiven Märkten. Ein aktiver Markt ist als realer oder elektronischer Handelsplatz definiert, an dem die jeweilige Schuld oder der Vermögenswert ausreichend oft und in genügend Volumen gehandelt wird und dadurch dauernd Informationen zum Preis vorliegen. Weniger verlässlich sind Inputfaktoren der Stufen zwei und drei. Beispielsweise Preisnotierungen an aktiven Märkten für ähnliche Schulden oder Vermögenswerte, Marktpreisnotierungen an nicht aktiven Märkten für ähnliche oder identische Schulden oder Vermögenswerte, Zinssätze, Zinskurven, implizite Volatilitäten oder sonstige beobachtbare Marktdaten. Die Inputfaktoren der Stufe drei sind nicht beobachtbar.[64]

Die zuvor ermittelten Informationen und Annahmen aus dem Markt, das heißt die Inputfaktoren der verschiedenen Hierarchiestufen, werden mittels drei verschiedenen Bewertungsverfahrensansätzen in Schätzwerte umgewandelt. Die Ansätze haben eine marktbasierte, kostenbasierte und einkommensbasierte Herangehensweise.[65] Die kostenbasierte Methode gilt allerdings für die Berichtsjahre vor 2014 nicht, da gemäß IAS 36.BCZ29 unterstellt wird, dass Kosten keine zukünftigen Rückflüsse durch Vermögenswerte darstellen. Ab 2014 wiederum lässt sich diese Methode laut IFRS 13.62 und 13.B8 f. anwenden. Insbesondere dann, wenn diese Methode bereits bei der Erstkonsolidierung Ver-

---

[61] Vgl. IASB (2014), S. 1112 f., vgl. Pawelzik et al. (2012), Rz. 2015 f. und vgl. Deloitte & Touche (2014a), IAS 36.
[62] Vgl. Theile (2012), Rz. 450.
[63] Vgl. Pawelzik et al. (2012), Rz. 2015 f., vgl. Deloitte & Touche (2014b), IFRS 13 und vgl. IASB (2014), S. 1118 ff.
[64] Vgl. Deloitte & Touche (2014b), IFRS 13.
[65] Vgl. Deloitte & Touche (2014b), IFRS 13.

wendung gefunden hat.[66] Die marktbasierte Herangehensweise beruht auf Preisen und Informationen, die für gleiche oder ähnliche Schulden beziehungsweise Vermögenswerte auf Märkten bei Geschäftsvorfällen generiert werden. Für Gruppen von Schulden respektive Vermögenswerten, wie zum Beispiel ein vollständiger Geschäftsbetrieb, lässt sich das Verfahren in gleicher Weise anwenden. Der kostenbasierte Bewertungsverfahrensansatz fußt auf den aktuellen Wiederbeschaffungskosten und die einkommensbasierte Herangehensweise ermittelt einen Barwert aus den zukünftigen Einzahlungen und Auszahlungen oder Aufwendungen und Erträgen auf Basis der gegenwärtigen Markterwartungen.[67] Bei der Determinierung des beizulegenden Zeitwertes via Barwertkalküle, kann der Diskontierungszins ab den Geschäftsjahren 2014 auch direkt anhand IFRS 13.B10 ff. abgeleitet werden. Auf die Bestimmung des Nettoveräußerungspreises wird beispielhaft in Abschn. 4.4.3 nochmals eingegangen.[68]

Zum Schluss sind vom beizulegenden Zeitwert die Veräußerungskosten abzuziehen, um das gewünschte Ergebnis der Nettoveräußerungskosten zu erhalten. IAS 36.28 regelt die Bestimmung der Veräußerungskosten, hierzu zählen ausschließlich die direkten Kosten der Veräußerung. Gemeinkosten oder bereits angefallene Kosten sind keine vom beizulegenden Zeitwert abziehbaren Veräußerungskosten.[69] Als Beispiele hierfür können Abbau-, Beseitigungs- oder Transportkosten sowie Rechtsberatungs- oder Gerichtskosten genannt werden. Diese sind nach Ermittlung schließlich von dem beizulegenden Zeitwert abzuziehen, um das gewünschte Ergebnis der Nettoveräußerungskosten zu erhalten.[70]

4.2.4.2 Nutzungswert

Nach der Betrachtung des Nettoveräußerungspreises folgt die Auseinandersetzung mit dem Nutzungswert. Er ist in IAS 36.6 als Barwert der angenommenen zukünftigen positiven und negativen Zahlungsströme des genutzten und am Ende der Nutzungsdauer abgegangenen beziehungsweise veräußerten Vermögenswertes definiert.[71] Dies gilt ebenso für ZGE.[72] Bei der Ermittlung des Ertragswertes im Rahmen der Nutzungswertberechnung darf kein Rückgriff auf IFRS 13 erfolgen.[73] Das Äquivalenzprinzip nach IAS 36.75 und 79 ist hierbei einzuhalten. Das bedeutet, dass besonders darauf zu achten ist, dass nur die künftigen Cashflows zur ZGE gerechnet werden, die von den der ZGE zugehörigen Vermögenswerten verursacht wurden.[74] Mithilfe des Bewertungsverfahrens, Discounted Cashflow-Verfahren (nachfolgend DCF-Verfahren genannt), wird dieser Ertragswert eines

---

[66] Vgl. Pawelzik et al. (2012), Rz. 2015 f.

[67] Vgl. Deloitte & Touche (2014b), IFRS 13.

[68] Vgl. Pawelzik et al. (2012), Rz. 2015 f. und Anmerkung: Dies gilt seit Inkrafttreten des IFRS 13 im Zusammenhang mit der Berechnung des Nettoveräußerungspreises nach IAS 36.

[69] Vgl. Deloitte & Touche (2014a), IAS 36.

[70] Vgl. Coenenberg et al. (2012), S. 122 und vgl. Pawelzik et al. (2012), Rz. 2061.

[71] Vgl. Baetge et al. (2012), S. 233 f. und vgl. IASB (2014), S. 482.

[72] Vgl. Bitz et al. (2011), S. 816.

[73] Vgl. Freiberg et al. (2013), § 11, Rz. 6.

[74] Vgl. IDW (2010), Rz. 84.

Vermögenswertes oder einer ZGE unter Unsicherheit ermittelt.[75] Entsprechend werden die künftigen Zahlungsströme geschätzt. Sie lassen sich nicht exakt, sondern als Bandbreite mit jeweiligen Eintrittswahrscheinlichkeiten anzeigen.[76] Nach IAS 36.31 erfolgt die Schätzung des Nutzungswertes in zwei Schritten. Zum einen sind die künftigen Ein- und Auszahlungen zu schätzen, die durch die unternehmensinterne Nutzung, bestehend aus fortgeführter Verwendung und Verkauf zum Nutzungsende, erzielt werden. Zum anderen ist der passende Diskontsatz (discount rate) für diese Zahlungsströme zu determinieren und anzuwenden.[77] Worauf im späteren Verlauf der Arbeit in Abschn. 4.4.4 mit Fokus auf die Vorgehensweise nochmals vertiefend eingegangen wird. Baetge, Kirsch und Thiele weisen darauf hin, dass die Unternehmen bei der Bestimmung des Ertragswertes Annahmen treffen müssen und somit auf Schätzungen angewiesen sind. Als Leitlinien hierfür dienen die Paragrafen 30 bis 54 des Standards zur Wertminderung von Vermögenswerten und die spezifischen Leitlinien zur Diskontierungszinssatzfindung in IAS 36.55 bis 57.[78] Pawelzik und Dörschell konkretisieren diesen unternehmensspezifischen Vorgang mit dem Begriff der internen Perspektive, die das bilanzierende Unternehmen einnimmt. Denn das Unternehmen bestimmt den Nutzungswert auf Basis des Kenntnisstandes zum Zeitpunkt der Wertbestimmung und seiner Erwartungen inklusive der unternehmensindividuellen Faktoren. Somit ist der Nutzungswert im Gegensatz zum Nettoveräußerungspreis, der streng marktorientiert ist, unternehmensindividuell.[79] Die einzubeziehenden Inputfaktoren zur Berechnung des Nutzungswertes werden von Petersen und weiteren Autoren wie folgt in drei Gruppen von Zahlungsströmen gruppiert. Zu den ersten beiden gehören unter der Prämisse der fortgesetzten Verwendung des Vermögenswertes die Mittelzuflüsse und die zu erwartenden Mittelabflüsse, die wiederum zwingend einzubeziehen sind, um die zuvor genannten Mittelzuflüsse erzielen zu können. Die letzte Gruppe ist die Summe der negativen und positiven Zahlungsströme, die zum Ende der Nutzungszeit des Vermögenswertes bei dessen Abgang zu erwarten sind. Dabei zu beachten ist, dass die soeben genannten unternehmensspezifischen Schätzungen über künftige Cashflows auch bezüglich möglicher Veränderungen aufgrund zeitlicher Verschiebungen oder Veränderungen der Cashflow-Höhen, zu berücksichtigen sind. In Form von Cashflow- oder Zinssatzbestandteilen lassen sich solche Veränderungen in die Berechnung integrieren.[80] Der beschriebenen Vorgehensweise liegen zwei laut IAS 36 anwendbare Methoden zugrunde – die Risikozuschlagsmethode und Sicherheitsäquivalentmethode. Bei der Risikozuschlagsmethode wird der erwartete Zahlungsstrom mit einem sicheren Diskontsatz zuzüglich eines Risikozuschlages abgezinst. Hingegen bei der Sicherheitsäquivalentmethode wird der erwartete Zahlungsstrom „um einen Sicherheitsabschlag" reduziert. Der entstehende Differenzwert stellt das Sicherheitsäquivalent dar, das lediglich mit dem si-

---

[75] Vgl. Baetge et al. (2012), S. 222, vgl. Buchholz (2012), S. 112 f.
[76] Vgl. Buchholz (2012), S. 112 f. und mit Verweis auf: Kruschwitz (2001), S. 2409.
[77] Vgl. Bitz et al. (2011), S. 816 ff., vgl. IASB (2014), S. 488 ff. und vgl. Buchholz (2012), S. 112 f.
[78] Vgl. IASB (2014), S. 478, vgl. Baetge et al. (2012), S. 305 und vgl. Kümmel (2002), S. 256–260.
[79] Vgl. Pawelzik et al. (2012), Rz. 2065.
[80] Vgl. Petersen et al. (2014), S. 69 f.

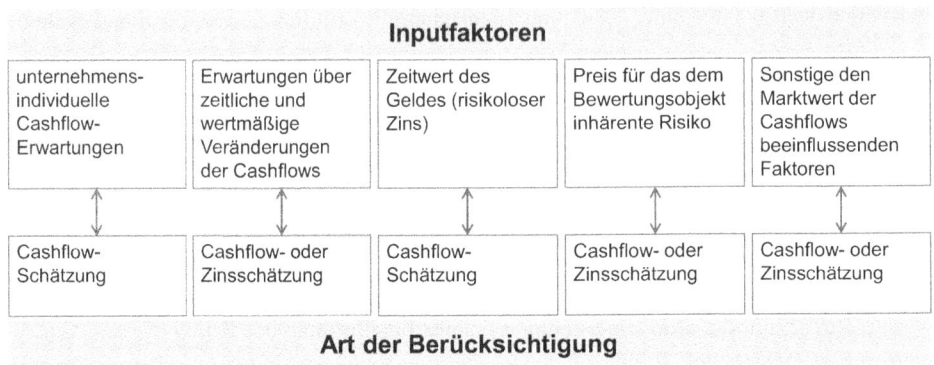

Abb. 4.3 Einflussfaktoren auf den Nutzungswert. (Angelehnt an Petersen et al. 2014, S. 69)

cheren Zinssatz diskontiert wird. Unabhängig von der Wahl des Verfahrens hat das Ergebnis nach den Regeln des IASB identisch zu sein.[81] Der Inputfaktor Zeitwert des Geldes, der den risikolosen Zins darstellt, fließt in die Schätzung des Zahlungsstroms ein. Jedem Bewertungsobjekt wohnt ein Risiko inne, das in die Berechnung entweder als Cashflow- oder Zinsschätzungswert einzufließen hat. Darüber hinaus sind sonstige Faktoren, die den Marktwert der Zahlungsrückflüsse beeinflussen können, zu integrieren. Beispielhaft zu nennen ist ein Zuwenig an Liquidität, das von Teilnehmern des Marktes bei einer Berechnung der zukünftigen Mittelzuflüsse eingepreist werden würde.[82] Der Einbezug kann via Zins- oder Cashflow-Schätzung (Risikozuschlags- oder Sicherheitsäquivalentmethode) erfolgen. Bei der Sicherheitsäquivalentmethode kann zudem zwischen risikoscheuen und risikoneutralen Unternehmen unterschieden werden. Erstere nehmen an errechnetem Erwartungswert noch einen Sicherheitsabschlag vor und Letztere verzichten darauf.[83] In diesem Zusammenhang gibt Abb. 4.3 die Einflussfaktoren auf den Nutzungswert wieder.

4.2.4.3 Zusammenfassender Überblick zulässiger Bewertungsmethoden

Zum Schluss der beiden Abschnitte über den Nettoveräußerungspreis und den Nutzungswert fasst dieser Abschnitt die hierarchisch angeordneten und zu verwendenden möglichen Ermittlungsmethoden nochmals zusammen und verdeutlicht diese in Tab. 4.1. Beim Nettoveräußerungspreis ist hierarchisch nach Verfügbarkeit vorzugehen. Zunächst wird der Verkaufs-, Börsen- oder Marktpreis herangezogen. Bei fehlender Verfügbarkeit sind Vergleichspreise zu eruieren. Sind diese marktwertorientierten Inputfaktoren nicht zugänglich, finden kapitalwertorientierte Methoden Verwendung.[84] Hierzu gehört unter an-

---

[81] Buchholz (2012), S. 112, vgl. Buchholz (2012), S. 112 f. und vgl. IASB (2014), S. 490.
[82] Vgl. Petersen et al. (2014), S. 69 f.
[83] Vgl. Buchholz (2012), S. 112 f. und vgl. Kruschwitz (2001), S. 2409.
[84] Vgl. Pawelzik et al. (2012), Rz. 2070.

Tab. 4.1 Zulässige Bewertungsmethoden. (In Anlehnung an Pawelzik et al. 2012, Rz. 2070)

		Methodenhierarchie		
Verfahren	Kaufpreisaufteilung bei Erstkonsolidierung	Niederstwerttest		
		Nettoveräußerungspreis	Nutzungswert	
Marktwert-orientiert	1. Verkaufspreis oder (bei aktivem Markt) Markt-/Börsenpreis	1. Verkaufspreis oder (bei aktivem Markt) Markt-/Börsenpreis	–	
	2. Vergleichspreise (Analogiemethode)	2. Vergleichspreise (Analogiemethode)	–	
Kapitalwert-orientiert	3a. unmittelbare Cashflow-Prognose (DCF-Methode)	3a. unmittelbare Cashflow-Prognose (DCF-Methode)	1. unmittelbare Cashflow-Prognose (DCF-Methode)	
	3b. Lizenzpreisanalogie	3b. Lizenzpreisanalogie		
	3c. Residualwertmethode	3c. Residualwertmethode		
	3d. Mehrgewinnmethode	3d. Mehrgewinnmethode		
Kosten-orientiert	4. Reproduktionskosten-/Wiederbeschaffungskostenmethode	4. seit Geschäftsjahre 2014 zulässig (IFRS 13)	–	

deren Berechnungsarten[85] die auf unmittelbar prognostizierte Zahlungsströme aufbauende DCF-Methode. Wobei die Zahlungsströme aus einer Marktperspektive zu ermitteln sind. Zuletzt gibt es die kostenorientierte Methode, die seit 2013 zur Anwendung ab Berichtsperioden 2014 in Bezug auf den Wertminderungstest zulässig ist. Bei dieser Methode werden Wiederherstellungs- oder Wiederbeschaffungskosten bei der Ermittlung verwendet. Der Nutzungswert wird im Gegensatz zum Nettoveräußerungspreis unternehmensspezifisch mithilfe von unmittelbar prognostizierten Zahlungsströmen im Rahmen der DCF-Methode und damit kapitalwertorientiert ermittelt. Bei Erstkonsolidierung erworbener Vermögenswerte und Schulden werden diese zunächst neu bewertet. Dabei entspricht die Vorgehensweise dem gesamten Ablauf bei der Ermittlung des Nettoveräußerungspreises.[86]

4.2.5 Wertaufholung

Nachdem ein Vermögenswert gemäß IAS 36, wie in den vorangegangenen Gliederungspunkten beschrieben, abgewertet worden ist, ist an allen folgenden Bilanzstichtagen nach IAS 36.110 und 111 zu prüfen, ob Hinweise vorliegen, dass der zuvor erfasste Wertminderungsaufwand entweder nicht mehr besteht oder möglicherweise vermindert ist. Die

---

[85] Die anderen genannten Bewertungsmethoden Lizenzpreisanalogie, Residualwertmethode und Mehrgewinnmethode werden im Rahmen dieser Arbeit nicht betrachtet, da die DCF-Methode von größerer praktischer Relevanz ist.

[86] Vgl. Pawelzik et al. (2012), Rz. 2070.

Anhaltspunkte einer möglichen Wertaufholung (reversing an impairment loss) werden laut IAS 36.112 weitestgehend analog der Wertminderung unter Zuhilfenahme interner und externer Informationsquellen geprüft.[87] Anders als bei der Frage nach Indikatoren für eine mögliche Wertminderung wird bei der Wertaufholung nicht nach einem Vergleich von Buchwerten zu Marktwerten verlangt.[88] Ist der erzielbare Wert wieder gestiegen, ist der Vermögenswert um die zuvor erfasste Wertminderung abzüglich der Abschreibungen und Amortisationen wieder zuzuschreiben.[89] Folglich darf der Vermögenswert maximal bis zum fortgeschriebenen Neubewertungsbetrag oder den fortgeschriebenen Anschaffungs- und Herstellungskosten ohne vorherige Wertminderung, zugeschrieben werden. Als Wertaufholung gilt nicht, wenn eine Werterhöhung lediglich Diskontierungszinseffekte sind, die beispielsweise entstehen, wenn die Zahlungsströme bei der Nutzungswertberechnung im Folgegeschäftsjahr um ein Jahr weniger diskontiert werden.[90] IAS 36.119 schreibt generell vor, dass der Wertaufholungsbetrag sogleich als Ertrag in der GuV zu erfassen ist. Eine Ausnahme dieser Regel sind Vermögenswerte, die nach der Neubewertungsmethode bewertet werden. In diesen Fällen gelten die für diese Anlagewerte gültigen Standards.[91] Wogegen laut IAS 36.124 beim GoF eine Wertaufholung nicht vorgenommen werden darf.[92] Paragraf 125 des IAS 36 begründet dieses Verbot mit IAS 38, der den Ansatz eines originären GoFs verbietet. Diesem Verbot liegt die Annahme zugrunde, dass in einem solchen Fall eher ein originärer GoF geschaffen worden ist und weniger eine Wertaufholung des derivativen GoFs stattgefunden hat.[93]

4.2.6   Anhangangaben

Die Gliederungspunkte zuvor thematisieren die Werthaltigkeitsprüfung mit ihren Parametern und Methoden sowie die Wertminderung und Wertaufholung. Abschließend komplettiert dieser Gliederungspunkt die theoretischen Grundlagen des Wertminderungstests mit der Betrachtung der Anhangangaben. Auf eine Sammlung von wesentlichen Angaben wird im Folgenden näher eingegangen. In Verbindung mit dem Werthaltigkeitstest gibt es verschiedene obligatorische und einige freiwillige Angaben, die im Anhang oder gegebenenfalls in anderen Teilen des Jahresabschlusses, wie zum Beispiel im Anlagespiegel, zu finden sind.[94] Die Paragrafen 126 bis 137 des IAS 36 beinhalten die wesentlichen Regeln dazu.[95]

---

[87] Vgl. IASB (2014), S. 510 ff. und vgl. Coenenberg et al. (2012), S. 129.
[88] Vgl. Freiberg et al. (2013), § 11, Rz. 24 f.
[89] Vgl. Bitz et al. (2011), S. 818.
[90] Vgl. Baetge et al. (2012), S. 308 f.
[91] Vgl. Bitz et al. (2011), S. 818.
[92] Vgl. Coenenberg et al. (2012), S. 130.
[93] Vgl. IASB (2014), S. 512.
[94] Vgl. Petersen et al. (2014), Checkliste „Anhang nach IFRS" auf beiliegender CD-Rom zum Buch, S. 5 ff.
[95] Vgl. IASB (2014), S. 512 ff. und vgl. Petersen et al. (2014), Checkliste „Anhang nach IFRS" auf beiliegender CD-Rom zum Buch, S. 5 ff.

Teilweise leiten sich Angaben aus IAS 1.117 ab. Dieser Standard verlangt, die Bewertungs-grundlagen im Anhang (disclosure) anzugeben und weitere Rechnungslegungsmethoden bei der Abschlusserstellung darzustellen, sofern sie relevant für das Verständnis des Ab-schlussadressaten sind. Dies betrifft beispielsweise die Angaben zu ZGE. Nach IAS 1.117 i. V. m. IAS 36.66 ff. sind Angaben zu den Grundsätzen bei der Abgrenzung der ZGE zu machen. Außerdem sind gemäß IAS 36.130di die ZGE zu beschreiben und im Falle von Änderungen in den Zuordnungen der Vermögenswerte, sind diese zusätzlich mit anzuge-ben. IAS 108 i. V. m. IAS 36.80 ff. fordern Angaben zu den Grundsätzen bei der Allokation von immateriellen Vermögenswerten ohne bestimmte Nutzungsdauer und dem Goodwill. Ist ein GoF am Bilanzstichtag noch zu keiner ZGE zugerechnet, verlangt IAS 36.133 die Information über den nicht zugerechneten Betrag sowie eine Begründung.[96] Bei festgestell-ter Wertminderung sind nachfolgend genannte Einzelangaben obligatorisch. IAS 36.126 verlangt für jede Vermögenswertgruppe, dass alle erfassten Wertminderungsaufwendun-gen sowie Wertaufholungen der Berichtsperiode in ihrer Höhe anzugeben sind. Die jeweils betreffenden Posten in der Gesamtergebnisrechnung sind ebenfalls zu nennen. Des Wei-teren ist es verpflichtend, den gesamten Wertminderungsaufwand sowie Wertaufholungs-ertrag im sonstigen Ergebnis der jeweiligen Periode aufzuführen. Gleichermaßen sind die erfassten Wertminderungen und Wertaufholungen nach IAS 36.129 je Segment anzugeben. Ist ein einzelner Wertminderungsaufwand oder Wertaufholungsertrag wesentlich, ist nach IAS 36.130 die jeweilige Höhe, die Art und das dem Vermögenswert zugehörige und über-geordnete Segment zu benennen. Außerdem sind Angaben zu den Umständen und Ereig-nissen zu machen, die zum Aufwand oder Ertrag geführt haben. Bei ZGE sind ebenfalls die Höhe der Wertminderung oder -aufholung zu benennen und zu beschreiben. Darüber hinaus sind etwaige Veränderungen in der Zuordnung von Vermögenswerten in ZGE und Segmenten zu berichten. Zudem sind Angaben in Bezug auf die Bestimmung des erziel-baren Betrags zu machen. Ist der erzielbare Betrag ein Nettoveräußerungspreis, ist sowohl über die jeweilige Stufe der Inputfaktoren Auskunft zu geben, als auch über die verwende-ten Bewertungsmethoden und über die relevanten getroffenen Annahmen bei Bewertungen auf Hierarchieebene zwei und drei. Der Diskontsatz bei der Bestimmung des erzielbaren Betrags mittels des Nutzungswertes oder Nettoveräußerungswertes unter Anwendung ei-ner Barwertmethode ist ebenfalls zwingend anzugeben. IAS 131 verpflichtet das berich-tende Unternehmen im Falle der Wesentlichkeit für den kompletten Jahresabschluss von erfassten Erträgen und Aufwendungen im Zusammenhang mit IAS 36, die entsprechenden wichtigen Vermögenswertgruppen, Ereignisse und Umstände zu nennen. Schließlich for-dern IAS 36.134 und 135 detaillierte Informationen zu den Schätzungen des Unternehmens in Zusammenhang mit der Ermittlung des erzielbaren Betrags von ZGE, die entweder einen GoF oder andere immaterielle Vermögenswerte, die keine bestimmte voraussichtliche Nut-zungsdauer aufweisen, beinhalten.[97]

---

[96] Vgl. IASB (2014), S. 66, 496 und vgl. Pawelzik (2012), Anhang-Checkliste, S. 1312.
[97] Vgl. IASB (2014), S. 512 ff und vgl. Petersen et al. (2014), Checkliste „Anhang nach IFRS" auf beiliegender CD-Rom zum Buch, S. 5 ff.

4.3   Ergänzende Betrachtung des Geschäfts- oder Firmenwertes

4.3.1   Geschäfts- oder Firmenwert-Allokation

Im Anschluss an die Grundlagen zum Wertminderungstest widmen sich die nächsten Gliederungspunkte der Arbeit generell der Behandlung und Interpretation des GoFs und im
Speziellen der Herangehensweise des IASB in Bezug auf Wertminderung beim Goodwill.
Zunächst ist zwischen einem selbst geschaffenen und einem erworbenen GoF zu differenzieren. Für Ersteren gilt gemäß IAS 38.48 ein Ansatzverbot.[98] Der erworbene GoF
dagegen entsteht bei einem Unternehmenszusammenschluss und wird in IFRS 3.32 als
derivativer GoF beziehungsweise Goodwill bezeichnet und ist ansatzpflichtig. Bei der
Subtraktion des beizulegenden Zeitwertes aller erworbenen Schulden sowie Vermögenswerte zum Zeitpunkt des Erwerbs von den Anschaffungskosten entsteht dieser positive
Unterschiedsbetrag, welcher in Abb. 4.4 entsprechend dargestellt ist. Er wird bei der Erstbewertung in der Bilanz ausgewiesen.[99] Wurde ein Unternehmenszusammenschluss[100]
mit einer Beteiligungsquote unter hundert Prozent vollzogen und ist gleichzeitig Beherrschung (control) erlangt worden, entsteht der GoF im Zuge der Erstkonsolidierung und
wird nach der Erwerbsmethode im Konzernabschluss bilanziert.[101] IFRS 3.32 bis 40 erlaubt zwei Methoden der Goodwill-Bilanzierung. Entweder der erworbene GoF wird ohne
den Anteil der nicht-kontrollierenden Gesellschafter am Goodwill bilanziert. Oder es besteht die Möglichkeit, den Ansatz nach der Full Goodwill-Methode zu bilanzieren. Das
hat zur Folge, dass der GoF inklusive der Anteile der nicht-beherrschenden Gesellschafter
angesetzt wird.[102] Der GoF repräsentiert als Residualgröße das gesamte Potential an Synergien, die durch den Unternehmenszusammenschluss ermöglicht werden.[103] Das heißt
er ist gleich dem Mehrwert, den der Käufer in Erwartung zukünftiger potentieller Rückflüsse bereit ist zu bezahlen.[104] Im Falle eines negativen Wertes werden nach IAS 36.36
alle bei der vorherigen Berechnung verwendeten Parameter überprüft und die Differenz
wird erneut berechnet. Bleibt der Unterschiedsbetrag negativ, handelt es sich um einen
Gewinn. Dieser sogenannte Badwill ist sofort im Sinne des IFRS 3.34 erfolgswirksam zu
erfassen.[105]

Im Gegensatz zu anderen einzeln bewertbaren materiellen oder immateriellen Vermögenswerten ist der Goodwill nicht einzeln bewertbar. Denn der GoF kann keine Zahlungs-

---

[98] Vgl. IASB (2014), S. 568.
[99] Vgl. IASB (2014), S. 830, vgl. Baetge et al. (2012), S. 309 und vgl. Heidemann (2005), S. 32 ff.
[100] Unternehmenszusammenschluss nach der Definition in IFRS 3.B5, wonach der Erwerber die
Kontrolle über das erworbene Unternehmen erlangt hat. Vgl. hierzu IASB (2014), S. 846.
[101] Vgl. Pawelzik et al. (2012), Rz. 2006 und vgl. Baetge et al. (2013), S. 220 ff.
[102] Vgl. Baetge et al. (2013), S. 220 ff.
[103] Vgl. Pawelzik et al. (2012), Rz. 2040 und vgl. IASB (2014), S. 502.
[104] Vgl. Freiberg et al. (2013), § 11, Rz. 131.
[105] Vgl. Deloitte & Touche (2014c), IFRS 3, vgl. IASB (2014), S. 830 und vgl. Coenenberg et al.
(2012), S. 694.

Kaufpreisallokation bei Erwerb

Anschaffungskosten des Unternehmenserwerbs* (entsprechend der erworbenen Beteiligung)	− Beizulegender Zeitwert der erworbenen Vermögenswerte + Beizulegender Zeitwert der übernommenen Schulden
	Verbleibender Geschäfts- oder Firmenwert* (beherrschender Anteil)

* Exklusive nicht-beherrschenden Anteils, im Falle eines Erwerbs unter 100 % des Unternehmens sind Werte entsprechend anteilig zu berücksichtigen.

Abb. 4.4 Kaufpreisallokation. (In Anlehnung an IDW 2010, Rz. 75 und Gödde 2010, S. 32)

ströme unabhängig von anderen einzelnen oder gruppierten Vermögenswerten generieren.[106] Bei ihm kann ein Wertminderungstest im Rahmen der Folgebewertung lediglich als gesamte Betrachtung der kleinsten dem Goodwill zugeordneten Gruppe von Vermögenswerten, die unabhängig von anderen Vermögenswerten Zahlungsmittel generieren, erfolgen. Wie in Abschn. 4.2.3.2 näher erläutert, wird der Goodwill zum Zeitpunkt des Erwerbs auf eine oder eine Gruppe von ZGE, die aus den Synergien des Zusammenschlusses wahrscheinlich am meisten Nutzen ziehen können, zugerechnet. Dabei ist es nicht von Bedeutung, ob andere Schulden oder Vermögenswerte des akquirierten Unternehmens dieser ZGE oder Gruppe von Einheiten zugeordnet worden sind.[107] Eine etwaige Betroffenheit von nicht beherrschenden Gesellschaftern bei der Zuordnung spielt ebenso keine Rolle.[108] Maßstab für die Zuordnung sind die zu erwartenden Synergieeffekte. Beispielhaft für solche Positiveffekte sind Einsparpotentiale im Bereich der Gemein- oder Entwicklungskosten, Skaleneffekte beim Einkauf sowie Vorteile durch die Möglichkeit, das Produktprogramm zu vervollständigen. Die Synergieeffekte können sich auch auf mehrere Geschäftsbereiche auswirken. Deshalb ist der Goodwill entsprechend der Höhe der zu erwarteten Positiveffekte aufzuteilen. Als Maßstab für die Allokation können beizulegende Zeitwerte oder Erfolgsgrößen wie EBIT oder EBITDA der ZGE dienen.[109] Weiterhin kann ein GoF positiv zu den Zahlungsströmen einer ZGE beitragen und trotzdem nicht vernünftig zur Einheit hinzugerechnet werden. In diesem Fall werden die ZGE so geordnet, so dass eine im Sinne des IAS 36.77 sinnvolle (reasonable) Zurechnung möglich wird. Damit entstehen einzelne ZGE aus einer Transaktion, bei der kein GoF

---

[106] Vgl. IDW (2010), Rz. 93.

[107] Vgl. Petersen et al. (2014), S. 75, vgl. Pawelzik et al. (2012), S. 363 und vgl. Baetge et al. (2012), S. 307.

[108] Vgl. Freiberg et al. (2013), § 11, Rz. 130.

[109] Vgl. Pawelzik et al. (2012), S. 377 f. und vgl. IDW (2010), Rz. 94.

zugeordnet wurde. Gleichermaßen kann ein Goodwill oder Teile davon zu ZGE zugerechnet werden, die nicht Teil der jeweiligen Transaktion waren.[110] Die Allokation des GoFs
erfolgt auf Basis der Informationen des internen Berichtssystems eines Unternehmens. Zu
beachten ist, dass eine ZGE, die einen GoF oder Teil davon enthält, nicht größer als ein Geschäftssegment nach IFRS 8 sein soll. Das IASB legt damit eine Obergrenze fest. Wobei
ein Geschäftssegment nicht identisch mit einem Berichtssegment ist, bei dem verschiedene Segmente zum Zwecke der Berichterstattung wegen entweder identischer Merkmale
gemäß IFRS 8.12 oder wegen Unterschreiten der 10 Prozent Grenze nach IAS 8.13, 16
zusammengefasst werden. Die Untergrenze stellt die kleinste Berichtseinheit eines Unternehmens dar, mit dem der GoF überwacht wird. Sollte ein Unternehmen mit seinem
Berichtssystem keine kleinere Einheit als ein operatives Segment überwachen und steuern
können, ist es in der Pflicht, das Berichtssystem zu verfeinern. Ist allerdings eine Allokation des erworbenen GoFs nicht vor Ende des Geschäftsjahres möglich, in dem der
Zusammenschluss vollzogen wurde, ist die erste Goodwillzuordnung nach IAS 36.84 f.
noch vor Ende des ersten Geschäftsjahres, das nach dem Zusammenschluss beginnt, vorzunehmen.[111] Zusammenfassend lässt sich feststellen, dass die Goodwillallokation auf
Basis von Managementerwägungen erfolgt. Voraussetzung dabei ist allerdings die Erfüllung der Plausibilität.[112]

4.3.2 Folgebewertung des Geschäfts- oder Firmenwertes

Wie in der Einleitung und im Abschn. 4.2.2.2 angerissen, wird der GoF als unbegrenzt
nutzbarer Vermögenswert eingestuft. Er wirkt dauerhaft und unterliegt keiner Abnutzung,
denn seine Bestandteile sowie Lebensdauer sind aufgrund der schwierigen ökonomischen
Interpretation des GoFs nicht zuverlässig bestimmbar. Daher gilt für den GoF der IOA.
Das bedeutet der Goodwill wird nicht planmäßig abgeschrieben, sondern einem obligatorischen jährlich durchzuführenden Werthaltigkeitstest unterzogen, auch wenn keinerlei
Wertminderungsindikatoren vorliegen.[113]

Ein Goodwill wird stets im Rahmen einer oder einer Gruppe von ZGE, maximal jedoch eines operativen Segments bewertet. Die Vorgehensweise hierzu ist grundlegend in
Abschn. 4.2.3.2.1 zum Werthaltigkeitstest von ZGE mit einem enthaltenen GoF dargestellt. Die Regelung des IASB für den Werthaltigkeitstest von GoFs keinen Zeitpunkt
vorzuschreiben, ermöglicht den Unternehmen die Prüfung der einzelnen ZGE aus Organi-
sations- und Arbeitseinteilungsgründen auf die Geschäftsperiode gleichmäßig zu verteilen
und dann erst zu beizubehalten. Damit können mögliche Arbeitsspitzen in den Bereichen
des Rechnungswesens sowie des Controllings vermieden werden. Zudem kann gemäß

---

[110] Vgl. IDW (2010), Rz. 95.

[111] Vgl. Petersen et al. (2014), S. 75 und vgl. IASB (2014), S. 502 und 976 ff.

[112] Vgl. Freiberg et al. (2013), § 11, Rz. 131.

[113] Coenenberg et al. (2012), S. 696, vgl. Coenenberg et al. (2012), S. 698 ff und vgl. Pawelzik et al.
(2012), Rz. 2058.

IAS 36.99 eine exakte Ermittlung des erzielbaren Betrags für eine ZGE mit GoF unter bestimmten Voraussetzungen entfallen. Diese sind drei kumulativ zu erfüllende Bedingungen, die bereits im Zusammenhang mit den immateriellen Vermögenswerten ohne feste Nutzungsdauer und dem IAS 36.24 im Abschn. 4.2.2.2 erläutert wurden. Alle drei Anforderungen sind in beiden Paragrafen des Standards identisch (IAS 36.24 gilt für immaterielle Vermögenswerte ohne feste Nutzungsdauer und IAS 36.99 gilt für ZGE). IAS 36.99c beinhaltet die dritte zu erfüllende Vorgabe. Das Unternehmen hat demnach eine Analyse der bisherigen Begebenheiten respektive Umstände und den verwendeten Berechnungsparametern für den erzielbaren Betrag vorzunehmen. Mithilfe dieser Analyse hat das Unternehmen die Wahrscheinlichkeit nachzuweisen, dass der erzielbare Betrag sich nur unwesentlich verändert hat. Allerdings reichen hohe Bewertungen in der Vergangenheit nicht automatisch aus, um einen Werthaltigkeitstest zu umgehen. Liegen beispielsweise Indizien für eine ungünstige strategische Ausrichtung vor, deuten Qualitätsprobleme, Veränderungen im Markt oder Wettbewerb auf zukünftigen Margendruck hin, wandert Schlüsselpersonal ab oder liegen andere Umstände von Bedeutung für das Unternehmen vor, dann ist ein Wertminderungstest unumgänglich.[114]

4.4 Vorgehensweise in der Praxis und Beispiele

4.4.1 Definition von zahlungsmittelgenerierenden Einheiten

4.4.1.1 Abgrenzung von zahlungsmittelgenerierenden Einheiten

Nachdem die letzten Gliederungspunkte die theoretischen Anforderungen des Standards umfangreich vorgestellt haben, wird der folgende Gliederungspunkt Praxisbeispiele, teilweise in vereinfachter Form, aufzeigen, um die Relevanz des Themas und die Herausforderungen in der Praxis näher besehen zu können. Zuerst werden in zwei Gliederungspunkten Beispiele zur Eingrenzung von ZGE und der Goodwill-Allokation betrachtet und danach folgen zwei Gliederungspunkte zur Ermittlung des Nettoveräußerungswertes sowie dem Nutzungswert. Mit einer beispielhaften und vereinfachten Durchführung einer Wertminderung schließt Abschn. 4.4.4 die Vorgehensweise in der Praxis nahezu ab. Zuletzt beschäftigt sich Abschn. 4.4.5 mit den Möglichkeiten für Unternehmen, Spielräume im Rahmen des Wertminderungstests zu nutzen.

Laut Freiberg und Hoffmann ist der Wertminderungstest von GoF und Gruppen von Vermögenswerten zentraler praktischer Anwendungsbereich des IAS 36.[115] Auch Petersen und weitere Autoren äußern, dass nur in wenigen Fällen in der Praxis der Wertminderungstest für einzelne Vermögenswerte angewendet wird. Die Mehrheit sind wohl ZGE, da ein getrennter unabhängiger Nutzungswert bei einzelnen Vermögenswerten eher nicht

---

[114] Vgl. Pawelzik et al. (2012), Rz. 2058 f., vgl. IASB (2014), S. 488 und 506.
[115] Vgl. Freiberg et al. (2013), § 11, Rz. 4.

ermittelbar ist.[116] Wobei die Eingrenzung von ZGE ohne zugeordneten GoF im Gegensatz zu ZGE mit einem Goodwill in der Praxis weniger Bedeutung hat, denn die Vermögenswerte einer ZGE ohne GoF sind meist Maschinen oder Grundvermögen, die eine begrenzte Nutzungsdauer haben und lediglich bei vorliegenden Wertminderungsindikatoren zu testen sind.[117]

Die Eingrenzung von ZGE erfolgt wie in Abschn. 4.2.3.2.2 beschrieben. Zudem grundlegend einzubeziehen bei dem Vorgang der Eingrenzung sind demnach die Informationen aus dem internen Rechnungswesen sowie die Berücksichtigung strategischer Entscheidungen des Managements. Im Detail sind die kleinstmöglichen unabhängigen Zahlungsströme, welche generiert werden können, zu identifizieren. Zu beachten sind dabei die wirtschaftlichen und rechtlichen, jedoch auch technischen Abhängigkeiten zwischen den zu differenzierenden oder gruppierenden Vermögenswerten. Das IASB gibt hierzu im IAS 36.130d lediglich eine vage Hilfestellung in Form von Beispielen für ZGE, die kleiner als Segmente sein können. Hierzu zählen Regionen, Geschäftsbereiche, Produktionslinien oder Werke.[118]

Zudem zählen Unternehmen bisweilen aus praktischen Gründen Vermögenswerte zu den Buchwerten von ZGE, die nicht Bestandteil der jeweiligen ZGE sind.[119] Beispiele hierzu sind nicht zinstragende Verbindlichkeiten oder Forderungen aus Lieferungen und Leistungen oder sonstige Verpflichtungen, welche zum Working Capital gehören und damit als Nettowert in den Buchwert der ZGE einfließen.[120] Voraussetzung zur Bildung einer ZGE ist, dass die von ihr generierten Zahlungsströme von nicht konzernzugehörigen Unternehmensbereichen kommen. Einzige Ausnahme ist nach IAS 36.69 f., wenn für die Produkte oder Dienstleistungen ein aktiver Markt besteht.[121] Nachfolgende Beispiele zeigen wie ZGE nach verschiedenen Merkmalen eingegrenzt werden können.

Beispiel für die Berücksichtigung technischer Aspekte Ein Automobilhersteller hat Fertigungsstraßen mit jeweils mehreren Robotern. In diesem Fall ist es technisch ersichtlich, dass ein separater Roboter nicht in der Lage ist, unabhängig von den restlichen Robotern der Fertigungsstraße Zahlungsströme zu erzeugen. Auch dann nicht, wenn jeder einzelne Roboter in der Kostenrechnung als einzeln überwachte Kostenstelle geführt wird. Handelt es sich um diverse Aggregate in der technischen Produktion gilt dasselbe.[122]

Beispiel für Berücksichtigung rechtlicher Aspekte Ein Verkehrsbetrieb hat einen Vertrag mit einer Gebietskörperschaft über den Betrieb von fünf Buslinien. Das Unternehmen kann aus keiner der Buslinien einzeln eine ZGE bilden, da der Vertrag für alle fünf Buslini-

---

[116] Vgl. Petersen et al. (2014), S. 64.
[117] Vgl. Pawelzik et al. (2012), Rz. 2039.
[118] Vgl. Pawelzik et al. (2012), Rz. 2030 ff.
[119] Vgl. Petersen et al. (2014), S. 67.
[120] Vgl. IDW (2010), Rz. 89 und vgl. Petersen et al. (2014), S. 67.
[121] Vgl. Petersen et al. (2014), S. 74.
[122] Vgl. Pawelzik et al. (2012), Rz. 2033.

en in der Gesamtheit gilt und somit eine separate Buslinie den Vertrag nicht aufkündigen kann. Obwohl die einzelnen Linien Cashflows generieren, sind die Zahlungsströme der einzelnen Buslinien nicht unabhängig voneinander. Keine Linie kann den Vertrag unabhängig von den anderen verlassen. Die ZGE ist somit nach IAS 36.68 für alle fünf Linien zu bilden. Wie im vorherigen Beispiel mit dem technischen Aspekt kann auch hier die Einrichtung einer Kostenstelle je Buslinie nicht die Bildung einer ZGE je Linie rechtfertigen. Daraus resultiert eine Verdrängung des Merkmals Überwachung durch das Merkmal Strategie.[123]

Beispiel für kleinste Einheiten bei Warenhausketten Die einzelnen Kaufhausstandorte können als kleinste mögliche zu bildende Einheiten dargestellt werden. Separate Fachabteilungen, wie Haushalts- oder Sportabteilung, werden nicht als ZGE eingeordnet. Denn ihre Umsätze sind nicht unabhängig von den restlichen Vermögenswerten zu sehen. Das heißt, dass der Umsatz der einzelnen Abteilungen im Zusammenhang mit dem generellen Besuch des gesamten Warenhauses steht. Diesem Praxistipp liegt die Einteilung der Metro Group zugrunde, bei denen eine ZGE ein einzelner Standort ist.[124]

Weiterhin können Unternehmen mithilfe einer Kundenstammanalyse die Eingrenzung von ZGE ableiten. Jede Filiale hat möglicherweise einen eigenen regionalen Kundenstamm, der separierbar und eigenständig ist. Damit kann die Einzelhandelskette die einzelnen Filialen jeweils als ZGE definieren. Gleichermaßen kann ein einheitlicher Kundenstamm andererseits eine Zusammenführung von verschiedenen Unternehmensbereichen begründen. Nachfolgendes Beispiel zeigt dies anhand einer horizontalen Produktion.[125]

Beispiel für Absatzverbund Ein Stahlwerk stellt Elektrobleche aus gerollten Walzblechen auf einer Kaltwalzstraße her und betreibt nebenan eine Gießerei. Ein Produktionsverbund liegt in diesem Fall nicht vor. Doch kann ein Absatzverbund bestehen, der wiederum die Voraussetzungen für eine gemeinsame Zuordnung beider Betriebsteile in eine ZGE begründet. Ein solcher Absatzverbund liegt vor, wenn das Stahlwerk wirtschaftlich dazu gezwungen ist, seinen Kunden beides anzubieten, da diese sonst zu Wettbewerbern wechseln würden. Aus diesem Grund ist für Pawelzik und Dörschel der wirtschaftliche Zwang gleich zu beurteilen, wie die in vorherigen Beispielen aufgeführten rechtlichen oder technischen Notwendigkeiten zur Bildung einer ZGE.[126]

Bei Unternehmen, die vertikal integriert sind, können gemäß IAS 36.70 Vorprodukte herstellende Produktionsanlagen als ZGE eingegrenzt werden, wenn die Vorprodukte an einem aktiven Markt gehandelt werden können. IAS 36.69 allerdings schränkt die Möglichkeit ein, da es bei der Eingrenzung einer ZGE letztlich auf die übergeordneten Entscheidungen des Managements ankommt.[127]

---

[123] Vgl. Pawelzik et al. (2012), Rz. 2034.
[124] Vgl. Kümpel (2014), S. 69 und vgl. Metrogroup (2011), S. 162.
[125] Vgl. Pawelzik et al. (2012), Rz. 2035 und vgl. IASB (2007), S. 4 f.
[126] Vgl. Pawelzik et al. (2012), Rz. 2035.
[127] Vgl. Pawelzik et al. (2012), Rz. 2036.

Schließlich hat die Abgrenzung bei ZGE ohne Goodwill allerdings keine erhebliche praktische Bedeutung. Denn beschädigte oder aufgegebene Vermögenswerte, die dem Unternehmen gar keinen Nutzen mehr bringen, sind ohnehin wieder nach dem Einzelbewertungsgrundsatz, unabhängig von den anderen Vermögenswerten der ZGE, abzuwerten. Der Nettoveräußerungspreis sowie der Nutzungswert der Vermögenswerte sind gleich null. Zudem sind beim Bilden einer ZGE lediglich die Buchwerte von Vermögenswerten betroffen, die ohnehin größtenteils planmäßig abgeschrieben und gar nicht getestet werden. Vorausgesetzt es liegen keine Indikatoren für eine mögliche Wertminderung vor. Als in der Praxis bedeutend, verbleiben somit noch Vermögenswerte aus Investitionen, die sich kurz nach Erwerb als Fehlinvestitionen herausstellen. Die größte Relevanz hingegen hat die Bildung von ZGE, denen ein GoF zugeordnet wird. Die ZGE stellt eine Art Gerüst für den derivativen GoF dar.[128]

4.4.1.2 Zuordnung von gemeinschaftlich genutzten Vermögenswerten

Wie bereits in Abschn. 4.2.3.2.3 erläutert finden bei der Zuordnung von gemeinschaftlich verwendeten Vermögenswerten Schlüsselgrößen Anwendung, wie aus der anteiligen Verrechnung von Gemeinkosten in der Kostenrechnung. Die gewählte Basis für die Zurechnung ist beizubehalten und kann auf Umsatzerlösen, Buchwerten oder anderen repräsentativen Werten basieren. Sollten sich die Verhältnisse der Schlüsselgrößen über die Geschäftsperioden ändern, ist weiterhin an der gewählten Aufteilungsart festzuhalten. Die möglichen Wertminderungen sind im gleichen Aufteilungsverhältnis vorzunehmen.[129]

Beispiel Ein Unternehmen hat einen von drei ZGE (ZGE 1, ZGE 2, ZGE 3) gemeinschaftlich genutzter Vermögenswert, dessen Buchwert in Periode 01 1000 GE und in

Tab. 4.2 Zuordnung von gemeinschaftlich genutzten Vermögenswerten. (In Anlehnung an Freiberg et al. 2013, § 11, Rz. 121)

Periode 01	ZGE 1	ZGE 2	ZGE 2	Summe	Periode 02	ZGE 1	ZGE 2	ZGE 2	Summe
Buchwert in GE	2.000	4.500	3.500	10.000	Buchwert in GE	1.800	4.200	3.000	9.000
Restnutzungsdauer	12	15	7		Restnutzungsdauer	11	14	6	
gewichteter Anteil der ZGE in %	20,7 %	58,2 %	21,1 %	100 %	gewichteter Anteil der ZGE in %	20,5 %	60,9 %	18,6 %	100 %
Pro-rata-Anteil am corporate asset in GE	207	582	211	1.000	Pro-rata-Anteil am corporate asset in GE	195	578	177	950
Buchwert nach Zuordnung des corporate asset	2.207	5.082	3.711	11.000	Buchwert nach Zuordnung des corporate asset	1.995	4.778	3.177	10.000

[128] Vgl. Pawelzik et al. (2012), Rz. 2039 und 2026.
[129] Vgl. Freiberg et al. (2013), § 11, Rz. 120 und 121.

Periode 02 950 GE beträgt. Als Verteilungsschlüssel bei der Zuordnung hat das Unternehmen die Buchwerte der einzelnen ZGE gewählt. Die Nutzungsdauer der jeweiligen ZGE ist allerdings unterschiedlich, daher ist eine Gewichtung sinnvoll. Tab. 4.2 zeigt die Zuordnung des gemeinschaftlich genutzten Vermögens in den Perioden 1 und 2.[130]

4.4.1.3 Geschäfts- oder Firmenwertzuordnung

Bei der Goodwill-Allokation stellt ein Segment im Sinne der Segmentberichterstattung, wie in Abschn. 4.4.3 beschrieben, die obere Grenze der möglichen Zuordnung dar. Das Berichtswesen mit der kleinstmöglich überwachten Einheit begrenzt wiederum die Allokation im Sinne des IAS 36.80a nach unten. In anderen Worten gehört der GoF als Vermögenswert zu derjenigen Kapitalbasis, welche die vorgegebene Mindestverzinsung der jeweiligen ZGE generiert. Dadurch müssen bei Einführung des jährlichen Wertminderungstests keine neuen Berichtsstrukturen errichtet werden. Nachfolgende Beispiele zeigen die Zuordnung von diversen GoF zu Segmenten.[131]

Beispiel Eine Firma mit 50 Tochterunternehmen ist im Branchenbereich Medizintechnik tätig. Das monatliche Reporting für das Management beinhaltet die Ergebnisse aller verbundener Unternehmen und des gesamten Unternehmens sowie die Ergebnisse der beiden Sparten Krankenhaustechnik und Arztpraxen. Die Sparte Krankenhaustechnik hat am Umsatz, Ergebnis und Vermögen ungefähr mindestens 92 Prozent und die Sparte Arztpraxen haben je mindestens acht Prozent. Der Konzern hat eine Matrix-Organisationsstruktur und das Management kann sich entscheiden, welche Zuordnung der Segmente im Sinne der internen Berichterstattung entscheidungsnützlich ist. Entweder eine Segmentierung nach den beiden Sparten Arztpraxen beziehungsweise Krankenhaustechnik oder die Segmentierung nach den rechtlichen Einheiten, den fünfzig Tochterunternehmen. Je nach Art der Zuordnung ist der GoF aufzuteilen. Durch die Einteilung der beiden Segmente anhand der Sparten hat der Konzern die Möglichkeit eines bilanzpolitischen Spielraums. Es können beispielsweise Wertminderungen in der Sparte Krankenhäuser durch stille Reserven des Bereiches Arztpraxen ausgeglichen werden und es ist dadurch kein Verlust aus Wertminderung vorzunehmen.[132]

Beispiel Konzern K besteht aus zwei Segmenten (Einzelhandel und Food) und erwirbt den Versandhändler V, der als Segment aus zwei ZGE, Mode und Hausrat, besteht. Die positive Differenz des Kaufpreises und der bei der Erstkonsolidierung neu bewerteten Schulden und Vermögenswerte zum beizulegenden Zeitwert beträgt 260 GE (Geldeinheiten). Das Management ordnet 180 GE des GoFs dem Segment Versandhandel V zu, da es eine einzelne Aufteilung auf die beiden ZGE als nicht möglich erachtet. Die restlichen 80 GE weist der Vorstand der ZGE Kaufhaus zu, da in diesem Bereich Synergieeffek-

---

[130] Vgl. Freiberg et al. (2013), § 11, Rz. 121.
[131] Vgl. Pawelzik et al. (2012), Rz. 2041 f.
[132] Vgl. Pawelzik et al. (2012), Rz. 2041.

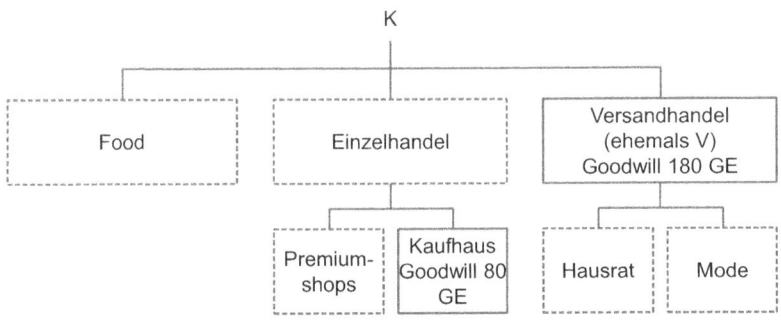

⌐¬⌐¬ ZGE, die bei Vorliegen von Wertminderungsindikatoren dem Niederstwerttest unterliegen.
⌐¬ ZGE, die einem obligatorischen Niederstwerttest unterliegen.

Abb. 4.5 Geschäfts- oder Firmenwert-Zuordnung zu verschiedenen zahlungsmittelgenerierenden Einheiten. (Vgl. Pawelzik et al. 2012, Rz. 2043)

te, aufgrund von identischen Bezugsquellen, im niederen Preissegment zu erwarten sind. Abb. 4.5 zeigt die Zuordnung des GoFs auf die verschiedenen ZGE und die daraus resultierende Pflicht zum Wertminderungstest für die ZGE Kaufhaus und die Gruppe von ZGE Versandhandel.[133]

Allerdings kann sich die Einteilung von ZGE oder Zuordnung von Goodwill auch schwieriger gestalten, wie Lüdenbach und Hoffmann nachfolgend am Beispiel eines Fußballvereins zeigt.

Beispiel Da bei einem Fußballverein alle Einnahmen von der Leistung und Qualität einer Mannschaft abhängen, können die Bereiche Merchandising, Fernsehrechte, Werbe- und Zuschauereinnahmen schlussendlich nicht als unabhängig voneinander betrachtet werden. Das hat zur Folge, dass das gesamte Unternehmen zu einer ZGE wird.[134]

4.4.2   Wertminderungsindikatoren und Kontraindikatoren

Der IASB hat in IAS 36.12 die bereits im Abschn. 4.2 aufgeführten externen und internen Indikatoren zur Überprüfung auf eine mögliche Wertminderung vorgegeben. Darüber hinaus bietet der Standard jedoch keine quantitativen Vorgaben. Genauso sind die Indikatoren nicht abschließend und bedürfen im jeweiligen Fall einer Interpretation der anwendenden Unternehmen. Ist beispielsweise die Marktkapitalisierung niederer als das Eigenkapital bedeutet dies nicht zwangsläufig, dass eine generelle Überbewertung vorliegt.[135] Ein Beispiel für eine solche Buchwert-Marktwert-Lücke ist wie nachfolgend

---

[133] Vgl. Pawelzik et al. (2012), Rz. 2043.
[134] Vgl. Lüdenbach et al. (2004), S. 1445.
[135] Vgl. Freiberg et al. (2013), § 11, Rz. 17 f. und 150.

aufgeführt im Geschäftsbericht 2011 der Kontron AG kommentiert: „Die Werthaltigkeit der Geschäfts- oder Firmenwerte wird einmal jährlich überprüft. Eine Überprüfung findet ebenfalls statt, wenn Umstände darauf hindeuten, dass der Wert gemindert sein könnte. 2011 ist zeitweise die Marktkapitalisierung der Kontron AG unter den Buchwert des Eigenkapitals gefallen. Aus verschiedenen Gründen, wie Nachwirkungen des Sachverhalts Malaysia, Unsicherheiten im Geschäftsverlauf und die Korrektur der Ertragsprognose war aus Sicht des Managements ein zeitlich begrenzter Wertabschlag zu verzeichnen, der vorrangig auf eine temporär pessimistische Wahrnehmung von Kontron am Kapitalmarkt zurückzuführen war. Die Kursentwicklung in den ersten Wochen 2012 mit einer nachhaltigen Rückkehr auf Werte oberhalb des bilanziellen Eigenkapitals ist ein Indiz dafür, dass die Kapitalmarktteilnehmer Kontron wieder mit deutlich mehr Optimismus und Zuversicht beurteilen."[136] Daher sind unter anderem die Volatilität des Wertpapierkurses, die Dauer der Marktbewertung oder Kontrollprämien zu beachten. Des Weiteren haben gestiegene Marktzinssätze nicht automatisch senkende Auswirkungen auf die erzielbaren Werte. Zuvor ist festzustellen, welche Fristigkeit die veränderten Zinsen aufweisen. Veränderte kurzfristige Zinssätze haben für langfristig ausgerichtete Vermögenswerte keine Relevanz. Darüber hinaus ist die staatliche Einflussnahme auf Preise, wie bei der Energieversorgung oder Telekommunikation, ein zu beachtender Indikator. Ebenso kann die beabsichtigte Veräußerung eines Vermögenswertes, der noch nicht unter IFRS 5 (zur Veräußerung gehaltene langfristige Vermögenswerte und aufgegebene Geschäftsbereiche) fällt, ein Zeichen auf eine mögliche Wertminderung darstellen. Nach IAS 36.14 hat ein Unternehmen das interne Reportingsystem auf Negativabweichungen von Ist-Werten bei Ergebnisgrößen oder Cashflows zu untersuchen. Signifikante Abweichungen (significant changes) von den Budget- und Liquiditätsplanungen indizieren mögliche Wertminderungen. Aufgrund mangelnder quantifizierter Angaben zu signifikanten Abweichungen im Standard empfehlen Freiberg und Hoffmann eine Orientierung an ähnlichen für das Unternehmen passenden Interpretationen der Standards.[137]

Im Falle, dass unternehmensinterne Anzeichen vorliegen, sind die von der möglichen Wertminderung betroffenen Vermögenswerte eindeutig bestimmbar. Bei externen Indikatoren allerdings können die betroffenen einzelnen Anlagewerte oder ZGE nicht eindeutig identifiziert werden. Aus Sicht von Freiberg und Hoffmann ist in einem solchen Fall ein genereller Wertminderungstest bei allen ZGE vorzunehmen, unabhängig davon ob diese einen GoF beinhalten oder nicht. Ein weiterer in der Praxis wichtiger Aspekt im Bereich der Indikatoren stellt die im Abschn. 4.2.3.1 bereits angerissene Wesentlichkeit (materiality) dar, die durchaus als Kontraindikator aufgefasst werden kann. Das bedeutet Erleichterungen beim ohnehin sehr aufwendigen Wertminderungstest für immaterielle Vermögenswerte ohne bestimmte Nutzungsdauer nach IAS 36.24 und den Goodwill nach

---

[136] Kontron (2012), S. 39 und vgl. Küting (2012), S. 1946.
[137] Vgl. Freiberg et al. (2013), § 11, Rz. 17 f. und 150 und vgl. Frowein et al. (2003), S. 261.

IAS 36.99. Die Erleichterung auf eine erneute Berechnung des erzielbaren Betrags nach Paragraf 24 des Standards zu verzichten, sind im Abschn. 4.2.2.2 dargelegt.[138]

4.4.3 Ermittlung des Nettoveräußerungspreises unter Anwendung der kapitalwertorientierten Discounted Cashflow-Methode

Die nachfolgenden zwei Beispiele zeigen, wie bei der Ermittlung des Nettoveräußerungspreises mögliche Synergien Berücksichtigung finden und inwieweit bei der Planung Steigerungen des Umsatzes und Effizienzsteigerungen eingerechnet werden.

Beispiel Der Zahlungsstrom einer ZGE wird vom Management auf 1000 Geldeinheiten (GE) geschätzt. Im Restkonzern fallen Einkaufspreisvorteile, generiert durch das Einkaufsvolumen der ZGE, in Höhe von (i. H. v.) 300 GE an. Zudem verfügt die ZGE über hochqualifizierte Mitarbeiter der Entwicklung. Aufgrund möglicher Ersparnis von Personalrekrutierungskosten könnte ein strategischer Investor bereit sein, einen Zuschlag von 500 GE zu vergüten. Daher möchte das Management den beizulegenden Zeitwert i. H. v. 1800 GE ansetzen.

Zunächst sind die unternehmensinternen Synergien i. H. v. 300 GE nicht bei der Ermittlung des beizulegenden Zeitwertes zu berücksichtigen. In Bezug auf die Käufersynergien gibt IFRS 13.23c an, die relevanten Käufer bei der Ermittlung des beizulegenden Zeitwertes zu identifizieren. Nach dem aus Abschn. 4.3.2.1 bekannten Grundsatz der bestmöglichen Verwendung (highest and best use) aus IFRS 13.27 ff. können strategische Investoren als Käufer in Erwägung gezogen werden, die bereit sind, für die Synergien in diesem Fall 500 GE zu entrichten.[139] Allerdings sind Synergien bei der Ermittlung des beizulegenden Zeitwertes nur zu berücksichtigen, wenn diese Positiveffekte allen Marktteilnehmern zur Verfügung stehen (allgemeine Käufersynergien).[140] Die Schwierigkeit in der Praxis stellt die objektive Festlegung dieser Synergien dar. Des Weiteren sind errechnete Unternehmenswerte anhand von Vergleichspreisen zu prüfen. Das hat zur Folge, dass von Unternehmen nach unternehmenseigenen Kriterien ermittelte Werte mithilfe von Marktdaten plausibilisiert werden. Hinzu kommt, dass die Annahmen bei der Planung, besonders bei der Berechnung der Zahlungsströme, den Annahmen des Marktes in diesem Falle gleich kommen.[141]

Beispiel Mit der Ergebnisrendite einer ZGE der letzten Jahre von 7 Prozent plant ein Unternehmen zukünftig mit branchendurchschnittlichen Umsatzsteigerungen und errechnet einen DCF-Wert von 2000 GE. Gleichzeitig hat das Unternehmen verschiedene „Effizienzsteigerungen", wie beispielsweise „geringere Forderungsausfälle" oder „zunehmende

---

[138] Vgl. Freiberg et al. (2013), § 11, Rz. 17 f. und 150 und vgl. Frowein et al. (2003), S. 261.

[139] Vgl. Pawelzik et al. (2012), Rz. 2062.

[140] Vgl. Theile (2012), Rz. 463 und vgl. Pawelzik et al. (2012), Rz. 2061.

[141] Vgl. Pawelzik et al. (2012), Rz. 2062 und vgl. IDW (2008), Rz. 142.

Cross-Selling-Chancen", geplant. Daher steigt der errechnete Barwert auf 3500 GE. Aufgrund fehlender Kontraindikatoren sind die Umsatzsteigerungen des Marktes plausibel. Im Gegensatz dazu sind die Effizienzsteigerungen nicht ausreichend verlässlich im Sinne des IAS 36.22. Aus diesem Grund beträgt der beizulegende Zeitwert 2000 GE.[142]

Folgender Abschnitt greift die Datengrundlage auf, die der Bestimmung des Nettoveräußerungswertes zugrunde liegt. Der beizulegende Zeitwert ist wie in Abschn. 4.2.4.1 dargelegt aus einer konsequenten Marktsicht zu determinieren und gibt somit die Erwartungen der Marktteilnehmer auf Basis deren Kenntnisstandes wieder. Dies bedeutet der Barwert ist nach Annahmen festzulegen, die mit den öffentlich zugänglichen Informationen übereinstimmen. Pawelzik und Dörschell interpretieren die Vorgaben des Standards bezüglich der öffentlich zugänglichen Informationen so, dass die vom Unternehmen zugrundegelegten Daten nicht der gesamten Öffentlichkeit zugänglich sein müssen. Vielmehr würden die Planungsdaten, wenn sie sachkundigen Marktteilnehmern zur Verfügung gestellt werden würden, von den Marktteilnehmern im Durchschnitt akzeptiert werden.[143]

Beispiel Ein Unternehmen stellt einen Finanzplan mit fünf Jahre Detailplanung auf, um den beizulegenden Zeitwert einer ZGE zu bestimmen. Basierend auf unternehmensspezifischen Kenndaten werden unterschiedliche Umsatzsteigerungsraten angenommen und die Planung enthält eine größere Zahl von nicht veröffentlichten Kenndaten, die unternehmensspezifisch sind. Wie zuvor ausgeführt, kann laut Pawelzik und Dörschell der Finanzplan bei der Ermittlung des Barwertes zugrundegelegt werden. Voraussetzung dafür ist, dass das Management sachkundigen Marktteilnehmern schlüssig darlegen kann, dass sie die unternehmensspezifischen Annahmen nach einer durchgeführten Due Diligence Prüfung und dem Erhalt interner Informationen billigen würden.[144]

4.4.4 Bestimmung des Nutzungswertes

4.4.4.1 Ermittlung der Zahlungsströme

Auf Basis der in Abschn. 4.2.4.2 erläuterten Grundlagen wird im Folgenden nochmals spezifischer die Ermittlung und Vorgehensweise bei der Determinierung des Nutzungswertes beschrieben. Dabei wird lediglich die Risikozuschlagsmethode betrachtet, da diese gegenüber der Sicherheitsäquivalentmethode in der Praxis weniger Bedeutung hat. Im ersten Abschnitt dieses Gliederungspunktes geht es um die Ermittlung der unsicheren Zahlungsströme und im zweiten Abschnitt ist die Determinierung des risikoangepassten Diskontierungszinssatzes thematisiert.[145]

Gemäß IAS 36.35 sind die Cashflows der jeweiligen Vermögenswerte für einen Zeitraum von fünf Jahren, soweit möglich, genau zu schätzen. Grundlage für die Schätzung

---

[142] Vgl. Pawelzik et al. (2012), Rz. 2063 und Hervorhebungen wie im Original.
[143] Vgl. Pawelzik et al. (2012), Rz. 2064.
[144] Vgl. Pawelzik et al. (2012), Rz. 2064.
[145] Vgl. Pawelzik et al. (2012), Rz. 2083.

sind die Entwicklungen des Umsatzes und der Kosten bis zum Zeitpunkt der Schätzung. Für den Planungszeitraum nach den fünf Jahren sind die Annahmen über die weitere Entwicklung eher pauschal vorzunehmen.[146] Besonders relevant als Basis für die Prognose ist die unternehmenseigene Analyse der Abweichungen zur Budgetplanung der letzten Geschäftsperioden. Fakten oder Ereignisse, die von den Vergangenheitsdaten abweichen, sind mit zu berücksichtigen, sofern sie nicht einmaligen Charakter aufweisen.

Beispielhaft sind nachstehend Begründungen aufgeführt, die eine Prognose des Managements über steigende Ergebnisse in der Zukunft rechtfertigen:

- Das Unternehmen hat einen defizitären Geschäftsbereich aufgegeben.
- In der vorangegangenen Geschäftsperiode wurden Personalanpassungen getätigt.
- Ein spezieller Produktbereich hat seine Entwicklungsphase erfolgreich abgeschlossen und weist daher überdurchschnittliche Zukunftsaussichten auf.[147]

Die Schätzung erfolgt nach IAS 36.44 auf Basis des aktuellen Zustandes des Vermögenswertes oder der ZGE. In anderen Worten ist der aktuelle Zustand maßgeblich für die Ermittlung der Cashflows. Für den Betrachtungshorizont gilt die restliche Nutzungsdauer. Zur Ermittlung der Zahlungsströme gelten die in Abschn. 4.2 genannten Regeln. Zusätzlich ist zu beachten, dass Mittelabflüsse, die zur Vorbereitung der Nutzung oder Erhaltung des Vermögenswertes dienen, einzubeziehen sind. Vorausgesetzt sie sind direkt oder mithilfe vernünftiger Annahmen dem Vermögenswert zurechenbar. Nicht zugerechnet werden dürfen jedoch Erweiterungsausgaben. Denn diese gehen über die Erhaltungsausgaben hinaus und verändern den Zustand des Vermögenswertes, von dem wie oben erwähnt, auszugehen ist. Ebenso wenig sind Einsparungen, die auf zukünftige jedoch noch nicht verpflichtenden Restrukturierungsmaßnahmen zurückzuführen sind, keine Berechnungsgrundlagen der Zahlungsströme.[148] Nachstehende Auflistung gibt einen Überblick dazu.

Von der Zurechnung ausgenommen sind positive und negative Zahlungsströme aus:

- Finanzierung,
- Ertragssteuerzahlungen,
- Restrukturierungen, die nicht verpflichtend sind,
- Erweiterungsinvestitionen.[149]

IAS 36.40 und IAS 36.50 schreiben eine Betrachtung inklusive Berücksichtigung der Inflation und eine Vorsteuerbetrachtung vor.[150] Vorsteuerbetrachtung bedeutet, dass zum

---

[146] Vgl. Buchholz (2012), S. 114.
[147] Vgl. Pawelzik, et al. (2012), Rz. 2066.
[148] Vgl. Petersen et al. (2014), S. 70 f., vgl. Pawelzik et al. (2012), Rz. 2067 und vgl. IASB (2014), S. 492.
[149] In Anlehnung an Petersen et al. (2014), S. 71.
[150] Vgl. IASB (2014), S. 492 ff.

Beispiel passive oder aktive latente Steuern, Steuerverbindlichkeiten, Steuererstattungs-
ansprüche oder -rückstellungen nicht einzubeziehen sind. Eine Ausnahme bilden latente
Steuern, die bei einer Kaufpreisallokation angesetzt worden sind. Diese können Berücksichtigung finden.[151] Doch obwohl in den geschätzten Zahlungsströmen nach dem Standard keine Ein- und Auszahlungen aus Ertragssteuern enthalten sind, werden in der Praxis
Nachsteuerzahlungsströme zur Berechnung herangezogen. Die Begründung hierfür erfolgt in Zusammenhang mit dem Diskontierungszinssatz im folgenden Abschnitt.[152]

4.4.4.2 Ermittlung des Diskontierungszinssatzes

Der Zins zur Diskontierung der Zahlungsströme soll dem Zins entsprechen, den Finanz-
investoren für ihr hingegebenes Kapital bei gleichem Betrag, Risiko, Zeithorizont und
gleichen Zahlungsströmen des Vermögenswertes erwarten würden. Daher ermittelt ein
Unternehmen zunächst den risikolosen Zinssatz, der als laufzeitäquivalenter Basiszins den
Zeitwert des Geldes abbildet. Deutsche Unternehmen greifen auf die Veröffentlichung
von Zinsstrukturkurven zum Beispiel der Deutschen Bundesbank zurück, um den aktuellen Zinssatz für börsengehandelte Bundeswertpapiere zu erhalten. Dabei halten sie sich
bei der Ermittlung größtenteils an die Empfehlungen des Instituts der Wirtschaftsprüfer
(IDW). Anschließend wird auf den Basiszins zusätzlich ein Zinsbestandteil aufgeschla-
gen, der den von Kapitalgebern erwarteten Zins für das eingegangene Risiko der betreffenden Anlage in Bezug auf die Unsicherheit des Rückflusses der erwarteten Zahlungsströme,
widerspiegelt. Generell sollen die Unternehmen diesen Risikozins aus gegenwärtigen Geschäftsvorfällen am Markt herleiten. Am Markt lassen sich diese jedoch nicht beobachten
und daher nutzen Unternehmen ein Modell zur Kapitalmarktpreisbildung, dem Capital Asset Pricing Modell (CAPM). Daraus abgeleitet wenden die Unternehmen die vom IASB
erlaubte Methode zu den gewichteten durchschnittlichen Kapitalkosten, dem Weighted
Average Cost of Capital (WACC) an.[153] Der anzuwendende Diskontierungssatz besteht
aus dem WACC und einer später noch zu erläuternden positiven oder negativen Wachstumsrate. Abb. 4.6 zeigt die Zusammensetzung des WACC, der sich aus dem Eigenkapital-
und Fremdkapitalkostensatz zusammensetzt.

Einflussfaktoren des Eigenkapitalkostensatzes sind zum einen der bereits genannte risi-
kofreie Basiszins, zum anderen der Betafaktor sowie die Differenz aus Marktrisikozins vor
Steuern und dem risikofreien Basiszins.[154] Während sich die Ermittlung des Basiszinses
in der Unternehmenswelt einheitlich gestaltet, ist die Bestimmung des Betafaktors diffe-
renzierter. Obgleich die Unternehmen diesen Faktor aus historischen Grunddaten ableiten,
besteht die Schwierigkeit, den „richtigen" Risikowert einer ZGE zu bestimmen. Denn die
Frage bleibt, welcher Wert das Betriebsrisiko einer ZGE tatsächlich abbildet. Die generelle Tendenz der Fachwelt geht in die Richtung, Vergleichsgruppen (peer groups) zur

---

[151] Vgl. Petersen et al. (2014), S. 66.
[152] Vgl. Petersen et al. (2014), S. 70 und vgl. Pawelzik et al. (2012), Rz. 2081.
[153] Vgl. Petersen et al. (2014), S. 71 f. und vgl. IASB (2014), S. 526.
[154] Vgl. Dillerup et al. (2013), S. 201 f.

Eigenkapitalkostensatz (r$_{EK}$) nach dem CAPM:

$$r_{EK} = \text{risikofreier Zinssatz} + \text{Betafaktor} * (\text{Marktrisikozinssatz} - \text{risikofreier Zinssatz})$$

gewichteter durchschnittlicher Kapitalkostensatz (WACC):

$$\text{WACC} = r_{EK} * \frac{EK}{GK} + r_{FK} * (1 - \text{Steuersatz}) * \frac{FK}{GK}$$

r$_{EK}$ = risikofreier Zinssatz, EK = Eigenkapital, FK = Fremdkapital, r$_{FK}$ = Fremdkapitalkostensatz,

Steuersatz = Steuersatz[1] des Unternehmens in Prozent, (1 − Steuersatz) = Steuereffekt (tax shield)

Abb. 4.6 Formeln zur Berechnung des Eigenkapitalkostensatzes und des gewichteten durchschnittlichen Kapitalkostensatzes.
[1]Steuersatz entspricht dem Grenzsteuersatz des entsprechenden Landes (ggf. gewichteter Durchschnitt). (Vgl. Petersen et al. 2014, S. 72; in Anlehnung an Dillerup et al. 2013, S. 201 f.)

Hilfe zu nehmen. Bei der Auswahl der passenden Peergroup kann die Risikostruktur der zu bewertenden ZGE genau in die Entscheidung einbezogen werden.

Nach IAS 36.A17 f. sind als Fremdkapitalkosten aktuelle am Markt übliche Fremdkapitalkosten heranzuziehen. Diese können über Kapitalmarktinformationen von Vergleichsunternehmen oder Ratings abgeleitet werden. Zur Ermittlung der Kapitalstruktur verwenden Unternehmen üblicherweise die Kapitalstruktur des Unternehmens zum Bewertungszeitpunkt, den Verschuldungsgrad der jeweiligen ZGE oder die Zielkapitalstruktur.[155] Zu beachten ist allerdings, dass die zu berücksichtigenden Risiken nicht zweimal in die Berechnung einbezogen werden. So wie in Abschn. 4.2.4.2 dargestellt, sind diese entweder bei der Determinierung des Diskontierungszinses oder der Cashflows zu berücksichtigen.[156]

Nach der Ermittlung des WACC ist auf den IAS 36.55 einzugehen, der den Diskontierungszins für die erwarteten Einzahlungsüberschüsse als Zinssatz vor Steuern vorschreibt.[157] In der Unternehmenspraxis ist diese Restriktion schwierig umzusetzen. Der Diskontierungssatz wird, wie zuvor dargelegt, auf Basis des WACC berechnet, der wiederum mit beobachteten Daten ermittelt wird, welche ihrerseits auf Nachsteuerbetrachtungen fußen. Um den Anforderungen des IASB gerecht zu werden, verwenden die Unternehmen im Rahmen des Wertminderungstests Nachsteuer-Zahlungsströme und Nachsteuer-Zinsen. Zudem geben sie im Anhang der Berichterstattung dann einen Vorsteuerzins an.[158] Wie die Unternehmen in diesem Fall vorzugehen haben, gibt das IASB im Standard IAS 36 nicht an. Der Vorsteuerzins wird allerdings unter Zuhilfenahme von verschiedenen Verfahren, wie beispielsweise dem sogenannten „Hochschleusen" (grossing up) oder einer iterativen Methode, ermittelt. Vorsteuer-Zahlungsströme werden

---

[155] Vgl. Petersen et al. (2014), S. 71 f., Hervorhebung wie im Original.
[156] Vgl. Petersen et al. (2014), S. 71 f.
[157] Vgl. IASB (2014), S. 494.
[158] Vgl. Petersen et al. (2014), S. 71 f.

dabei bis zum Erhalt des gewünschten Nachsteuer-Bewertungsergebnisses mit einem Vorsteuerzinssatz diskontiert.[159]

Nach der Festlegung des WACC ist zuletzt die angenommene Wachstumsrate in die Berechnung der Kapitalkosten einzubeziehen. Dem angenommenen Wachstum kommt wegen der erheblichen Beeinflussung der Bewertung eine bedeutende Rolle zu. Im Wachstumsfaktor steckt das Potential künftigen Wachstums und wird daher als Abschlag beim Kapitalkostensatz berücksichtigt. Gemäß IAS 36.36 und die folgenden Paragrafen ist im Anschluss an den detaillierten Planungszeitraum eine sinkende, gleich bleibende oder steigende Wachstumsrate festzulegen und anzuwenden. Der Entscheidung sind allerdings objektive Informationen zugrundezulegen, die eine entsprechende Wachstumsrate rechtfertigen. Solche Informationen können Verlaufsdaten eines Lebenszyklus einzelner Produkte oder ganzer Branchen sein.[160]

4.4.5   Wertminderung bei zahlungsmittelgenerierenden Einheiten

Im Folgenden demonstriert ein vereinfachtes Beispiel die Durchführung einer Wertminderung bei goodwilltragenden ZGE. Dabei wird die Ermittlung der erzielbaren Beträge der ZGE zum Zwecke des besseren Verständnisses des Vorgehens bei der Wertminderung ausgespart.

Beispiel Die Beispiel AG hat ein Unternehmen gekauft, das aus zwei Niederlassungen besteht, welche beide jeweils eine ZGE abbilden. Tab. 4.3 zeigt die Vermögenswerte der einzelnen ZGE zum 31.12.2013.[161]

Die Vorgehensweise ist in Abschn. 2.3.2.1 zur Wertminderung bei ZGE beschrieben und ist hier beispielhaft anzuwenden. Zuerst ist zu prüfen, ob eine Wertminderung bei den

Tab. 4.3 Relevante Vermögenswerte der ZGE 1 und ZGE 2. (In Anlehnung an Buchholz 2012, S. 314)

	ZGE 1		ZGE 2	
	Vermögenswerte A1	Vermögenswerte A2	Vermögenswerte B1	Vermögenswerte B2
Buchwert	100.000 GE	200.000 GE	150.000 GE	250.000 GE
Firmenwert	120.000 GE		80.000 GE	
Erzielbarer Betrag	130.000 GE	210.000 GE	140.000 GE	220.000 GE

---

[159] Vgl. Petersen et al. (2014), S. 71 f., vgl. IDW (2010), Rz. 111 und Hervorhebung wie im Original.
[160] Vgl. Petersen et al. (2014), S. 71 f.
[161] Vgl. Buchholz (2012), S. 314 und 412.

Buchwert ZGE 1		erzielbarer Betrag ZGE 1
420.000 GE	<	340.000 GE

Abb. 4.7 Buchwert und erzielbarer Betrag der ZGE 1. (Vgl. Buchholz 2012, S. 412)

Firmenwert ZGE 1		Abschreibungsbetrag
120.000 GE	-	80.000 GE

Abb. 4.8 Firmenwert der ZGE 1 und Abschreibungsbetrag. (Vgl. Buchholz 2012, S. 412)

Buchwert ZGE 2		erzielbarer Betrag ZGE 2
480.000 GE	<	360.000 GE

Abb. 4.9 Buchwert und erzielbarer Betrag der ZGE 2. (Vgl. Buchholz 2012, S. 412)

einzelnen GoF vorliegt und anschließend werden die außerplanmäßigen Abschreibungen vorgenommen:

Die **ZGE 1** (siehe Abb. 4.7) hat insgesamt einen Buchwert von 420.000 GE. Der erzielbare Betrag liegt bei 340.000 GE.

Somit ist eine außerplanmäßige Abschreibung in Höhe von 80.000 GE (siehe Abb. 4.8) vorzunehmen. Der Abschreibungsbetrag ist voll vom GoF der ZGE abzuziehen.

Der Restwert des GoF beträgt nach der außerplanmäßigen Abschreibung 40.000 GE. An den restlichen Vermögenswerten sind keine Abschreibungen vorzunehmen.

Die **ZGE 2** hat insgesamt einen Buchwert von 480.000 GE. Der erzielbare Betrag liegt bei 360.000 GE (siehe Abb. 4.9).

Eine außerplanmäßige Abschreibung in Höhe von 120.000 GE ist vorzunehmen.

Der Abschreibungsbetrag, wie in Abb. 4.10 gezeigt, wird zunächst voll mit dem GoF verrechnet, so dass dieser anschließend einen Wert von null hat. Der Restabschreibungsbetrag in Höhe von 40.000 GE ist buchwertproportional bei den Vermögenswerten der ZGE abzuschreiben. In diesem Falle wären daher 15.000 GE am Vermögenswert B1 und

Firmenwert ZGE 2		Abschreibungsbetrag
80.000 GE	-	80.000 GE
Vermögenswerte		Restabschreibungsbetrag
B1: 150.000 GE	-	10.000 GE
B2: 250.000 GE	-	30.000 GE

Abb. 4.10 Firmenwert der ZGE 2, deren Vermögenswerte und Abschreibungsbeträge. (Vgl. Buchholz 2012, S. 412)

25.000 GE am Vermögenswert B2 abzuschreiben. Jedoch hat B1 einen erzielbaren Betrag in Höhe von 140.000 GE, auf den maximal abgeschrieben werden darf. Dies hat zur Folge, dass 10.000 GE abgezogen werden und der Rest in Höhe von 5000 GE an den restlichen Vermögenswerten der Einheit 2, in anderen Worten an B2 abzuschreiben sind.[162]

4.5   Kritische Würdigung

4.5.1   Gestaltungsspielräume der Unternehmen

4.5.1.1   Im Rahmen der Erstbewertung

Folgender Gliederungspunkt untersucht aufbauend auf der zuvor betrachteten Theorie und Praxis des Wertminderungstests, inwieweit Unternehmen Gestaltungsspielräume haben. Solche Freiräume können von einer generellen Umgehung eines Werthaltigkeitstests bis hin zur wertmäßigen Ausübung bilanzieller Spielräume reichen. Um ein möglichst umfassendes Bild der bilanziellen Freiräume zu erhalten, werden diese nachfolgend zunächst im Rahmen der Erstbewertung und im nachfolgenden Gliederungspunkt in Bezug auf die Folgebewertung beleuchtet.

Bereits beim Erstansatz des GoFs und der damit einhergehenden Eingrenzung der ZGE gibt es zahlreiche Ermessensspielräume. Ebenfalls Freiräume bietet die Zurechnung von gemeinschaftlich benutzten Vermögenswerten.[163] Besondere Bedeutung erlangt der Spielraum in Bezug auf die Eingrenzung von ZGE durch die gelebte Praxis, in der es kaum möglich ist, einzelne Vermögenswerte laut Standard zu testen.[164] Unternehmen bewerten bei der Erstkonsolidierung einzeln die erworbenen Schulden und Vermögenswerte zum beizulegenden Zeitwert. Das Ausmaß des Bewertungsspielraums hängt dabei einerseits von der Anzahl der angesetzten Werte und andererseits der Bewertungsprozesse von gruppierten Einheiten ab. Denn je größer die Anzahl an Vermögenswerten, die zu einer ZGE zugerechnet werden beziehungsweise je höher die Berichtsebene der ZGE oder Gruppe von ZGE, desto wahrscheinlicher ist die Saldierung von negativen und positiven Wertänderungen. Mit anderen Worten können Wertminderungen beim Goodwill gezielt vermieden werden.[165] Bei erstmaliger Allokation des GoFs können demnach bilanzpolitische Beweggründe die Nutzung eines sogenannten „Saldierungskissens" fördern. Das bedeutet, dass bereits bei der Zuordnung des Goodwills auf entsprechende ZGE die Vermeidung von späteren außerplanmäßigen Abschreibungen im Rahmen des Wertminderungstests berücksichtigt wird.[166] In anderen Worten bedeutet das, dass durch die Zuordnung und Aufteilung von ZGE und Goodwill einzelne Akquisitionen nicht mehr

---

[162] Vgl. Buchholz (2012), S. 314 und 412.
[163] Vgl. Freiberg et al. (2013), § 11, Rz. 181.
[164] Vgl. Freiberg et al. (2013), § 11, Rz. 16.
[165] Vgl. Pawelzik et al. (2012), S. 366 und 367, vgl. Gödde (2010), S. 48 und vgl. Herz et al. (2001), S. 169.
[166] Vgl. Freiberg et al. (2013), § 11, Rz. 140 und Hervorhebung wie im Original.

auf deren Vorteilhaftigkeit untersucht werden und Fehlinvestitionen verdeckt werden können.[167] Dabei sind die Strategien, die hinter den jeweiligen Zuordnungen der Firmenwerte
stehen, aus unternehmensexterner Sicht dann nicht einsehbar.[168]

Ergänzend dazu heben Pawelzik und Dörschell besonders die Unterschiedlichkeit zwischen, den in dieser Arbeit bereits kennengelernten Eingrenzungsparametern, Berichtswesen und Managementstrategie hervor. Denn das interne Reporting und Management
begründen die Abgrenzung von ZGE in unterschiedlichem Umfang. Während das Berichtswesen aufgrund seiner Überwachungsfunktion einen eher feinmaschigen Blickwinkel einnimmt und kleinere ZGE zuteilt, werden aus der Perspektive der Managementstrategie größere Einheiten gebildet. Aus Managementsicht kann demnach begründet werden,
dass zum Beispiel ein Produktions- und Vertriebsverbund inklusive aller zuordenbaren
Betriebsteile zusammenzufassen ist. Selbst ein ganzer Betrieb kann damit als eine ZGE
interpretiert und argumentiert werden.[169]

Zudem kann ein Unternehmen bei der Erstkonsolidierung gezielt auf die Neubewertung
der erworbenen Schulden und Vermögenswerte Einfluss nehmen. Es liegt nahe, die ab-
nutzbaren Anlagewerte im Bewertungsrahmen so nieder als möglich anzusetzen und somit
die zukünftigen planmäßigen Abschreibungen gering zu halten. Die dadurch vergrößerte
positive Differenz erhöht den angesetzten Firmenwert, der nicht planmäßig abzuschreiben
ist. Das eröffnet die Möglichkeit, eine eventuelle außerplanmäßige Abschreibung so lange
wie möglich hinauszuziehen.[170]

Zum Schluss dieses Gliederungspunkts zeigt ein Beispiel, welche Möglichkeiten für
ein Unternehmen bestehen, wenn es gezielt bilanzpolitisch ZGE definiert und den GoF
zuordnet.

Beispiel zur Bildung möglicher ZGE Ein Softwareunternehmen aus Europa erwirbt eine Beteiligung in den USA. Aufgrund einer vorliegenden Beherrschung, ist das erworbene
Unternehmen als Tochterunternehmen zu konsolidieren. Die Allokation des Goodwills
kann nach verschiedenen in Tab. 4.4 aufgeführten Varianten erfolgen. Dadurch kann der
Konzern in der internen Berichterstattung bereits mögliche Wertminderungen des GoFs
im Vorfeld verhindern und den Effekt des „Saldierungskissens" nutzen.

4.5.1.2 Im Rahmen der Folgebewertung

Zunächst ist festzustellen, ob ein Vermögenswert oder eine Gruppe von Vermögenswerten
auf Wertminderungsindikatoren zu prüfen sind oder ein obligatorischer Test zu vollziehen
ist. Jedoch bereits vor diesem Zeitpunkt ist im Bereich der Klassifizierung immaterieller
Vermögenswerte ein Spielraum denkbar. Hat der Vermögenswert keine bestimmte Nutzungsdauer, ist er folglich nicht planmäßig abzuschreiben und jährlich zu testen. Steht
ein immaterieller Vermögenswert nicht zur Nutzung zur Verfügung, unterliegt er eben-

---

[167] Vgl. Küting (2013), S. 1799.
[168] Vgl. Wulf et al. (2011), S. 99.
[169] Vgl. Pawelzik et al. (2012), S. 376 f.
[170] Vgl. Küting et al. (2001), S. 197.

Tab. 4.4 Konsolidierungs- und Profitaufstellung.

Variante 1: Wenn der gesamte Bereich USA als eine ZGE im internen Berichtssystem zugeordnet wird, ist eine spätere Wertminderung des GoFs möglich (siehe Tab. 4.4).

Variante 2: Möglich ist auch ein zweistufiges Berichtssystem. Die drei Sparten USA sind als einzelne ZGE definiert. Wenn der GoF der Sparte maintenance USA zugerechnet wird, ist eine zukünftige Abschreibung des Goodwills eher unwahrscheinlich. Denn die Sparte maintenance USA hat erfahrungsgemäß hohe Mittelzuflüsse (siehe Tab. 4.4).

Variante 3: Die dritte Möglichkeit bedeutet, dass die USA Akquisition im internen Konzernberichtssystem in den drei Sparten Welt eingehen und der GoF der Sparte maintenance Welt zugeordnet wird. Im Falle einer negativen Entwicklung des Bereiches maintenance Welt wäre eine außerplanmäßige Abschreibung des Goodwills möglich (siehe Tab. 4.4). (Vgl. Freiberg et al. 2013, § 11, Rz. 140)

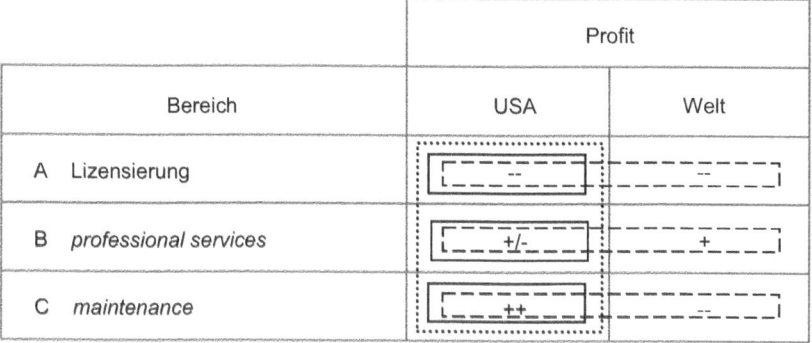

falls noch nicht der planmäßigen Abschreibung und wird jährlich getestet. Hierzu gehören Anlagewerte wie aktivierte Entwicklungskosten oder Lizenzen, die wegen fehlenden technischen Equipments noch nicht genutzt werden können.[171] Eine weitere Stellschraube, mit deren Hilfe eine Wertminderungsprüfung umgangen werden kann, ist die ursprüngliche Goodwillzuordnung bei Erstbewertung zu verändern. Trotz des Grundsatzes der Stetigkeit (siehe Abschn. 4.3.2.2.2) gibt es die Möglichkeit, den Grundsatz zu brechen und bestehende GoF-Zuordnungen nach Bedarf zu ändern. Die Begründung von Restrukturierungen können solche einzelnen Fälle von Allokationsänderungen ermöglichen.[172]

Weitere Spielräume ergeben sich in der Interpretation möglicher Anzeichen auf Wertminderung. Hierzu bleibt der Standard mit seinen Regularien insgesamt unbestimmt. Nicht nur signifikante Negativabweichungen im innerbetrieblichen Berichtsystem werden nicht quantifiziert, auch die Interpretation möglicher Indizien hängt in erheblichem Maß von der Auslegung des Unternehmens ab.[173]

Zudem sind dann im Rahmen des Wertminderungstests verschiedene Berechnungen durchzuführen, in deren Formeln Werte einzugeben sind, die im Ermessen der Unternehmen liegen. Begonnen mit dem Kapitalkostensatz bis hin zu Umsatz- und Wachs-

---

[171] Vgl. Freiberg et al. (2013), § 11, Rz. 13.
[172] Vgl. Gundel et al. (2014), S. 130 ff. und vgl. Wulf et al. (2011), S. 99.
[173] Vgl. Freiberg et al. (2013), § 11, Rz. 13 und 27.

tumsprognosen. Darin liegen große Unsicherheiten, da die Wirtschaftslage nicht konstant ist und Märkte volatil sind. Demnach können die subjektiven Annahmen der Unternehmen infrage gestellt werden und die Unternehmensumwelt als Unsicherheitsfaktor erkannt werden. Schlussendlich finden Unternehmen darin eine Menge Stellschrauben im Sinne der Bilanzpolitik.[174] Ein konzeptionell begründetes Beispiel hierzu aus der Praxis stellt die Ermittlung des erzielbaren Betrags dar. Dieser soll den am Markt realisierbaren Preis repräsentieren. Das kann in einzelnen Fällen schwierig sein. Beispielsweise gibt es keinen konkreten Markt für Handelsimmobilien zur Ermittlung eines zu erzielenden Marktpreises.[175] Bezüglich der bestehenden Freiheitsgrade für Unternehmen und einer gewissen Ungenauigkeit stellen Bitz, Schneeloch und Wittstock das theoretische Konzept der Ertragswertermittlung nach IAS 36 sowie deren Ergebnis bei der praktischen Anwendung in Frage. Hierfür geben sie zwei wesentliche Gründe an. Der erstgenannte Grund ist, dass künftige Zahlungsströme kaum willkürfrei auf einzelne Vermögenswerte zugeordnet werden können. Als Beispiel wird ein Dienstwagen genannt, der für leitende Angestellte verwendet wird. Die Auszahlungen sind möglicherweise abschätzbar, jedoch Einzahlungen lassen sich nicht zuweisen. Selbst die Regelungen in IAS 36.65 bis IAS 36.108 zur Bildung von kleinsten Einheiten, die unabhängig von anderen Vermögenswerten Zahlungsströme verursachen, sind lediglich eine Verbesserung. Jedoch die Schwierigkeit der nicht willkürfreien Zuordnung von Zahlungen bleibt. Einzig ZGE, die als vollständige Betriebe oder wenigstens Betriebsteile zu identifizieren sind, lösen das zuvor beschriebene Problem. Allerdings können dann die Wertminderungen für einzelne zu bilanzierende Vermögenswerte nicht bestimmt werden. Als zweiter Grund wird das Vernachlässigen der steuerlichen Betrachtung aufgeführt, das in der Realität zu erheblichen Fehleinschätzungen führen kann. Jedoch als Gestaltungsspielraum der Unternehmen keine Rolle zu spielen scheint.[176] Der Ermittlung des erzielbaren Betrags einer ZGE liegen eindeutig subjektive Einschätzungen zugrunde, die sich auf die Höhe einer möglichen Wertminderung auswirken. Einige Autoren nennen in diesem Zusammenhang die Gestaltungsstrategien des Big-Bath-Accountings oder der Gewinnglättung, bei denen gezielt mitunter hohe Abschreibungen von einem Berichtsjahr auf das andere vorgezogen oder hinausgezogen werden.[177] Das bedeutet zusammenfassend im Bereich der Ermittlung des erzielbaren Betrages können Unternehmen bei verschiedenen Parametern Ermessensspielräume nutzen. In Bezug auf die Eintrittswahrscheinlichkeit, die Höhe oder der Anfall der Cashflows und genauso bei der Wachstumsrate, die bei den Mittelzuflüssen nach dem Detailplanungszeitraum angewendet werden. Die Determinierung des Diskontierungssatzes beinhaltet einige Parameter mit Gestaltungspotentialen für den Bilanzierenden. Hierzu gehört die Festsetzung der Kapitalstruktur, welche das Verhältnis des Marktwertes des Fremdkapitals

---

[174] Vgl. Freiberg et al. (2013), § 11, Rz. 181 und vgl. Wüst (2013), S. 43.

[175] Vgl. Bender (2004), S. 68.

[176] Vgl. Bitz et al. (2011), S. 817, vgl. König et al. (1996), S. 1098 ff., vgl. Peemöller (2001), S. 1401 ff. und weitere in Bitz et al. (2011) angegebene Quellen.

[177] Vgl. Freiberg et al. (2013), § 11, Rz. 181, vgl. Gödde (2010), S. 48 f. und vgl. Wulf et al. (2011), S. 99.

zum Marktwert des Eigenkapitals wiederspiegelt. Bei der Fremdkapitalzinsfindung sind die Gestaltungsspielräume weniger ausgeprägt, da diese marktgestützt ermittelt werden. Darüber hinaus können Unternehmen Einfluss nehmen auf den marktgestützter Betafaktor, dem laufzeitabhängigen Basiszinssatz und der Marktrisikoprämie. Insgesamt können selbst marginale Änderungen an einzelnen Bestandteilen des Diskontierungszinssatzes, die eine Veränderung von beispielsweise nur 0,5 Prozentpunkten zur Folge haben, unter Umständen die Vornahme einer Abschreibung begründen oder auch verhindern.[178]

Schließlich kann ein nicht unerheblicher Handlungsspielraum des Managements im Bereich der Anhangangaben vermutet werden. Die Informationen für die Abschlussadressaten in Bezug auf die verwendeten Unternehmensbewertungsmodelle oder der mittelfristigen Budgetplanung können unkonkret bleiben. Besonders die Cashflow-Prognosen bleiben aufgrund der internen Ermittlung für den Berichtsleser intransparent.[179]

4.5.2 Goodwillbilanzierung deutscher Konzerne

Der vorherige Gliederungspunkt gibt einen Überblick zu den Ermessensspielräumen von Unternehmen im Rahmen des Wertminderungstests kommunikationspolitisch zu agieren. Der Frage, inwieweit Unternehmen diese Spielräume nutzen, geht nachfolgender Abschnitt auf Basis verschiedener empirischer Studien und Beobachtungen nach.

Voranzustellen ist, dass unterschiedlichste Autoren eine zunehmende Bedeutung des Goodwills in der Finanzberichterstattung der Unternehmen verschiedenster Branchen beobachten.[180] Im Folgenden werden daher ausgesuchte und für diese Arbeit relevante Ergebnisse einer empirischen Analyse von Gundel, Möhlmann-Mahlau und Sündermann über die Goodwillbilanzierung 18 deutscher Unternehmen aus den Börsenindices DAX, SDAX, MDAX und TecDAX aufgezeigt. Diese Studie fokussiert Unternehmen mit einem bereits hohen GoF-Anteil und analysiert deren Abschreibungsverhalten im Zeitraum von 2005 bis 2012. In diesen 8 Jahren hat sich der Goodwill von 44 Mrd. Euro auf 65 Mrd. Euro bei den betrachteten Unternehmen in Summe erhöht. Das entspricht einer durchschnittlichen Zunahme von 6,8 Prozent pro Jahr. Das Verhältnis von GoF zur Bilanzsumme stieg von anfangs durchschnittlichen 27,3 Prozent auf 33 Prozent zum Ende des Betrachtungszeitraumes. Dabei bewegen sich im Geschäftsjahr 2012 die Relationen zwischen 55,7 Prozent bei Sky Deutschland AG und 15,4 Prozent bei RWE AG. In Bezug auf das mögliche Risiko für das Eigenkapital der Unternehmen ist diese Verhältnisgröße aussagekräftig.[181] Denn im Falle höherer unumgänglicher außerplanmäßiger Abschreibungen auf GoF verringert sich das Eigenkapital, wodurch sich die Eigenkapitalquote nachteilig verändert und damit die Erreichung der mit kreditgebenden Institutionen vereinbarten

---

[178] Vgl. Wulf et al. (2011), S. 100, vgl. Küting (2013), S. 1800 und vgl. Protzek (2003), S. 498.
[179] Vgl. Wulf et al. (2011), S. 103.
[180] Vgl. Küting (2012), S. 1940, vgl. Gundel et al. (2014), S. 130 und vgl. Wulf et al. (2011), S. 96 f. und vgl. Leitner-Hanetseder et al. (2014), S. 256 f.
[181] Vgl. Gundel et al. (2014), S. 130 ff.

Kennzahlenwerte in Gefahr sein können.[182] Bei den betrachteten Unternehmen liegt das Goodwill-Eigenkapital-Verhältnis während des Betrachtungszeitraumes bei durchschnittlich 112,4 Prozent. Zu bemerken ist hierbei jedoch, dass die durchschnittliche Relation mit 83 Prozent in 2005 auf 187 Prozent in 2012 angestiegen ist. Dieses Ergebnis zeigt einen bilanziellen Risikoanstieg, da in vielen Fällen der Firmenwert höher als das Eigenkapital bewertet ist.[183] Unterstützt werden diese Beobachtungen ebenfalls durch Kütings empirische Studien, in denen jährlich seit 2005 134 Konzerne aus den Indizes DAX, SDAX, MDAX und TecDAX untersucht werden. Das GoF-Eigenkapital-Verhältnis ist von 2005 von durchschnittlich 33,52 auf 42,51 Prozent in 2012 gestiegen. Der Goodwill gehört damit zu den bedeutendsten Bilanzposten und stellt im Bereich der Jahresabschlussanalyse durchaus eine Schlüsselgröße dar.[184] Eine derartige Zunahme des Goodwillanteils in den Bilanzen lässt eine entsprechende Zunahme an Goodwillabschreibungen in der Folgezeit vermuten. Gundel und seine Kollegen können diese Annahme jedoch auf Basis ihrer Studie nicht bestätigen.[185] Ebenso haben die Euro-Stoxx-Unternehmen aus einer weiteren Beobachtung während der Finanzkrise 2008 und 2009 kaum mehr Firmenwerte abgeschrieben, das heißt zwischen der GoF-Wertminderung und der Konjunktur scheint keine Korrelation zu bestehen.[186] Dies kann mitunter auch mit der längerfristigen zeitlichen Betrachtungsperspektive bei der Ermittlung des erzielbaren Betrags zusammenhängen. Im Regelfall wird ein Konjunktureinbruch lediglich über einen begrenzten Zeitraum die prognostizierten Mittelzuflüsse beeinträchtigen.[187]

Vielmehr ist zu beobachten, dass Unternehmen, wie bereits von Küting, Weber und Wirth 2001 vermutet, bevorzugt Abschreibungen aus unternehmenspolitischen Gründen vornehmen.[188] Besonders werden Goodwillabschreibungen in den Geschäftsperioden vorgenommen, die zum Beispiel im Falle eines Managementwechsels noch in den Verantwortungsbereich des Vorgängermanagements fallen. Ebenfalls zu beobachten ist diese Art des „Großreinemachens" („big bath"), wenn Analysten darauf bestehen. Gleichermaßen ist zu sehen, dass Unternehmen keine außerplanmäßigen Abschreibungen vornehmen, wenn in Kürze die Verhandlungen eines Vorstandsvorsitzenden im Rahmen seiner Vertragsverlängerung anstehen oder wenn das Unternehmen mit einem anderen Unternehmen fusionieren möchte.[189]

Schließlich gehen die Autoren der erstgenannten Studie der Nutzungsdauer des GoFs nach. 39 Prozent der Unternehmen haben im Untersuchungszeitraum von 8 Jahren keine Abschreibungen auf Goodwill vorgenommen. Der andere Teil schrieb hingegen entweder sehr hoch ab oder lediglich minimal. Bei Berechnung einer durchschnittlichen Nut-

---

[182] Vgl. Küting (2013), S. 1796.

[183] Vgl. Gundel et al. (2014), S. 130 ff.

[184] Vgl. Küting (2013), S. 1794 f. und vgl. Küting (2005), S. 2757.

[185] Vgl. Gundel et al. (2014), S. 130 ff.

[186] Vgl. Leitner-Hanetseder et al. (2014), S. 256 f.

[187] Vgl. Wulf et al. (2011), S. 99.

[188] Vgl. Freiberg et al. (2013), § 11, Rz. 181 und vgl. Küting et al. (2001), S. 197.

[189] Vgl. Freiberg et al. (2013), § 11, Rz. 181 und Hervorhebungen wie im Original.

zungsdauer des Firmenwertes aller Unternehmen dieser Untersuchung von 2005 bis 2012 ergäbe sich eine Nutzungsdauer von 121 Jahren. Eine Nutzungsdauer, die wohl kaum glaubwürdig sein kann. Die Autoren der Studie sprechen folglich von einer entstandenen Goodwillblase. Bei einer Gegenüberstellung vom Goodwill und einem über den Betrachtungszeitraum hypothetisch planmäßig mit 10 Jahren abgeschriebenen GoF zeigt sich die Differenz von rund 49 Mrd. Euro wie eine stille Last. Das heißt 65 Mrd. Euro GoF wären hypothetisch regulär abgeschrieben lediglich mit 16 Mrd. Euro bewertet. Zum Schluss veranschaulicht die Studie die Auswirkung des IOA der Unternehmen in Bezug auf die Umsatzrendite. Bei einer wie zuvor angenommenen planmäßigen Abschreibung würden die Umsatzrenditen im Vergleich deutlich negativer ausfallen und die Ertragslage erfährt durch die Unterlassung der Abschreibungen eine Beschönigung. In den letzten beiden Jahren des Betrachtungszeitraumes liegt die Umsatzrendite der Unternehmen im Schnitt bei 4 und 3,4 Prozent. Unter der Prämisse einer planmäßigen Abschreibung des Goodwills lägen die Renditen lediglich noch bei 0,1 und −0,2 Prozent.[190] Küting zeigt in seiner Analyse 2012 die Abschreibungspolitik deutscher Konzerne und bestätigt damit die Aussagen von Gundel und weiteren Autoren. Lediglich eine Minderheit der Konzerne nimmt überhaupt Abschreibungen am GoF vor. Dabei sind diese Abschreibungen im Verhältnis zu den Restbuchwerten der GoF außerordentlich gering. Die Konzerne nahmen nur einzelne Großabschreibungen in den letzten Jahren vor. Ein Beispiel hierfür ist die Deutsche Telekom, die 2012 eine Gesamtabschreibung i. H. v. 2,97 Mrd. Euro vorgenommen hat. Das ist ein Anteil von 72,98 Prozent der Gesamtabschreibungen aller betrachteten Konzerne in dem Jahr. Die fünf höchsten Abschreibungen haben DAX Unternehmen in ihren Finanzberichten und machen gemeinsam einen Anteil von 92,14 Prozent aus. Beachtlich ist, dass der Goodwill den größten Anteil am immateriellen Vermögen der Konzerne hat, jedoch gleichzeitig den geringsten Abschreibungsanteil aufweist.[191] Im Verhältnis zum Buchwert beträgt das gesamte Abschreibungsvolumen des GoFs gerade mal 1,68 Prozent. Mit Vernachlässigung der Großabschreibung der Telekom verringert sich der Wert auf 0,49 Prozent.[192] Am Beispiel der Deutschen Telekom zeigt sich, dass in den Jahren vor 2012 nur marginale Abschreibungen vorgenommen wurden. Die große Abschreibung wurde dann in dem Jahr erfasst, in dem MetroPCS und T-Mobile USA zusammengelegt wurden. Zum einen wurde der GoF der betroffenen ZGE vollständig abgeschrieben und zum anderen wurden die restlichen immateriellen Vermögenswerte deutlich wertgemindert. Als Ursache hat die Deutsche Telekom die Ermittlung des erzielbaren Betrags wie folgt angegeben: „Nach der Vereinbarung über die Zusammenlegung von T-Mobile USA mit MetroPCS musste der erzielbare Betrag der zahlungsmittelgenerierenden Einheit USA bestimmt werden. Als Bewertungsgrundlage dafür diente der Wert der Anteile (Marktpreis) an MetroPCS unmittelbar vor Bekanntgabe der Vereinbarung, die der Deutschen Telekom zustehen werden." Im Rahmen der Ermessensspielräume können Unternehmen

---

[190] Vgl. Gundel et al. (2014), S. 130 ff.
[191] Vgl. Küting (2013), S. 1800.
[192] Vgl. Küting (2013), S. 1802.

also über längere Zeit Abschreibungsbedarfe vermeiden. Wenn ein bisher determinierter erzielbarer Betrag weitaus zu positiv bewertet wird, kann möglicherweise erst im Zuge der marktobjektivierten Transaktion, wie im Beispiel der Deutschen Telekom, ein Wertminderungsbedarf offensichtlich werden.[193]

Weiterhin sind in Bezug auf die Methoden bei der Berechnung des erzielbaren Betrags zu beobachten, dass Unternehmen wohl eher dazu tendieren, das Risiko über eine Zinsadjustierung zu integrieren, als über Abschläge an den prognostizierten Mittelzuflüssen.[194] Wenn es um die Entscheidung geht, den erzielbaren Wert nach Nutzungswert oder Nettoveräußerungspreis zu ermitteln, kann beispielsweise bei Energieversorgern in der Praxis gesehen werden, dass sie ausschließlich das DCF-Bewertungsmodell nutzen, wobei sie sich jedoch mehr an den Regeln zur Ermittlung des Nettoveräußerungswertes und nicht am Nutzungswert orientieren. Bei der Berechnung der Cashflows legen sie Prognosezeiträume von 5 oder weniger Jahren zugrunde.[195] Nach den bisherigen Ausführungen dieser Arbeit überrascht außerdem nicht, dass in der Praxis nur in wenigen Ausnahmefällen einzelne Vermögenswerte Cashflows generieren und danach einzeln bewertet werden.[196]

Schließlich kann am Beispiel großer Energieversorgungskonzerne Deutschlands im Zeitraum 2005 bis 2009 nochmals ein kurzer Blick auf die möglichen Schwierigkeiten im Bereich der Handhabung der Anhangangaben in der Praxis geworfen werden. Die beobachteten Konzerne machten zu wenig konkrete Angaben über die Berechnungen von Nettoveräußerungspreisen oder Nutzungswerten. Außerdem unterließen es die Unternehmen, die erzielbaren Werte und deren Differenz zu den jeweiligen Buchwerten zu nennen. In diesem Fall gab es jedoch eine Bemängelung durch die DPR. Dieses Beispiel lässt die Vermutung zu, dass Unternehmen wohl dazu tendieren, den Informationspflichten nicht vollumfänglich nachzukommen. Das bedeutet die Konzerne haben in Bezug auf die Ermittlung des erzielbaren Betrages, wozu die Angaben über Fakten und Methoden bei der Determinierung des Nutzungswertes oder der Errechnung des Nettoveräußerungswertes gehören, zu wenig informiert.[197] Damit haben die Konzerne die Plausibilisierung ihrer Bewertungen und damit der an sich im Standard beabsichtigten Transparenz des Management Approaches erschwert. Vor diesem Hintergrund werden die, bereits in der Einleitung dieser Arbeit erwähnten, DPR Prüfungsschwerpunkte für die Jahresabschlüsse 2014 nochmals deutlicher und gewichtiger. Speziell auf den Wertminderungstest bezogen sollen die Angaben zu den externen Quellen, die Lageberichterstattung sowie die Planungstreue genauer betrachtet werden. Des Weiteren ist bei der Ableitung des angenommenen Wachstums und des Diskontierungszinssatzes auf die Peer Group-Analyse, die Herleitung des Betafaktors sowie dem Verschuldungsgrad im Sinne des IAS 36.55 ff.

---

[193] Deutsche Telekom (2013), S. 226 und vgl. Küting (2013), S. 1801 f.

[194] Vgl. Wulf et al. (2011), S. 103 und vgl. Freiberg et al. (2013), § 11, Rz. 44.

[195] Vgl. Wulf et al. (2011), S. 102.

[196] Vgl. Küting (2013), S. 1798.

[197] Vgl. Wulf et al. (2011), S. 103 und vgl. von Keitz et al. (2010), S. 518.

zu achten. Genauso soll nach IAS 36.134 d, e und IAS 1.125 auf eine ausreichende Erläuterung zu den wesentlichen Bewertungsannahmen geachtet werden.[198]

4.5.3 Kritik am Impairment-Only-Approach

Die grundlegend diskutierte Frage der Fachwelt ist, ob der GoF als unbegrenzt nutzbarer Vermögenswert einer planmäßigen Abschreibung unterliegen soll oder nicht.[199] Zunächst ist offensichtlich, dass durch fehlende planmäßige Abschreibung vom Buchwert des Goodwills, das Risiko von nicht erkannten Wertminderungen oder außerplanmäßigen Abschreibungen steigt. Pawelzik und Dörschell relativieren diese Aussage jedoch, indem sie auf die strengen Maßstäbe für den Wertminderungstest nach IAS 36 verweisen. Als Beispiele hierfür dienen die von Wertminderungsindikatoren unabhängige Pflicht zum Wertminderungstest oder besonders die umfangreichen Berichtspflichten in Bezug auf die Anhangangaben.[200] Im Gegensatz dazu zweifeln Freiberg und Hoffmann den Objektivierungsbeitrag der Regelungen des IAS 36 an, da trotz der vielen einzelnen Vorgaben in der Bilanzierungspraxis das vorgenannte Großreinemachen oder auch Big-Bath-Accounting in den Finanzberichten der Unternehmen regelmäßig vorzufinden ist.[201] Zur bilanzpolitischen Brisanz ist ergänzend anzuführen, dass nicht richtig bewertete GoF, die später korrigiert werden müssen, schwerwiegende Auswirkungen haben können. Das kann den Verlust an Vertrauen der Anleger- oder Analysten bedeuten, der Unternehmenskurs kann einstürzen oder das Management kann regulatorisch zur Verantwortung gezogen werden und seine Reputation verlieren.[202] Doch können diese Gefahren zum einen der Grund für eine äußerst gewissenhafte GoF-Bestimmung sein und zum anderen für bilanzpolitische Maßnahmen, die eine möglicherweise nötige außerplanmäßige Abschreibung des GoFs erfordern.

Der Entscheidung über die Abnutzbarkeit eines Vermögenswertes geht seine Definition respektive Kategorisierung voraus. Das IASB definiert den Goodwill als Vermögenswert, der nicht alleine Zahlungsströme generieren kann und billigt gleichzeitig, dass der GoF durchaus willkürlich (IAS 36.81) auf ZGE verteilt wird.[203] Da der GoF mit seinem Nutzen dauerhaft dienen soll, ist er als gänzlich nicht abnutzbar eingestuft. Dieser Ansatz wird als bedenklich bezeichnet, da darin eine Durchbrechung des Nichtaktivierungsverbots des originären GoFs gesehen wird. Coenenberg und weitere Autoren sehen in der Praxis der Festlegung der Vergleichsgröße beizulegender Zeitwert der ZGE einen automatischen Einbezug des originären Goodwills. Damit wird regelmäßig verbrauchter

---

[198] Vgl. DPR (2013), o. S., vgl. Baetge et al. (2012), S. 310 und vgl. Freiberg et al. (2013), § 11, Rz. 131.

[199] Vgl. Küting (2013), S. 1802 f., vgl. Gundel et al. (2014), S. 130 ff., vgl. Protzek (2003), S. 495 ff.

[200] Vgl. Pawelzik et al. (2012), S. 363 und 387.

[201] Vgl. Freiberg et al. (2013), § 11, Rz. 181 und Hervorhebungen wie im Original.

[202] Vgl. Deloitte & Touche (2013b), o. S.

[203] Vgl. IASB (2014), S. 502.

derivativer Goodwill durch den neu geschaffenen, das heißt originären GoF, ersetzt.[204]
In diesem Zusammenhang sprechen sich verschiedene Autoren kritisch zum Goodwill-
substitutionseffekt aus. Der Effekt aufgrund des Wegfalls der planmäßigen Abschreibung
führt zu einer möglichen Benachteiligung von Unternehmen, die auf Basis organischen
Wachstums ihr Unternehmen vergrößern und weniger auf Zukäufe setzen.[205] Küting, Weber und Wirth geben dabei jedoch zu bedenken, dass für börsenorientierte Unternehmen,
die hochbewertete eigene Anteile als Akquisitionswährung verwenden, sich die Wirkung
durchaus umkehren kann. Denn die Kosten der Anschaffung einer Beteiligung werden
nach den Börsen- oder Marktwerten gemessen und diese können durchaus stark schwan-
ken. Damit kann zum Zeitpunkt des Wertminderungstests der Börsenwert der Anteile vom
beizulegenden Zeitwert des Unternehmens stark abweichen.[206] Genauso kritisch wird die
Verhinderung einer periodengerechten Erfolgsermittlung betrachtet. Denn durch den IOA
findet keine planmäßige Abschreibung beziehungsweise Verteilung der Anschaffungskosten auf den Verwendungszeitraum statt.[207] Zudem ermöglicht der IOA in Verbindung mit
der Eingrenzung von ZGE immense bilanzpolitische Spielräume. Denn mit dem Wertminderungstest nach IAS 36 wird eine Abkehr vom Einzelbewertungsgrundsatz vollzogen und
Saldierungen werden möglich gemacht.[208] Unternehmen grenzen die ZGE nach eigenem
Ermessen ein. Sie werden beispielsweise auf hoher Berichtsebene zugerechnet oder mit einer größeren Anzahl von Vermögenswerten zusammen in eine Einheit zugeordnet, so dass
Saldierungseffekte, wie in Abschn. 4.5.1.1 erläutert, genutzt werden können.[209] Außerdem können GoF-Bestandteile bevorzugt den Einheiten von Vermögenswerten zugeordnet
werden, die hohe Werte an originären GoFs beinhalten. Damit werden zukünftige Abwer-
tungen von bezahlten Unternehmenswerten durch die zugewiesenen GoFs ausgeglichen.
Wobei auf der anderen Seite unter der Prämisse, dass sonst alles gleich bleibt, durch die
Entstehung von stillen Reserven in einer ZGE bei der Bewertung im Rahmen des Wertminderungstests der Goodwill abgewertet wird. Im Grunde soll der beizulegende Zeitwert
des GoFs bewertet und kontrolliert werden, doch in diesem Fall werden Goodwillbe-
standteile in andere Vermögenswerte umgruppiert. Hinzu kommt laut Coenenberg und
weiteren Autoren, dass beim IOA der Wertminderungsaufwand im Rahmen des IAS 36
als außerplanmäßige Abschreibung klassifiziert wird und damit die Abschreibung den
Charakter der Einmaligkeit aufweist, das wiederum Unternehmen die Möglichkeit gibt,
diese Aufwendungen als außerordentliche beziehungsweise bereinigungswürdige Werte
zu deklarieren.[210]

---

[204] Vgl. IASB (2014), S. 502, vgl. Coenenberg et al. (2012), S. 702 f. und vgl. Pellens et al. (2001),
S. 717.
[205] Vgl. Gundel et al. (2014), S. 130 f. und vgl. Protzek (2003), S. 497.
[206] Vgl. Küting et al. (2001), S. 197.
[207] Vgl. Gundel et al. (2014), S. 130 f. und vgl. Protzek (2003), S. 497.
[208] Vgl. Küting (2013), S. 1798.
[209] Vgl. Freiberg et al. (2013), § 11, Rz. 140 und vgl. Wulf et al. (2011), S. 99.
[210] Vgl. Coenenberg et al. (2012), S. 702 f. und vgl. Pellens et al. (2001), S. 717.

Bereits vor Inkrafttreten des IOA gab es kritische Stimmen, die eine Gefährdung der Verlässlichkeit der Rechnungslegung durch die mögliche subjektive bilanzpolitisch motivierte Einflussnahme bei der Goodwillbewertung sahen. Das mit einer erschwerten Vergleichbarkeit von Jahresabschlüssen einzelner und verschiedener Unternehmen einhergeht.[211] Auf Basis eigener aktueller Studienergebnisse (siehe Abschn. 4.5.2) bezweifeln Gundel, Möhlmann-Mahlau und Sündermann die Verlässlichkeit und Entscheidungsnützlichkeit der Jahresabschlussinformationen, die in Zusammenhang mit dem IOA stehen. Aus ihrer Sicht wäre eine gesetzlich festgelegte lineare Abschreibung eine bessere Lösung. Damit könnten die Anschaffungskosten für GoF in den Konzern-GuVs amortisiert, ein weiteres Anschwellen der Goodwillblase verhindert werden und gleichzeitig könnten die Finanzberichtsadressaten verlässliche sowie entscheidungsnützliche Informationen erhalten.[212] Auch Küting zweifelt auf Basis seiner jährlich regelmäßig durchgeführten empirischen Untersuchungen seit 2005 an der korrekten Abbildung des Verlaufs des Firmenwertes nach dem IOA in der IFRS-Praxis. Der IOA erfordert so viele Ermessensentscheidungen und Schätzungen, so dass die Transparenz eingeschränkt wird.[213] Das das Abschreibungsverhalten der Unternehmen wird im Grunde konzeptionell durch den Wertminderungstest nach IAS 36 verursacht. Der Standardsetzer legitimiert dadurch die Vermischung von originären und derivativen GoF.[214] Jedoch relativierend anzufügen ist, dass auch in Zeiten der planmäßigen Abschreibung des Goodwills, die Abbildung des Firmenwertes kein vollständig zufriedenstellender Zustand war.[215]

Insgesamt gesehen, ist der Wertminderungstest für die Unternehmen sehr aufwendig. Nur bei korrekter und sachgemäßer Durchführung des Wertminderungstests können objektive Abschreibungsbeträge ermittelt werden. Das hat für das Management jedoch mehr Ergebnisvolatilität und weniger Planungssicherheit zur Folge.[216]

4.6   Zusammenfassung der Ergebnisse und Fazit

Zusammenfassend hat der IAS 36 als Standard zur Wertminderung von Vermögenswerten zwar Gültigkeit für einzelne materielle und immaterielle langfristige Vermögenswerte, sein Hauptanwendungsbereich liegt jedoch weg vom Einzelbewertungsgrundsatz in der Bewertung von ZGE. Von besonderem Interesse ist in diesem Zusammenhang der Goodwill. Im Standard sind zum einen die Wertminderung im Rahmen des Wertminderungstests und zum anderen die Wertaufholung geregelt. Vermögenswerte sind jährlich zum Bilanzstichtag auf Anzeichen von möglichen Wertminderungen zu prüfen und bei Vorliegen solcher Indizien auf ihren erzielbaren Betrag hin, der als Korrekturwert des

---

[211] Vgl. Protzek (2003), S. 499.
[212] Vgl. Gundel et al. (2014), S. 130 ff.
[213] Vgl. Küting (2013), S. 1802.
[214] Vgl. Küting (2013), S. 1802.
[215] Vgl. Gundel et al. (2014), S. 130 ff. und vgl. Lachnit et al. (2003), S. 542.
[216] Vgl. Protzek (2003), S. 502.

Buchwertes dient, zu bewerten. Eine Ausnahme bilden der GoF und immaterielle Vermögenswerte mit unbestimmter Nutzungsdauer. Diese sind unabhängig von Indizien auf
Wertminderung, jährlich zum einmal festgelegten Zeitpunkt, auf ihren erzielbaren Betrag zu prüfen. Sollten unterjährig Anzeichen für Wertminderung vorliegen, dann gilt es,
bereits zu diesem Zeitpunkt den Vermögenswert auf seine Werthaltigkeit zu testen. Der
erzielbare Betrag ist der höhere Wert aus Nutzungswert oder Nettoveräußerungspreis, der
auch als beizulegender Zeitwert abzüglich der Veräußerungskosten bezeichnet wird. Ist
einer der beiden Beträge aus Nutzungswert oder Nettoveräußerungspreis höher als der
Buchwert, ist der zweite von beiden nicht mehr zu ermitteln. Der Grundgedanke des
erzielbaren Betrags ist aus der Investitionsrechnung abgeleitet, in der es zwei grundsätzliche Alternativen gibt. Entweder einen Anlagewert zu behalten und nutzen oder ihn zu
veräußern. Ein rational agierendes Unternehmen wird die vorteilhaftere Variante wählen.
Dementsprechend unterscheiden sich Nettoveräußerungs- und Nutzungswert fundamental
in ihrer Wertfindung. Ein zu verkaufender Vermögenswert findet seinen Preis aus der Sicht
des Marktes, während ein zu nutzender Vermögenswert seinen Wert in den zukünftigen
Cashflows realisiert und damit seine Werthaltigkeit aus Sicht des Unternehmens erhält.
Dementsprechend sind beim Nettoveräußerungspreis Verkaufs-, Börsen- oder Marktpreise
zur Ermittlung des Wertes heranzuziehen. Gibt es keine aktiven Märkte, Vergleichsmärk-
te oder vergleichbare Vermögenswerte, wird auf kapitalwertorientierte Methoden, wie
bevorzugt der DCF-Methode, zurückgegriffen. Zuletzt gibt es auch die Möglichkeit, Wiederbeschaffungskosten oder Reproduktionskosten zur Wertermittlung heranzuziehen. Bei
der Berechnung des Nutzungswertes werden die künftigen Cashflows des Vermögenswertes in einer Detailplanung der nächsten maximal 5 Jahre auf Basis unternehmensinterner
subjektiver Annahmen geschätzt und für die Zeit danach ein Wachstumsfaktor angenommen. Die Mittelzuflüsse werden im Rahmen der DCF-Methode diskontiert. Dabei wird
die Diskontierungsrate meist mithilfe des CAPM berechnet. Das unternehmerische Pla-
nungsrisiko findet sich in der Realität meist in der Berücksichtigung eines entsprechend
aufgeschlagenen Diskontierungszinssatzes wieder. Bei einer positiven Differenz zwischen
Buchwert und erzielbarem Wert, wird die außerplanmäßige Abschreibung erfolgswirksam
gebucht. Abschreibungen bei ZGE werden buchwertproportional durchgeführt. Im Falle
goodwilltragender ZGE wird zunächst der Abschreibungsbetrag voll am GoF abgezogen
und ein eventueller Wertminderungsrest wird buchwertproportional auf die Vermögenswerte verteilt. Besonders zu beachten sind die Anhangangaben, die die Bewertungen in
Bezug auf den Wertminderungstest plausibilisieren sollen. In den Folgejahren ist ein ab-
gewerteter Vermögenswert auf Indizien zu prüfen, die für eine mögliche Wertaufholung
sprechen und im gegebenen Falle aufzuholen. Für den Goodwill allerdings besteht ein
Wertaufholungsverbot.

Schlussendlich trägt IAS 36 dafür Sorge, dass kein Vermögenswert mit einem höheren als seinem erzielbaren Betrag in der Bilanz steht. Der Wertminderungstest mit
all seinen Regelungen und seinen einzelnen zu bewertenden Parametern ist jedoch für
Unternehmen sehr aufwendig und mit einer großen Anzahl an Restriktionen und Anhangangaben verbunden. Der Bilanzleser andererseits soll vom Unternehmen alle relevanten

Informationen erhalten, so dass dieser die Sicht des Managements erkennen und nachvollziehen kann. Trotzdem bietet der Standard durch teilweise mangelnde Genauigkeit oder Quantifizierung beachtliche Ermessensspielräume für die Unternehmen. Mitunter auch, indem konzeptionell bereits bei der Goodwill-Allokation eine gewisse Willkür im Sinne des Management Approachs einkalkuliert wird. Durch den Wegfall der planmäßigen Abschreibung des GoFs und der Einführung des IOA, nutzen Unternehmen bilanzielle Gestaltungsspielräume. Damit verhindern sie mögliche außerplanmäßige Abschreibungen der Firmenwerte und den damit verbunden Ergebnisminderungen. Bilanzielle Gestaltungsfreiräume finden sich an vielen Stellen. Angefangen von der Bildung der ZGE und der jeweiligen Allokation des GoFs, über die prognostizierten Cashflows bis hin zur Ermittlung des Diskontierungszinses. Mithilfe diverser empirischer Analysen zeigt sich seit der Einführung des IOA eine deutliche Zunahme der Firmenwerte bei Konzernen. Der Anteil der Firmenwerte bei deutschen Konzernen am Eigenkapital ist hoch, in 2012 durchschnittlich bei rund 40 Prozent. Damit steigt das Risiko für außerplanmäßige Abschreibungen. Diese sind zwar nicht zahlungswirksam, doch es liegt ihnen einer Wertminderung zugrunde und damit werden zukünftig eingeplante Mittelzuflüsse ausbleiben. Des Weiteren sind außerplanmäßige Abschreibungen eine Gefahr für die Ergebnis- und Kapitalstrukturgrößen, die in direktem Zusammenhang zur Finanzierungssituation von Unternehmen stehen. Nicht zu unterschätzen sind dabei die Negativauswirkungen auf die Reputation des Managements sowie die Aktienkurse. Damit wird auf der anderen Seite das mögliche Dilemma bei Managemententscheidungen in Bezug auf den Wertminderungstest durchaus nachvollziehbar. Allerdings wird eine Lösung, wie von vielen Fachleuten gewünscht, im konzeptionellen Bereich des Standards zu suchen sein.

Literatur

Baetge, J. (Hrsg., 2002): Schriften des Instituts für Revisionswesen der Westfälischen Wilhelms-Universität Münster, Düsseldorf 2002.

Baetge, J./Kirsch, H.-J. (Hrsg., 2005): Schriften zum Revisionswesen, Düsseldorf 2005.

Baetge, J./Kirsch, H.-J./Thiele, S. (2012): Bilanzen, 12. Aufl., Dusseldorf 2012.

Baetge, J./Kirsch, H.-J./Thiele, S. (2013): Konzernbilanzen, 10. Aufl., Düsseldorf 2013.

Bender, H (2004): Finanzen & Recht: „Probleme oft unterschätzt", in: Der Handel, 2004, S. 68.

Bitz, M./Schneeloch, D./Wittstock, W. (2011): Der Jahresabschluss: Nationale und internationale Rechtsvorschriften, Analyse und Politik, 5. Aufl., München 2011.

Brücks, M./Kerkhoff, G./Richter, M. (2005): Impairmenttest für den Goodwill nach IFRS Vergleich mit den Regelungen nach US-GAAP: Gemeinsamkeiten und Unterschiede, in: KoR, 1/2005, S. 1–7.

Buchholz, R. (2012): Internationale Rechnungslegung: Die wesentlichen Vorschriften nach IFRS und HGB – mit Aufgaben und Lösungen, 10. Aufl., Berlin 2012.

Coenenberg, A. G./Haller, A./Schultze, W. (2012): Jahresabschluss und Jahresabschlussanalyse, 22. Aufl., Stuttgart 2012.

Deloitte & Touche GmbH Wirtschaftsprüfungsgesellschaft (2013a): ESMA gibt Prüfungsschwerpunkte für die Jahresabschlüsse 2013 bekannt, abgerufen unter: http://www.iasplus.com/de/news/2013/november/esma-enforcement-priorities, Zugriff am 14.08.2014.

Deloitte & Touche GmbH Wirtschaftsprüfungsgesellschaft (2013b): Globale Minimierung der Wertminderung von Geschäfts- oder Firmenwerten: Keine schnelle oder einfache Lösung, abgerufen unter: http://www.iasplus.com/de/publications/us-amerikanische-publikationen/other/minimising-goodwill-impairment-differences, Zugriff am: 04.09.2014.

Deloitte & Touche GmbH Wirtschaftsprüfungsgesellschaft (2014a): IAS 36, abgerufen unter: http://www.iasplus.com/de/standards/ias/ias36, Zugriff am: 04.08.2014.

Deloitte & Touche GmbH Wirtschaftsprüfungsgesellschaft (2014b): IFRS 13, abgerufen unter: http://www.iasplus.com/de/standards/ifrs/ifrs13, Zugriff am: 04.08.2014.

Deloitte & Touche GmbH Wirtschaftsprüfungsgesellschaft (2014c): IFRS 3, abgerufen unter: http://www.iasplus.com/de/standards/ifrs/ifrs3, Zugriff am: 04.08.2014.

Deutsche Telekom (2013): Wir glauben an eine Zukunft voller Möglichkeiten: Das Geschäftsjahr 2012, abgerufen unter: http://www.telekom.com/investor_relations/-publikationen/Finanzergebnisse/Geschaeftsbericht-2012/203202, Zugriff am: 08.09.2014.

Dillerup, R./Stoi, R. (2013): Unternehmensführung, Aufl. 4, München 2013.

DPR (2013): Pressemitteilung vom 15.10.2014: Prüfungsschwerpunkte 2014, abgerufen unter: http://www.frep.info/-docs/pressemitteilungen/2013/20131015_pm.pdf, Zugriff am: 14.08.2014.

ESMA (2013): Press Release: ESMA announces financial statements' enforcement priorities for 2013, abgerufen unter: http://www.esma.europa.eu/system/files/2013-1635_esma_announces_financial_statements_enforcement_priorities_for_2013_1.pdf, Zugriff am: 14.08.2014.

Freiberg, J./Hoffmann. W.-D. (2013): § 11 Außerplanmäßige Abschreibungen, Wertaufholung, in: IFRS Kommentar: Das Standardwerk (Hrsg., 2013), S. 480–594.

Frowein, N./Lüdenbach, N. (2003): Das Sum-of-the-parts-Problem beim Goodwill Impairment-Test, in: KoR, 6/2003, S. 261–266.

Gödde, D. (2010): Integration von Goodwill-Bilanzierung und wertorientierter Unternehmenssteuerung: Empirische Analyse der Einflussfaktoren und Performance-Auswirkungen, Dissertation, in: Homburg, C. (Hrsg., 2010), S. 1–173.

Gundel, T./Möhlmann-Mahlau, T./Sündermann, F. (2014): Wider dem Impairment-Only-Approach oder die Goodwillblase wächst, in: KoR, 3/2014, Seite 130 ff.

Heidemann, C. (2005): Die Kaufpreisallokation bei einem Unternehmenszusammenschluss nach IFRS 3, in: Baetge, J. und Kirsch, H.-J. (Hrsg., 2005), S. 1–270.

Herz, R. H./Lannaconi, T. E./Maines, L. A./Palepu, K./Ryan, S. G./Schipper, K./ Schrand, C. M./Skinner, D. J./Vincent, L. (2001): Commentary: Equity Valuation Models and Measuring Goodwill Impairment: AAA Financial Accounting Standards Committee, in: Accounting Horizons, 15/2001, S. 161–170.

Heuser, P. J./Theile, C. (Hrsg., 2012): IFRS Handbuch: Einzel- und Konzernabschluss, 5. Aufl., Köln 2012.

Homburg, C. (Hrsg., 2010): Quantitatives Controlling, Köln 2010.

Hoskisson, R. E./Hitt, M. A./Ireland, R. D./Harrison, J. S. (2013): Competing for Advantage, 3. Auflage, Mason 2013.

IASB (2007): Newsletter of the International Financial Reporting Interpretations Committee: IF-RIC Update, March 2007, abgerufen unter: http://www.ifrs.org/Updates/IFRIC-Updates/2007/Documents/IFRIC0703.pdf, Zugriff am: 02.09.2014.

IASB (2014): International Financial Reporting Standards (IFRS) 2014: Die von der EU gebilligten Standards und Interpretationen, 8. Aufl., Weinheim 2014.

IDW (2008): IDW Standard: Grundsätze zur Durchführung von Unternehmensbewertungen (IDW S 1 i. d. F. 2008), Düsseldorf 2008.

IDW (2010): IDW Stellungnahmen zur Rechnungslegung: Bewertungen bei der Abbildung von Unternehmenserwerben und bei Werthaltigkeitsprüfungen nach IFRS, IDW RS HFA 16, Düsseldorf 2010.

von Keitz, I./Wenk, M. O. (2010): Eine quantitative und qualitative Analyse der von der DPR festgestellten Fehler bei der IFRS-Anwendung, in: DB, 10/2010, S. 513–521.

König, W./Zeidler, G. W. (1996): Die Behandlung von Steuern bei der Unternehmensbewertung, in: DStR, 1996, S. 1098–1103.

Kontron (2012): Solutions for tomorrow: Kontron AG Geschäftsbericht 2011, abgerufen unter: http://www.kontron.de/investor/financial-reports, Zugriff am: 11.09.2014.

Kruschwitz, L. (2001): Risikoabschläge, Risikozuschläge und Risikoprämien in der Unternehmensbewertung, in: DB, 46/2001, S. 2409–2413.

Kümmel, J. (2002): Grundsätze für die Fair Value-Ermittlung mit Barwertkalkülen, in: Baetge, J. (Hrsg., 2002), S. 1–305.

Kümpel, T./Pollmann, R. (2014): Grundzüge der IFRS-Konzernrechnungslegung: Hinweise und Aufgaben für die IFRS-Praxis, Wiesbaden 2014.

Küting, K. (2005): Der Geschäfts- oder Firmenwert als Schlüsselgröße der Analyse von Bilanzen deutscher Konzerne, in: DB, 51/52/2005, S. 2757–2765.

Küting, K. (2008): Der Geschäfts- oder Firmenwert in der deutschen Konsolidierungspraxis 2007 – Ein Beitrag zur empirischen Rechnungslegungsforschung, in: DStR, 2008, S. 1795–1802.

Küting, K. (2012): Das Phänomen der Buchwert-Marktwert-Lücke: Zum Vergleich der Größen Marktwert und Buchwert des bilanziellen Eigenkapitals sowie der daraus resultierenden Implikationen für den Geschäfts- oder Firmenwert, in: DB, 35/2012, S. 1937–1946.

Küting, K. (2013): Der Geschäfts- oder Firmenwert in der deutschen Konsolidierungspraxis 2012 – Ein Beitrag zur empirischen Rechnungslegungsforschung, in: DStR, 2013, S. 1794–1803.

Küting, K., Weber, C.-P./Wirth, J. (2001): Die neue Goodwillbilanzierung nach SFAS 142 – Ist der Weg frei für eine neue Akquisitionswelle? – in: KoR, 5/2001, S. 185–198.

Lachnit, L./Müller, S. (2003): Bilanzanalytische Behandlung von Geschäfts- oder Firmenwerten, in: KoR, 12/2003, S. 540–550.

Leitner-Hanetseder, S./Wimmer, C. (2014): Auswirkungen der Finanz- und Wirtschaftskrise auf die empirische Relevanz des Goodwill und Impairment-Only-Approach europäischer Unternehmen, in IRZ, 2014, S. 251–257.

Lüdenbach, N./Hoffmann, W.-D. (2004): „Der Ball bleibt rund" – Der Profifußball als Anwendungsfeld der IFRS-Rechnungslegung, in: DB, 27/28/2004, S. 1442–1447.

Lüdenbach, N./Hoffmann, W.-D. (Hrsg., 2013): IFRS Kommentar: Das Standardwerk, 11. Aufl., Freiburg 2013.

Metrogroup (2011): Beschleunigen! Hier bewegt Shape 2012: Geschäftsbericht Konzernabschluss der Metro AG 2010, abgerufen unter: http://www.metrogroup.de/-internet/site/metrogroup/get/

documents/metrogroup_international/corpsite/80_glo-bal/publications/AR2010-de.pdf, Zugriff am: 27.08.2014.

Pawelzik, K. U. (2012): Anhang-Checkliste (Rechtsstand 1.1.2012), in: Heuser, P. J. und Theile, C. (Hrsg., 2012), S. 1293–1361.

Pawelzik, K. U./Dörschell, A. (2012): Wertminderungen im Anlagevermögen: Durchführung des Impairment-Tests: Abgrenzung der Wertkonzepte: Nutzungswert, in: Heuser, P. J. und Theile, C. (Hrsg., 2012), S. 363 – 426.

Peemöller, V. H. (2001): Grundsätze der Unternehmensbewertung – Anmerkungen zum Standard IDW S 1, in: DStR, 2001, S. 1401 – 1408.

Pellens, B./Sellhorn, T. (2001): Neue Goodwill-Bilanzierung nach US-GAAP: Der Impairment-Only Approach des FASB, in: DB, 14/2001, S. 713–720.

Petersen, K./Reinholdt, A./Schmidt, J./Zwirner, C./Schuster, J./Frizlen, U./Neubert, B./ Geiler, T./Dornbach, E./Bork, U./Fischbecker-Lohr, P./Tesche, T./Kessler, H.: IFRS Praxishandbuch: Ein Leitfaden für die Rechnungslegung mit Fallbeispielen, in: Petersen, K./Bansbach, F./Dornbach, E. (Hrsg., 2014), S. 1–655.

Petersen, K./Bansbach, F./Dornbach, E. (Hrsg., 2014): IFRS Praxishandbuch: Ein Leitfaden für die Rechnungslegung mit Fallbeispielen, 9. Aufl., München 2014.

Protzek, H. (2003): Der Impairment Only-Ansatz – Wider der Vernunft, in: KoR, 11/2003, S. 495–502.

Schmidlin, N. (2013): Unternehmensbewertung & Kennzahlen Analyse: Praxisnahe Einführung mit zahlreichen Fallbeispielen börsennotierter Unternehmen, 2. Aufl., München 2013.

Statista (2013): Mergers & Acquisitions – Statista-Dossier 2013: Statista-Dossier zum Thema Fusionen und Übernahmen, abgerufen unter: http://de.statista.com/-statistik/studie/id/10100/dokument/mergers-und-acquisitions-statista-dossier/, Zugriff am 14.09.2014.

Theile, C. (2012): Bewertung (IFRS 13, diverse Standards), in: Heuser, P. J. und Theile, C. (Hrsg., 2012), S. 108–142.

Uni St. Gallen (2014): Anzahl der M&A Deals in Deutschland in den einzelnen Quartalen der Jahre 2007 bis 2014 (Stand: 30. Juni 2014), abgerufen unter: http://de.statista.com/statistik/daten/studie/233975/umfrage/anzahl-der-munda-deals-in-deutschland-nach-quartalen/, Zugriff am: 17.09.2014.

Wüst, D. (2013): „Sportliche" Annahmen können sich rächen; Goodwill Das Management darf die Werthaltigkeit nicht zu optimistisch einschätzen. in: Handelszeitung, 6/2013, S. 43.

Wulf, I., Jäschke, C./Sachbrook, J. (2011): Darstellung am Beispiel der großen Energieversorger: Nutzung der bilanzpolitischen Möglichkeiten beim goodwill impairment, in: PiR, 4/2011, S. 96–103.

Bilanzanalyse: Ein Beitrag zur Verminderung der Manipulation von Kennzahlen

5

Matthias Müller

Inhaltsverzeichnis

Abbildungsverzeichnis

M. Müller (✉)
Hochschule Offenburg
Offenburg, Deutschland

© Springer Fachmedien Wiesbaden 2016
I. Malms (Hrsg.), *Erfolgreiche Abschlussarbeiten - Internationale Rechnungslegung*,
DOI 10.1007/978-3-658-13005-3_5

Tabellenverzeichnis

Abkürzungsverzeichnis

a. F.	alter Fassung
BilMoG	Bilanzmodernisierungsgesetz
BilReg	Bilanzrechtsreformgesetz
Bspw	Beispielsweise
DRSC	Deutsches Rechnunglegungs Standards Committee
EK	Eigenkapital
Fifo	First in first out
FK	Fremdkapital
GK	Gesamtkapital
GoB	Grundsätze ordnungsmäßiger Buchführung
GoF	Geschäfts- oder Firmenwert
GuV	Gewinn- und Verlustrechnung
HGB	Handelsgesetzbuch
IAS	International Accounting Standards
IASB	International Accounting Standards Board
IASC	International Accounting Standards Committee
i. e. S.	im engeren Sinn
IFRIC	International Financial Reporting Interpretations Committee
IFRS	International Financial Reporting Standards
i. V. m.	in Verbindung mit
i. w. S.	im weiteren Sinn
KapAEG	Kapitalaufnahmeerleichterungsgesetz
Kapitalges.	Kapitalgesellschaften
KFR	Kapitalflussrechnung
Lifo	Last in first out
OCI	Other Comprehensive Income
PoC	Percentage of Completion
PublG	Publizitätsgesetz

resp   respektive
US-GAAP US-Generally Accepted Accounting Principles
ZGE   zahlungsmittelgenerierenden Einheiten

5.1 Einleitung

5.1.1 Problemstellung

Seit Jahrzehnten werden Bilanzierungsrichtlinien für Unternehmen und Kaufleute verändert und der jeweiligen Zeit angepasst. Ein Beispiel hierfür ist das am 29. Mai 2009 in Kraft getretene Gesetz zur Modernisierung des Bilanzrechts bzw. Bilanzmodernisierungsgesetz (nachfolgend BilMoG genannt).[1] Gründe für die Verabschiedung des Gesetzes waren eine Vereinfachung der Bilanzierung für kleine und mittlere Unternehmen sowie eine Verbesserung der Aussagekraft für nach dem Handelsrecht erstellte Jahresabschlüsse durch eine Annäherung an die International Financial Reporting Standards (nachfolgend IFRS genannt). Aus diesem Gesetz heraus entstand im Handelsgesetzbuch (nachfolgend HGB genannt) unter anderem ein Ansatzwahlrecht für selbst geschaffene immaterielle Vermögensgegenstände, falls gewisse Kriterien erfüllt werden.[2] Dieses und weitere Wahlrechte sowie sogenannte Ermessensspielräume, welche auch in den IFRS vorkommen, bilden die Grundlage für die Bilanzpolitik.[3] Ziel dieser ist die, unter Einhaltung der gesetzlichen Regeln, zielgerichtete Gestaltung der Berichtinstrumente der externen Rechnungslegung.[4] Eines dieser Instrumente ist der Jahresabschluss, welcher unter anderem die Bemessungsgrundlage für Zahlungen an den Fiskus sowie an die Eigner bildet.[5] Des Weiteren dient er den Abschlussadressaten, wie Anteilseigner und Gläubiger, als Informationsquelle bezüglich der Vermögens-, Finanz- und Ertragslage. Jene Kapitalgeber benötigen die Informationen beispielsweise als Entscheidungsgrundlage zur Vergabe von Darlehen und deren Konditionen. Weitere Adressaten sind Konkurrenzunternehmen, die dadurch ihre Umsatz- und Ertragslage mit denen ihres Wettbewerbers vergleichen können.[6] Aus diesen Gründen ist eine genaue Betrachtung sowie kritische Analyse der durch die Ausübung von Wahlrechten und Ermessensspielraumen entstehenden Auswirkungen auf die Berichtinstrumente und den daraus ermittelten Kennzahlen angebracht.

---

[1] Vgl. Coenenberg u. a., 2014, S. 33 ff. und vgl. Coenenberg/Haller/Schultze, 2014, S. 10.
[2] Vgl. Vinken/Seewald/Korth/Dehler, 2009, S. 67 ff.
[3] Vgl. Coenenberg/Haller/Schultze, 2014, S. 1007–1011.
[4] Vgl. Coenenberg/Haller/Schultze, 2014, S. 1001 f. und vgl. Küting/Weber, 2015, S. 33 ff.
[5] Anmerkung zur Bemessungsgrundlage für Zahlungen an den Fiskus: Der Jahreseinzelabschluss dient nach § 5 Abs. 1 EStG als Grundlage für die Erstellung der Steuerbilanz. Der daraus ermittelte Steuerbilanzgewinn dient als Bemessungsgrundlage der Steuerzahlungen.
[6] Vgl. Coenenberg/Haller/Schultze, 2014, S. 22 ff. und S. 1001 f. und vgl. Küting/Weber, 2015, S. 8 f.

5.1.2   Ziel der Arbeit und Vorgehensweise

Ziel dieser Arbeit ist das Aufzeigen der Auswirkungen bezüglich der Nutzung von Wahl-rechten und Ermessensspielräumen auf Bilanzkennzahlen. Des Weiteren hat sie zur Auf-gabe, einen Beitrag zum besseren Verständnis der Anwendung zu leisten sowie Einblicke in die Bilanzanalyse bzw. die Bildung von Kennzahlen zu vermitteln.

Der notwendige erste Schritt hierzu ist eine genauere Betrachtung der Ansätze und Auf-gaben der Bilanzanalyse. Im Folgenden wird sich diese Arbeit auf die traditionelle Bilanz-analyse als Kennzahlenrechnung beschränken.[7] Daher hat der Abschn. 5.2.2 zur Aufgabe, die zur Ermittlung der Kennzahlen notwendigen Informationsquellen näher zu erläutern. Im Fokus stehen die Informationen, die aufgrund der gesetzlichen Grundlage bereitge-stellt und in den Berichtinstrumenten des Jahresabschlusses dargestellt werden.[8] Bezogen auf die Anwendung von Rechnungslegungsvorschriften beschränkt sich diese Arbeit auf die für die in Deutschland tätigen Unternehmen, die nach HGB und IFRS bilanzieren. Zuletzt erfolgt in diesem Gliederungspunkt eine Erläuterung, wie aus den gewonnenen Informationen Kennzahlen und Kennzahlensysteme gebildet werden. Nach Betrachtung der theoretischen Grundlagen der Bilanzanalyse erläutern die Abschn. 5.3.1 und 5.3.2 die Gestaltungsräume in der Bilanzpolitik. Auch hier beschränkt sich die Betrachtung der aus-gewählten Wahlrechte und Ermessensspielräume auf die Rechnungslegungssysteme HGB und IFRS. Mit der Darlegung des Wandels der Bilanzpolitik leitet der Gliederungspunkt die kritische Würdigung dieser Arbeit ein. Zunächst werden ausgewählte deutsche Unter-nehmen auf die Ausübung ihrer Wahlrechte und Ermessensspielräume untersucht. Darauf folgt im Abschn. 5.4.2 eine genaue Analyse der Auswirkungen der Bilanzpolitik auf die Bilanzkennzahlen. Die kritische Würdigung endet mit einer Kritik an der Ausübung der Wahlrechte. Danach schließt diese Arbeit mit einer Zusammenfassung der Ergebnisse ab.

Die folgenden Regeln dienen dazu, den Lesefluss der Thesis zu erleichtern und ihr ein einheitliches Bild zu geben. So werden etliche Begriffe beim erstmaligen Erscheinen aus-geschrieben und ihre Abkürzung in Klammern dahinter notiert. Nachfolgend werden diese nur noch in ihrer Abkürzung genannt. Des Weiteren ist die Sprache des IFRS englisch, in dieser Arbeit wird jedoch die deutsche Übersetzung verwendet mit einer Erwähnung der englischen Begriffe in Klammern dahinter.

5.2   Grundlagen der Bilanzanalyse

5.2.1   Konzeption und Anwendungsbereich

5.2.1.1   Einordnung und Aufgaben der Bilanzanalyse

Als Teil der übergeordneten Unternehmensanalyse trägt die Bilanzanalyse zur Ermittlung bei, inwieweit es einem Unternehmen möglich war und möglich sein wird, seine öko-

---

[7] Vgl. Küting/Weber, 2015, S. 13.
[8] Vgl. Küting/Weber, 2015, S. 4.

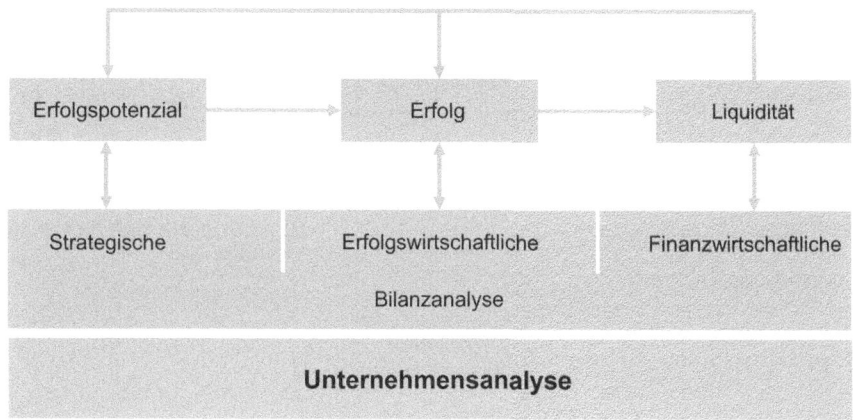

Abb. 5.1 Unternehmensziele, Unternehmens- und Bilanzanalyse. (In Anlehnung an Coenenberg/Haller/Schultze 2014, S. 1018)

nomischen Ziele zu erreichen. Diese Ziele sind Liquidität, Erfolg und Erfolgspotenzial, welche in Beziehung zueinander stehen. So bildet die Liquidität eine notwendige Voraussetzung zur Bildung von Erfolgspotenzialen, die wiederum die Voraussetzung für den Erfolg bilden. Daraus resultiert ggf. wieder Liquidität, die ebenfalls zur Erfolgsrealisation notwendig ist.[9]

Um eine Auskunft über das Erfolgspotenzial eines Unternehmens zu geben, betrachtet die strategische Bilanzanalyse die Stärken und Schwächen sowie Chancen und Risiken. Hierbei spielen, im Gegensatz zu den anderen Untergruppierungen der Bilanzanalyse, die Berichtinstrumente eine untergeordnete Rolle. Maßgeblich von Bedeutung sind diese für die Bilanzanalyse i. e. S., welche die Liquidität und den Erfolg eines Unternehmens analysiert und sich in die finanzwirtschaftliche sowie erfolgswirtschaftliche Bilanzanalyse unterteilt. Aufgrund erweiterter freiwilliger publizierten Informationen über die Ertragslage einzelner Unternehmen, kann die Bilanzanalyse i. w. S. auf das Analysieren der Erfolgspotenziale erweitert werden.[10] Im Fokus dieser Arbeit steht die Bilanzanalyse i. e. S., welche nachfolgend nur noch Bilanzanalyse genannt wird. Abb. 5.1 ermöglicht eine einfache Übersicht über die Einordnung der Bilanzanalyse in die Unternehmensanalyse.

5.2.1.2 Erkenntnisziele und Adressaten der externen Bilanzanalyse
Eine weitere Unterteilung der Bilanzanalyse erfolgt durch den Zugang an Informationen. Hierbei bezeichnet die externe Bilanzanalyse die Analyse des Jahresabschlusses eines fremden Dritten und einen dadurch eingeschränkten Zugang an interne Informationen. Die Bilanzanalyse am eigenen Unternehmen wird als interne Bilanzanalyse bezeichnet. Dabei hat der Analyst unbeschränkten Zugang auf die Informationen des Unternehmens,

---

[9] Vgl. Coenenberg/Haller/Schultze, 2014, S. 1017 f. und vgl. Küting/Weber, 2015, S. 1 und S. 15.
[10] Vgl. Coenenberg/Haller/Schultze, 2014, S. 1018 f.

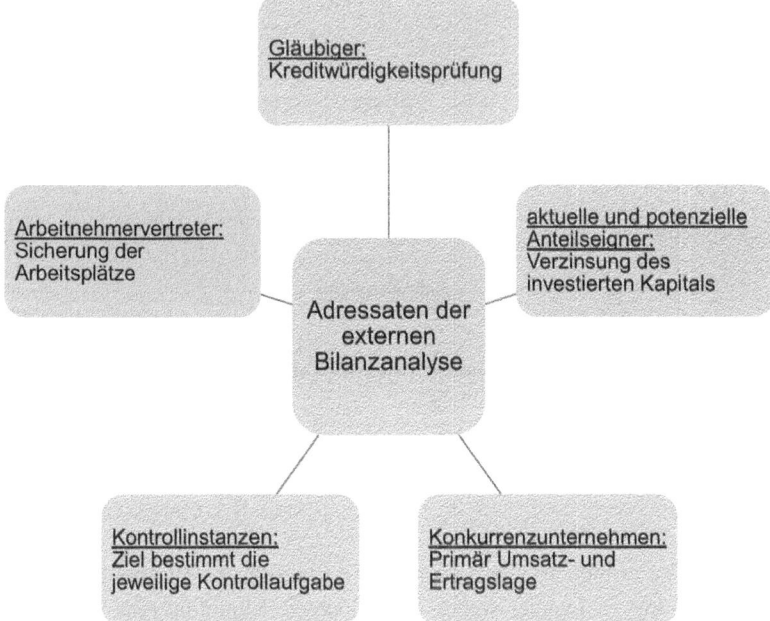

Abb. 5.2 Adressaten der externen Bilanzanalyse und Interessenslage. (In Anlehnung an Küting/Weber 2015, S. 8)

wie z. B. den Auftragsbestand.[11] Im Folgenden beschränkt sich diese Arbeit auf die externe Bilanzanalyse.

Gründe für die Durchführung einer externen Bilanzanalyse sind unter anderen notwendige Informationen bezüglich Entscheidungsfindungen, die das analysierte Unternehmen tangieren. Beispielsweise möchte der Anteilseigner eine Abschätzung des Risikos einer Kapitalanlage und/oder mögliche Renditeerwartungen relativieren. Ein weiteres Beispiel sind Gewerkschaften, die aufgrund der Ertragskraft die Durchsetzungsfähigkeit höherer Löhne und Gehälter bemessen.[12] Abb. 5.2 zeigt weitere Adressaten der Bilanzanalyse mit der dazugehörigen Interessenslage.

5.2.2 Informationsquellen der externen Bilanzanalyse

5.2.2.1 Überblick
Wie bereits im vorherigen Gliederungspunkt erwähnt, hat die externe Bilanzanalyse nur einen beschränkten Zugriff auf unternehmensbezogene Daten und Informationen. Sie ver-

---

[11] Vgl. Barth u. a., 2014, S. 17 f., vgl. Krüger, 2014, S. 1., vgl. Küting/Weber, 2015, S. 7 und vgl. Perridon/Steiner/Rathgeber, 2012, S. 593.
[12] Vgl. Coenenberg/Haller/Schultze, 2014, S. 1020 ff., vgl. Küting/Weber, 2015, S. 8 ff. und vgl. Pellens u. a., 2014, S. 4 ff.

Abb. 5.3 Informationsbasis der externen Bilanzanalyse. (In Anlehnung an Küting/Weber 2015, S. 4)

fügt lediglich über Informationen, welche das Unternehmen aufgrund gesetzlicher Bestimmungen und/oder auf freiwilliger Basis offenlegt. Des Weiteren können Analysten oftmals auf von Dritten erstellte externe Informationen zurückgreifen, wie z. B. Veröffentlichungen von Wirtschaftsverbänden oder des Statistischen Bundesamts.[13] Daten, auf die ein externer Analyst in der Regel nicht zugreifen kann, sind beispielsweise die Kapazitätsauslastung oder nicht in der Bilanz ausgewiesene Finanzierungen wie das Leasing.[14] Allerdings können mächtige Analysten, wie z. B. ein Großaktionär, aufgrund ihrer Machtposition zu dem gleichen Informationsstand wie die Unternehmensleitung kommen. Hierbei gilt, dass eine hohe Machtposition mit einem hohen Grad an Informationen einhergeht und somit eine fließende Grenze für den Zugang zu internen Daten herrscht.[15] Abb. 5.3 stellt die Informationsquellen für eine externe Bilanzanalyse dar.

Diese Arbeit hat als Fokus die internen Informationen, die aufgrund gesetzlicher Bestimmungen der Öffentlichkeit zugänglich gemacht werden. Seit 1937 herrscht für gewisse Rechtsformen in Deutschland eine öffentliche Rechnungslegungspflicht, die im Laufe der Jahre auf weitere Rechtsformen ausgeweitet wurde.[16] Im weiteren Verlauf untersucht diese Arbeit den aktuellen gesetzlichen Stand (Mai 2015) der unternehmerischen Publizitätspflicht von Unternehmen in Deutschland.

---

[13] Vgl. Küting/Weber, 2015, S. 4 und vgl. Perridon/Steiner/Rathgeber, 2012, S. 594.
[14] Vgl. Krüger, 2014, S. 8 f.
[15] Vgl. Küting/Weber, 2015, S. 4 f. und vgl. Perridon/Steiner/Rathgeber, 2012, S. 594.
[16] Vgl. Coenenberg/Haller/Schultze, 2014, S. 11 ff.

5.2.2.2   Informationen auf gesetzlicher Basis

5.2.2.2.1   Inhalt des Jahresabschlusses

Als ein Instrument des Jahresabschlusses zeigt die Bilanz alle Vermögensgegenstände und Schulden eines Unternehmens auf, wobei diese nicht einzeln aufgelistet werden. Um einen übersichtlichen Einblick in das Unternehmen zu gewähren, werden gleichartige Bilanzpositionen zusammengefasst und der aufsummierte Wert angegeben.[17] Hierbei handelt es sich um Bestandsgrößen, die an einem speziellen Stichtag abgebildet werden.[18] Aus diesen Bilanzpositionen ergibt sich eine Gegenüberstellung des Vermögens auf der linken bzw. der Aktivseite und der Schulden auf der rechten Seite bzw. der Passivseite. Die Aktivseite zeigt die Kapital- und Vermögensverwendung eines Unternehmens auf und die Passivseite offenbart die Herkunft des investierten Kapitals.[19] Dieses kann von Unternehmensexternen mit einer zeitlichen Begrenzung dem Unternehmen in Form von Fremdkapital (nachfolgend FK genannt), bzw. Schulden zur Verfügung gestellt sein. Die andere Quelle bilden die Unternehmenseigner, die dem Unternehmen finanzielle Mittel in Form von Eigenkapital (nachfolgend EK genannt) bzw. Reinvermögen bereitstellen, mit, oder ggf. ohne, eine zeitliche Begrenzung.[20] Eine andere Interpretation sieht das EK als Residualgröße, welche aus der Differenz des Vermögens mit den Schulden entsteht.[21] Abb. 5.4 dient als Veranschaulichung des Sachverhalts.

Ein weiteres Instrument des Jahresabschlusses ist die Gewinn- und Verlustrechnung (nachfolgend GuV genannt), welche den erwirtschafteten Erfolg eines Unternehmens innerhalb einer Periode ermittelt und ausweist. Dieser Zeitraum ist zwischen zwei folgenden Stichtagen angesiedelt und dauert üblicherweise ein Jahr.[22] Hierbei werden in der GuV die Stromgrößen Aufwendungen und Erträge gegenübergestellt. Letztere bezeichnen die produktionsbedinge Wertschaffung, während Erstere den Wertverzehr von Gütern und Dienstleistungen darstellen. Zur Wertschaffung gehören Umsatzerlöse, Bestandserhöhungen und Eigenleistungen. Sind die kumulierten Erträge größer als die aufsummierten Aufwendungen wird der positive Saldo als Gewinn bezeichnet. Im gegenteiligen Fall wird von Verlust gesprochen.[23] In der IFRS-Rechnungslegung wird die GuV durch das sonstige Gesamtergebnis (Other Comprehensive Income) (nachfolgend OCI genannt) ergänzt und bildet die Gesamtergebnisrechnung ab (Statement Of Comprehensive Income).[24]

---

[17] Vgl. Coenenberg u. a., 2014, S. 64.
[18] Vgl. Baetge/Kirsch/Thiele, 2014, S. 3 und vgl. Weber/Weißenberger, 2010, S. 6.
[19] Vgl. Baetge/Kirsch/Thiele, 2014, S. 3, vgl. Coenenberg u. a., 2014, S. 64 und vgl. Weber/Weisenberger, 2010, S. 6.
[20] Vgl. Baetge/Kirsch/Thiele, 2014, S. 3.
[21] Vgl. Baetge/Kirsch/Thiele, 2014, S. 3 und vgl. Coenenberg u. a., 2014, S. 64.
[22] Vgl. Baetge/Kirsch/Thiele, 2014, S. 3.
[23] Vgl. Nickenig/Wesselmann, 2014, S. 57.
[24] Vgl. Barth u. a., 2014, S. 39 ff.

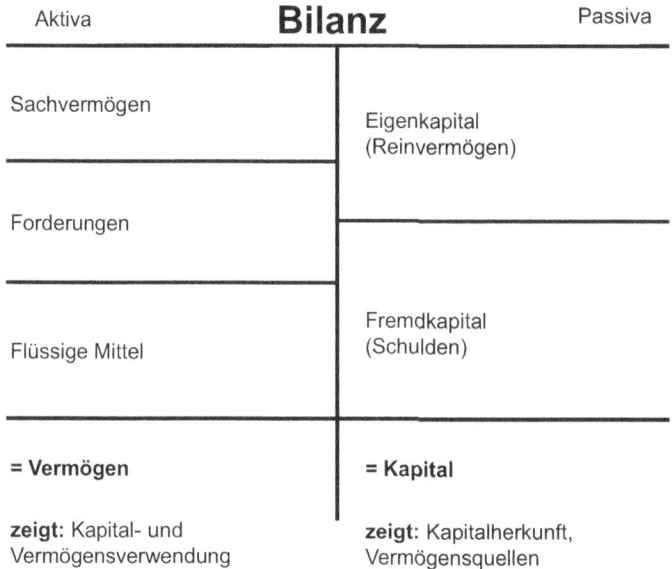

Abb. 5.4 Grundform der Bilanz. (In Anlehnung an Baetge/Kirsch/Thiele 2014, S. 3 und Coenenberg u. a. 2014, S. 64)

Bestimmte Rechtsformen müssen in Deutschland „ihren Jahresabschluss [...] um einen Anhang erweitern"[25]. Dieser trägt dazu bei, ein entsprechendes Bild der tatsächlichen Verhältnisse des Unternehmens zu vermitteln und soll, u. a. durch die Bereitstellung zusätzlicher Informationen, „zur Vermeidung von Fehlinterpretationen"[26] führen. So erfüllt der Anhang eine Interpretationsfunktion, um Positionen der Bilanz oder GuV weiterführend zu erläutern. Durch sich auf die Bilanz und GuV beziehende Informationen, die in den beiden Rechenwerken allerdings nicht vertreten sind, hat der Anhang einen ergänzenden Charakter. Eine Korrekturfunktion wird durch zusätzliche Angaben begründet, welche die durch die GuV und Bilanz falsch oder unklare wirtschaftliche Verhältnisse berichtigt. Falls zwecks einer übersichtlicheren Gestaltung Informationen aus der Bilanz oder GuV in den Anhang verlagert werden, hat dieser zusätzlich einen entlastenden Charakter.[27]

5.2.2.2.2 Weitere Berichtinstrumente
Ein sich ebenfalls mit Stromgrößen befassendes Rechenwerk der externen Rechnungslegung ist die Kapitalflussrechnung (nachfolgend KFR genannt).[28] Sie stellt die summierten Ein- und Auszahlungen eines Unternehmens innerhalb einer Periode gegenüber und in-

---

[25] Hirschler, 2012, S. 41.
[26] Coenenberg u. a., 2014, S. 469.
[27] Vgl. Baetge/Kirsch/Thiele, 2014, S. 731 f. und vgl. Coenenberg u. a., 2014, S. 470 f.
[28] Vgl. Küting/Weber, 2015, S. 189.

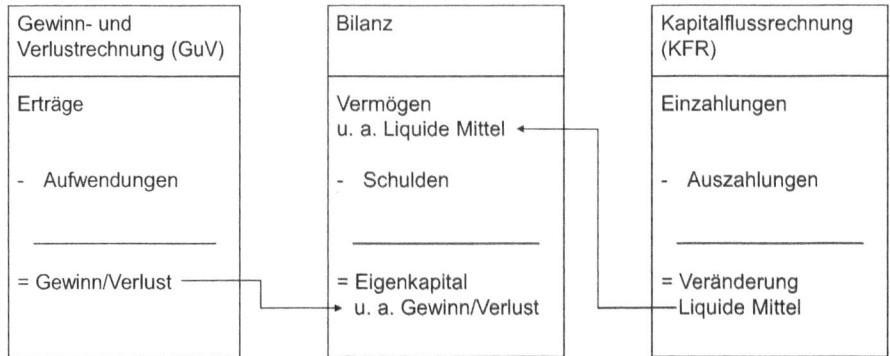

Abb. 5.5 Zusammenhang von Bilanz, GuV und KFR. (In Anlehnung an Coenenberg u. a. 2014, S. 21)

formiert somit über die Liquiditätsentwicklung. Hierbei werden die Zahlungen in die drei Bereiche operativer Bereich, Investitionsbereich und Finanzierungsbereich untergliedert. Die dabei entstehenden Salden werden Cashflow aus laufender Geschäftstätigkeit, Cashflow aus Investitionstätigkeit und Cashflow aus Finanzierungstätigkeit genannt. Die Summe der drei Cashflows wirkt sich, ebenso wie der Saldo der GuV, auf verschiedene Größen der Bilanz aus.[29] Dies veranschaulicht Abb. 5.5.

Gewisse Rechtsformen und Konzerne müssen in Deutschland ihre Umsatzerlöse nach geografisch bestimmten Märkten und Tätigkeitsbereiche in einer Segmentberichterstattung untergliedern.[30] Diese und weitere Informationen dienen dazu das Informationsbedürfnis der Adressaten zu erfüllen, welches durch eine aggregierte Darstellung im Jahresabschluss nicht befriedigt werden würde. Bezogen auf die notwendige Bereitstellung von Informationen unterscheiden sich die Rechnungslegungsvorschriften voneinander.[31]

Für gewöhnlich stimmt die Veränderung des EKs nicht mit dem ermittelten Gewinn eines Geschäftsjahres überein. Daher hat die Eigenkapitalveränderungsrechnung bzw. der Eigenkapitalspiegel die Aufgabe, die Veränderung des EKs zu erläutern. Diese resultiert neben dem Periodenergebnis aufgrund der unternehmerischen Geschäftstätigkeit auch auf von den Anteilseignern getätigten Transaktionen.[32]

Ein weiteres Rechnungslegungsinstrument bildet der Lagebericht, dessen Aufgabe darin besteht, die Informationen des Jahresabschlusses zu verdichten sowie zu ergänzen.[33] Zu dessen Aufstellung sind gewisse Rechtsformen und Konzerne verpflichtet. Als Besonderheit des Lageberichts berichtet dieser nicht nur über den Geschäftsverlauf der vergangenen

---

[29] Vgl. Coenenberg u. a., 2014, S. 21 und S. 464 f.
[30] Vgl. Baetge/Kirsch/Thiele, 2014, S. 748., vgl. Coenenberg/Haller/Schultze, 2014, S. 894 und S. 900 und vgl. Scherrer, 2012, S. 367.
[31] Vgl. Coenenberg/Haller/Schultze, 2014, S. 894 f.
[32] Vgl. Baetge/Kirsch/Thiele, 2014, S. 547 und vgl. Zimmermann/Werner/Hitz, 2011, S. 243.
[33] Vgl. Baetge/Kirsch/Thiele, 2014, S. 770.

Periode, sondern informiert auch über die „wirtschaftlichen und finanziellen Chancen und Risiken des Unternehmens".[34] Beispielsweise beinhaltet dieser u. a. Prognosen und deckt somit die drei zeitlichen Dimensionen Vergangenheit, Gegenwart und Zukunft ab.[35]

5.2.2.2.3   Pflicht zur Erstellung von Berichtinstrumenten

Das deutsche Recht unterscheidet zwischen der Pflicht zur Erstellung und der Pflicht zur Offenlegung eines Jahresabschlusses. Darüber hinaus herrschen Unterschiede bezüglich des Umfangs und Detailgrads der zu erstellenden Berichtinstrumente aufgrund der Größe und Rechtsform der bilanzierenden Unternehmen. Des Weiteren wird durch diese Kriterien entschieden, ob die Berichtinstrumente auch offengelegt werden müssen.[36] Die folgenden Abschnitte dieses Gliederungspunkts handeln über die Pflicht zur Aufstellung von Einzel- und Konzernabschlüssen.

Grundsätzlich ist nach „§ 242 HGB [.] jeder Kaufmann zur Aufstellung eines Jahresabschlusses verpflichtet".[37] Eine Ausnahme bilden nach § 241a HGB Einzelkaufleute die im Geschäftsjahr weniger als 500.000 Euro Umsatz und weniger als 50.000 Euro Gewinn erwirtschaften. Diese müssen lediglich eine Einnahmen-Überschuss-Rechnung erstellen.[38] Tab. 5.1 zeigt den Umfang der zu bereitstellenden Berichtinstrumente der deutschen Rechtsformen.

Die in Tab. 5.1 genannten Größenklassen werden in den §§ 267 und 267a HGB sowie § 1 PublG definiert.[39] Es erfolgt eine Differenzierung aufgrund der „Kriterien Bilanzsumme, Umsatzerlöse und Zahl der Arbeitnehmer".[40] Die Zuordnung zu einer der vier Größenklassen wird danach bestimmt, ob die Gesellschaft mindestens zwei der drei Größenkriterien an zwei aufeinander folgenden Stichtagen erfüllt. Unabhängig von dieser Regelung sind kapitalmarktorientierte Unternehmen nach § 267 Abs. 3 Satz 2 HGB stets als große Kapitalgesellschaften einzuordnen.[41] Eine Gesellschaft ist nach § 264d HGB „kapitalmarktorientiert, wenn von ihr ausgegebene Wertpapiere an einem organisierten Markt gehandelt werden oder die Zulassung zum Handel an einem organisierten Markt beantragt worden ist".[42] Tab. 5.2 gewährt einen Überblick der Kriterien und die dementsprechende Zuordnung.

Bezogen auf eine eventuelle Pflicht zur Erstellung eines Konzernabschlusses „müssen deutsche Unternehmen ausschließlich die Regelungen des HGB (bzw. ggf. des PublG) beachten".[43] Diese besagen, dass „der Konzernabschluss aus Konzernbilanz, Konzern-GuV, Konzernanhang, Kapitalflussrechnung und Eigenkapitalspiegel [. . .] [besteht und] um ei-

---

[34] Coenenberg u. a., 2014, S. 473.
[35] Vgl. Baetge/Kirsch/Thiele, 2014, S. 770 und vgl. Coenenberg u. a., 2014, S. 473.
[36] Vgl. Coenenberg u. a., 2014, S. 562 f.
[37] Coenenberg u. a., 2014, S. 562.
[38] Vgl. Weber/Weißenberger, 2010, S. 7.
[39] Vgl. Baetge/Kirsch/Thiele, 2014, S. 43. und vgl. Coenenberg/Haller/Schultze, 2014, S. 28 ff.
[40] Baetge/Kirsch/Thiele, 2014, S. 42.
[41] Vgl. Baetge/Kirsch/Thiele, 2014, S. 43. und vgl. Coenenberg/Haller/Schultze, 2014, S. 29.
[42] Baetge/Kirsch/Thiele, 2014, S. 43.
[43] Wysocki/Wohlgemuth/Brösel, 2014, S. 49.

Tab. 5.1 Erstellung des Jahresabschlusses und Lageberichts. (In Anlehnung an Coenenberg u. a. 2014, S. 563)

	Personenhandels-gesellschaften und Einzelkauf-leute	Kleinstkapital-gesellschaften und kleine Kapitalges./ kleine Personenhan-delsgesellschaften (i. S. des § 264a HGB)	Großunternehmen[b]/ mittlere und große Kapitalges. u. Personenhandels-gesellschaften (i. S. des § 264a HGB)	Kapitalmarkt-orientierte Unter-nehmen (i. S. des § 2 WpHG), die keinen Konzern-abschluss erstellen
Bilanz	X	X	X	X
GuV	X	X	X	X
Anhang	–	X[a]	X	X
KFR	–	–	–	X
Eigenkapi-talspiegel	–	–	–	X
Segmentbe-richt	–	–	–	X (optional)
Lagebericht	–	–	X	X

[a]Möglichkeit zum Verzicht der Aufstellung eines Anhangs für Kleinstkapitalgesellschaften unter den Voraussetzungen des § 264 Abs. 1 Satz 5 HGB.
[b]Großunternehmen, die nicht als Personenhandelsgesellschaften oder Einzelhandelskaufmann ge-führt werden. Letztere nur Bilanz und GuV.

Tab. 5.2 Größenkriterien gemäß §§ 267, 267a HGB und § 1 PublG. (In Anlehnung an Coenen-berg/Haller/Schultze 2014, S. 29 und S. 30)

Kriterien	Bilanzsumme in Mio. EUR	Umsatz in Mio. EUR	Arbeitnehmer
Kleinstkapitalgesellschaften	≤ 0,35	≤ 0,70	≤ 10
Kleine Kapitalgesellschaften	≤ 4,84	≤ 9,68	≤ 50
Mittlere Kapitalgesellschaften	≤ 19,25	≤ 38,5	≤ 250
Große Kapitalgesellschaften	> 19,25	> 38,5	> 250
Großunternehmen	> 65	> 130	> 5000

ne Segmentberichtserstattung erweitert werden" darf.[44] Ob ein inländisches Unternehmen zur Erstellung eines Konzernabschlusses verpflichtet ist, hängt davon ab, ob es sich um eine Kapitalgesellschaft oder i. S. d. § 264a HGB gleichgestelltes Unternehmen handelt. Das zweite Kriterium ist das Vorliegen mindestens eines Mutter-Tochter-Verhältnisses, bei dem das Mutterunternehmen die Möglichkeit der Beherrschung aufweist. Unabhän-gig davon, ob die Beherrschung wahrgenommen wird, reicht nach § 290 Abs. 1 HGB die Möglichkeit aus, mittelbar oder unmittelbar Einfluss nehmen zu können. Eine Beherr-schung kann u. a. aufgrund einer Stimmrechtsmehrheit oder eines Beherrschungsvertrages

---

[44] Baetge/Kirsch/Thiele, 2014, S. 45.

Tab. 5.3 Größenkriterien des § 293 Abs. 1 und Abs. 2 HGB. (In Anlehnung an Coenenberg/Haller/Schultze 2014, S. 625)

Größenkriterien	Bruttomethode	Nettomethode
Bilanzsumme (in TEUR)	23.100	19.250
Umsatzerlöse (in TEUR)	46.200	38.500
Arbeitnehmer	250	250

vorliegen. Des Weiteren ist es unerheblich, welchen Sitz und welche Rechtsform das Tochterunternehmen hat.[45]

Eine mögliche Befreiung der Aufstellung eines Konzernabschlusses existiert nach § 290 Abs. 5 HGB, falls nur Tochterunternehmen vorhanden sind, die nach § 296 HGB nicht einzubeziehen sind. Des Weiteren gilt, sofern keines der beteiligten Unternehmen kapitalmarktorientiert ist, für den Konzern nach § 293 HGB eine nach Größenkriterien festgelegte Befreiung. Falls das Mutterunternehmen gleichzeitig ein Tochterunternehmen ist, kann dessen Mutterunternehmen nach § 291 HGB oder § 292 HGB einen befreienden Konzernabschluss erstellen.[46] Darüber hinaus besteht nach § 315a Abs. 3 HGB für nicht-kapitalmarktorientierte Konzerne durch die Erstellung eines IFRS-Konzernabschlusses eine Befreiung vom Normensystem HGB. Wobei die Pflicht zur Erstellung eines Konzernlageberichts nach HGB weiterhin besteht.[47] Kapitalmarktorientierte Unternehmen müssen dagegen zwangsweise nach § 315a Abs. 1 f. HGB ihren Konzernabschluss nach IFRS aufstellen.[48] Kleine Konzerne, die nicht kapitalmarktorientiert sind, sind von der Erstellung eines Konzernabschlusses befreit, falls sie zwei der drei Größenkriterien des § 293 Abs. 1 und Abs. 2 HGB am aktuellen und vorherigen Bilanzstichtag nicht überschreiten. Deren Errechnung erfolgt entweder über die Nettomethode, die die Werte aus dem Konzernabschluss bezieht oder aus der Bruttomethode, deren Werte aus dem Summenabschluss ermittelt werden.[49] Tab. 5.3 gewährt einen Einblick auf die Schwellenwerte der beiden Methoden.

5.2.2.2.4 Pflicht zur Offenlegung von Berichtinstrumenten

Die Pflicht zur Offenlegung der einzelnen Berichtinstrumente regelt das Gesetz in den §§ 325 ff. HGB sowie §§ 9 und 15 PublG. Die über diese Regelungen hinausgehenden Vorschriften für Versicherungsunternehmen, Kreditinstitute und Genossenschaften in den §§ 339, 340 und 341 HGB werden in dieser Arbeit nicht näher betrachtet.[50]

---

[45] Vgl. Wysocki/Wohlgemuth/Brösel, 2014, S. 51 ff.

[46] Vgl. Baetge/Kirsch/Thiele, 2014, S. 46 und vgl. Wysocki/Wohlgemuth/Brösel, 2014, S. 65 und S. 84.

[47] Vgl. Küting/Weber, 2015, S. 17 und vgl. Wysocki/Wohlgemuth/Brösel, 2014, S. 65.

[48] Vgl. Küting/Weber, 2015, S. 17.

[49] Vgl. Coenenberg/Haller/Schultze, 2014, S. 624 f.

[50] Vgl. Coenenberg/Haller/Schultze, 2014, S. 989. und vgl. Coenenberg u. a., 2014, S. 564.

Grundsätzlich zur Offenlegung verpflichtet sind nach § 325 Abs. 1 HGB nur Kapitalgesellschaften. Eine weitere Offenlegungspflicht besteht für Personenhandelsgesellschaften und Einzelunternehmen, sofern diese durch ihre Größe die Größenkriterien des PublG überschreiten.[51] Eine Befreiung ist jedoch nach § 264b HGB möglich, wenn diese in einem Konzernabschluss einbezogen wurden und dieser der Öffentlichkeit zugänglich gemacht wurde.[52] Diese zur Offenlegung verpflichteten Unternehmen haben nach § 325 Abs. 2a HGB ein Wahlrecht, für Offenlegungszwecke einen IFRS-Einzelabschluss zu erstellen. Dabei spielt es keine Rolle, ob ein Unternehmen kapitalmarktorientiert ist oder nicht. Allerdings befreit dieser IFRS-Abschluss nicht von der Erstellung eines HGB-Einzelabschlusses.[53] Bezogen auf die Erstellung eines Konzernabschlusses haben nicht-kapitalmarktorientierte Unternehmen nach § 325 Abs. 2a HGB ebenfalls dieses Wahlrecht. Lediglich kapitalmarktorientierte Konzerne müssen nach § 315a Abs. 1 f. HGB ihren Abschluss zwingend nach IFRS erstellen.[54]

Neben der im vorherigen Abschnitt erläuterten Regelpublizität, zu der neben den jährlich offenzulegenden Jahres- und Konzernabschlüssen auch unterjährige Berichte zählen, welche regelmäßig erstellt werden müssen, wie z. B. der Zwischenbericht, existiert außerdem noch die ereignisbezogene Publizität.[55] Diese „erfolgt unregelmäßig und beim Eintritt besonderer Ereignisse (sog. Ad hoc-Publizität), wie z. B. dem Abschluss von Beherrschungs- und Gewinnabführungsverträgen oder dem Erwerb bzw. der Veräußerung wesentlicher Beteiligungen"[56]. Da in dieser Arbeit auf die ereignisbezogene Publizität und die unterjährigen Berichte nicht näher eingegangen wird, diese Informationsquellen jedoch für die Bilanzanalyse relevant sind[57], zeigt Abb. 5.6 einen Überblick der Unternehmenspublizität deutscher Unternehmen.

5.2.2.2.5 Betrachtung der HGB-Rechnungslegung

Die Rechnungslegungsvorschriften des HGB lassen sich in zwei Kategorien unterteilen. Zur ersten Gruppe gehören u. a. Gesetze und Richtlinien, welche schriftlich fixiert bzw. kodifiziert sind. Die für alle Rechtsformen deutscher Unternehmen relevanten Normen finden sich im HGB.[58] Zur Kategorie der „unkodifizierten Vorschriften" zählen die Grundsätze ordnungsmäßiger Buchführung" (nachfolgend GoB genannt).[59] Dabei „handelt es sich um einen unbestimmten Rechtsbegriff, der interpretiert bzw. ausgelegt werden muss".[60] Diese ergänzen bzw. schließen vorhandene Lücken des kodifizierten Rechts.[61]

---

[51] Vgl. Coenenberg/Haller/Schultze, 2014, S. 988 f. und vgl. Coenenberg u. a., 2014, S. 564.
[52] Vgl. Coenenberg/Haller/Schultze, 2014, S. 989.
[53] Vgl. Küting/Weber, 2015, S. 17.
[54] Vgl. Küting/Weber, 2015, S. 17. und vgl. Zimmermann/Werner/Hitz, 2011, S. 22 f.
[55] Vgl. Coenenberg/Haller/Schultze, 2014, S. 988 f.
[56] Coenenberg/Haller/Schultze, 2014, S. 989.
[57] Vgl. Küting/Weber, 2015, S. 3–6.
[58] Vgl. Coenenberg/Haller/Schultze, 2014, S. 25 ff.
[59] Coenenberg u. a., 2014, S. 36.
[60] Baetge/Kirsch/Thiele, 2014, S. 111.
[61] Vgl. Daum/Petzold/Pletke, 2012, S. 132.

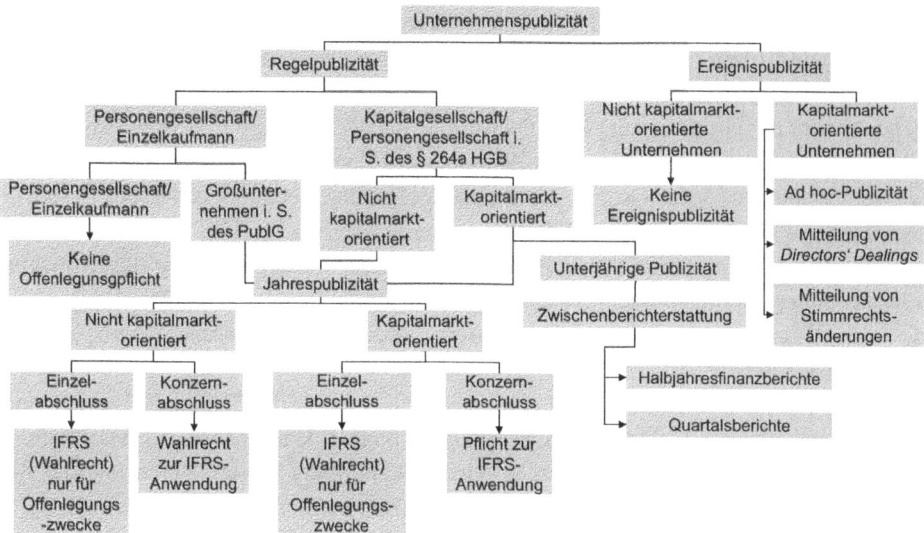

Abb. 5.6 Unternehmenspublizität. (In Anlehnung an Coenenberg/Haller/Schultze 2014, S. 990, Küting/Pfitzer/Weber 2013, S. 52. und Küting/Weber 2015, S. 17)

Die Grundannahme dieser Grundsätze bilden die Prämissen der Periodisierung und der Unternehmensfortführung.[62] Die GoB werden in äußere Ordnungsmäßigkeit betreffende formelle Grundsätze sowie in unmittelbar das Zahlenwerk betreffende materielle Grundsätze gegliedert.[63] Dabei wird unter Ordnungsmäßigkeit verstanden, dass aus den Aufzeichnungen sachverständige Dritte in der Lage sein sollen, sich über den wirtschaftlichen Zustand eines Unternehmens zu informieren. Eine weitere Unterteilung erfolgt durch die oberen GoB und unteren GoB, wobei Letztere die formellen Grundsätze regelt. So dürfen bspw. keine Buchungen ohne Belege erfolgen und diese müssen über einen gewissen Zeitraum aufbewahrt werden. Die materiellen Grundsätze werden in den oberen GoB geregelt, welche wiederum in die Rahmengrundsätze sowie ergänzenden Grundsätze untergliedert werden.[64]

Der zu den Rahmengrundsätzen gehörende Grundsatz der Richtigkeit ergibt sich aus § 239 Abs. 2 HGB und besagt, dass die Buchhaltung das wirtschaftliche Geschehen objektiv und für andere nachprüfbar abbilden soll. Dies ist nur durch die Zuhilfenahme andere Grundsätze möglich. Ergänzt wird dieser Grundsatz durch den Grundsatz der Willkührfreiheit, welcher besagt, dass Schätzwerte aus der wahrscheinlich zutreffendsten Annahme ermittelt werden sollen.[65] Ein weiterer Rahmengrundsatz ist nach § 243 Abs. 2 HGB

---

[62] Vgl. Coenenberg u. a., 2014, S. 54 ff.
[63] Vgl. Baetge/Kirsch/Thiele, 2014, S. 111. und vgl. Bähr/Fischer-Winkelmann, 2003, S. 9.
[64] Vgl. Coenenberg u. a., 2014, S. 54 ff.
[65] Vgl. Baetge/Kirsch/Thiele, 2014, S. 123 f., vgl. Coenenberg u. a., 2014, S. 56. und vgl. Sicherer, 2013, S. 14.

der Grundsatz der Klarheit und Übersichtlichkeit. Dieser verlangt eine eindeutige Bezeichnung der Bilanz- und Erfolgspositionen sowie eine verständliche und übersichtliche
Gestaltung der Bilanz (§ 266 HGB) und GuV (§ 275 HGB).[66] Diesem Grundsatz folgend schreibt der Grundsatz der Einzelbewertung nach § 252 Abs. 1 Nr. 3 HGB vor, dass
Gegenstände für die Bilanzierung am Zeitpunkt des Zugangs einzeln erfasst und bewertet werden müssen.[67] Zur Gruppe der Rahmengrundsätze ebenfalls gehörend, ist der in
§ 239 Abs. 2 HGB für die Buchführung und in § 246 Abs. 1 HGB für den Jahresabschluss geregelte Grundsatz der Vollständigkeit. Dieser fordert nicht nur die Erfassung
aller buchungspflichtigen Sachverhalte und Bilanzpositionen, sondern auch der Risiken,
die bis zur Erstellung des Jahresabschlusses erkennbar und dem Kaufmann wirtschaftlich
zurechenbar waren.[68]

Zu den ergänzenden Grundsätzen gehören die Grundsätze der Stetigkeit, Vorsicht und
Abgrenzung. Ersterer verlangt nach § 252 Abs. 1 Nr. 6 HGB neben der Verwendung
gleicher Schemata und Begriffe auch die gleiche Ermittlung sowie Abgrenzung der Bilanzpositionen. Ein Verstoß gegen diesen Grundsatz ist nur in Ausnahmefällen zulässig.[69]
Der nach § 252 Abs. 1 Nr. 4 HGB geregelte Grundsatz der Vorsicht „dient [.] in erster Linie dem Gläubigerschutz und stellt ein die Bilanzansatz- und Bewertungsregeln des
HGB dominant prägendes Prinzip dar".[70] So wird bei der Erstellung von Rückstellungen,
bei der nur subjektive Erwartungen vorhanden sind, der höchste realistische Wert ange-
setzt. Keine Anwendung findet dieses Prinzip, wenn eine sichere Voraussage bezüglich der
Schuld möglich ist.[71] Zu dem Grundsatz der Abgrenzung gehört das nach § 252 Abs. 1
Nr. 4 HGB kodifizierte Realisationsprinzip. Dies legt u. a. fest, dass Gewinne erst zum
Zeitpunkt der Realisation angesetzt werden können und definiert diesen Zeitpunkt. Des
Weiteren besagt es, dass solange Erzeugnisse/Leistungen nicht realisiert worden sind, diese erfolgsneutral nach dem Anschaffungskosten/Herstellungskosten-Prinzip in der Bilanz
abgebildet werden sollen.[72] Ebenfalls zum Grundsatz der Stetigkeit gehören die Grundsätze der sachlichen und zeitlichen Abgrenzung. Diese besagen, dass die für die Erstellung
der Leistung entstandenen Aufwendungen mit den bei der Realisation entstandenen Ertrā-
gen gegenübergestellt werden. Des Weiteren müssen die Aufwendungen und Erträge den
einzelnen Perioden zugerechnet werden. So wird bei einer Mietvorauszahlung nur der Teil
als Ertrag angesetzt, dessen Monate sich noch im Geschäftsjahr des Kaufmanns befinden
und der Rest über Abgrenzungsposten abgebildet.[73] Zu guter Letzt wird die Abgrenzung
durch das in § 252 Abs. 1 Nr. 4 HGB niedergelegte Imparitätsprinzip vervollständigt,

---

[66] Vgl. Baetge/Kirsch/Thiele, 2014, S. 127., vgl. Coenenberg u. a., 2014, S. 56 f. und vgl. Sicherer,
2013, S. 14 f.
[67] Vgl. Coenenberg u. a., 2014, S. 343.
[68] Vgl. Baetge/Kirsch/Thiele, 2014, S. 128 f. und vgl. Coenenberg u. a., 2014, S. 57.
[69] Vgl. Coenenberg u. a., 2014, S. 57 f.
[70] Coenenberg u. a., 2014, S. 58.
[71] Vgl. Baetge/Kirsch/Thiele, 2014, S. 146 ff. und vgl. Coenenberg u. a., 2014, S. 58.
[72] Vgl. Baetge/Kirsch/Thiele, 2014, S. 138 ff. und vgl. Coenenberg u. a., 2014, S. 58 f.
[73] Vgl. Baetge/Kirsch/Thiele, 2014, S. 141 f. und vgl. Coenenberg u. a., 2014, S. 59.

welches durch das Niederstwertprinzip nach § 253 Abs. 3 und 4 HGB ergänzt wird. Dieses besagt, dass Buchwerte herabgesetzt werden müssen, wenn der am Abschlussstichtag beizulegende Wert niedriger als der Buchwert ist. Darüber hinaus sind wahrscheinliche Verluste aus schwebenden Geschäften als Rückstellungen ansatzpflichtig.[74]

Ein weiterer Grundsatz ist der Grundsatz der Wirtschaftlichkeit, welcher nicht ausdrücklich im Gesetz kodifiziert ist. Dieser stellt den Aufwand der Informationserstellung dem daraus resultierenden Informationsgewinn gegenüber und rechtfertigt die Erstellung, wenn der daraus resultierende Aufwand kleiner als der entsprechende Ertrag ist. Allerdings ist dies kaum messbar, da die unterschiedlichen externen Adressaten diesen unterschiedlich bewerten.[75]

5.2.2.2.6 Betrachtung der IFRS-Rechnungslegung

Das deutsche Rechnungslegungssystem nach dem HGB und den GoB zählt zu der kontinental-europäischen Rechnungslegung. Kennzeichnend dieser Rechnungslegung sind das dominante Vorsichtsprinzip und eine untergeordnete Rolle der Kapitalmarktpublizität.[76] Dem gegenüber stehen die Rechnungslegungssysteme der angloamerikanischen Länder, zu denen auch die IFRS zählen. Das primäre Ziel dieser ist, „den Rechnungslegungsadressaten eine den tatsächlichen Verhältnissen entsprechende Darstellung der wirtschaftlichen Lage zu vermitteln"[77] (True And Fair View). Ein Grund dieser unterschiedlichen Ausgestaltung sind die Eigentums- und Kapitalmarktstrukturen in den angloamerikanischen Ländern. So weisen Unternehmen in diesen Ländern eine höhere Börsenkapitalisierung auf als die Deutschlands, da bei diesen die Kreditfinanzierung durch Banken dominiert.[78] Allerdings findet seit den 1990er-Jahren in Deutschland eine Annäherung an das angloamerikanische Rechnungslegungssystem statt.[79]

Die zum angloamerikanischen Rechnungslegungssystem gehörende IFRS-Rechnungslegung wird aus dem Rahmenkonzept (Framework), den zum jeweiligen Zeitpunkt gültigen Standards und Interpretationen, gebildet.[80] Dabei dient das Rahmenkonzept dazu, die grundlegenden Rechnungslegungsprinzipien abzubilden sowie die wichtigsten Elemente zu definieren, auf denen die Ansatz- und Bewertungskriterien beruhen. Kommt es zu Konflikten zwischen dem Rahmenkonzept und einzelnen Standards, haben letztere Vorrang.[81] Diese befassen sich „mit den Einzelfragen der Rechnungslegung [.] [und] regeln den Ansatz, die Bewertung und den Ausweis:

- eines einzelnen Bilanzpostens (bspw. IAS 2 – Vorräte),
- eines Rechnungslegungsinstruments (bspw. IAS 7 – Kapitalflussrechnungen),

---

[74] Vgl. Baetge/Kirsch/Thiele, 2014, S. 143 ff. und vgl. Coenenberg u. a., 2014, S. 60.
[75] Vgl. Baetge/Kirsch/Thiele, 2014, S. 130.
[76] Vgl. Zimmermann/Werner/Hitz, 2011, S. 21.
[77] Achleitner/Behr/Schäfer, 2009, S. 13.
[78] Vgl. Achleitner/Behr, 2003, S. 11 f.
[79] Vgl. Zimmermann/Werner/Hitz, 2011, S. 21.
[80] Vgl. Achleitner/Behr/Schäfer, 2009, S. 50.
[81] Vgl. Pellens u. a., 2014, S. 85.

- eines Einzelproblems (bspw. IAS 29 – Rechnungslegung in Hochinflationsländern) oder

- einer bestimmten Gruppe von Unternehmen resp. einer Branche (bspw. IFRS 6 – Exploration und Evaluierung von mineralischen Ressourcen)".[82]

Da für die Auslegung der Standards in gewissen Fällen keine eindeutige Lösung vorhanden ist, dienen die Interpretationen des IFRIC zur Klärung dieser Probleme. Allerdings beziehen sich diese nur auf internationale Fragen. Für national relevante Fragestellungen sind nationale Bilanzierungsgremien verantwortlich.[83] Für Deutschland übernahm das Deutsche Rechnungslegungs Interpretations Committee diese Aufgabe, bis es Anfang 2012 vom DRSC abgelöst wurde.[84]

Die bereits erwähnten Grundsätze des Rahmenkonzepts sind u. a. die der Unternehmensfortführung (Going Concern) und Periodisierung (Accrural Basis). Letzterer ist dort allerdings nicht mehr enthalten, sondern tritt nur noch vereinzelt als Erwähnung in Erscheinung. Des Weiteren bestehen Unterschiede zu dem entsprechenden GoB der deutschen Rechnungslegung. Bspw. kann unter gewissen Umständen zum beizulegenden Zeitwert (Fair Value) bilanziert werden, was nach deutschem Vorsichtsprinzip untersagt ist. Außerdem existieren untergeordnete Rechnungslegungsgrundsätze, die u. a. die Anforderungen einer glaubwürdigen Darstellung (Faithful Representation) und Verständlichkeit (Understandability) stellen.[85]

5.2.3   Bildung von Kennzahlen zur Bilanzanalyse

5.2.3.1   Überblick

Das in der Bilanzanalyse vorherrschende Analyseinstrument ist die Kennzahlenrechnung.[86] Dabei werden zahlenmäßig erfassbare Sachverhalte in Form von Kennzahlen komprimiert, die eine einfache Abbildung betrieblicher Strukturen und Prozesse darstellen. Aufgrund der unterschiedlichen Ermittlungen werden die Kennzahlen in relative und absolute Größen unterschieden.[87] Diese dienen dann als Basis für einen Zeit-, Betriebs- und Soll-Ist-Vergleich.[88]

Unter absoluten Kennzahlen werden Zahlen bezeichnet, welche die Anzahl der Elemente einer betrachteten Menge darstellen.[89] Somit geben diese „unmittelbar Auskunft über den betriebswirtschaftlichen Sachverhalt, Zustand oder die Größe" des Objekts der

---

[82] Achleitner/Behr/Schäfer, 2009, S. 50.
[83] Vgl. Achleitner/Behr/Schäfer, 2009, S. 51.
[84] Vgl. Coenenberg/Haller/Schultze, 2014, S. 47 ff.
[85] Vgl. Küting/Weber, 2015, S. 19 ff.
[86] Vgl. Küting/Weber, 2015, S. 13. und 51.
[87] Vgl. Camphausen, 2013, S. 153., vgl. Küting/Weber, 2015, S. 51., vgl. Schroeter, 2002, S. 262. und vgl. Weber/Schäffer, 2011, S. 171 f.
[88] Vgl. Coenenberg/Haller/Schultze, 2014, S. 1023.
[89] Vgl. Küting/Weber, 2015, S. 52.

Betrachtung, bezogen auf einen Zeitraum oder Stichtag.[90] Des Weiteren erfolgt innerhalb dieser Kennzahlenkategorie eine weitere Unterteilung in Einzelzahlen, Summen, Differenzen und Mittelwerte. Als Beispiele für absolute Kennzahlen dienen die Umsatzerlöse, der operative Cashflow und die Bilanzsumme.[91]

Werden zwei absolute Kennzahlen in ein Verhältnis zueinander gesetzt, entsteht als Quotient eine relative Kennzahl bzw. Verhältniskennzahl. Durch diese Relation wird die Aussagekraft erhöht, da diese besser für Vergleichsmaßstäbe geeignet sind. Wichtig bei der Bildung ist, dass die zwei Zahlen in einer Beziehung zueinander stehen. Auch diese Kennzahlenkategorie weist eine Untergliederung in Gliederungs-, Beziehungs- und Indexzahlen auf.[92] Bei Ersteren ist der Zähler des Quotienten ein Bestandteil des Nenners und somit informieren diese Kennzahlen über das Verhältnis von Teil- zu Gesamtmengen in Prozentzahlen. Ein Beispiel hierfür ist die Eigenkapitalquote, welche das Verhältnis von EK zu dem aus EK und FK bestehenden Gesamtkapital (nachfolgend GK genannt) darstellt. Beziehungszahlen bilden das Verhältnis zweier, in einem sachlogischen Zusammenhang zueinander stehende Zahlen ohne einen Teilmengencharakter. Ein solcher Zusammenhang ist bspw. durch eine Mittel-Zweck-Relation gegeben.[93] Als Beispiel dient die Gesamtkapitalrentabilität, welche den Gewinn inklusive Fremdkapitalzinsen dem GK gegenüberstellt.[94] Indexzahlen dienen einer übersichtlichen Darstellung zeitlicher Veränderungen. Dabei wird ein Wert als Basiszeitpunkt definiert und gleich 100 gesetzt. Dieser Zahl werden Werte aus verschiedenen Zeitpunkten relativ zu dem Wert der Basiszahl gegenübergestellt. Die Wahl eines geeigneten Basiswerts ist dabei von großer Wichtigkeit, da sonst die Aussagekraft verfälscht wird.[95]

5.2.3.2 Kennzahlensysteme

Da aufgrund der konzentrierten Informationsvermittlung der Verhältniszahlen die Gefahr besteht, dass der Überblick auf die einzelnen Komponenten verloren geht, wird versucht, diesem möglichen Informationsverlust durch Kennzahlensysteme entgegenzuwirken. Dies kann durch die Zerlegung des Zählers und/oder Nenners in einzelne Bestandteile erfolgen. Als Beispiel dient die Aufgliederung der Umsatzerlöse in Auslands- und Inlandsumsatz. Eine weitere Möglichkeit besteht durch das Ersetzen des Zählers und/oder Nenners durch andere Größen. Hierbei liegt die Prämisse zugrunde, dass sich die Kennzahl nicht verändern darf. Als Beispiel werden die Umsatzerlöse als Ergebnis einer Multiplikation der Absatzmenge und dem Preis interpretiert. Die letzte Option der Strukturierung bil-

---

[90] Barth u. a., 2014, S. 22.
[91] Vgl. Coenenberg/Haller/Schultze, 2014, S. 1023 f., vgl. Küting/Weber, 2015, S. 51 f. und vgl. Schroeter, 2002, S. 262.
[92] Vgl. Coenenberg/Haller/Schultze, 2014, S. 1023 f., vgl. Küting/Weber, 2015, S. 52 f. und vgl. Schroeter, 2002, S. 262 f.
[93] Vgl. Barth u. a., 2014, S. 23 f., vgl. Coenenberg/Haller/Schultze, 2014, S. 1024. und vgl. Küting/Weber, 2015, S. 53 f.
[94] Vgl. Coenenberg/Haller/Schultze, 2014, S. 1024. und vgl. Weber/Schäffer, 2011, S. 174.
[95] Vgl. Barth u. a., 2014, S. 24. und vgl. Coenenberg/Haller/Schultze, 2014, S. 1025.

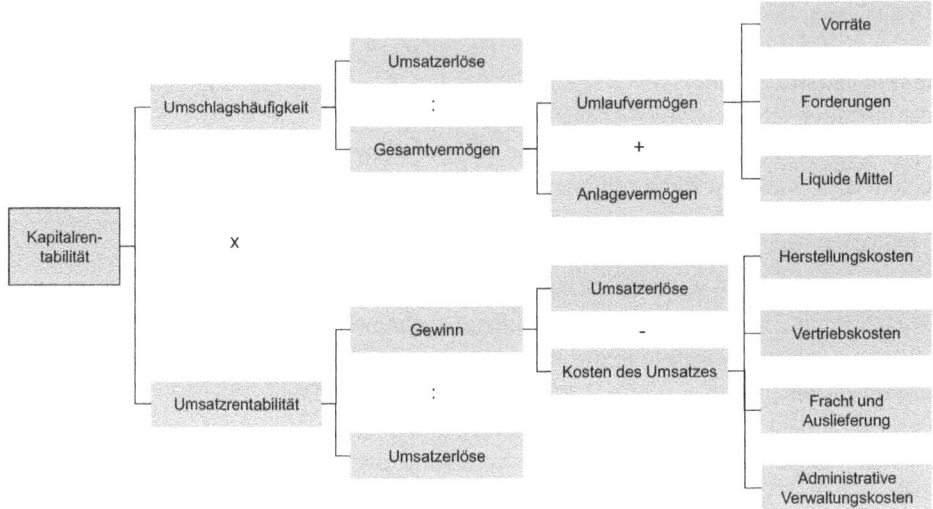

Abb. 5.7 Eine mögliche Variante des DuPont-Kennzahlensystems. (In Anlehnung an Schroeter 2002, S. 267)

det das Erweitern des Zählers und Nenners. Hierbei ist zu beachten, dass deren Werte nur durch die gleiche Größe erweitert werden dürfen. Als Beispiel dient das Erweitern des Quotienten Jahresüberschuss/GK durch die Umsatzerlöse. Dabei entstehen die Quotienten Umsatzrentabilität (Jahresüberschuss/Umsatzerlöse) und Umschlagshäufigkeit des GK (Umsatzerlöse/GK).[96]

Besteht eine rechnerische Verknüpfung der im vorherigen Abschnitt erläuterten Maßnahmen zur Strukturierung der Kennzahl, handelt es sich um ein Rechensystem. Ist dies nicht der Fall und die Maßnahmen stehen nur in einem Systematisierungszusammenhang zueinander wird von einem Ordnungssystem gesprochen.[97] Als Beispiel für ein Rechensystem dient die Abb. 5.7, welche eine von Claus Meyer an deutsche Rechtsnormen angepasste Variante des DuPont-Kennzahlensystems darstellt.

5.3 Wahlrechte und Ermessensspielräume

5.3.1 Überblick

Während die Bilanzanalyse das Ziel verfolgt, auf Basis unternehmensbezogener Informationen, eine Aussage über den Erfolg, Liquidität und Erfolgspotenzial eines Unternehmens zu treffen, hat die Bilanzpolitik das Ziel die Unternehmenssituation zu kaschieren. Gründe

---

[96] Vgl. Küting/Weber, 2015, S. 55 f.
[97] Vgl. Küting/Weber, 2015, S. 56 ff.

für dieses Verhalten können Bonuszahlungen sein, die sich an die Höhe des Gewinns aus dem Jahresabschluss richten. Hierbei sei angemerkt, dass eine im Rahmen gesetzlicher Möglichkeiten ausgeübte Bilanzpolitik nicht illegal ist.[98] Als Beispiel einer bilanzpolitischen Maßnahme ist die nach § 315a Abs. 3 HGB für nicht kapitalmarktorientierte Unternehmen bestehende Möglichkeit, den Konzernabschluss nach IFRS oder HGB zu erstellen.[99]

Nach Küting wird die Bilanzpolitik in die Bereiche Sachverhaltsgestaltung und Sachverhaltsabbildung unterteilt. Als Beispiele für Maßnahmen zur Sachverhaltsgestaltung dienen Sale & Lease-Back Geschäfte sowie Factoringverträge. Im Focus dieser Arbeit steht die Sachverhaltsabbildung, welche in die Bereiche materielle und formelle Auswirkungen untergliedert wird.[100] Zu Letzteren gehört u. a. das Verlagern von Pflichtangaben aus der Bilanz oder GuV in den Anhang.[101] Bezogen auf die materielle Sachverhaltsabbildung „ist zwischen Ansatz und Bewertung einerseits und zwischen Wahlrechten und Ermessensspielräumen andererseits zu unterscheiden".[102] In dieser Arbeit werden Wahlrechte als mindestens zwei sich gegenseitig ausschließende Ansatz- und/oder Bewertungsalternativen definiert, die explizit in einem Normensystem genannt werden. Unter Ermessensspielräumen werden in dieser Arbeit die Möglichkeiten der konkreten Aus-

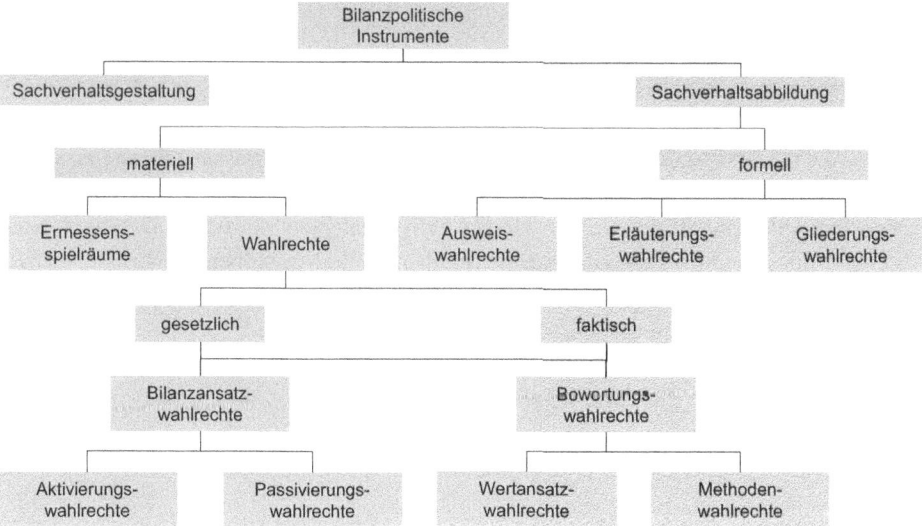

Abb. 5.8 Systematisierung des bilanzpolitischen Instrumentariums. (In Anlehnung an Küting/Pfitzer/Weber 2013, S. 172)

---

[98] Vgl. Küting/Pfitzer/Weber, 2013, S. 170 f.
[99] Vgl. Coenenberg/Haller/Schultze, 2014, S. 1004.
[100] Vgl. Küting/Pfitzer/Weber, 2013, S. 171 f. und vgl. Küting/Weber, 2015, S. 39 f.
[101] Vgl. Küting/Pfitzer/Weber, 2013, S. 172.
[102] Küting/Weber, 2015, S. 40.

gestaltung der Abbildungsregeln verstanden. Letztere treten u. a. bei der Erstellung von Prognosen über zukünftige Zustände sowie bei der Auswahl verschiedener Verfahren zur Bestimmung des Buchwerts auf.[103] Bevor in den nächsten Gliederungspunkten auf die Wahlrechte und Ermessensspielräume der Normensysteme IFRS und HGB näher eingegangen wird, zeigt Abb. 5.8 eine Darstellung der Instrumente der Bilanzpolitik.

5.3.2 Bilanzpolitik im HGB

5.3.2.1 Materielle Bilanzpolitik

5.3.2.1.1 Explizite Ansatz- und Bewertungswahlrechte

Für Unternehmen, die einen auf dem Normensystem von HGB basierenden Jahresabschluss erstellen, besteht nach § 248 Abs. 2 Satz 1 HGB ein Ansatzwahlrecht für selbstgeschaffene immaterielle Vermögensgegenstände.[104] Allerdings beschränkt § 248 Abs. 2 Satz 2 HGB das Wahlrecht und gibt an, dass u. a. keine Kundenlisten angesetzt werden dürfen.[105] Des Weiteren untersagt § 255 Abs. 2a HGB den Ansatz, falls Forschungs- und Entwicklungskosten nicht zuverlässig voneinander abgegrenzt werden können. Angesetzt werden dürfen nur die Entwicklungskosten.[106]

Ein weiteres explizites Ansatzwahlrecht ist nach § 250 Abs. 3 HGB das Ansetzen eines Disagios als aktiver Rechnungsabgrenzungsposten.[107] Es ist dabei zulässig, das volle Abgeld oder auch nur einen Teilbetrag zu aktivieren. Unzulässig ist dagegen eine nachträgliche Aktivierung, falls das Ansatzwahlrecht im Ausgabejahr nicht genutzt wurde.[108] Nach Art. 28 Abs. 1 Satz 1 EGHGB besteht für vor dem 01.01.1987 erworbene Pensionsansprüche ein Wahlrecht für Ansatz von Pensionsrückstellungen und nach § 274 Abs. 1 Satz 2 HGB besteht ein Wahlrecht für die Aktivierung von aktiven latenten Steuern.[109] Darüber hinaus resultieren aus den GoB Ansatzwahlrechte für unentgeltlich erworbene materielle Vermögensgegenstände und für erworbene Vermögensgegenstände. Für Letztere gilt das Wahlrecht nur, falls diese die Grenze von 150 EUR nicht überschreiten.[110]

Bezogen auf die nach § 255 Abs. 1 HGB definierten Anschaffungskosten besteht bei einem Tausch „ein Wahlrecht zwischen der gewinnneutralen Fortführung des Buchwerts des hingegebenen Vermögensgegenstand und einem gewinnrealisierenden Ansatz".[111] Hierbei wird von einem expliziten Bewertungswahlrecht gesprochen. Ebenso wie bei der Wahl

[103] Vgl. Coenenberg/Haller/Schultze, 2014, S. 1005.

[104] Vgl. Coenenberg u. a., 2014, S. 341. und vgl. Coenenberg/Haller/Schultze, 2014, S. 1007.

[105] Vgl. Gerner-Beuerle, 2013a, S. 1091.

[106] Vgl. Gerner-Beuerle, 2013c, 1124 f.

[107] Vgl. Coenenberg u. a., 2014, S. 341. und vgl. Coenenberg/Haller/Schultze, 2014, S. 1007.

[108] Vgl. Gerner-Beuerle/Ahmad, 2013b, S. 1106.

[109] Vgl. Coenenberg u. a., 2014, S. 341. und vgl. Coenenberg/Haller/Schultze, 2014, S. 1007 f.

[110] Vgl. Coenenberg/Haller/Schultze, 2014, S. 1008.

[111] Gerner-Beuerle, 2013c, S. 1128.

der Methode zur Ermittlung der Höhe der Pensionsrückstellung. Mögliche Methoden sind das Teilwert- und Gegenwartswertverfahren sowie die Methode der laufenden Einmalprämien.[112] Ein Einbeziehungswahlrecht der allgemeinen Verwaltungskosten zur Ermittlung der Herstellungskosten ergibt sich nach § 255 Abs. 2 HGB.[113] Des Weiteren weicht der Gesetzgeber aus Wirtschaftlichkeitsgründen bei Vorräten vom Grundsatz der Einzelbewertung ab. So sind zur Ermittlung des Bilanzwerts nach § 240 Abs. 3 i. V. m. § 256 Satz 2 HGB das Festwertverfahren, nach § 240 Abs. 4 i. V. m. § 256 Satz 2 HGB die Gruppenbewertung sowie nach § 256 Satz 1 HGB die Lifo- und die Fifo-Methode zulässig.[114] Weitere Bewertungswahlrechte existieren nach § 253 Abs. 3 Satz 4 HGB Finanzanlagen, wenn deren Wert voraussichtlich nicht dauerhaft gemindert ist sowie nach § 253 Abs. 2 Satz 2 HGB für die Pauschalisierung des Zins für langfristige Rückstellungen.[115]

5.3.2.1.2 Ermessensspielräume

Bezogen auf die GoB haben Bilanzierende einen Ermessensspielraum bezüglich der Auslegung des Grundsatzes der Wirtschaftlichkeit bzw. Wesentlichkeit.[116] Des Weiteren ist es möglich je nach Vertragsgestaltung beim Finanzierungsleasing das wirtschaftliche Eigentum dem Leasinggeber oder Leasingnehmer zuzurechnen. Falls es Letzterem zuzurechnen ist, hat dieser den Leasinggegenstand zu aktivieren und die entsprechende Verbindlichkeit zu passivieren.[117] Weitere Ermessensspielräume durch die GoB existieren bei der „Abgrenzung von Herstellungs- und Erhaltungsaufwand [sowie bei der] Bewertung einzelner Vermögensgegenstände bei Erwerb eines Vermögensbündels".[118]

Nach § 253 Abs. 1 Satz 1 HGB sind Rückstellungen mit dem Betrag anzusetzen, der nach der kaufmännischen Beurteilung am Vernünftigsten erscheint. So ist bspw. die Höhe einer Rückstellung für Umweltschutzmaßnahmen nach den zu entstehenden Aufwendungen zu bewerten, welche nach Sicht des Kaufmanns am wahrscheinlichsten sind.[119] Ein weiterer Ermessensspielraum ist nach § 255 Abs. 2 HGB die Verteilung der Gemeinkosten auf die Herstellungskosten der einzelnen Güter.[120] Ebenso wie nach § 253 Abs. 3 Satz 2 HGB die Wahl der Methode für planmäßige Abschreibungen. Zulässig sind zeitbezogene und leistungsbezogene Verfahren sowie Kombinationen. Darüber hinaus gewährt der Gesetzgeber bezüglich der planmäßigen Abschreibungen des Anlagevermögens einen Spielraum bei der Ermittlung der Nutzungsdauer.[121]

---

[112] Vgl. Baetge/Kirsch/Thiele, 2014, S. 457 f.
[113] Vgl. Coenenberg u. a., 2014, S. 195 f.
[114] Vgl. Coenenberg u. a., 2014, S. 386. und vgl. Zündorf, 2009, S. 112.
[115] Vgl. Coenenberg/Haller/Schultze, 2014, S. 1008.; vgl. Kozikowski/Roscher/Schramm, 2010, S. 415. und vgl. Kozikowski/Schubert, 2010, S. 427 ff.
[116] Vgl. Baetge/Kirsch/Thiele, 2014, S. 130. und vgl. Coenenberg/Haller/Schultze, 2014, S. 1008.
[117] Vgl. Förschle/Kroner, 2010, S. 96 f. und vgl. Küting/Tesche, 2009, S. 188 ff.
[118] Coenenberg/Haller/Schultze, 2014, S. 1008.
[119] Vgl. Coenenberg u. a., 2014, S. 428–431.
[120] Vgl. Zündorf, 2009, S. 105 f.
[121] Vgl. Baetge/Kirsch/Thiele, 2014, S. 266–280.

Weitere Ermessensspielräume existieren nach § 253 Abs. 3 und 4 HGB bei der Einschätzung, ob es sich um vorübergehende oder dauerhafte Wertminderungen handelt sowie bei der durch Niederwerttests ermittelte Korrekturwerte. Des Weiteren nach § 274 HGB auch bei der Bildung latenter Steuern auf Verlustvorträge und bei der Bestimmung des Steuersatzes für latente Steuern.[122]

5.3.2.2 Formelle Bilanzpolitik

Zu den expliziten Wahlrechten der formellen Bilanzpolitik gehören u. a. nach § 268 Abs. 1 i. V. m. § 270 Abs. 2 HGB die Bilanz vor oder nach der Gewinnverwendung aufzustellen sowie nach § 275 Abs. 1 Satz 1 HGB die Wahl der Gliederung bei der GuV.[123] Diese kann nach § 275 Abs. 2 HGB auf Basis des Gesamtkostenverfahrens oder nach § 275 Abs. 3 HGB auf Basis des Umsatzkostenverfahrens dargestellt werden. Beide Verfahren kommen bei der Ermittlung des Periodenerfolgs auf dasselbe Ergebnis. Unterschiede resultieren aus der andersartigen Behandlung aktivierter Eigenleistungen und Bestandsveränderungen. Eine weitere Wahlmöglichkeit besitzen Personengesellschaften, welche die GuV in Kontoform oder Staffelform darstellen dürfen. Letztere ist für Kapitalgesellschaften zwingend vorgeschrieben.[124]

Der § 268 HGB gewährt eine Reihe verschiedener Wahlrechte bei dem Ausweis und der Angabe von Informationen.[125] So müssen nach § 268 Abs. 7 HGB Kapitalgesellschaften die Haftungsverhältnisse nach § 251 HGB entweder in der Bilanz oder in der GuV angeben.[126] Ein weiteres Wahlrecht ist nach § 268 Abs. 5 Satz 2 HGB die Möglichkeit erhaltene Anzahlungen „gesondert unter den Verbindlichkeiten auszuweisen oder offen von den Vorräten abzusetzen".[127]

Einen Ermessensspielraum besitzen Nicht-Kapitalgesellschaften nach § 247 Abs. 1 HGB bei der Gliederung ihrer Bilanz nach Staffel- oder Kontoform. Letztere Form ist allerdings für Kapitalgesellschaften nach § 266 Abs. 1 HGB vorgeschrieben. Außerdem haben Kaufleute die Möglichkeit, ihre Bilanz zu erweitern und mehr anzugeben als die gesetzliche Mindestgliederung verlangt.[128] Das Gleiche gilt nach § 275 HGB analog für die Gliederung der GuV. Weitere Ermessensspielräume bestehen nach § 247 Abs. 2 HGB bei der „Zuordnung von Vermögensgegenständen zu Anlage- oder Umlaufvermögen [und nach § 289 HGB beim] Detaillierungsgrad sowie Umfang der im Lagebericht gewährten Informationen".[129]

---

[122] Vgl. Coenenberg/Haller/Schultze, 2014, S. 1008.
[123] Vgl. Coenenberg/Haller/Schultze, 2014, S. 1008.
[124] Vgl. Baetge/Kirsch/Thiele, 2014, S. 612–616. und vgl. Bitz/Schneeloch/Wittstock, 2011, S. 317–320.
[125] Vgl. Coenenberg/Haller/Schultze, 2014, S. 1008 f.
[126] Vgl. Ellrott, 2010, S. 944.
[127] Kozikowski/Schubert, 2010, S. 942.
[128] Vgl. Ellrott/Krämer, 2010, S. 123.
[129] Coenenberg/Haller/Schultze, 2014, S. 1009.

5.3.2.3 Ergänzende Bilanzpolitik bei der Konzernabschlusserstellung

Grundsätzlich sind gemäß § 294 HGB bei der Erstellung eines Konzernabschlusses neben dem Mutterunternehmen alle Tochterunternehmen einzubeziehen. Die Vollkonsolidierung eines voll beherrschten Tochterunternehmens kann durch Nutzung der Einbeziehungswahlrechte nach § 296 Abs. 1 Nr. 1–3 und Abs. 2 HGB vermieden werden. Kriterien der Wahlrechte sind zum einen eine erhebliche und andauernde Beeinträchtigung der Ausübung des beherrschenden Einflusses und zum anderen wenn mit einer Einbeziehung unverhältnismäßig hohe Kosten oder zeitlichen Verzögerungen einhergehen. Weitere Kriterien sind erfüllt, wenn für die Vermittlung der wirtschaftlichen Lage des Konzerns die Einbeziehung des Tochterunternehmens irrelevant ist oder das Tochterunternehmen von Anfang an veräußert werden soll. Bei Nutzung der Wahlrechte ist dies mit einer Begründung im Anhang anzugeben und das/die betroffene(n) Tochterunternehmen nach der Equity-Methode zu bilanzieren.[130]

Nicht kapitalmarktorientierte Unternehmen, welche die im Abschn. 5.2.2.2.3 dargestellten Größenkriterien nach § 293 Abs. 1 und 2 HGB unterschreiten und somit von der Konzernabschlusserstellung befreit sind, haben das Wahlrecht einer freiwilligen Konzernabschlusserstellung.[131] Ebenso Mutterunternehmen, die nach § 291 i. V. m. § 292 HGB durch von einem höherrangigen Mutterunternehmen erstellen Konzernabschluss von der Erstellungspflicht befreit sind. Diese können einen freiwilligen Teilkonzernabschluss erstellen.[132]

Ein weiteres Wahlrecht besteht bei der Konsolidierung von Gemeinschaftsunternehmen. Dabei handelt es sich um Tochterunternehmen, deren Führung mehreren Mutterunternehmen obliegt. Diese Gemeinschaftsunternehmen können in den Konzernabschluss nach § 310 HGB entweder durch eine Quotenkonsolidierung auf Basis der Höhe des Kapitalanteils oder durch die Equity-Methode aufgenommen werden.[133] Des Weiteren besitzen konsolidierte Tochterunternehmen das Wahlrecht, nach § 300 Abs. 2 Satz 2 HGB unabhängig von der Ausübung im Jahresabschluss Ansatzwahlrechte für die Erstellung des Konzernabschlusses neu auszuüben. Die Prämisse für diese Ausübung ist, dass die Ansatzwahlrechte nach dem Rechtsrahmen des Mutterunternehmens zulässig sind.[134]

Einen Ermessensspielraum gewährt der Gesetzgeber im § 290 Abs. 2 Nr. 4 HGB bei dem Kriterium ob ein Unternehmen eine Zweckgesellschaft einbeziehen muss. Sofern die Mehrheit der Chancen und Risiken von dem Mutterunternehmen getragen werden, steht es in der Pflicht der Einbeziehung. Ist dies nicht der Fall, sind stattdessen nach § 314 Abs. 1 Nr. 2 HGB Angaben über Bilanzierungen außerhalb der Bilanz im Anhang auszuweisen.[135]

---

[130] Vgl. Baetge/Kirsch/Thiele, 2011, S. 108 ff.

[131] Vgl. Coenenberg/Haller/Schultze, 2014, S. 1009. und vgl. Wysocki/Wohlgemuth/Brösel, 2014, S. 66 ff.

[132] Vgl. Colbe u. a., 2010, S. 94 ff.

[133] Vgl. Baetge/Kirsch/Thiele, 2011, S. 106 ff.

[134] Vgl. Küting/Weber, 2015, S. 525 f. und vgl. Scherrer, 2012, S. 123.

[135] Vgl. Baetge/Kirsch/Thiele, 2011, S. 91 ff.

Ermessensspielräume ergeben sich nach § 301 HGB bei der Erstkonsolidierung bei dem „Ansatz von immateriellen Vermögensgegenständen (...) [sowie bei der] Bewertung von Vermögensgegenständen und Schulden".[136] Darüber hinaus auch bei der Folgebewertung eines bei der Erstkonsolidierung ermittelten positiven Geschäfts- oder Firmenwerts (nachfolgend GoF genannt). Dieser entsteht durch einen aktiven Unterschiedsbetrag und wird wie ein zeitlich begrenzter immaterieller Vermögensgegenstand behandelt. Bezogen auf die Abschreibungsdauer gewährt der Gesetzgeber einen Spielraum, wobei bei einer Nutzungsdauer von über fünf Jahren Anhangangaben notwendig sind.[137] Als ein Beispiel für die formelle Bilanzpolitik bei der Konzernabschlusserstellung dient nach § 298 Abs. 3 HGB die Möglichkeit für das Mutterunternehmen, den Konzernanhang mit dem Anhang des Jahresabschlusses zusammenzufassen.[138]

5.3.3   Bilanzpolitik in IFRS

5.3.3.1   Materielle Bilanzpolitik

5.3.3.1.1   Explizite Ansatz- und Bewertungswahlrechte

Ein explizites Ansatzwahlrecht gewährt das IFRS im Rahmen der Folgebewertung von immateriellen Vermögenswerten. Nach IAS 38.74 kann dies durch das Anschaffungskostenmodell mit planmäßigen und außerplanmäßigen Abschreibungen oder nach IAS 38.75–87 durch die Neubewertungsmethode erfolgen. Die Prämisse für die Anwendbarkeit der letzteren Methode ist das Vorhandensein eines aktiven Markts, um den Neubewertungsbetrag ermitteln zu können.[139] Dieses Wahlrecht besitzen Unternehmen nach IAS 16.29 ff. ebenfalls für Vermögenswerte der Sachanlagen.[140] Darüber hinaus dürfen gemäß IAS 2.21 IFRS-Anwender vereinfachende Bewertungsmethoden zur Ermittlung der Anschaffungs- oder Herstellungskosten von Vorräten anwenden, sofern es sich um eine große Anzahl handelt. Hierbei ergibt sich außerdem ein Ermessensspielraum, ob die Fifo- oder die Durchschnittsmethode angewendet werden soll.[141]

Für die Erstanwendung der IFRS steht dem Bilanzierenden nach IFRS 1 eine Reihe von Bewertungswahlrechten zur Verfügung.[142] Bspw. können immaterielle Vermögenswerte (Intangible Assets) retrospektiv nach IFRS bewertet oder deren Buchwert im HGB-Abschluss beibehalten werden.[143] Ein weiteres Bewertungswahlrecht ist nach IAS 20.24

---

[136] Coenenberg/Haller/Schultze, 2014, S. 1009.
[137] Vgl. Baetge/Kirsch/Thiele, 2011, S. 213 f.
[138] Vgl. Coenenberg/Haller/Schultze, 2014, S. 1009.
[139] Vgl. Pellens u. a., 2014, S. 334–338.
[140] Vgl. Ballwieser, 2013, S. 116.
[141] Vgl. Padberg, 2008, S. 23 f.
[142] Vgl. Müller, 2007, S. 59 f.
[143] Vgl. Heyd/Lutz-Ingold, 2005, S. 103.

die Wahl des Brutto- oder Nettoverfahrens zur Darstellung der öffentlichen Zuschüsse.[144]
Dabei können die Zuschüsse entweder „als Minderung des Buchwerts der Sachanlage
erfasst werden (...) [oder] passivisch abgegrenzt und über die Nutzungsdauer der Sachanlage planmäßig als Ertrag verteilt werden".[145]

Ein weiteres Bewertungswahlrecht besteht bei der Folgebewertung von als Finanzinvestition gehaltenen Immobilien (Investment Properties). Zur Auswahl stehen das Anschaffungskostenmodell und die Bewertung zum beizulegenden Zeitwert.[146] Außerdem
besteht für den IFRS-Bilanzierenden bei der Bewertung von Beteiligungen an verbundenen Unternehmen ein weiteres Wahlrecht. Deren Höhe kann nach IAS 27.10 entweder
nach den historischen Kosten oder zum beizulegenden Zeitwert bewertet werden.[147]

5.3.3.1.2   Ermessensspielräume

Ebenso wie bei der Abschlusserstellung nach HGB müssen nach IFRS nur Sachverhalte
abgebildet werden, sofern diese wesentlich sind. Im Zuge der Interpretation des Prinzips
der Wesentlichkeit ergibt sich ein Ermessensspielraum für den Bilanzierenden.[148] Ebenso
wie bei der Definition eines Vermögenswerts in Bezug auf die Wahrscheinlichkeit von
Nutzenzuflüssen und der Verlässlichkeit der Bewertung sowie nach IAS 8.10 ff. im Fall
von Regelungslücken.[149]

Wird als Methode der Folgebewertung von Sachanlagen das Anschaffungskostenmodell gewählt, besteht nach IAS 16.56 ein Spielraum bei der Festlegung der Abschreibungsdauer. Darüber hinaus erlaubt der Standard IAS 16.62 eine Reihe von verschiedenen Ab-
schreibungsmethoden.[150] Für immaterielle Vermögenswerte sind ebenfalls mehrere Verfahren zur Ermittlung der Abschreibungen zulässig.[151]

Um Rückstellungen zu bilanzieren, muss nach IAS 37 u. a. eine verlässliche Schätzung
der Verpflichtungshöhe gegeben sein. Im Falle einer Bandbreite möglicher Nutzenabflüsse
ergibt sich für den Bilanzierenden ein Ermessensspielraum.[152] Genauso bei versicherungs-
mathematischen Annahmen u. a. bezüglich der Sterblichkeit, welche notwendig sind um
den Barwert von Pensionsrückstellungen zu ermitteln und bei der Wahl eines geeigneten
Diskontierungszinssatzes.[153]

Im Gegensatz zum HGB ist bei Fertigungsaufträgen die Anwendung der Gewinnrealisierung nach Leistungsfortschritt (Percentage Of Completion) (nachfolgend PoC genannt)
möglich.[154] Dabei werden die Auftragserlöse und Kosten über den Grad der Fertigstellung

---

[144] Vgl. Coenenberg/Haller/Schultze, 2014, S. 1010.
[145] Pellens u. a., 2014, S. 360.
[146] Vgl. Meth, 2007, S. 209 f.
[147] Vgl. Coenenberg/Haller/Schultze, 2014, S. 1010.
[148] Vgl. Leibried/Weber, 2003, S. 49 f. und vgl. Wohlgemuth, 2006, S. 218.
[149] Vgl. Coenenberg/Haller/Schultze, 2014, S. 1010. und vgl. Najderek, 2009, S. 119 f.
[150] Vgl. Pellens/Fülbier/Gassen/Sellhorn, 2014, 363.
[151] Vgl. Wulf, 2008, S. 70 ff.
[152] Vgl. Zimmermann/Werner/Hitz, 2011, S. 211 f.
[153] Vgl. Pellens u. a., 2014, S. 472 ff.
[154] Vgl. Leibfried/Weber, 2003, S. 65 f.

verteilt. Eine mögliche Methode zur Messung der Fertigstellung ist die Verhältnisbildung der angefallenen zu den voraussichtlich gesamten Auftragskosten. Darüber hinaus ist das Verhältnis der bisher erbrachten Leistung zur Gesamtleistung oder der physische Vollendungsgrad als Ermittlung des Fertigstellungsgrads möglich. Dadurch ergibt sich für den Bilanzierenden bei der Anwendung der PoC-Methode ein Ermessensspielraum bezüglich der Ertragsverteilung.[155] Weitere Spielräume ergeben sich u. a. nach IAS 39.88 bei der Beurteilung, ob die Voraussetzungen für die Bilanzierung von Sicherheitsbeziehungen (Hedge Accounting) erfüllt sind und nach IAS 36.12 bei der Beurteilung, ob Indikatoren zur Durchführung eines Werthaltigkeitstests (Impairment Test) vorliegen.[156]

5.3.3.2 Formelle Bilanzpolitik

Für den IFRS-Bilanzierenden besteht nach IAS 1 ein Wahlrecht für die Aufstellung der Gesamtergebnisrechnung. Diese kann entweder in einer einzigen Gesamtergebnisrechnung (Single Statement Approach) oder durch eine GuV-Rechnung inklusive Überleitungsrechnung zum Gesamtergebnis (Two Statement Approach) abgebildet werden. Dabei ist das sonstige Ergebnis gesondert auszuweisen. Wird dagegen eine einzige Gesamtergebnisrechnung aufgestellt, muss das Periodenergebnis als Zwischensumme ausgewiesen werden.[157] Unabhängig von der Wahl der Darstellung fordert IAS 1.82 eine Mindestgliederung, welche nach dem Ermessen des Bilanzierenden erweitert werden darf. Außerdem steht es diesem frei, die Gesamtergebnisrechnung nach Konto- oder Staffelform abzubilden sowie die Reihenfolge der abzubildenden Positionen festzulegen.[158] Ein weiteres Wahlrecht besteht bei der Gliederung der GuV. Zulässige Verfahren sind nach IAS 1.99 das Gesamt- und Umsatzkostenverfahren.[159] Des Weiteren dürfen Zwischenergebnisse in der GuV ausgewiesen werden.[160]

Bezogen auf die Gliederung der Bilanz verlangt IAS 1.54 den Ausweis von mindestens zehn Aktiv- (u. a. Sachanlagen) und acht Passivpositionen (u. a. Rückstellungen). Weitere Positionen werden von anderen Standards und Interpretationen gefordert. Dennoch hat der Bilanzierende einen Ermessensspielraum bei der Gestaltung der Bilanz. Ebenso bei der Wahl des Präsentationsformats (Konto- oder Staffelform) sowie bei der Reihenfolge der Darstellung von Bilanzpositionen. Diese können nach dem Kriterium der Fristigkeit oder der Liquidität gegliedert werden.[161]

Nach IAS 1.79 f. besteht ein explizites Ausweiswahlrecht von Informationen in der GuV oder im Anhang. Dieses Wahlrecht betrifft u. a. die Beschaffenheit von Rückstellun-

---

[155] Vgl. Padberg, 2008, S. 69 ff.

[156] Vgl. Coenenberg/Haller/Schultze, 2014, S. 1010 f.

[157] Vgl. Zimmermann/Werner/Hitz, 2011, S. 222.

[158] Vgl. Pellens u. a., 2014, S. 176.

[159] Vgl. Coenenberg/Haller/Schultze, 2014, S. 1011. und vgl. Zimmermann/Werner/Hitz, 2011, S. 224 ff.

[160] Vgl. Blase/Lange/Müller, 2010, S. 69.

[161] Vgl. Pellens u. a., 2014, S. 170 f.

gen sowie Angaben zu genehmigten Anteilen.[162] Weitere Ermessensspielräume ergeben sich nach IFRS 8.10 ff. bei der Zusammenfassung von Segmenten.[163] Darüber hinaus nach IFRS 8.5 ff. auch bei der Segmentdefinition und -abgrenzung.[164]

5.3.3.3 Ergänzende Bilanzpolitik bei der Konzernabschlusserstellung

In einem IFRS-Konzernabschluss müssen neben dem Mutter- sowie dem/den Tochterunternehmen u. a. auch Gemeinschaftsunternehmen (Jointly Controlled Entities) einbezogen werden, welche den Kriterien von IAS 31.24 entsprechen. Dabei stand es dem Bilanzierenden früher frei, diese Unternehmen nach IAS 31.30 i. V. m. IAS 31.38 quotal oder nach IAS 28 durch die Equity-Methode zu bilanzieren.[165] Dieses Wahlrecht der Quotenkonsolidierung wurde vom IFRS 11 formell abgeschafft.[166] Liegt jedoch nach IFRS 11.15 eine gemeinschaftliche Tätigkeit (Joint Operation) vor, sind für die beherrschenden Unternehmen die ggf. anteiligen Bilanz- und Erfolgskomponenten zu übernehmen. Diese Vorgehensweise ist vergleichbar mit der ehemals nach IAS 31 zulässigen Quotenkonsolidierung.[167] Bezüglich der Bestimmung, ob eine gemeinschaftliche Tätigkeit vorliegt, ergeben sich für die herrschenden Unternehmen Spielräume und somit ein faktisches Wahlrecht bezogen auf die Konsolidierung.[168]

Im Gegensatz zum HGB wird nach IFRS der GoF als Vermögenswert mit unbestimmter Nutzungsdauer betrachtet, welcher sich mindestens einmal im Jahr eines Wertminderungstests unterziehen muss. Dazu wird dieser nicht isoliert bewertet, sondern auf mehrere zahlungsmittelgenerierenden Einheiten (nachfolgend ZGE genannt) (Cash Generating Unit) verteilt. Dabei hat der Bilanzierende erhebliche Ermessensspielräume bei der Bildung von ZGE und der Verteilung des GoF.[169]

Weitere Ermessensspielräume ergeben sich für den IFRS-Bilanzierenden daraus, ob nach IFRS 10 ein Beherrschungsverhältnis vorliegt und ggf. Tochterunternehmen einbezogen werden müssen.[170] Ebenso bei der Erfassung von Zweckgesellschaften (Special Purpose Entities) bzw. strukturierte Unternehmen.[171] Ein weiterer Spielraum existiert nach IAS 21.9 ff. für die Währungsumrechnung.[172]

---

[162] Vgl. Pellens u. a., 2014, S. 172.
[163] Vgl. Wiederhold, 2007, S. 88 f.
[164] Vgl. Coenenberg/Haller/Schultze, 2014, S. 1011.
[165] Vgl. Baetge/Kirsch/Thiele, 2011, S. 127. und vgl. Möller u. a., 2011, S. 62 f.
[166] Vgl. Küting/Weber, 2015, S. 521.
[167] Vgl. Pellens u. a., 2014, S. 816.
[168] Vgl. Bader, 2015, S. 93 f. & 128.
[169] Vgl. Wysocki/Wohlgemuth/Brösel, 2014, S. 179 f.
[170] Vgl. Pellens u. a., 2014, S. 126.
[171] Vgl. Coenenberg/Haller/Schultze, 2014, S. 1011. und vgl. Pellens u. a., 2014, S. 141–145.
[172] Vgl. Coenenberg/Haller/Schultze, 2014, S. 653–657.

5.4   Kritische Würdigung

5.4.1   Bilanzpolitik im Laufe der Zeit

5.4.1.1   Wandel der Bilanzpolitik nach HGB

Die im Abschn. 5.3.2 genannten bzw. erläuterten Ermessensspielräume und Wahlrechte entstanden u. a. durch das BilMoG, aber auch davor gab es Gesetze, die Wahlrechte und Spielräume gewährten und/oder abschafften. So wurde am 13.02.1998 durch die Verabschiedung des Kapitalaufnahmeerleichterungsgesetzes (nachfolgend KapAEG) der § 292a HGB in das deutsche Recht eingefügt. Dieser enthielt ein Wahlrecht für Bilanzierende, den Konzernabschluss nach HGB, IFRS oder den Generally Accepted Accounting Principles (nachfolgend US-GAAP genannt) zu erstellen, falls das Mutterunternehmen börsennotiert ist.

Dieses durch das KapAEG geschaffene Wahlrecht wurde durch das am 04.12.2004 verabschiedete Bilanzrechtsreformgesetz (nachfolgend BilReG genannt) abgeschafft. Stattdessen müssen seit dem 01.01.2005 kapitalmarktorientierte Unternehmen den Konzernabschluss zwingend nach IFRS erstellen. Dabei reicht nach § 315a Abs. 2 HGB die Beantragung auf Zulassung zum Wertpapierhandel aus, um als kapitalmarktorientiert zu gelten. Für nicht-kapitalmarktorientierte Unternehmen schuf das BilReG mit dem § 315a Abs. 3 HGB das Wahlrecht, auf freiwilliger Basis einen befreienden Konzernabschluss nach IFRS zu erstellen. Die Möglichkeit, einen befreienden Konzernabschluss nach US-GAAP zu erstellen, entfiel. Ein weiteres durch das Gesetz entstandenes Wahlrecht ist, zu Offenlegungszwecken nach § 325 Abs. 2a u. 2b HGB einen Einzelabschluss nach IFRS zu erstellen. Dieses Wahlrecht entbindet allerdings nicht von der Pflicht der Erstellung eines Einzelabschlusses nach HGB.[173]

Eine große Veränderung des deutschen Handelsrechts bewirkte das am 29.05.2009 in Kraft getretene BilMoG.[174] Im Zuge dessen wurden zahlreiche Wahlrechte, von denen eines das Ansatzwahlrecht für Aufwandsrückstellungen war, gestrichen.[175] Darüber hinaus wurden die Bewertungsvereinfachungsverfahren eingeschränkt, so dass nach § 256 HGB nur noch die Lifo- und die Fifo-Methode sowie nach den GoB die Durchschnittsmethoden zulässig sind.[176] Allerdings eröffnete das BilMoG dem Bilanzierenden Wahlrechte von ökonomischer Bedeutung.[177] Eines davon ist das explizite Ansatzwahlrecht für selbst geschaffene immaterielle Vermögensgegenstände des Anlagevermögens.[178] Des Weiteren wurde der Grundsatz der umgekehrten Maßgeblichkeit aufgehoben, weswegen von einer

---

[173] Vgl. Coenenberg/Haller/Schultze, 2014, S. 11–14.
[174] Vgl. Petersen/Zwirner/Künkele, 2009, S. 1.
[175] Vgl. Küting, 2009, S. 95 f.
[176] Vgl. Zündorf, 2009, S. 112. und vgl. Küting, 2009a, S. 116.
[177] Vgl. Weil, 2014, S. 158.
[178] Vgl. Bitz/Schneeloch/Wittstock, 2011, S. 149.

Annäherung des HGBs an die IFRS gesprochen wird, wobei eine vollständige Überein-stimmung der beiden Rechnungslegungsnormen nicht das Ziel war.[179]

5.4.1.2 Wandel der Bilanzpolitik nach IFRS

Auch bei dem Normensystem IFRS gab es über die Jahre hinweg Änderungen. So ent-hielten die vom International Accounting Standards Committee (nachfolgend IASC ge-nannt) herausgegebene International Accounting Standards (nachfolgend IAS genannt) zahlreiche Wahlrechte. Durch den Einfluss des Weltverbandes der Börsenaufsichtsbehör-den strich das Rechnungslegungsgremium alle nicht in den IAS enthaltenen Wahlrechte und nahm Stellung zu den Wahlrechten in den Standards. Im Zuge einer Reorganisation im Jahr 2001 wurde das IASC durch das neu gegründete International Accounting Stan-dards Board (nachfolgend IASB genannt) abgelöst. Bis zu seiner Ablösung hat das IASC insgesamt 41 IAS veröffentlicht.[180] Obwohl viele davon überarbeitet und/oder gestrichen wurden, sind zum heutigen Zeitpunkt noch 28 IAS gültig.[181]

Nach Gründung des IASB wurden durch das sog. Improvement Projekt viele Wahl-rechte und ein ganzer Standard der IAS gestrichen. Daraus resultierte die Anerkennung der EU, wodurch seit 2005 börsennotierte Unternehmen verpflichtet sind den Konzernab-schluss nach IFRS aufzustellen. Des Weiteren wurde eine Konvergenz mit den US-GAAP angestrebt, wodurch im Jahr 2002 das Norwalk-Agreement und im Jahr 2006 das Memo-randum of Understanding verabschiedet wurden.[182]

Das Normensystem IFRS unterliegt fortwährenden Änderungen. So wurden im Ju-li 2014 nach einer Diskussion des IASB die Standards IFRS 5, IFRS 7 und IAS 34 aktualisiert. Die Erstanwendung dieser geänderten Standards erfolgt ab dem 1. Janu-ar 2016.[183] Des Weiteren wurde u. a. der Standard IFRS 11 so geändert, dass dieser zusätzlich eine Klarstellung der Bilanzierung von Anteilen aus der gemeinschaftlichen Tätigkeit enthält. Diese Änderung tritt ab dem 1. Januar 2016 in Kraft, wobei eine frühere Anwendung mit entsprechenden Angaben gestattet ist.[184] Neben Änderungen an beste-henden werden auch neue Standards veröffentlicht. Einer davon ist der am 24. Juli 2014 vom IASB herausgegebener IFRS 9 Finanzinstrumente. Dieser regelt die Bilanzierung von Finanzinstrumenten und ersetzt IAS 39 vollständig.[185] Die Erstanwendung dieses Stan-dards erfolgt ab dem 1. Januar 2018, wobei eine vorzeitige Anwendung möglich ist.[186]

---

[179] Vgl. Lorson, 2009, S. 21 ff.
[180] Vgl. Buschhüter/Striegel, 2009, S. 29 f.
[181] Vgl. IASB, 2015, S. 36–743.
[182] Vgl. Buschhüter/Striegel, 2009, S. 30 f. und vgl. Hayn/Waldersee, 2014, S. 7–11.
[183] Vgl. Hayn/Waldersee, 2014, S. 7.
[184] Vgl. Deloitte, 2014.
[185] Vgl. Deloitte, 2014a.
[186] Vgl. Hayn/Waldersee, 2014, S. 6.

5.4.2   Ausübung der Bilanzpolitik deutscher Unternehmen

Um Bilanzpolitik betreiben zu können, ist das Vorhandensein von Wahlrechten und Ermessensspielräumen essenziell. Diese sind, wie bereits aus den Abschn. 5.3.2 und 5.3.3
zu entnehmen ist, in den für deutsche Unternehmen relevante Rechnungslegungsvorschriften IFRS und HGB vorhanden.[187] Darüber hinaus muss sich ein Motiv zum Betreiben
von Bilanzpolitik finden und dies unterliegt der individuellen Zielsetzung des Bilanzierenden. So würde ein Unternehmer, um einer drohenden Übernahme zu entgehen, die
wirtschaftliche Lage durch bilanzielle Maßnahmen besonders negativ darstellen. Dagegen
gibt eine bevorstehende Unternehmensveräußerung den Grund zu einer positiven Darstellung der Erfolgs- und Eigenkapitalsituation. Hierbei sei außerdem angemerkt, dass die
Bilanzpolitik im HGB-Einzelabschluss Auswirkungen auf die Ergebnisermittlung und die
daraus veröffentlichten Unternehmensinformationen haben. Bei Einzelabschlüssen nach
IFRS und Konzernabschlüssen ausschließlich auf die Informationen, wobei diese genug
Anreize zur Ausübung bilanzpolitischer Maßnahmen geben.[188]

Die im Rahmen einer Dissertation von *Matthias Weil* erstellte empirische Untersuchung
deutscher nicht-kapitalmarktorientierter Unternehmen nach der BilMoG-Umstellung im
Jahr 2010 ergab, dass diese bilanzpolitische Maßnahmen zur Ergebnisglättung anwenden.
Der Grund hierfür ist die Auffassung schwankender Ergebnisse als unternehmerisches
Risiko.[189] Dieses Verhalten ist kein Phänomen ausschließlich deutscher nicht-kapitalmarktorientierter Unternehmen, sondern wurde in mehreren Untersuchungen auch bei
amerikanischen Unternehmen nachgewiesen.[190] Ein weiterer von der Studie erbrachter
Beweis ist, dass eine ergebniserhöhende Bilanzpolitik von Berufsmanagern bevorzugt
wird. Als mögliche Motivation ihres Handelns nannte sie eine auf Ergebniskennzahlen
bezogene variable Entlohnung. Darüber hinaus liefert die Studie schwache Hinweise auf
die gezielte Nutzung von Wahlrechten zur Erhöhung der EK-Quote. Zu guter Letzt zeigt
sie eine Korrelation von großen Unternehmen mit Wahlrechten, deren Ausübung einen
erhöhten Buchhaltungsaufwand erfordert.[191]

5.4.3   Auswirkung auf Bilanzkennzahlen

5.4.3.1   Freiwillige Abschlusserstellung nach IFRS

5.4.3.1.1   Eigenkapitalquote
Ein bedeutendes Wahlrecht ist die Erstellung eines freiwilligen IFRS-Einzelabschlusses
zu Offenlegungszwecken und die Wahlmöglichkeit, nicht-kapitalmarktorientierter Mut-

[187] Vgl. Wagenhofer/Ewert, 2014, S. 300.
[188] Vgl. Coenenberg/Haller/Schultze, 2014, S. 1001 ff.
[189] Vgl. Weil, 2014, S. 158 f.
[190] Vgl. Lindemann, 2004, S. 248 f.
[191] Vgl. Weil, 2014, S. 158 f.

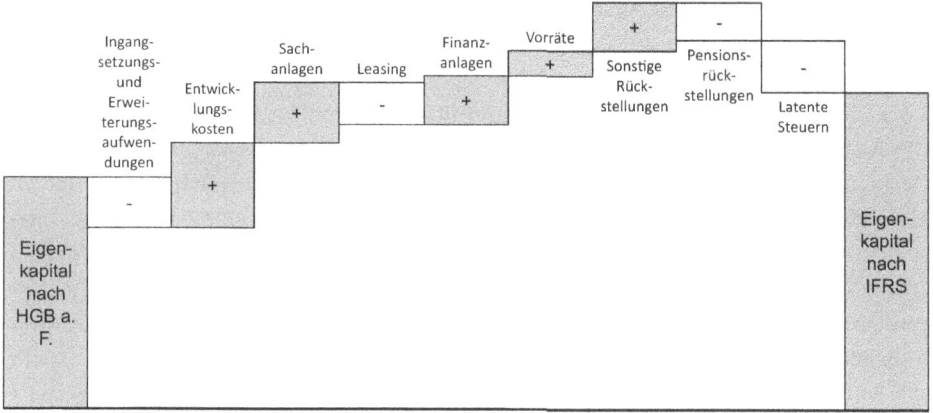

Abb. 5.9 Auswirkungen einer Umstellung von HGB a. F. auf IFRS (Tendenzen). (In Anlehnung an Lorson/Zündorf 2009, S. 732)

terunternehmen anstelle nach HGB den Konzernabschluss nach IFRS zu erstellen. Gründe für derartiges Handeln sind die Ermessensspielräume und größeren Gestaltungspotenziale.[192] Des Weiteren wurde bei Umstellungen von Abschlüssen nach HGB a. F. zu IFRS im Durchschnitt eine Erhöhung des Eigenkapitals beobachtet.[193] Allerdings war nicht immer von einer Erhöhung auszugehen, da eine empirische Untersuchung von *Burger, Fröhlich* und *Ulbrich* einen Rückgang des EKs bei einem Viertel der untersuchten Unternehmen ermittelte.[194] Abb. 5.9 zeigt die wesentlichen Quellen der Eigenkapitalveränderung.

Im weiteren Abschnitt wird von einer Erhöhung des EKs bei einem Wechsel des Rechnungslegungssystems ausgegangen, da dies im Durchschnitt, wenn auch nicht zwangsläufig, der Fall war. Durch einen Anstieg des EKs erfolgt nur dann eine Erhöhung der EK-Quote, wenn dessen Steigerung größer als die des GKs ist. Im Durchschnitt war von einer höheren EK-Quote auszugehen mit einem möglichen, daraus resultierenden besseren Ratingergebnis.[195] Seit dem BilMoG ist bei dem Systemwechsel von einer geringeren Änderung des EKs auszugehen.[196] Der Grund hierfür ist die durch das Gesetz herbeigeführte Annäherung der Vorschriften des HGBs an die der IFRS.[197] Außerdem haben Personengesellschaften bei der Abschlusserstellung nach IFRS zu beachten, dass es aufgrund des im Jahr 2008 geänderten IAS 32 zu einer Umqualifizierung des EK zu bilanziellem FK kommt.[198] Somit führt die Ausübung des Wahlrechts mit einer hohen Wahrscheinlich-

---

[192] Vgl. Lorson/Zündorf, 2009, S. 730.
[193] Vgl. Leker/Mahlstedt/Kehrel, 2008, S. 379 f.
[194] Vgl. Oehler, 2005, S. 97.
[195] Vgl. Lorson/Zündorf, 2009, S. 730 f. und vgl. Oehler, 2005, S. 156 f.
[196] Vgl. Lorson/Zündorf, 2009, S. 730.
[197] Vgl. Lorson/Melcher/Zündorf, 2009, S. 43 f.
[198] Vgl. Deloitte, 2008.

keit zu einer Änderung der EK-Quote, wobei deren Ausmaß und Ausschlag individueller Natur ist.

5.4.3.1.2 Kennzahlen der statischen Liquidität

Die Kennzahl Deckungsgrad A ist das Verhältnis des EKs zum Anlagevermögen. Beim Deckungsgrad B wird bei der Ermittlung des Verhältnisses das langfristige FK zum EK hinzuaddiert bevor dieses Ergebnis in Relation zum Anlagevermögen gebracht wird.[199] Eine mögliche Erhöhung des EKs beim Wechsel von HGB zu IFRS ist im Abschn. 5.4.3.1.1 erläutert. Von einer Erhöhung des Anlagevermögens ist auszugehen, da der GoF im Gegensatz zum HGB nur bei Bedarf abgeschrieben wird.[200] Ein weiterer Grund für diese Annahme ist das nach HGB bestehende Ansatzwahlrecht für selbstgeschaffene immaterielle Vermögensgegenstände, während diese nach IFRS einem Ansatzgebot unterliegen.[201] Dadurch kann bezüglich der Entwicklung dieser Kennzahlen im Rahmen einer Umstellung keine eindeutige Aussage getroffen werden.[202]

Um eine Aussage über die statische Liquidität zu treffen, werden neben den Deckungsgraden auch die Liquiditätsgrade ermittelt. Diese bilden das Verhältnis verschiedener kurzfristiger Vermögenswerte (bspw. Zahlungsmittel plus Zahlungsmitteläquivalente oder Umlaufvermögen) zum kurzfristigen FK.[203] In die Kategorie Zahlungsmittel und Zahlungsmitteläquivalente gehören u. a. die sog. freistehenden Derivate. Deren Höhe der Folgebewertung wird durch den beizulegenden Zeitwert am Bilanzstichtag bestimmt.[204] Dadurch ist mit einem Anstieg des Dividenden zu rechnen. Bezogen auf das kurzfristige FK werden nach IFRS die Finanzinstrumente klassifiziert. Je nach Kategorie hat das zur Folge, dass die Folgebewertung entweder zu fortgeführten Anschaffungskosten oder zum jeweiligen aktuellen Zeitwert erfolgt.[205] Aufgrund dessen ist ebenfalls mit einer Erhöhung des Divisors zu rechnen, wodurch eine eindeutige Aussage bezüglich der Änderung der Kennzahl nicht getroffen werden kann.[206]

5.4.3.1.3 Umschlagshäufigkeit und Vorratsbindung

Dieser Abschnitt beschäftigt sich mit der Frage, ob eine Umstellung nach IFRS Auswirkungen auf die Umschlagshäufigkeit hat. Näher eingegangen wird diesbezüglich auf die Kennzahl Umschlagshäufigkeit des GKs, welche aus dem Verhältnis der Umsatzerlöse zum GK gebildet wird.[207] Da IFRS bei Langfristfertigungen mit Erfüllung gewisser Kriterien nach IAS 11 die PoC-Methode vorschreibt und diese nach HGB nicht zuläs-

---

[199] Vgl. Küting/Weber, 2015, S. 156. und vgl. Peemöller, 2001, S. 352 ff.
[200] Vgl. Coenenberg/Haller/Schultze, 2014, S. 698 f.
[201] Vgl. Buchholz, 2011, S. 48. & 243 ff.
[202] Vgl. Oehler, 2005, S. 157.
[203] Vgl. Küting/Weber, 2015, S. 159 f.
[204] Vgl. Coenenberg/Haller/Schultze, 2014, S. 294.
[205] Vgl. Lüdenbach, 2013, S. 151.
[206] Vgl. Oehler, 2005, S. 158.
[207] Vgl. Coenenberg/Haller/Schultze, 2014, S. 1068.

sig ist, ergeben sich Unterschiede bei dem Erfolgsausweis.[208] Dies hat zur Folge, dass in den Perioden der Fertigstellungen nach IFRS erstellte Abschlüsse größere Umsatzerlöse ausweisen, da diese anteilig realisierte Erlöse ausweisen müssen.[209] Hierbei sind jedoch latente Steuern zu bilden, welche ein daraus resultierendes höheres GuV-Ergebnis wieder mindern.[210] Die erfassten Erträge sind nach IAS 11 als Forderungen aus PoC auszuweisen.[211] Durch diesen Ausweis steigt das Umlaufvermögen ebenso wie die Umsatzerlöse an, falls es zur Anwendung dieser Methode kommt. Bezogen auf die Kennzahl kann somit keine eindeutige Aussage über deren Entwicklung getroffen werden.[212] Wird jedoch die absolute Kennzahl Umsatzerlöse betrachtet, fällt auf, dass durch die PoC-Methode bei einem IFRS-Abschluss in den Perioden der Fertigstellung diese höher als bei einem HGB-Abschluss ist. In der Periode der Umsatzrealisierung weißt der letztgenannte Abschluss mehr Umsatzerlöse aus.[213]

Bezogen auf die Forderungsumschlagshäufigkeit ergeben sich durch die Anwendung der PoC-Methode ebenfalls Unterschiede. Gebildet wird die Kennzahl aus dem Verhältnis der Umsatzerlöse zu dem durchschnittlichen Forderungsbestand.[214] Da durch die Methode sowohl Dividend als auch Divisor steigen, ist eine eindeutige Aussage bezüglich der Kennzahlentwicklung bei einem Wechsel des Normensystems nicht möglich.[215]

Eine weitere Veränderung der Kennzahlen durch die Methode ergibt sich bei der Betrachtung des Bestands an Vorräten. Nach den Vorschriften des HGBs müssen bei einer langfristigen Auftragsfertigung unfertige Erzeugnisse angesetzt werden, deren Ansatzhöhe durch die Herstellungskosten ermittelt wird. Diese Bilanzposition gehört zu dem Sammelposten Vorräte.[216] In Folge der Anwendung der PoC-Methode werden die Fertigungsaufträge unter den Forderungen ausgewiesen.[217] Dadurch resultieren beim Vergleich der Bilanzpositionen Forderungen und Vorräte bei HGB und IFRS Unterschiede. Die Änderung der letztgenannten Position hat außerdem Auswirkung auf die relative Kennzahl Bindung des Vorratsvermögens.[218] Diese wird durch das Verhältnis der Vorräte zu den Umsatzerlösen gebildet.[219] Durch Verringerung des Dividenden und Erhöhung des Divisors hat eine Nutzung des Wahlrechts eine kleinere Kennzahl zur Folge, sofern nur die langfristige Auftragsfertigung betrachtet wird. Zu beachten ist jedoch, dass durch die Umstellung des Rechnungslegungswerks aufgrund anderer Vorschriften weitere Auswir-

---

[208] Vgl. Buchholz, 2011, S. 157–161.
[209] Vgl. Oehler, 2005, S. 155.
[210] Vgl. Lüdenbach, 2010, S. 840 f.
[211] Vgl. Lüdenbach, 2013, S. 191.
[212] Vgl. Oehler, 2005, S. 154 f.
[213] Vgl. Buchholz, 2011, S. 160 ff.
[214] Vgl. Baetge/Kirsch/Thiele, 2004, S. 218.
[215] Vgl. Oehler, 2005, S. 154 f.
[216] Vgl. Coenenberg/Haller/Schultze, 2014, S. 229 ff.
[217] Vgl. Lüdenbach, 2013, S. 191.
[218] Vgl. Oehler, 2005, S. 154 f.
[219] Vgl. Coenenberg/Haller/Schultze, 2014, S. 1067.

kungen auf die Kennzahl stattfinden. Darum ist eine eindeutige Aussage bezüglich der Kennzahlentwicklung durch Änderung des Normensystems nicht möglich.[220]

5.4.3.1.4 Kennzahlen der Rentabilität

Die EK-Rentabilität dient zur Ermittlung einer Verzinsung des von den Eigentümern eingesetzten Kapitals. Sie wird aus dem Verhältnis des Jahresüberschusses zum EK gebildet.[221] Weitere Varianten existieren, bspw. besteht der Divisor aus dem durchschnittlichen EK inklusive der Hälfte der geplanten Ausschüttung.[222] Durch eine Umstellung auf IFRS wird der Zähler u. a. durch die Anwendung der PoC-Methode betroffen, so dass dieser temporär aufgrund der Gewinnvorverlagerung erhöht wird. Des Weiteren besteht ein Ansatzgebot für selbstgeschaffene immaterielle Vermögensgegenstände, so dass bei Nichtnutzung des HGB-Ansatzwahlrechts der Aufwand im Rahmen der Erstaufstellung niedriger ist. Allerdings ist dadurch und durch die Umstellung auf eine mögliche Neubewertung des Sachanlagevermögens mit zukünftigen höheren Abschreibungen zu rechnen. Über die Veränderung des EKs wurde im Abschn. 5.4.1.1.1 ausführlich berichtet. Somit ist keine allgemeine Aussage über die Entwicklung der Eigenkapitalrentabilität möglich.[223]

Die Umsatzrentabilität ist das Verhältnis des Jahresüberschusses bzw. Jahresfehlbetrags zu den Umsatzerlösen. Eine weitere Variante entsteht durch das Austauschen des Jahresüberschusses durch das ordentliche Betriebsergebnis.[224] Ziel der Kennzahl ist die Angabe der durchschnittlichen erwirtschafteten Marge bezogen auf den Umsatz.[225] Wird durch die IFRS-Umstellung die PoC-Methode angewandt, hat diese Einfluss auf den Zähler und Nenner. Des Weiteren kann wie bereits im vorherigen Abschnitt beschrieben das Ansatzgebot für selbsterstellte immaterielle Vermögensgegenstände den Jahresüberschuss beeinflussen. Somit kann ebenfalls für die Umsatzrentabilität keine eindeutige Aussage über deren Veränderung durch die IFRS-Umstellung getroffen werden.[226]

5.4.3.2 Kennzahlen nach HGB

5.4.3.2.1 Eigenkapitalquote

Der Ausweis eines möglichst hohen EKs bzw. einer möglichst hohen EK-Quote ist eines der Ziele der progressiven Bilanzpolitik.[227] Maßnahmen zur Erreichung dieses Ziels sind u. a. die Aktivierung der Entwicklungskosten nach § 248 Abs. 2 HGB im Rahmen des Ansatzes von selbst geschaffenen immateriellen Vermögensgegenständen. Dieser Aktivposten wird dann in den folgenden Perioden nach § 253 Abs. 3 HGB planmäßig und ggf.

---

[220] Vgl. Oehler, 2005, S. 155 f.
[221] Vgl. Bitz/Schneeloch/Wittstock, 2011, S. 635.
[222] Vgl. Brösel, 2014, S. 204.
[223] Vgl. Oehler, 2005, S. 158 f.
[224] Vgl. Küting/Weber, 2015, S. 330.
[225] Vgl. Coenenberg/Haller/Schultze, 2014, S. 1163.
[226] Vgl. Oehler, 2005, S. 159.
[227] Vgl. Petersen/Zwirner/Künkele, 2009, S. 16 f.

außerplanmäßig abgeschrieben.[228] Die Nutzung dieses Wahlrechts hat zur Folge, dass in der Periode der Aktivierung bis zur vorletzten Periode der Abschreibung Unternehmen mehr EK ausweisen können durch die Verteilung der Entwicklungsaufwendungen auf mehrere Perioden. In der Periode der letzten Abschreibung ist dieser Effekt allerdings aufgehoben. Dies gilt unter sonst gleichen Bedingungen analog für die EK-Quote.

Ein weiteres Wahlrecht zur Erhöhung des EKs ist nach § 250 Abs. 3 HGB der Ansatz eines Disagios. Dies resultiert aus einer möglichen Abweichung des Auszahlungs- zum Erfüllungsbetrag eines Darlehens. Wird das Wahlrecht ausgeübt, erfolgt eine periodengerechte Verteilung des Aufwands. Bei Nichtnutzung wird das Disagio sofort als Aufwand verrechnet.[229] Somit weisen Unternehmen bei Nutzung bis zur Periode der vorletzten Abschreibung bei sonst gleichen Bedingungen mehr EK aus und haben eine höhere EK-Quote.

Ein weiteres Wahlrecht zur Beeinflussung des EKs ist nach § 274 Abs. 1 HGB der Ansatz von latenten Steuern.[230] Neben Ansatz- beeinflussen auch Bewertungswahlrechte das EK. So weisen Bilanzierende unter der Annahme, dass Diensteintritt und Pensionszusage nicht übereinstimmen und sonst gleiche Bedingungen herrschen, nach der Teilwertmethode eine höhere Pensionsrückstellung auf. Dafür wird die Rückstellung nach der Gegenwartswertmethode über die Perioden stärker erhöht, so dass in der Periode bei Eintritt des Versorgungsfalles mit beiden Methoden der gleiche Wert ermittelt wird. Einen weiteren Einfluss auf die Höhe der Rückstellung hat der Ermessensspielraum bei den Annahmen zur Berechnung.[231] Bezogen auf die Bewertungsmethoden weisen Bilanzierende nach der Gegenwartswertmethode bis zum Eintritt mehr EK aus als nach der Teilwertmethode. Dies resultiert aus den durch die Rückstellungen entstehenden Aufwandsbuchungen, die das EK verringern.

5.4.3.2.2 Kennzahlen der statischen Liquidität

Über die Entwicklung des Deckungsgrades A kann keine eindeutige Aussage durch Wahrnehmung des Ansatzwahlrechts für selbstgeschaffene immaterielle Vermögenswerte getroffen werden. Der Grund ist die Erhöhung sowohl des Anlagevermögens als auch des EKs. Dadurch ist ebenfalls bei der Kennzahl Deckungsgrad B keine eindeutige Aussage möglich.

Anders ist die Situation bei der Wahrnehmung des Ansatzwahlrechts eines Disagios. Dies ist kein Bestandteil des Anlagevermögens, sondern wird als aktiver Rechnungsabgrenzungsposten behandelt.[232] Da durch eine Aktivierung der Zähler unverändert und wie bereits im Abschn. 5.4.3.2.1 beschrieben mehr EK ausgewiesen wird, erhöht sich die Kennzahl Deckungsbeitrag A. Die Kennzahl Deckungsbeitrag B wird ebenfalls erhöht, da bei einer Aktivierung das FK nicht verändert wird.

---

[228] Vgl. Bitz/Schneeloch/Wittstock, 2011, S. 828–831.
[229] Vgl. Buchholz, 2013, S. 59 ff.
[230] Vgl. Bitz/Schneeloch/Wittstock, 2011, S. 195 f.
[231] Vgl. Coenenberg/Haller/Schultze, 2014, S. 435–438.
[232] Vgl. Kußmaul, 2010, S. 75.

Wie bereits erläutert, beeinflusst die Wahl der Methode zur Ermittlung der Pensionsrückstellungen, unter der Prämisse einer Nichtübereinstimmung von Diensteintritt und Pensionszusage, die Höhe des EKs. Der Bilanzierende hat somit die Wahl mehr EK und geringere Pensionsrückstellungen auszuweisen oder umgekehrt. Unbeeinflusst von dieser Wahl ist jedoch die aktive Bilanzposition Anlagevermögen. Dadurch kann der Bilanzierende durch dieses Bewertungswahlrecht auf die Kennzahl Deckungsbeitrag A einwirken. Bezogen auf die Kennzahl Deckungsbeitrag B hat das Wahlrecht keinen Einfluss. Der Grund ist die Kategorisierung der Pensionsrückstellungen als langfristiges FK.[233]

Einfluss auf gewisse Kennzahlen der Liquiditätsgrade hat der Bilanzierende bei der Wertermittlung von zweifelhaften Forderungen. Als Grundlage einer außerplanmäßigen Abschreibung jener Bilanzposition ist die vernünftige kaufmännische Beurteilung möglicher Ausfälle. Dadurch hat der Bilanzierende diesbezüglich einen Ermessensspielraum bei der Ermittlung der Höhe.[234] Zu beachten sind bei der Ermittlung der Wertminderung allerdings ausgleichende betriebliche Verbindlichkeiten.[235] Ob dieser Ermessensspielraum Auswirkungen auf die Kennzahlen hat, hängt von der Wahl der kurzfristigen Vermögenswerte ab.

5.4.3.2.3 Weitere Kennzahlen

Die Ansatzwahlrechte für selbstgeschaffene immaterielle Vermögensgegenstände und Disagio wirken sich, neben den bisher erläuterten Kennzahlen, auch auf die Umschlagshäufigkeit des GKs aus. Unter der Prämisse der gleichbleibenden Höhe des FKs und der Inanspruchnahme der Wahlrechte weist der Bilanzierende mehr GK als ohne Wahrnehmung der Aktivierungsmöglichkeit aus. Das hat eine Erhöhung des Divisors und somit eine Verkleinerung der Kennzahl zur Folge. Ebenfalls wirken sich auf diese Kennzahl die bereits im Abschn. 5.4.3.2.2 erläuterten Ermessensspielräume bei der Wertermittlung zweifelhafter Forderungen aus. Eine dadurch entstandene außerplanmäßige Abschreibung hat eine Verkleinerung des EKs zur Folge und dadurch wird ebenfalls das GK verringert. Des Weiteren beeinflusst dieser Ermessensspielraum die Forderungsumschlagshäufigkeit. Durch eine außerplanmäßige Abschreibung wird in der Bilanz ein niedrigerer Forderungsbestand ausgewiesen. Das hat zur Folge, dass sich der Nenner dieser Kennzahl verkleinert und somit die Forderungsumschlagshäufigkeit größer wird.

Für die Bewertung der Vorräte kann der Bilanzierende die im Abschn. 5.3.2.1.1 genannten Bewertungsvereinfachungen in Anspruch nehmen, falls diese gewisse Voraussetzungen erfüllen. Dadurch können durch die verschiedenen Methoden unter Umständen unterschiedliche Werte ermittelt werden. Zu beachten ist jedoch immer, ob der Anlass zu einer außerplanmäßigen Abschreibung gegeben ist.[236] Darüber hinaus ist zu beachten, dass aufgrund des Stetigkeitsprinzips nicht einfach die Bewertungsmethoden gewechselt

---

[233] Vgl. Lachnit, 2004, S. 24.
[234] Vgl. Coenenberg/Haller/Schultze, 2014, S. 256.
[235] Vgl. Kozikowski/Roscher, 2012, S. 506 f.
[236] Vgl. Coenenberg/Haller/Schultze, 2014, S. 216–223.

werden können.[237] Ist ein Wechsel dennoch möglich und der Bilanzierende weist einen geringeren Vorratsbestand als nach der alten Methode aus, hat das eine Verkleinerung der Kennzahl zur Folge.

Bei Inanspruchnahme der Aktivierung selbstgeschaffener immaterieller Vermögensgegenstände hat dies Auswirkungen auf den Zähler und Nenner der Kennzahl EK-Rentabilität. Den gleichen Effekt hat die Aktivierung eines Disagios. Durch die Wahrnehmung dieser Wahlrechte werden große Abschreibungen einer Periode auf mehrere Perioden verteilt. Dadurch weist der Bilanzierende im Vergleich mehr EK und einen höheren Jahresüberschuss aus als durch Nichtanwendung der Wahlrechte, unter der Prämisse der sonst gleichen Verhältnisse. Dadurch ist eine eindeutige Aussage über die Entwicklung der Kennzahl durch die Inanspruchnahme nicht möglich. Ebenso wie bei einer durch den Ermessensspielraum bei den Forderungen durchgeführten außerplanmäßigen Abschreibung, da auch hier Zähler und Nenner verändert werden.

Bei der Kennzahl Umsatzrentabilität besteht durch die beiden genannten Ansatzwahlrechte nur Einflussnahme auf den Zähler der Kennzahl. So wird in der Periode der Aktivierung ein größerer Jahresüberschuss ausgewiesen, da durch die Wahlrechte der Aufwand über die Perioden verteilt und somit die Kennzahl erhöht wird. Allerdings ist dann in den folgenden Perioden bis zur letzten Periode der Aufwand durch die Abschreibungen erhöht. Dadurch wird in diesem Zeitraum eine geringere Umsatzrentabilität erreicht als bei einer Nichtinanspruchnahme der Wahlrechte unter der Prämisse der sonst gleichen Umstände.

5.4.3.3 Kennzahlen nach IFRS

5.4.3.3.1 Eigenkapitalquote

Obwohl der Bilanzierende nach IFRS aufgrund des IAS 38 einem Ansatzgebot für selbstgeschaffene immaterielle Vermögenswerte unterliegt, beinhaltet dieser Standard viele Ermessensspielräume aus denen ein faktisches Ansatzwahlrecht resultiert.[238] Des Weiteren besteht ein Wahlrecht bei der Folgebewertung zwischen dem Anschaffungskosten- und dem Neubewertungsmodell. Bei letzterer Methode müssen aber gewisse Kriterien erfüllt sein, wodurch deren Anwendung in der Praxis nur beschränkt möglich ist.[239] Bezogen auf die Entwicklung des auszuweisenden EKs und der EK-Quote bei Ansatz und Folgebewertung nach dem Anschaffungskostenmodell ist diese mit der in Abschn. 5.4.3.2.1 beschriebener Entwicklungen nach HGB-Recht vergleichbar. Der Grund ist die Übereinstimmung der Bewertungsmethode nach IFRS und der deutschen Gesetzgebung. Aussagen über die Entwicklung der Kennzahlen bei Anwendung der Neubewertungsmethode ist nicht möglich, da als Basis der Bewertung der beizulegende Zeitwert dient. Dieser kann unter oder über dem Bilanzwert liegen. Im letzteren Szenario kann eine Erhöhung der Bilanzposition immaterielle Vermögenswerte die Folge sein, wodurch sich das EK erhöht.[240] Bei

---

[237] Vgl. Wagenhofer/Ewert, 2015, S. 326.
[238] Vgl. Bitz/Schneeloch/Wittstock, 2011, S. 828–831.
[239] Vgl. Theile, 2012, S. 242 f.
[240] Vgl. Bitz/Schneeloch/Wittstock, 2011, S. 830 f.

gleichbleibendem FK und keinen weiteren Einflüssen auf das EK resultiert daraus eine Erhöhung der EK-Quote.

Eine weitere Einflussnahme auf das Eigenkapital besteht für den Bilanzierenden nach IFRS u. a. bei der Bildung von Rückstellungen. Nach IAS 37 darf eine Rückstellung nur passiviert werden, wenn die Wahrscheinlichkeit des Eintritts und des Ressourcenabflusses jeweils größer als 50 % ist.[241] Des Weiteren muss bei einem Ansatz die Höhe durch den Bilanzierenden zuverlässig geschätzt werden können. Dadurch resultieren Ermessensspielräume bei der Bilanzierung von Rückstellungen. Je nach Auslegung kann dies zur Folge haben, dass es zu keiner Bildung dieser Bilanzposition kommt sondern nur eine Eventualverbindlichkeit im Anhang angegeben werden muss.[242] Durch dieses Vorgehen werden Aufwandsbuchungen vermieden, wodurch das EK weniger belastet wird.[243] Das hat zur Folge, dass durch gezieltes Gestalten der Ermessensspielräume die Höhe des EK sowie bei sonst gleichen Verhältnissen auch die EK-Quote beeinflusst werden kann.

5.4.3.3.2   Kennzahlen der statischen Liquidität

Eine eindeutige Aussage über die Entwicklung der Kennzahl Deckungsgrad A durch das im Abschn. 5.4.3.3.2 erläuterte faktische Ansatzwahlrecht für selbstgeschaffene immaterielle Vermögensgegenstände kann nicht getroffen werden. Der Grund ist die gleichzeitige Veränderung des Zählers als auch des Nenners durch die Inanspruchnahme, da der betroffene Bilanzposten zum Anlagevermögen zählt.[244] Analog ist bei der Kennzahl Deckungsbeitrag B ebenfalls keine eindeutige Aussage über deren Entwicklung möglich.

Besteht für den Bilanzierenden durch gezielte Ausnutzung der Ermessensspielräume die Möglichkeit, eine Rückstellungsbildung zu verhindern, kann dieser die Kennzahl Deckungsbeitrag A beeinflussen. Durch die Vermeidung eines Aufwands wird das EK nicht negativ verändert, so dass der Zähler größer als bei einer Rückstellungsbildung ist. Unter der Prämisse eines konstanten Anlagevermögens und keinen weiteren Einflüssen auf das EK wird durch den Ausweis einer Eventualverbindlichkeit eine größere Kennzahl ermittelt als bei der Bildung einer Rückstellung. Bezogen auf die Kennzahl Deckungsbeitrag B entscheidet die Fristigkeit der Rückstellung ob durch eine Ansatzvermeidung der Bilanzierende Einfluss nehmen kann. Denn langfristige Rückstellungen werden dem langfristigen FK zugerechnet und kurzfristige Rückstellungen werden in die Kategorie kurzfristiges FK eingeordnet.[245] Handelt es sich um eine langfristige Rückstellung wird durch die Ansatzvermeidung der Zähler nicht beeinflusst. Bei einer kurzfristigen Rückstellung entwickelt sich die Kennzahl wie Deckungsbeitrag A.

Je nach Zusammensetzung der kurzfristigen Vermögenswerte kann der Bilanzierende durch die Vorratsbewertung den Liquiditätsgrad beeinflussen. Besteht die Möglichkeit Bewertungsvereinfachungsverfahren zu nutzen, erlauben die IFRS die Anwendung der

---

[241] Vgl. Coenenberg/Haller/Schultze, 2014, S. 454.

[242] Vgl. Lüdenbach, 2013, S. 206–210.

[243] Vgl. Coenenberg/Haller/Schultze, 2014, S. 451.

[244] Vgl. Buchholz, 2011, S. 92 ff.

[245] Vgl. Buchholz, 2011, S. 97 f.

Festbewertung, der einfachen und gewogenen Durchschnittsmethode sowie des Fifo-Verfahrens. Jedoch ist bei jeder Methode das strenge Niederstwertprinzip zu beachten.[246] Je nach Verfahren können unterschiedliche Werte ermittelt werden, wobei keine eindeutige Aussage über die Wertentwicklung möglich ist.

5.4.3.3.3 Weitere Kennzahlen

Wie bereits im Abschn. 5.4.3.1.3 erwähnt, ist nach IFRS bei langfristigen Fertigungsaufträgen die Bilanzierung nach der PoC-Methode vorgeschrieben. Hierbei ist es wichtig, dass diese die Merkmale einer „[k]undenspezifischen Fertigung und längerfristigen Fertigungsdauer" erfüllen.[247] Bedingung für die Anwendung ist nach IAS 11 eine zuverlässige Schätzung des Ergebnisses der Auftragsfertigung. Je nach Vertragstyp sind verschiedene Voraussetzungen gleichzeitig zu erfüllen, wie bspw. die zuverlässige Ermittlung und eindeutige Abgrenzung der Auftragskosten.[248] Ist eine verlässliche Schätzung des Ergebnisses nicht möglich, dürfen nur Umsätze in Höhe der angefallenen Kosten ausgewiesen werden. Ist im Laufe des Auftrags das Ergebnis verlässlich geschätzt worden, hat ein Wechsel zur PoC-Methode zu erfolgen.[249] Bezüglich der verlässlichen Schätzung des Fertigungsergebnisses hat der Bilanzierende erhebliche Ermessensspielräume, die in Summe einem faktischen Wahlrecht der Bilanzierungsmethode entsprechen. Da, wie bereits in Abschn. 5.4.3.1.3 beschrieben, durch die PoC-Methode die Umsatzerlöse gesteigert werden, hat der Bilanzierende somit Einfluss auf deren Höhe und bei sonst gleichen Verhältnissen auch auf die Kennzahl Umschlagshäufigkeit. Des Weiteren besteht die Möglichkeit der vorzeitigen Anwendung des IFRS 15 mit einer entsprechenden Angabe im Anhang.[250] Dadurch gelten für den Bilanzierenden andere Voraussetzungen für die Anwendung der PoC-Methode.[251] Weiteren Einfluss auf die Höhe der Umsatzerlöse hat der Bilanzierende durch die Bestimmung des Fertigungsgrads. Nach IAS 11.30 kann zur Ermittlung das „Verhältnis der bisher angefallenen Kosten zu den geschätzten Gesamtkosten" verwendet werden.[252] Weitere Möglichkeiten sind die Betrachtung des Verhältnisses der bisher erbrachten Leistung oder der vollendeten, physikalischen zur erbringenden Gesamtleistung.[253] Wird die PoC-Methode aufgrund der Regelung des IFRS 15 angewendet, muss nach anderen Methoden bilanziert werden. Erlaubt ist die Anwendung von input- oder output-orientierter Methoden.[254]

Bezüglich der Entwicklung der Kennzahlen Forderungsumschlagshäufigkeit und Vorratsbindung durch Anwendung der PoC-Methode wird auf den Abschn. 5.4.3.1.3 verwie-

---

[246] Vgl. Coenenberg/Haller/Schultze, 2014, S. 225 f.
[247] Buchholz, 2011, S. 159.
[248] Vgl. Coenenberg/Haller/Schultze, 2014, S. 235 f.
[249] Vgl. Hayn/Waldersee, 2014, S. 219.
[250] Vgl. Deloitte, 2014b.
[251] Vgl. Hayn/Waldersee, 2014, S. 217.
[252] Coenenberg/Haller/Schultze, 2014, S. 237.
[253] Vgl. Coenenberg/Haller/Schultze, 2014, S. 237. und vgl. Hayn/Waldersee, 2014, S. 223.
[254] Vgl. Hayn/Waldersee, 2014, S. 223.

sen. Einen weiteren Einfluss auf die zuletzt genannte Kennzahl hat die Wahl eines in Abschn. 5.3.3.1 genannten Bewertungsvereinfachungsverfahrens zur Wertermittlung der Vorräte. Eine eindeutige Aussage über die daraus folgenden Unterschiede der Bewertung und somit Auswirkungen auf die Kennzahl ist allerdings nicht möglich.

Da durch die Anwendung der PoC-Methode, wie bereits in Abschn. 5.4.3.1.4 beschrieben, der Zähler der Kennzahl EK-Rentabilität erhöht wird, führt die Wahrnehmung des faktischen Wahlrechts, bei sonst gleichen Umständen, zu einer Erhöhung dieser Kennzahl. Die Auswirkung des faktischen Wahlrechts zum Ansatz selbstgeschaffener immaterieller Vermögenswerte nach IFRS auf die Kennzahl, entspricht dem entsprechenden expliziten Ansatzwahlrecht nach HGB. Diesbezüglich wird auf den Abschn. 5.4.3.2.3 verwiesen. Wie bereits in Abschn. 5.4.3.3.1 erwähnt, können durch Ermessensspielräume bei der Bildung einer Rückstellung die Entstehung von Aufwand vermieden werden. Da durch den Ausweis einer Eventualverbindlichkeit kein Aufwand entsteht, wird somit der Zähler der Kennzahl nicht negativ beeinflusst. Dadurch wird bei sonst gleichen Umständen eine größere Kennzahl als bei Bildung einer Rückstellung ausgewiesen.

Über die Auswirkung der Anwendung der PoC-Methode auf die Kennzahl Umsatzrentabilität kann keine eindeutige Aussage getroffen werden, da die Methode sowohl Zähler als auch Nenner erhöht. Durch das faktische Ansatzwahlrecht von selbstgeschaffenen immateriellen Vermögenswerten wird Aufwand periodisiert. Dadurch weist der Bilanzierende in der Periode des Ansatzes einen größeren Zähler als bei Nichtansatz aus. In den Perioden der Abschreibungen wird aus den daraus resultierenden Aufwendungen der Zähler verringert. Dadurch kann bei sonst gleichen Verhältnissen durch das faktische Wahlrecht in der Periode des Ansatzes eine höhere Kennzahl ausgewiesen werden. In den Perioden der Abschreibung wird allerdings eine kleinere Kennzahl als bei Nichtansatz gezeigt. Durch das faktische Wahlrecht zur Bildung einer Rückstellung kann der Bilanzierende ebenfalls Einfluss auf die Kennzahl ausüben. Kann dieser eine Eventualverbindlichkeit ausweisen, wird der Zähler nicht negativ verändert. Bei sonst gleichen Umständen wird somit eine größere Kennzahl generiert.

5.4.4   Kritik an der Ausübung von Bilanzpolitik

Die vorherigen Gliederungspunkte zeigen deutlich wie durch Wahlrechte und Ermessensspielräume die Bilanz- sowie GuV-Positionen und somit die daraus ermittelten Kennzahlen beeinflusst werden können. Das Ziel des externen Bilanzanalysten ist es daher, Bilanzpolitik zu erkennen und deren Auswirkungen zu eliminieren.[255] Abhilfe schaffen Angaben im Anhang, wie z. B. über die Methodenwahl der Bilanzierung und Bewertung.[256] Allerdings weicht der Detaillierungsgrad der Anhangangaben in den Rechnungslegungsnormen IFRS und HGB voneinander ab. Des Weiteren sind die Ausübungen von Ermessensspiel-

---

[255] Vgl. Küting/Weber, 2015, S. 46 f.
[256] Vgl. Buchholz, 2013, S. 147.

räumen trotz den Informationen des Anhangs nicht immer erkennbar.[257] Aus Sicht Kütings und Webers kann deshalb „das bilanzpolitische Instrumentarium eingeteilt werden in

- bilanzpolitische Maßnahmen, deren quantitative Auswirkungen auf das vermittelte Bild der Unternehmenslage erkennbar sind,
- bilanzpolitische Maßnahmen, die zwar dem Grunde nach erkennbar sind, deren Auswirkungen jedoch nicht quantifiziert werden können, und
- bilanzpolitische Maßnahmen, die weder dem Grunde noch in der Höhe nach identifiziert werden können.“[258]

Explizite Wahlrechte werden je nach dazugehörigen Angabepflichten in die erste oder zweite Kategorie eingeordnet. Die Kategorisierung in die erste oder zweite Gruppe, der aus Ermessensspielräumen resultierenden faktischen Wahlrechte, ist abhängig von der Nachvollziehbarkeit ihrer Auswirkungen auf die Bilanz und GuV. Ermessensspielräume selbst werden in die dritte Kategorie eingeordnet.[259] Maßnahmen der ersten Kategorie beeinträchtigen die Bilanzanalyse kaum und können in der Regel durch Bildung einer Strukturbilanz umgangen werden. Über die Auswirkung von Maßnahmen der zweiten Kategorie können nur Tendenzaussagen getroffen werden. Maßnahmen der dritten Gruppierung gelten dagegen als unkorrigierbar.[260] Daher gilt, je mehr Maßnahmen der zweiten und vor allem dritten Kategorie zum Einsatz kommen, desto geringer ist die Vergleichbarkeit von Kennzahlen. Bei Betrachtung der möglichen Bilanzpolitik der beiden Rechnungslegungssysteme fällt des Weiteren auf, dass IFRS eine beachtliche Menge an Ermessensspielräumen aufweist aber nach HGB mehr explizite Wahlrechte bestehen.[261]

5.5 Zusammenfassung der Ergebnisse und Fazit

Zusammenfassend besitzen Bilanzierende durch Wahlrechte und Ermessensspielräume Einfluss bei dem Ansatz und der Bewertung von Bilanz- und GuV-Positionen. Durch diese Möglichkeit der Bilanzpolitik können auch Kennzahlen in einem gewissen Rahmen bewusst manipuliert werden. Dadurch wird allerdings die Vergleichbarkeit dieser eingeschränkt. Des Weiteren ist zu beachten, dass durch Wahlrechte und Ermessensspielräume bei manchen Kennzahlen sowohl der Zähler als auch der Nenner verändert werden und darum allgemeine Aussagen über die daraus resultierende Entwicklung nicht möglich sind.

Als ein besonderes Wahlrecht kann die Möglichkeit der Erstellung eines Konzernabschlusses nach IFRS für nicht-kapitalmarktorientierte Unternehmen gesehen werden.

---

[257] Vgl. Coenenberg/Haller/Schultze, 2014, S. 1012.
[258] Küting/Weber, 2015, S. 47.
[259] Vgl. Wohlgemuth, 2007, S. 74.
[260] Vgl. Küting/Weber, 2015, S. 47. & S. 85 ff.
[261] Vgl. Coenenberg/Haller/Schultze, 2014, S. 1007–1011.

Denn daraus resultieren andere Wahlrechte und Ermessensspielräume als nach der HGB-Rechnungslegung. Durch das BilMoG kam es zwar zu einer Annäherung der deutschen Normen an die IFRS, dennoch existieren weiterhin Unterschiede bei der erlaubten Bilanzpolitik. So kann der Bilanzierende nach IFRS zwar auf weniger explizite Wahlrechte, jedoch auf mehr Ermessensspielräume als nach HGB zurückgreifen. Außerdem erlauben beide Rechnungslegungsnormen zumeist andere Möglichkeiten der Bilanzpolitik als das entsprechende Gegenstück. Um eine bessere Vergleichbarkeit der Kennzahlen aus den beiden Rechenwerken zu haben, sind weitere Konvergenzmaßnahmen wünschenswert.

Um trotz der ausgeübten Bilanzpolitik Kennzahlen miteinander vergleichen zu können, ist es für externe Bilanzanalysten wichtig, bilanzpolitische Maßnahmen und deren Auswirkungen zu erkennen und zu eliminieren. Während dies bei expliziten Wahlrechten durch Angaben im Anhang noch möglich sein kann, gelten Ermessensspielräume als unkorrigierbar. In Folge dessen ist aus Sicht externer Bilanzanalysten eine Abschaffung der Wahlrechte und Ermessensspielräume wünschenswert, um den Grad der Vergleichbarkeit von Kennzahlen zu erhöhen.

Literatur

Achleitner, Ann-Kristin/Behr, Giorgio (2003): International Accounting Standards, 3. Aufl., München: Franz Vahlen, 2003

Achleitner, Ann-Kristin/Behr, Giorgio/Schäfer, Dirk (2009): Internationale Rechnungslegung, 4. Aufl., München: Franz Vahlen, 2009

Bader, Axel (2015): Bilanzielle Aspekte von Joint Venture in der deutschen und internationalen Rechnungslegung, in: Torsten Fett u. a. (Hrsg.), Handbuch Joint Venture, 2015, S. 67–128.

Baetge, Jörg/Kirsch, Hans-Jürgen/Thiele, Stefan (2004): Bilanzanalyse, 2. Aufl., Düsseldorf: IDW, 2004

Baetge, Jörg/Kirsch, Hans-Jürgen/Thiele, Stefan (2011): Konzernbilanzen, 9. Aufl., Düsseldorf: IDW, 2011

Baetge, Jörg/Kirsch, Hans-Jürgen/Thiele, Stefan (2014): Bilanzen, 13. Aufl., Düsseldorf: IDW, 2014 (zit. nach Hasenburg/Hausen, 2009)

Bähr, Gottfried/Fischer-Winkelmann, Wolf (2003): Buchführung und Jahresabschluss, 8. Aufl., Wiesbaden: Gabler, 2003

Ballwieser, Wolfgang (2013): IFRS-Rechnungslegung, 3. Aufl., München: Franz Vahlen, 2013

Barth, Thomas/Barth, Daniela/Nassadil, Julian/Werner, Fabian (2014): Jahresabschlussanalyse mit Bilanzkennzahlen, Konstanz: UVK, 2014 (zit. nach Bieg/Kußmaul, 1998)

Bieg, Hartmut/Kußmaul, Heinz (1998): Externes Rechnungswesen, 2. Aufl., München: Oldenbourg, 1998

Bitz, Michael/Schneeloch, Dieter/Wittstock, Wilfried (2011): Der Jahresabschluss, 5. Aufl., München: Franz Vahlen, 2011

Blase, Steffen/Lange, Tobias/Müller, Stefan (2010): IFRS: Gesamtergebnisrechnung, Bilanz und Segmentberichterstattung, Berlin: Erich Schmidt, 2010

Brösel, Gerrit (2014): Bilanzanalyse, 15. Aufl., Berlin: Erich Schmidt, 2014

Buchholz, Rainer (2011): Internationale Rechnungslegung, 9. Aufl., Berlin: Erich Schmidt, 2011

Burger, Anton/Fröhlich, Jürgen/Ulbrich, Phillip (2004): Die Auswirkung der Umstellung von HGB auf IFRS auf wesentliche Kennzahlen der externen Unternehmensrechnung, in: KoR (2004), S. 353–366.

Buschhüter, Michael/Striegel, Andreas (2009): Internationale Rechnungslegung, Wiesbaden: Gabler, 2009

Buschhüter, Michael/Striegel, Andreas (2009): Einführung, in: Michael Buschhüter u. a. (Hrsg.), Internationale Rechnungslegung, S. 29–33.

Camphausen, Bernd (2013): Strategisches Management: Planung, Entscheidung, Controlling, München: Oldenbourg, 2013

Coenenberg, Adolf/Haller, Axel/Mattner, Gerhard/Schultze, Wolfgang (2014): Einführung in das Rechnungswesen, 5. Aufl., Stuttgart: Schäfer-Poeschel, 2014

Coenenberg, Adolf/Haller, Axel/Schultze, Wolfgang (2014): Jahresabschluss und Jahresabschlussanalyse, 23. Aufl., Stuttgart: Schäffer-Poeschel, 2014

Colbe, Walther Busse von/Ordelheide, Dieter/Gebhardt, Günther/Pellens, Bernhard (2010): Konzernabschlüsse, 9. Aufl., Wiesbaden: Gabler, 2010

Controlling und IFRS (2009): BilMoG und Controlling, München: Rudolf Haufe, 2009

Daum, Andreas/Petzold, Jürgens/Pletke, Matthias (2012): BWL für Juristen, 2. Aufl., Wiesbaden: Springer Gabler, 2012

Deloitte (2008): Puttable financial instruments and obligations arising on liquidation (2008-02-15), http://www.iasplus.com/en/publications/global/ifrs-in-focus/2008/ias-32-puttables (Zugriff 2015-07-14)

Deloitte (2014): IASB stellt Bilanzierung von Erwerben von Anteilen an einer gemeinsamen Geschäftstätigkeit klar (2014-05-06), http://www.iasplus.com/de/news/2014/mai/ifrs-11 (Zugriff 2015-07-13)

Deloitte (2014a): IFRS 9 (2014), http://www.iasplus.com/de/standards/ifrs/ifrs9 (Zugriff 2015-07-13)

Deloitte (2014b): IASB und FASB geben neue, konvergierte Standards zur Erlöserfassung heraus (2014-05-28), http://www.iasplus.com/de/news/2014/mai/ifrs-15 (Zugriff 2015-07-24)

Ellrott, Helmut (2010): Kommentierung des § 268 Abs. 7 HGB, in: Helmut Ellrott u. a. (Hrsg.), Beck'scher Bilanz-Kommentar, 2010, S. 944 f.

Ellrott, Helmut/Krämer, Andreas (2010): Kommentierung des § 247 Abs. 1 HGB, in: Helmut Ellrott u. a. (Hrsg.), Beck'scher Bilanz-Kommentar, 2010, S. 122–126

Ellrott, Helmut/Förschle, Gerhart/Kozikowski, Michael/Winkeljohann, Norbert (Hrsg.) (2010): Beck'scher Bilanz-Kommentar, München: Beck, 2010

Ellrott, Helmut/Försche, Gerhart/Grottel, Bernd/Kozikowski, Michael/Schmidt, Stefan/Winkeljohann, Norbert (Hrsg.) (2012): Beck'scher Bilanz-Kommentar, München: Beck, 2012

Fett, Torsten/Spiering, Christoph (2015): Handbuch Joint Venture, 2. Aufl., Heidelberg: C.F. Müller, 2015

Förschle, Gerhart/Kroner, Matthias (2010): Kommentierung des § 246 Abs. 1 HGB, in: Helmut Ellrott u. a. (Hrsg.), Beck'scher Bilanz-Kommentar, 2010, S. 87–117

Gerner-Beuerle, Carsten/Ahmad, Taris (2013a): Kommentierung des § 248 HGB, in: Oliver Haag u. a. (Hrsg.), HGB – Handelsgesetzbuch, 2013

Gerner-Beuerle, Carsten/Ahmad, Taris (2013b): Kommentierung des § 250 HGB, in: Oliver Haag u. a. (Hrsg.), HGB – Handelsgesetzbuch, 2013

Gerner-Beuerle, Carsten/Ahmad, Taris (2013c): Kommentierung des § 255 HGB, in: Oliver Haag u. a. (Hrsg.), HGB – Handelsgesetzbuch, 2013

Haag, Oliver/Löffler, Joachim (Hrsg.) (2013): Handelsgesetzbuch – HGB, 2. Aufl., Köln: ZAP, 2013

Hasenburg, Christoph/Hausen, Raphael (2009): Zur Umsetzung der HGB-Modernisierung durch das BilMoG: Bilanzierung von Altersversorgungsverpflichtungen (insbesondere aus Pensionszusagen) und vergleichbaren langfristigen fälligen Verpflichtungen unter Einbeziehung der Verrechnung mit Planvermögen, in: DB, 5 (2009), S. 38–46.

Hayn, Sven/Waldersee, Georg Graf (2014): IFRS und HGB im Vergleich, 8. Aufl., Stuttgart: Schaffer-Poeschel, 2014

Heuser, Paul/Theile, Carsten (2012): IFRS Handbuch, 5. Aufl., Köln: Otto Schmidt, 2012

Heyd, Reinhard/Lutz-Ingold, Martin (2005): Intangible Assets im Jahresabschluss nach IFRS – Ansatz- und Bewertungsvorschriften sowie bilanzpolitische Implikationen, in: ZfCM 3 (2005), S. 95–106.

Hirschler, Klaus (2012): Bilanzwissen für Führungskräfte, Wiesbaden: Springer Gabler, 2013

IASB (2015): International Financial Reporting Standards 2015, Weinheim: Wiley, 2015

Kozikowski, Michael/Roscher, Klaus (2012): Kommentierung des § 253 Abs. 4 HGB, in: Helmut Ellrot u. a. (Hrsg.), Beck'scher Bilanz-Kommentar, 2012, S. 492–513.

Kozikowski, Michael/Schubert, Wolfgang (2010): Kommentierung des § 253 Abs. 1 Satz 2 HGB, in: Helmut Ellrott u. a. (Hrsg.), Beck'scher Bilanz-Kommentar, 2010, S. 418–436.

Kozikowski, Michael/Schubert, Wolfgang (2010): Kommentierung des § 268 Abs. 5 HGB, in: Helmut Ellrott u. a. (Hrsg.), Beck'scher Bilanz-Kommentar, 2010, S. 941–943.

Kozikowski, Michael/Roscher, Klaus/Schramm, Marianne (2010): Kommentierung des § 253 Abs. 1 Satz 1 HGB, in: Helmut Ellrott u. a. (Hrsg.), Beck'scher Bilanz-Kommentar, 2010, S. 414–418.

Krüger, Günther (2014): Jahresabschlussanalyse in KMU, Herne: NWB, 2014

Kußmaul, Heinz (2010): Betriebswirtschaftliche Steuerlehre, 6. Aufl., München: Oldenbourg, 2010

Küting, Karlheinz (2009): Bilanzansatzwahlrechte, in: Karlheinz Küting u. a. (Hrsg.), Das neue deutsche Bilanzrecht, 2009, S. 83–99.

Küting, Karlheinz (2009a): Bewertungsvereinfachungsverfahren, in: Karlheinz Küting u. a. (Hrsg.), Das neue deutsche Bilanzrecht, 2009, S. 115–118.

Küting, Karlheinz/Tesche, Thomas (2009): Wirtschaftliche Zurechnung, in: Karlheinz Küting u. a. (Hrsg.), Das neue deutsche Bilanzrecht, 2009, S. 184–193

Küting, Peter/Weber, Claus-Peter (2015): Die Bilanzanalyse, 11. Aufl., Stuttgart: Schäffer-Poeschel, 2015

Küting, Karlheinz/Pfitzer, Norbert/Weber, Claus-Peter (2009): Das neue deutsche Bilanzrecht, 2. Aufl., Stuttgart: Schäffer-Poeschel, 2009

Küting, Karlheinz/Pfitzer, Norbert/Weber, Claus-Peter (2013): IFRS oder HGB?, 2. Aufl., Stuttgart: Schäffer-Poeschel, 2013

Lachnit, Laurenz (2004): Bilanzanalyse; 1. Aufl., Wiesbaden: Gabler, 2004

Leibfried, Peter/Weber, Ingo (2003): Bilanzierung nach IAS/IFRS, 1. Aufl., Wiesbaden: Gabler, 2003

Leker, Jens/Mahlstedt, Dirk/Kehrel, Uwe (2008): Auswirkungen der IFRS-Rechnungslegungsumstellung auf das Jahresabschlussbild, in: KoR 06 (2008), S. 379–387.

Lindemann, Jens (2004): Rechnungslegung und Kapitalmarkt, Lohmar: Josef Eul, 2004 (zugl. Diss. Univ. Gießen 2004)

Lorson, Peter (2009): Bedeutungsverschiebung der Bilanzierungszwecke, in: Karlheinz Küting u. a. (Hrsg.), Das neue deutsche Bilanzrecht, 2009, S. 3–37.

Lorson, Peter/Zündorf, Horst (2009): Controlling, in: Karlheinz Küting u. a. (Hrsg.), Das neue deutsche Bilanzrecht, 2009, S. 717–735.

Lorson, Peter/Melcher, Winfried/Zündorf, Horst (2009): Controller-spezifische Auswirkungen des BilMoG im Überblick, in: Controlling und IFRS (Hrsg.), BilMoG und Controlling, 2009, S. 41–64.

Lüdenbach, Norbert (2010): Fertigungsaufträge, in: Norbert Lüdenbach u. a. (Hrsg.), Haufe IFRS Kommentar, 2010, S. 803–851.

Lüdenbach, Norbert (2013): IFRS: Erfolgreiche Anwendung von IFRS in der Praxis, 7. Aufl., Freiburg: Haufe-Lexware, 2013

Lüdenbach, Norbert/Hoffmann, Wolf-Dieter (2010): Haufe IFRS Kommentar, 8. Aufl., Freiburg: Haufe-Lexware, 2010

Meth, Dirk (2007): Die IFRS als Grundlage der Rechnungslegung mittelständischer Unternehmen, Köln: Josef Eul, 2007 (zugl. Diss. Univ. Wuppertal 2007)

Meyer, Claus (1994): Betriebswirtschaftliche Kennzahlen und Kennzahlensysteme, 2. Aufl., Stuttgart: Wissenschaft & Praxis, 1994

Möller, Peter/Hüfner, Bernd/Keller, Erich/Ketteniß, Holger/Viethen, Heinz (2011): Konzernrechnungslegung, Heidelberg: Springer, 2011

Müller, Stefan (2007): IFRS: Grundlagen und Erstanwendung, Berlin: Erich Schmidt, 2009

Najderek, Anne (2009): Harmonisierung des europäischen Bilanzrechts, Wiesbaden: Gabler, 2009 (zugl. Diss. Univ. Mannheim 2009)

Nickenig, Karin/Wesselmann, Carsten (2014): Angewandtes Rechnungswesen, 1. Aufl., Wiesbaden: Springer Gabler, 2014

Oehler, Ralph (2005): Auswirkung einer IAS/IFRS-Umstellung bei KMU, München: Herbert Utz, 2005 (zugl. Diss. Univ. Erlangen-Nürnberg 2005) (zit. nach Burger/Fröhlich/Ulbrich, 2004)

Padberg, Thomas (2008) IFRS: Vorräte, Fertigungsaufträge, Forderungen, Berlin: Erich Schmidt, 2009

Peemöller, Volker H. (2001): Bilanzanalyse und Bilanzpolitik, Wiesbaden: Gabler, 2001

Pellens, Bernhard/Fülbier, Rolf Uwe/Gassen, Joachim/Sellhorn, Thorsten (2014): Internationale Rechnungslegung, 9. Aufl., Stuttgart: Schäffer-Poeschel, 2014

Perridon, Louis/Steiner, Manfred/Rathgeber, Andreas (2012): Finanzwirtschaft der Unternehmung, 16. Aufl., München: Franz Vahlen, 2012

Petersen, Karl/Zwirner, Christian/Künkele, Kai Peter (2009): Bilanzanalyse und Bilanzpolitik nach BilMoG, Herne: NWB, 2009

Scherrer, Gerhard (2012): Konzernrechnungslegung nach HGB, 3. Aufl., München: Franz Vahlen, 2012

Schroeter, Bernhard (2002): Operatives Controlling, Wiesbaden: Gabler, 2002 (zit. nach Meyer, 1994)

Sicherer, Klaus von (2013): Bilanzierung im Handels- und Steuerrecht, 2. Aufl., Wiesbaden: Springer Gabler, 2013

Theile, Carsten (2012): Immaterielle Vermögenswerte des Anlagevermögens (IAS 38), in: Paul Heuser u. a. (Hrsg.), IFRS Handbuch, 2012, S. 205–251.

Vinken, Horst/Seewald, Hans-Christoph/Korth, Michael/Dehler, Manfred (2009): BilMoG, Berlin: Erich-Schmidt, 2009

Wagenhofer, Alfred/Ewert, Ralf (2015): Externe Unternehmensrechnung, 3. Aufl., Berlin: Springer Gabler, 2015

Weber, Jürgen/Schäffer, Utz (2011): Einführung in das Controlling, 13. Aufl., Stuttgart: Schäffer-Poeschel, 2011

Weber, Jürgen/Weißenberger, Barbara (2010): Einführung in das Rechnungswesen, 8. Aufl., Stuttgart: Schäffer-Poeschel, 2010

Weil, Matthias (2014): Bilanzpolitik deutscher nicht-kapitalmarktorientierter Unternehmen – Drei empirische Studien (07-03-2014), http://edoc.hu-berlin.de/dissertationen/weil-matthias-2014-03-07/PDF/weil.pdf (Zugriff 10-07-2015) (Diss. rer. pol. Univ. Berlin 2014)

Wiederhold, Philipp (2007): Segmentberichterstattung und Corporate Governance, Wiesbaden: Gabler, 2008 (zugl. Diss. Univ. Frankfurt am Main, 2007)

Wohlgemuth, Frank (2007): IFRS: Bilanzpolitik und Bilanzanalyse, Berlin: Erich Schmidt, 2007

Wulf, Inge (2008): Immaterielle Vermögenswerte nach IFRS, Berlin: Erich Schmidt, 2008

Wysocki, Klaus von/Wohlgemuth, Michael/Brösel, Gerrit (2014): Konzernrechnungslegung, 5. Aufl., Konstanz: UKV, 2014

Zimmermann, Jochen/Werner, Jörg Richard/Hitz, Jörg-Markus (2011): Buchführung und Bilanzierung nach IFRS, 2. Aufl., München: Pearson, 2011

Zündorf, Horst (2009): Bewertungswahlrechte, in: Karlheinz Küting u. a. (Hrsg.), Das neue deutsche Bilanzrecht, 2009, S. 103–114.

Die neuen Vorschriften zur Umsatzrealisierung nach IFRS 15 – Eine kritische Analyse der gesetzten Ziele und notwendigen Umsetzungsmaßnahmen

6

Marlon Ramolla

Inhaltsverzeichnis

Abbildungsverzeichnis

M. Ramolla (✉)
Ernst & Young GmbH Wirtschaftsprüfungsgesellschaft
Berlin, Deutschland

© Springer Fachmedien Wiesbaden 2016
I. Malms (Hrsg.), *Erfolgreiche Abschlussarbeiten - Internationale Rechnungslegung*,
DOI 10.1007/978-3-658-13005-3_6

Abkürzungsverzeichnis

Abb.   Abbildung
bzgl.   bezüglich
bzw.   beziehungsweise
bspw.   beispielsweise
d. h.   das heißt
ED   Exposure Draft
etc.   et cetera
ggf.   gegebenenfalls
IAS   International Accounting Standards
IASB   International Accounting Standards Board
IFRIC   International Financial Reporting Interpretations Committee
IFRS   International Financial Reporting Standards
IRZ   Zeitschrift für internationale Rechnungslegung
FASB   Financial Accounting Standards Board
FASB ASC Financial Accounting Standards Board Accounting Standards Codification
KoR   Zeitschrift für internationale und kapitalmarktorientierte Rechnungslegung
PoC   Percentage of Completion
SIC   Standing Interpretations Committee
US-GAAP   United States Generally Accepted Accounting Principles
z. B.   zum Beispiel

6.1   Einleitung

Eine der größten Herausforderungen der immer weiter voranschreitenden Globalisierung ist es, die internationalen Geschäftsvorfälle verständlich und vor allem vergleichbar abzubilden.[1] Angesichts des Vergleiches und der hohen Konkurrenz international tätiger Unternehmen sowie der damit immer größer werdenden Bedeutung der Umsatzerlöse, nimmt diese Kenngröße immer mehr an Wichtigkeit zu.[2] Am 28.05.2014 wurde nach jahrelanger Entwicklung der neue Standard zur Umsatzrealisierung, IFRS 15 „Revenue from Contracts with Customers" veröffentlicht.[3] In seiner Einführung in die Rechnungslegung, dem sogenannten preface to IFRS setzt sich das International Accounting Standards Board

---

[1] Vgl. Fink/Ketterle/Scheffel 2012, S. 1997.
[2] Vgl. Grote/Hold/Pilhofer 2014, S. 343.
[3] Vgl. Zülch/Fischer 2014, S. 1696.

(IASB) zum Ziel, durch seine Standards globale Geschäftsvorfälle einheitlich und international abzubilden. Weiterführend besteht der Wille des IASB darin, einen einzigen Satz an hochwertigen, verständlichen, durchsetzbaren, aber auch weltweit anerkannten Rechnungslegungsvorschriften zu entwickeln. Diese sollen vor allem sowohl transparente, als auch vergleichbare Informationen für den Abschlussadressaten schaffen.[4] Um die Vergleichbarkeit einer so wichtigen Kennzahl, wie den Umsatzerlösen, auch vorschriftsübergreifend zu erlangen, hat sich das IASB mit dem amerikanischen Standardsetter Financial Accounting Standards Board (FASB) zusammengetan.[5]

Durch die gemeinsame Regelung der beiden Boards, wird nun eine komplette Neuerung der Bilanzierungsvorschriften eingeführt. Im Vergleich zu den bisherigen Regelungen, können sich betreffend der Höhe der Umsatzerlöse große Differenzen zu Vorjahren ergeben, obwohl im Grunde genommen keine große Veränderung der Verkaufszahlen stattgefunden hat.

IFRS 15 bildet einen prinzipienbasierten Standard, welcher durch eine Vielzahl an einzelfallspezifischen Regelungen ergänzt wurde.[6]

Mit der Neueinführung des IFRS 15 reagiert der Standardsetter, insbesondere im Sinne der Kritik der Bilanzwelt, auf die geringe Regelungstiefe des IAS 18, dem bisherigen Standard zur Bilanzierung der Umsatzerlöse. Auch in Bezug auf Mehrkomponentenverträge gab es keine eindeutigen Regelungen.[7]

So spaltet die Neueinführung die Buchhaltungswelt. Von Befürwortern wird dieser Schritt als ein großer Gewinn betrachtet, von Kritikern hingegen wird er als reine Absurdität bezeichnet.[8] Doch was genau macht IFRS 15 so besonders, wie ist er aufgebaut, für wen wird er relevant und was sind die notwendigen Umsetzungsmaßnahmen?

In der folgenden Ausarbeitung soll der neue Standard zu den Umsatzerlösen „IFRS 15 Umsatzerlöse aus Verträgen mit Kunden" näher erläutert werden. In Abschn. 6.2 werden die Grundlagen zu den IFRS und die Entwicklungshistorie des Standards dargelegt. Abschn. 6.3 beschreibt und erklärt das neue Fünf-Schritte-Modell des IFRS 15. Weiterführend sollen in Abschn. 6.4 die wichtigsten weiteren Neuerungen aufgezeigt werden. Welche Ziele der Standardsetter verfolgt und wie die notwendigen Umsetzungsmaßnahmen aussehen, wird in Abschn. 6.5 näher dargestellt.

Ziel der vorliegenden Arbeit ist es, das Prinzip des neuen IFRS 15 zu erläutern. Darüber hinaus sollen die notwenigen Umsetzungsmaßnahmen für Unternehmen zur Implementierung des Standards und die gesetzten Ziele des Standardsetters sowohl aufgezeigt als auch kritisch analysiert werden.

---

[4] Vgl. Deloitte(b).
[5] Vgl. Fink/Ketterle/Scheffel 2012, S. 1997.
[6] Vgl. Baur/Lüpold/Witte 2014, S. 469.
[7] Vgl. Petersen/Bansbach/Dornbach 2014, S. 132.
[8] Vgl. Becker 2014.

6.2   Grundlagen

6.2.1   International Financial Reporting Standards

Die International Financial Reporting Standards, oder kurz IFRS, sind auf internationaler und kapitalmarktorientierter Basis geltende Rechnungslegungsvorschriften. Diese werden vom IASB entwickelt und herausgegeben. Als Überbegriff beinhalten die IFRS eine Vielzahl an Rechnungslegungsregeln.[9] Hierin inbegriffen sind die International Financial Reporting Standards (IFRS), die International Accounting Standards (IAS), die Interpretationen des International Financial Reporting Interpretations Committee (IFRIC) und die Interpretationen des Standing Interpretations Committee (SIC).[10] Die Hauptaufgabe der IFRS besteht laut Angaben des IASB darin, die im Zuge der Globalisierung entstandenen Transaktionen durch die Harmonisierung der Rechnungslegung zu erleichtern. Weiterhin sollen durch die einheitlichen Vorschriften zur Rechnungslegung, Abschlüsse von Unternehmen aus verschiedenen Ländern vergleichbar gemacht werden. [11]

6.2.2   Historie des IFRS 15

Den IFRS 15 begleitet eine lange Historie. Bereits im September 2002 wurde die Überholung der Vorschriften zu den Umsatzerlösen unter dem Projekt „Revenue Recognition" in das Arbeitsprogramm des IASB aufgenommen.[12] Als gemeinsames Projekt mit dem FASB, dem Herausgeber der US-amerikanischen Rechnungslegungsstandards US-GAAP wurde das Vorhaben gestartet.[13] Das Ziel sollte sein, die bis dato gegebenen uneinheitlichen Behandlungsweisen zu verbessern. Schwachstellen sollten ausgebessert und auch die Vergleichbarkeit der Unternehmen verschieden angehöriger Branchen erhöht werden. Hinzukommend sollte auch die Vereinheitlichung der Vorschriften durch IASB und FASB dem Abschlussersteller entgegenkommen.

Am 19. Dezember 2008 wurde ein Diskussionspapier mit dem Titel „Vorläufige Ansichten zur Erlöserfassung aus Verträgen mit Kunden veröffentlicht".[14]

Am 14. November 2011 folgte der Standardentwurf.[15] Schlussendlich wurde am 28. Mai 2014 der neue Standard „IFRS 15 Erlöse aus Verträgen mit Kunden" herausgegeben.[16] IFRS 15 entspricht hierbei dem US-GAAP Standard FASB ASC Topic 606 Revenue from Contracts with Customers.[17]

---

[9] Vgl. Wöltje 2013, S. 6.
[10] Vgl. Petersen/Bansbach/Dornbach 2014, S. 4.
[11] Vgl. Wöltje 2013, S. 6 f.
[12] Vgl. Grote/Pilhofer 2014, S. 405.
[13] Vgl. Baetge/Celik 2014, S. 365.
[14] Vgl. Deloitte(b).
[15] Vgl. Deloitte(b).
[16] Vgl. Deloitte(a).
[17] Vgl. KPMG 2014a, S. 4.

6.2.3   Anwendungsbereich

Anwendung findet IFRS 15 für Geschäftsjahre, welche am oder nach dem 01. Januar 2018 starten.[18] Ursprünglich sollte der Standard bereits für Geschäftsjahre ab dem 01. Januar 2017 Geltung finden. Eine Verschiebung, seitens des IASB, lässt den Anwendern nun mehr Zeit, um sich auf den neuen Standard einzustellen. Eine frühere freiwillige Anwendung ist ebenfalls zulässig.[19] Für IFRS-Anwender innerhalb der europäischen Union ist allerdings das EU-Endorsement Verfahren abzuwarten. Diese Transformation der vorgeschlagenen Neuregelungen in Europäisches Recht ist zwingende Voraussetzung für die Anwendung.[20]

Im Zuge der erstmaligen Anwendung bietet der Standard zwei Wahlmöglichkeiten. Hierbei darf die Implementierung nach einem vollständigen retrospektiven Ansatz oder unter Verwendung eines kumulativen Ansatzes stattfinden.[21] Durch IFRS 15 werden sowohl die Standards IAS 11 Fertigungsaufträge und IAS 18 Umsatzerlöse, als auch IFRIC 13 Kundenbindungsprogramme, IFRIC 15 Verträge über die Errichtung von Immobilien, IFRIC 18 Übertragung von Vermögenswerten durch einen Kunden und SIC-31 Umsatzerlöse – Tausch von Werbedienstleistungen ersetzt.[22]

Lediglich Leasingverträge gemäß IAS 17 Leasingverhältnisse, Versicherungsverträge gemäß IFRS 4 Versicherungsverträge, Finanzinstrumente und andere vertragliche Rechte, welche nach IFRS 9 Finanzinstrumente, IAS 39 Finanzinstrumente, IFRS 10 Konzernabschlüsse, IFRS 11 Gemeinsame Vereinbarungen, IAS 27 Einzelabschlüsse oder IAS 28 Anteile an assoziierten Unternehmen und Gemeinschaftsunternehmen bilanziert werden und in Ausnahmefällen nichtmonetäre Tauschgeschäfte, fallen dabei nicht unter den Anwendungsbereich des IFRS 15.[23]

Dennoch ist es auch möglich, dass ein Vertrag sowohl in den Anwendungsbereich des IFRS 15 und eines weiteren Standards fällt.[24] So ist beispielsweise ein abgeschlossener Leasingvertrag gemäß IAS 17 zu bilanzieren. Beinhaltet der Vertrag allerdings noch die Wartung des geleasten Vermögensgegenstandes, unterliegt dieser auch dem IFRS 15.[25] Der neue IFRS 15 basiert, wie in Abb. 6.1 dargestellt, auf einem 5-Schritte-Modell. Die einzelnen Schritte, Identifizierung eines Vertrages mit dem Kunden, Identifizierung der Leistungsverpflichtungen des Vertrages, Bestimmung des Transaktionspreises, Allokation des Transaktionspreises auf die Leistungsverpflichtungen und Erfüllung der Leistungsverpflichtungen bauen wie in Abb. 6.1 veranschaulicht aufeinander auf. Abb. 6.1 wird in dem nachfolgenden Gliederungspunkt erläutert.[26]

---

[18] Vgl. IASB 2015.
[19] Vgl. KPMG 2014b, S. 203.
[20] Vgl. Grote/Pilhofer 2014, S. 407.
[21] Vgl. Wollmert/Oser 2015, S. 143.
[22] Vgl. KPMG 2014a, S. 4.
[23] Vgl. Ernst & Young 2014, S. 17.
[24] Vgl. Grote/Pilhofer 2014, S. 407.
[25] Vgl. KPMG 2014a, S. 8.
[26] Vgl. Baetge/Celik 2014, S. 365.

Abb. 6.1 Das 5-Schritte-
Modell des IFRS 15. (In An-
lehnung an Baetge/Celik 2014,
S. 365)

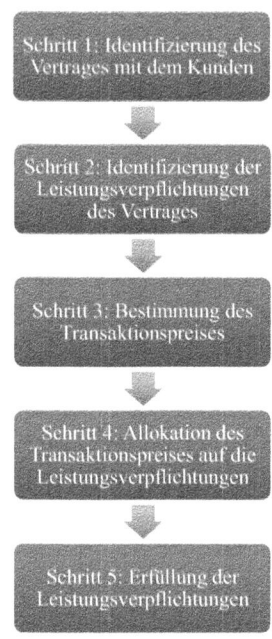

6.3 Fünf-Schritte-Modell

6.3.1 Identifizierung des Vertrages mit dem Kunden

Wie in Abb. 6.1 dargestellt, bildet die Identifizierung eines Kundenvertrages den ersten
Schritt innerhalb des Modells des IFRS 15. Um einen Vertrag mit einem Kunden gemäß
IFRS eindeutig identifizieren zu können, müssen insgesamt fünf Voraussetzungen kumu-
lativ erfüllt werden.

Die erste Voraussetzung besteht darin, dass alle Vertragsparteien dem zugrunde liegenden Vertrag eingewilligt haben. Es ist möglich, Verträge schriftlich, mündlich oder
stillschweigend, begründet durch die üblichen Geschäftspraktiken eines Unternehmens
zu schließen.[27] Hinzukommend als zweites Kriterium muss das Unternehmen in der Lage sein, die geltenden Rechte im Hinblick auf die zu übertragenden Güter bzw. auf die
zu erbringenden Dienstleistungen zu identifizieren. Hierfür ist ebenfalls Voraussetzung,
dass das Unternehmen in der Lage ist, die zugehörigen Zahlungsbedingungen zu identifizieren und zuordnen zu können. Um die Zahlungsbedingungen zu identifizieren, ist
es nicht von Nöten, einen fixierten Preis im Vertrag verankert zu haben. Es ist somit
ausreichend, wenn der Vertrag genügend Informationen zur Schätzung des Transakti-
onsvolumens beinhaltet.[28] Als dritte Voraussetzung muss die getroffene Vereinbarung

---

[27] Vgl. KPMG 2014a, S. 11.
[28] Vgl. KPMG 2014b, S. 205, Ernst & Young 2014, S. 26.

zwischen allen beteiligten Parteien, gemäß IFRS 15.10, durchsetzbare Rechte und Pflichten begründen.[29] Es reicht hierbei nicht aus, wenn der Vertrag lediglich angenommen wurde, auch die Zusage der Erfüllung der Pflichten ohne jeglichen Zweifel ist festzustellen. Als vierte Voraussetzung ist es unabdingbar, dass der vereinbarte Vertrag eine wirtschaftliche Substanz aufweist. Als fünftes und letztes Kriterium ist es wichtig, dass der Zufluss der Gegenleistung wahrscheinlich ist. Das Kriterium der wirtschaftlichen Substanz wurde hierbei vom IASB eingeführt, um zu verhindern, dass Umsatzerlöse künstlich in die Höhe getrieben werden.

Dabei würden sowohl Güter als auch Dienstleistungen von gleichen Firmen verschoben werden, um somit das Transaktionsvolumen zu steigern. Dieser Vorgang wird auch als sogenanntes Round-Tripping bezeichnet.[30] Bezüglich der Einbringlichkeit der Forderungen aus dem Vertrag, ist in diesem Kriterium die Absicht und Möglichkeit des Vertragspartners auf Zahlung zu prüfen.[31] Der Standardsetter setzt voraus, dass bei Abschluss eines Vertrages und bei sich wesentlich ändernden Gegebenheiten die Wahrscheinlichkeit der Zahlung geprüft wird. In diesem Fall greift die bestehende IFRS Bilanzierungsregel „more likely than not", d. h. es spricht mehr dafür, als dagegen. In den derzeit noch geltenden Regelungen, hängt lediglich die Erfassung der Umsatzerlöse vom Kundenausfallrisiko ab. Doch im Gegensatz hierzu, bestimmt die Wahrscheinlichkeit zur Erfassung der Erlöse nach IFRS-15, ob überhaupt ein Vertrag zustande gekommen ist.[32]

Auch der Fall, dass eine Vereinbarung gemäß IFRS 15 nicht dem Standard eines Vertrages entspricht, ist klar geregelt. Gemäß IFRS 15.15 dürfen Umsatzerlöse, bei Nichterfüllung der genannten Voraussetzungen nur dann als Umsatzerlöse erfasst werden, wenn der Vertrag bereits beendet wurde oder das Unternehmen bereits alle Güter geliefert hat und die gesamte Gegenleistung verbuchen konnte. Nach IFRS 15.16 allerdings, haben die eventuell zuvor erhaltenen Zahlungen, bis zu deren vollständigem Eintreffen, als Verbindlichkeiten verbucht zu werden.

Abb. 6.2 beschreibt den ersten Schritt des Modells unter Veranschaulichung der Kriterien, welche zur Identifizierung eines Vertrages mit dem Kunden erfüllt sein müssen. Weiterführend werden innerhalb der Grafik die drei denkbaren Konsequenzen aus der Identifizierung des Vertrages mit dem Kunden veranschaulicht.

In Bezug auf das Zusammenfassen von Verträgen beinhaltet der neue Standard eine klare Linie. Demnach müssen gemäß IFRS 15.17 Verträge, welche in etwa zur gleichen Zeit mit demselben Vertragspartner abgeschlossen wurden, unter Erfüllung von drei Kriterien, als ein Vertrag zusammengefasst werden.[33] Entweder wurden die Verträge als Paket mit nur einem wirtschaftlichen Zweck geschlossen, die Verträge hängen gegenseitig bezüglich der Höhe des Preises voneinander ab oder aber die in den Verträgen verhandelten

---

[29] Vgl. Grote/Pilhofer 2014, S. 408.
[30] Vgl. Ernst& Young 2014, S. 26.
[31] Vgl. Petersen/Bansbach/Dornbach 2014, S. 134.
[32] Vgl. KPMG 2014a, S. 11.
[33] Vgl. Grote/Pilhofer 2014, S. 409.

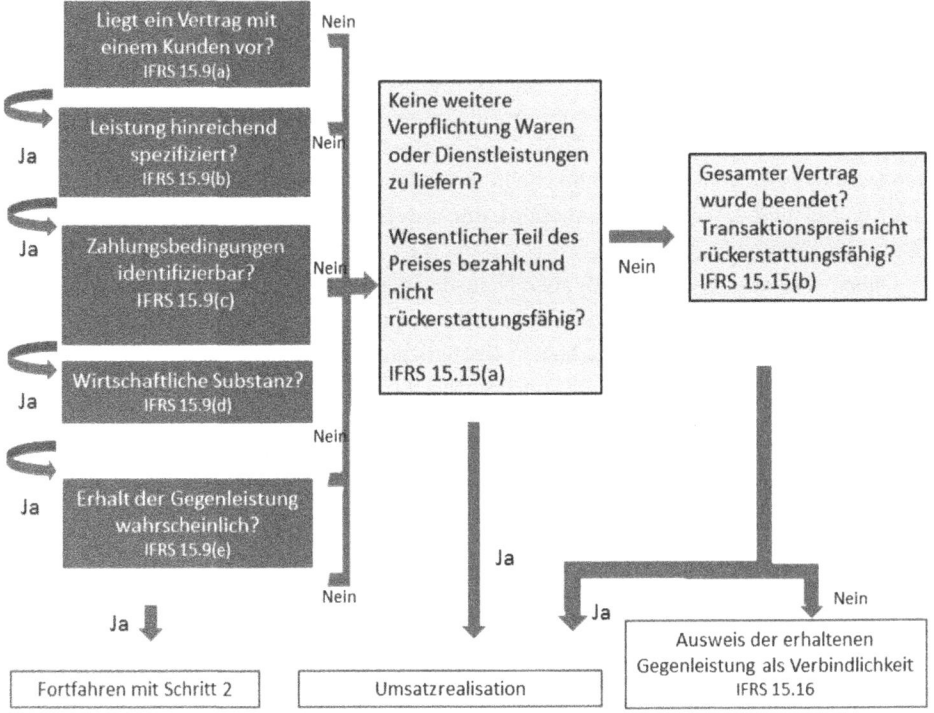

Abb. 6.2 Identifizierung des Vertrages mit dem Kunden. (In Anlehnung an Petersen/Bansbach/Dornbach 2014, S. 141)

Güter stellen eine einzige Leistungsverpflichtung dar.[34] Um Verträge zusammenfassen zu müssen, reicht es aus, wenn mindestens eines der drei genannten Kriterien erfüllt wurde.[35]

Auch die Modifikation von Verträgen wird nach IFRS 15.18 klar definiert. Um eine solche Modifikation handelt es sich, wenn eine Änderung des Vertragspreises oder des Vertragsumfanges unter Zustimmung aller Parteien vollzogen wird. Hinzukommend können sowohl neue Rechte und Pflichten sowie Änderungen an den geltenden Bestimmungen aufgenommen werden.[36]

Eine Modifikation kann gemäß IFRS 15.18 sowohl schriftlich als auch mündlich oder aber ausdrücklich durch die üblichen Geschäftsgepflogenheiten der Unternehmung vereinbart werden. Nach IFRS 15.19 beschreibt der Standard eine weitere Möglichkeit der Vertragsmodifikation. Demnach kann eine solche Vertragsumwandlung bereits vorliegen, wenn die Vertragsparteien über Umfang oder Preis des geänderten Vertrages verschiedener Auffassung sind. Es ist ebenfalls möglich, dass sich die Vertragsparteien auf einen neuen

---

[34] Vgl. Wüstemann/Wüstemann 2010, S. 2036.
[35] Vgl. Lüdenbach 2015, S. 586.
[36] Vgl. Petersen/Bansbach/Dornbach 2014, S. 152.

Umfang geeinigt haben, jedoch der Preis noch nicht bestimmt werden konnte. In diesem Falle, ist die Schätzung des Transaktionspreises unter Einhaltung der Schätzung der variablen Gegenleistung und der Begrenzung der geschätzten Gegenleistung zu errechnen. Allerdings kann eine Vertragsmodifikation auch zu einem neuen, separaten Vertrag führen.[37] Vertragsmodifikationen werden ausführlich in Abschn. 6.4.4 behandelt.

6.3.2   Identifizierung der Leistungsverpflichtungen des Vertrages

6.3.2.1   Übersicht

Zur Erfüllung der Voraussetzung zur Identifizierung der Leistungsverpflichtungen müssen die gewöhnlichen Vertragsbedingungen und Geschäftspraktiken überprüft werden, um gegebenenfalls einzelne Güter oder Dienstleistungen zu separieren.[38] Hierzu ist es notwendig, alle im Vertrag zugesagten Güter und Dienstleistungen zu identifizieren.[39] Das Ziel dieses Schrittes ist es, den wirtschaftlichen Gehalt der einzelnen Geschäftstransaktionen gerecht abzuzeichnen. Zusätzlich sollen den einzelnen Leistungsverpflichtungen des Vertrages die jeweiligen Gewinnmargen zugeordnet werden können.[40]

Zu unterscheiden sind hierbei verschiedene Arten von Leistungsverpflichtungen. Den ersten Fall bildet die explizite Zusage einer Leistungsverpflichtung. In diesem Fall sind alle zugesagten Güter bzw. Dienstleistungen vollständig und explizit innerhalb des Vertrages aufgeführt. Eine weitere Möglichkeit der Zusage der Leistungsverpflichtungen geschieht implizit.[41] Die zugesagten Güter und Dienstleistungen werden durch die gewöhnlichen Geschäftsgepflogenheiten des Unternehmens begründet und sind nicht explizit in dem Vertrag aufgeführt.[42]

Ein Beispiel für eine solche Leistung wäre der Verkauf einer Maschine von Lieferant A an Kunde B. In der Vergangenheit hatte A unentgeltlich Wartungsleistungen an den verkauften Maschinen durchgeführt. Während den Vertragsverhandlungen zwischen A und B wurden diese Instandhaltungsleistungen nicht explizit zugesagt. In diesem Fall ist es möglich, dass A entscheidet, aufgrund seiner bisherigen gewöhnlichen Geschäftsgepflogenheiten, eine implizite Zusage gegeben zu haben. Diese Annahme stellt gemäß IFRS 15.24 eine separate Leistungsverpflichtung dar.[43]

Eine Leistungsverpflichtung ist ein vertraglich zugesichertes eigenständiges Gut bzw. eine eigenständige Dienstleistung. Weiterführend kann es sich auch bei einem Bündel aus verschiedenen Gütern oder Dienstleistungen um eine Leistungsverpflichtung handeln.[44]

---

[37] Vgl. Ernst & Young 2014, S. 32.
[38] Vgl. Wollmert/Oser 2015, S. 141.
[39] Vgl. Ernst & Young 2014, S. 43.
[40] Vgl. Grote/Pilhofer 2014, S. 409.
[41] Vgl. Lüdenbach 2015, S. 588.
[42] Vgl. Ernst & Young 2014, S. 43.
[43] Vgl. Ernst & Young 2014, S. 43 ff.
[44] Vgl. Lüdenbach 2015, S. 587.

Wenn nun das vertragliche Leistungsversprechen identifiziert wurde, müssen im nächsten Schritt die einzelnen Güter oder Dienstleistungen separiert bzw. einzeln abgegrenzt werden. Besonders dieser Teil weißt eine große Neuerung auf. De lege lata beinhaltet IAS 18 keine genauen Regelungen hinsichtlich Mehrkomponentenverträgen.[45]

Gemäß IFRS 15.27 müssen zur Abgrenzung zwei Kriterien kumuliert erfüllt werden. Zum einen ist es notwendig, dass der Kunde das Gut oder die Dienstleistung einzeln nutzen kann bzw. ihm die hierfür notwendigen Ressourcen jederzeit zur Verfügung stehen. Als Nutzen kann gemäß IFRS 15.28 die Möglichkeit zur eigenen Verwendung, der Verbrauch, die Veräußerung über Schrottwert oder jede weitere Weise zur Herbeiführung eines wirtschaftlichen Nutzens angesehen werden. Im originalen Wortlaut der IFRS handelt es sich dabei um die „capable of being distinct", also die Abgrenzungsfähigkeit.[46] Zum anderen muss die zugesagte Leistungsverpflichtung einzeln aus dem Vertrag herauslesbar und somit abgrenzbar sein. Diese wird im Originallaut als „distinct within the context of the contract" bezeichnet.[47] IFRS 15.29 nennt dabei Indizien, welche für das Vorliegen einer Abgrenzbarkeit im Vertragskontext sprechen. Kann demnach keine wesentliche Integrationsleistung durch ein Unternehmen erbracht werden, um das vorliegende Gut bzw. die Dienstleistung auf Kundenwunsch mit anderen Gütern zu einem Gesamtwerk zu vereinen, spricht das für die Abgrenzbarkeit.[48] Finden im Zuge des Kundenvertrages keine wesentlichen Spezifikationen auf Kundenwunsch an dem betreffenden Gut oder der Dienstleistung statt, oder ist dieses nicht in hohem Maße von anderen Bestandteilen des Vertrages abhängig, zeichnet das ebenfalls die Abgrenzbarkeit im Vertragskontext aus.[49]

Gegensätzlich zu den derzeit noch geltenden IFRS Standards ist das zweite Kriterium zur Identifizierung der Leistungsverpflichtung unter IFRS 15 neu eingeführt worden.

Eine mögliche Folge hieraus ergibt sich durch die Anwendung von Unternehmen, die aktuell viele Güter bzw. Dienstleistungen bündeln. Diese aufgrund des geforderten Kriteriums zu entflechten, ist als sehr aufwendig zu betrachten. Dennoch ist auch das Gegenteil hiervon denkbar. Im Falle einer hohen Verbundenheit einzelner in einem Vertrag zugesagten Güter oder Dienstleitungen, kann hierdurch die Bündelung dieser notwendig werden.[50]

Ist ein vertraglich vereinbartes Gut oder eine Dienstleistung nicht sofort als einzelne Leistungsverpflichtung abgrenzbar, muss das Unternehmen laut IFRS 15.30 solange versuchen, die einzelne Leistungsverpflichtung mit anderen aus dem Vertrag vereinbarten Verpflichtungen zu kombinieren und zu bündeln, bis letztendlich eine Abgrenzung möglich ist. Es ist hierbei denkbar, dass ein Unternehmen eine zugesagte Leistung, welche nicht die Kriterien zur Abgrenzung erfüllt, mit einem Gut oder einer Dienstleistung, welche die Voraussetzungen erfüllt, kombinieren muss.[51]

---

[45] Vgl. Becker 2014.
[46] Vgl. Ernst & Young 2014, S. 46.
[47] Vgl. Ernst & Young 2014, S. 47.
[48] Vgl. Lüdenbach 2015, S. 587.
[49] Vgl. Grote/Pilhofer 2014, S. 409.
[50] Vgl. KPMG 2014a, S. 11.
[51] Vgl. Ernst & Young 2014, S. 47, 52.

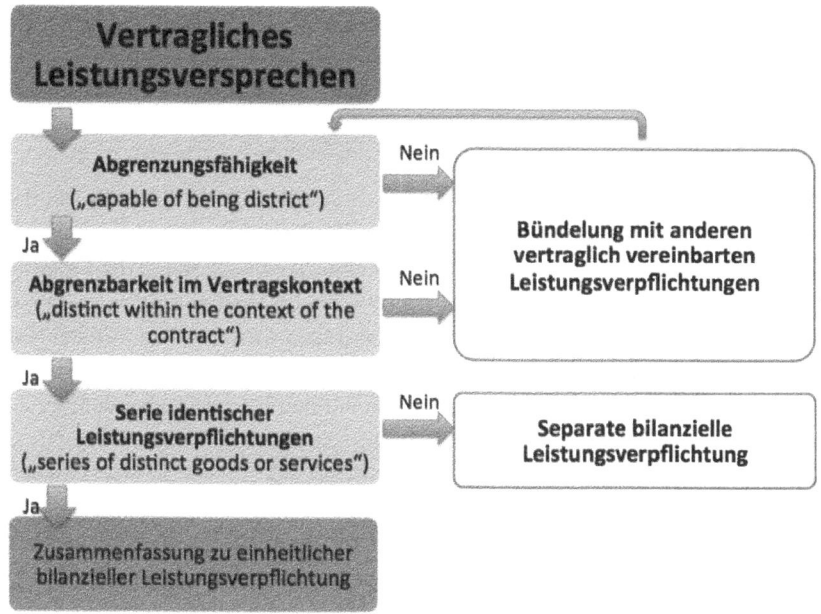

Abb. 6.3 Identifikation der Leistungsverpflichtungen. (In Anlehnung an Grote/Pilhofer 2014, S. 410)

Demgegenüber sieht der neue Standard betreffend der Separierung der Leistungsverpflichtung eine Ausnahme vor. Wird nach IFRS 15.22b eine Reihe identischer Leistungsverpflichtungen identifiziert, besteht die Möglichkeit gemäß IFRS 15.22 f., diese zu einer Leistungsverpflichtung zusammenzufassen. Wie auch in Abb. 6.3 dargestellt, handelt es sich hierbei im Originallaut der Standardsetter um die „series of distinct goods or services". Allerdings müssen für diesen Sonderfall, die abgrenzbaren Güter bzw. Dienstleistungen kontinuierlich zeitraumbezogen geleistet werden. Für die Bestimmung des Leistungsfortschrittes muss zusätzlich eine einheitliche Methode genutzt werden.[52] In der Praxis ist zur Separierung der Leistungsverpflichtungen eine weitreichende Analyse notwendig. So können sich aus der Trennung oder Zusammenfassung einzelner Leistungsverpflichtungen, in Bezug auf die zeitliche Realisierung, deutliche Unterschiede zur bisherigen Bilanzierung ergeben.[53]

6.3.2.2   Sonderfall Kommissionsgeschäft

Die Kommissionierung von Waren stellt im Bereich der Umsatzrealisierung nach IFRS einen Sonderfall dar. Gemäß IFRS 15.B78 ist daher zu prüfen, ob die Indikatoren für ein solches Kommissionsgeschäft einwandfrei vorliegen. Diese Indikatoren sind gegeben,

---

[52] Vgl. Grote/Pilhofer 2014, S. 409.
[53] Vgl. Baur/Lüpold/Witte 2014, S. 471.

falls das produzierende Unternehmen (Kommittent), bis der Verkauf durch den Händler (Kommissionär) stattfindet, über die Verfügungsgewalt der Ware verfügt.

Auch die Möglichkeit des Kommittenten, die Ware einem weiteren Dritten zuzuordnen oder die Ware zur Zurückgabe zu fordern, deutet auf einen Indikator eines Kommissionsgeschäftes hin.[54]

Als dritte und letztgenannte Möglichkeit beschreibt das IASB die Tatsache, dass der Kommissionär nicht bedingungslos an die Zahlung der Leistung gebunden ist, es sei denn, er hätte eine Anzahlung der Ware zu leisten.[55] Demnach entsteht durch die Lieferung des Kommittenten an den Kommissionär kein Umsatz, da die Verfügungsgewalt im Normalfall zu diesem Zeitpunkt nicht an den Händler übertragen wird. Erst bei Verkauf der Ware durch den Händler an einen Dritten bzw. an den Endkunden erhält der Kommittent den vereinbarten Teil des Verkaufspreises und kann somit den Umsatz realisieren.[56]

6.3.2.3 Rabatte

Oftmals werden bei Vertragsabschluss zwischen den verantwortlichen Parteien Sonderkonditionen für den weiteren Erwerb von gleichwertigen Gütern oder Dienstleistungen vereinbart. Hierbei gibt es verschiedenste Gestaltungsmöglichkeiten wie z. B. Treueprämien, prozentuale Rabattstaffelungen oder Rabatte bei Vertragsverlängerungen. Auch diese weiteren Optionen sind zu bilanzieren. Demnach wird gemäß der IFRS-Regelungen nur dann eine separate Leistungsverpflichtung geschaffen, wenn dem Kunden ein wesentliches Recht auf Preisvergünstigung gewährt wird, welches er im Falle eines zuvor nicht abgeschlossenen Vertrages nicht erhalten würde. Ein Indiz für einen solchen verbesserten Preisnachlass ist, wenn dieser über den normal gängigen, regionalen oder branchenüblichen Rabatten liegt.[57]

6.3.3 Bestimmung des Transaktionspreises

6.3.3.1 Übersicht

Der Transaktionspreis definiert sich gemäß IFRS 15.47 als die Gegenleistung, die einem Unternehmen bei Lieferung eines zugesagten Gutes bzw. einer vereinbarten Dienstleistung zusteht.[58] Die Basis des Transaktionspreises bildet der geschlossene Kaufvertrag mit dem Kunden. Bei der Bestimmung der Höhe können allerdings auch die üblichen Geschäftspraktiken, wie die Gewährung eines Preisnachlasses im Falle von Skonto, Einfluss nehmen. Weiterhin kann die Summe entweder einen festen Betrag beinhalten, aus variablen Beträgen bestehen oder eine Gesamtheit aus beiden bilden.[59] Aufgrund dessen ist ein

---

[54] Vgl. Schmidt/Barekzai/Hüttermann 2015, S. 142.
[55] Vgl. Schmidt/Barekzai/Hüttermann 2015, S. 142.
[56] Vgl. Ernst & Young 2014, S. 58, Oetker 2010, S. 249.
[57] Vgl. Ernst & Young 2014, S. 58 f.
[58] Vgl. Lüdenbach 2015, S. 588.
[59] Vgl. Grote/Pilhofer 2014, S. 410.

Transaktionspreis meist nicht im Vorfeld fixiert festlegbar.[60] Gesondert auszuweisen und nicht im Transaktionspreis enthalten sind allerdings Posten, welche an Dritte abzuführen sind oder direkt eingezogen werden. Hiermit sind bspw. die Umsatzsteuer oder Kosten für ein separates Transportunternehmen gemeint.

Oftmals lässt sich der Transaktionspreis bequem ermitteln. Im Falle eines Barverkaufs wird bei Übertragung der Leistungsverpflichtung direkt der zuvor vereinbarte Betrag bezahlt. Anders ist dies jedoch bei speziellen Sonderfällen wie bei der Beinhaltung eines variablen Bestandteils. Weitere Beispiele hierfür wären, die Erbringung der vertraglich vereinbarten Leistung und die dazugehörige Zahlungsverpflichtung zu unterschiedlichen Zeitpunkten, falls die Begleichung der Zahlung nicht in einer Geldeinheit stattfindet. [61]

6.3.3.2   Variable Vertragsbestandteile

In den meisten Fällen beinhalten Verträge variable Komponenten. Diese können in verschiedenen Formen auftreten. Variable Gegenleistungen können demnach gemäß IFRS 15.51 bspw. Skonti, Rabatte Gutschriften, Preisnachlässe, Leistungsprämien etc. sein. Weiterhin bildet aber auch eine vertraglich vereinbarte Rückgabeoption, d. h. dem Kunden wird ein Recht zur Rückgabe der Güter erstattet, eine variable Gegenleistung. Variable Komponenten werden explizit in Verträgen festgehalten. Dennoch gibt es Sonderfälle, in denen solche Bestandteile nicht direkt angesprochen werden, allerdings trotzdem gelten können. Demnach liegt eine variable Gegenleistung gemäß IFRS 15.52 auch dann vor, wenn das Unternehmen aufgrund von Geschäftsgepflogenheiten, Leitlinien oder sonstigen spezifischen Aussagen darauf schließen lässt, dass das Unternehmen auch bereit ist, eine geringere, als die vertraglich vereinbarte Gegenleistung zu akzeptieren. Diese ist bspw. in Form von Skonti oder sonstigen Preisnachlässen denkbar. Weiterführend können auch andere Fakten oder Umstände auf einen Preisnachlass seitens des Unternehmens hinweisen, welche zu variablen Gegenleistungen führen.[62]

Falls bei Vertragsabschluss bereits Zweifel seitens des Unternehmens bestehen, dass der Kunde die vereinbarte Gegenleistung vollständig begleichen kann, ist gegebenenfalls ein impliziter Preisnachlass zu erfassen. Ein impliziter Preisnachlass bildet gemäß IFRS 15 ebenfalls eine variable Komponente. Zusätzlich hat ein Unternehmen in diesem Falle festzulegen, ob es sich hierbei um einen impliziten Preisnachlass oder um ein Kundenausfallrisiko handelt. Ein impliziter Preisnachlass fließt nicht in die Berechnung des Transaktionspreises ein, sondern würde im Falle eines Eintretens wahrscheinlich als Forderungsausfall und nicht als Kürzung der Umsatzerlöse bilanziell erfasst werden.[63]

Bei der Beinhaltung einer variablen Komponente hat ein Unternehmen die Höhe dieser zu schätzen. Möglich hierfür sind zwei Methoden, die Erwartungswertmethode und die Methode des wahrscheinlichsten Betrages.[64] Das Unternehmen hat die Methode zu

---

[60] Vgl. Baur/Lüpold/Wittke 2014, S. 473.
[61] Vgl. Ernst & Young 2014, S. 63, Fischer 2015, S. 14.
[62] Vgl. Hagemann 2015, S. 32.
[63] Vgl. Ernst & Young 2014, S. 66.
[64] Vgl. Lüdenbach 2015, S. 588.

wählen, welche die Summe am verlässlichsten schätzen kann. Es besteht daher nur ein bedingtes Wahlrecht. Prinzipiell ist die gewählte Methode auf alle im Vertrag bestehenden variablen Komponenten anzuwenden. Hinzukommend hat ein Unternehmen die soge-nannte sachliche Stetigkeit anzuwenden, d. h. die erwählte Methode ist auch auf ähnliche Verträge anzuwenden.

Der geschätzte Transaktionspreis ist dabei jährlich auf Substanz zu prüfen und muss gegebenenfalls angepasst werden. Sollte es dennoch möglich sein, dass sich verschiedene Arten von variablen Komponenten innerhalb eines Vertrages finden, ist auch eine Anwen-dung beider Methoden auf einen Vertrag denkbar. Das bildet allerdings den Sonderfall.[65]

Die Erwartungswertmethode oder auch der sogenannte expected value basiert auf ei-nem Erwartungswert. Sinnvoll ist die Anwendung dieser Methode, wenn das Unterneh-men viele vergleichbare Verträge abgeschlossen hat. An dieser Stelle besteht die Mög-lichkeit, eine Vielzahl an Erfahrungswerten in eine Schätzung einfließen zu lassen. Es ist dabei allerdings nicht notwendig, so viele Vergleichszahlen wie möglich aufzustellen, da hohe Mengen oftmals nicht nötig sind, um einen verlässlichen Betrag herzuleiten.[66]

Die Methode des wahrscheinlichsten Betrages oder auch most likely amount beinhaltet dagegen zwei Szenarien. Wobei diese Szenarien, die absoluten Extreme bilden. Dieser Fall liegt vor, wenn ein Kaufvertrag mit der Auszahlung einer Leistungsprämie als variabler Vertragsbestandteil vorliegt. Entweder das Unternehmen erhält eine Leistungsprämie oder das Unternehmen erhält sie nicht. Eine teilweise Auszahlung der Prämie ist nicht denkbar. Somit gibt es lediglich zwei mögliche Beträge.[67]

6.3.3.3 Begrenzung variabler Entgeltbestandteile

Sobald nun die passende Methode zur Berechnung der variablen Vertragsbestandteile ge-wählt wurde, können diese lediglich in den Transaktionspreis einbezogen werden, wenn der Zufluss höchstwahrscheinlich oder im Originallaut highly probable ist. Hierdurch soll die Angabe zu hoher Umsatzerlöse begrenzt und spätere Reduzierungen der Beträge ver-mieden werden.[68] Gemäß der geltenden Definition des IFRS 15.56 steht die Bezeichnung „höchstwahrscheinlich" dafür, dass das Eintreten der Zahlung erheblich wahrscheinlicher als unwahrscheinlich ist. Demzufolge dürfen keine wesentlichen Stornierungen vorge-nommen werden, welche die kumulierten Umsatzerlöse kürzen könnten. [69] Um diese Wahrscheinlichkeiten und das damit verbundene Ausmaß der Umsatzstornierung bewer-ten zu können, gilt es einige Faktoren zu beachten. Gemäß des IFRS 15.57 besteht eine erhöhte Wahrscheinlichkeit zum Eintreffen einer Umsatzstornierung bei einer Abhängig-keit der Gegenleistung von äußeren Einflüssen wie z. B. den Wetterbedingungen oder anderen nicht beeinflussbaren Ereignissen. Ein hinzukommender Faktor ist dann gege-ben, wenn die Unsicherheit bzgl. des eventuellen Ausfalls der Zahlung über einen längeren

[65] Vgl. Ernst & Young 2014, S. 67, Petersen/Bansbach/Dornbach 2014, S. 141.
[66] Vgl. Grote/Pilhofer 2014, S. 410.
[67] Vgl. Ernst & Young 2014, S. 67, Fischer 2015, S. 15.
[68] Vgl. KPMG 2014a, S. 16.
[69] Vgl. Baur/Lüpold/Wittke 2014, S. 473.

Zeitraum hinweg gegeben ist. Eine weitere Erhöhung der Wahrscheinlichkeit ist die Erfahrung des Unternehmens mit gleichwertigen Verträgen. Ist diese Erfahrung nicht gegeben, ist es schwierig Vorhersagen über die Stornierung der Umsatzerlöse zu treffen. Falls das Unternehmen ständig Preisnachlässe gewährt und es demzufolge zur gängigen Praxis gehört bspw. Zahlungsbedingungen in Verträgen abzuändern, ist dies ebenfalls ein erhöhter Faktor.

Ein letztes Indiz für eine erhöhte Wahrscheinlichkeit zur teilweisen Stornierung des Umsatzes ist laut IFRS 15.57 dann gegeben, wenn in dem Vertrag eine Mehrzahl an verschieden denkbar variablen Möglichkeiten gegeben sind. In diesem Falle bestehen viele Möglichkeiten zur Ermittlung der Höhe der Umsatzerlöse.[70]

Ein Zutreffen einer der genannten Indikatoren bedeutet allerdings nicht gleichzeitig, dass dies direkt zu einer wesentlichen Änderung der variablen Vertragsbestandteile führen muss und in diesem Zusammenhang eine Umsatzstornierung durchzuführen ist. Auch das Ausmaß der möglichen Umsatzstornierung ist von dem Unternehmen in diesem Zusammenhang zu ermitteln. Sowohl in Bezug auf die Wahrscheinlichkeit als auch auf das Ausmaß bestehen hohe Ermessensspielräume, da es sich hierbei zunächst nur um Schätzungen seitens des Unternehmens handelt.[71]

6.3.3.4   Sonderregelungen für bestimmte Arten von variablen Gegenleistungen

Es gibt gemäß IFRS 15 gewisse Sonderregelungen für die Bilanzierung spezieller Sachverhalte. Einer dieser Sonderfälle bildet ein vertraglich vereinbartes Rückgaberecht. Hierbei wird dem Kunden gemäß IFRS 15.B20 das Recht eingeräumt, die übertragenen Leistungsverpflichtungen innerhalb eines Zeitraums gegen die teilweise oder vollständige Erstattung des Kaufpreises zurückzugeben. Bei Inanspruchnahme des Rückgaberechts durch den Kunden, kann es zu Schwankungen und Änderungen des Transaktionspreises kommen.[72] Laut IFRS 15 hat das Unternehmen auch in diesem Falle den Transaktionspreis zu schätzen, allerdings unter Berücksichtigung der Produkte, auf die das Recht zutrifft. Bei einer hohen Wahrscheinlichkeit, dass bei einem Produkt das Rückgaberecht zum Tragen kommt, ist dieses Produkt aus dem erwarteten Gesamttransaktionspreis herauszurechnen. Im Zuge der jährlichen zum Bilanzstichtag stattfindenden Prüfung der zu erhaltenden Beträge, ist hierbei ebenfalls eine Prüfung der Rückgabewahrscheinlichkeiten durchzuführen. Die sich hieraus neu ergebenden Werte bezüglich der Rückgaben sind auch in den Umsatzerlösen anzugleichen. Weiterhin ist das zurückgegebene Produkt mit dem niedrigeren Wert aus Anschaffungs- und Herstellungskosten, mit Betrachtung des beizulegenden Zeitwerts, abzüglich eventueller Wertminderungen und Kosten durch die Rücknahme anzusetzen.[73]

---

[70] Vgl. Petersen/Bansbach/Dornbach 2014, S. 141.
[71] Vgl. Ernst & Young 2014, S. 69.
[72] Vgl. Schmidt/Barekzai/Hüttermann 2015, S. 138.
[73] Vgl. Ernst & Young 2014, S. 75 ff.

6.3.3.5 Finanzierungsvereinbarungen

Oftmals besitzen Fertigungsaufträge eine längere Laufzeit. Hierbei ist eine Zeitspanne weit über ein Jahr hinaus keine Seltenheit. Wichtig ist dabei die Beachtung des Geldwertes. Dieser Zeitwert des Geldes wird durch die Einbeziehung des Zinseffektes berücksichtigt. Gemäß IFRS 15 spielt die Berücksichtigung einer Finanzierungskomponente nur dann eine Rolle, wenn die Laufzeit eines Fertigungsauftrages bzw. eines Vertrages länger als ein Jahr ist.[74] Demnach kann bei Verträgen, bei denen die Zeit zwischen der Leistungserbringung und der Bezahlung der Leistung geringer als ein Jahr ist, der Ansatz der Finanzierungskomponente vernachlässigt werden.[75]

Finanzierungskomponenten können sowohl explizit als auch implizit in einem Vertrag festgehalten werden. Sollten sich die in einem Auftrag enthaltenen Finanzierungsvereinbarungen nicht wesentlich auf den Transaktionspreis auswirken, ist dieser nicht um diesen Teil zu bereinigen. Um nun feststellen zu können, ob überhaupt eine Finanzierungskomponente enthalten ist, sind zwei wesentliche Punkte zu beachten.

Besteht ein Vertrag, bei dem der Zeitpunkt zwischen der Leistungserbringung und der Bezahlung über ein Jahr beträgt, gibt dies erste Anzeichen für die Beinhaltung einer Finanzierungskomponente. Infolgedessen ist im nächsten Schritt der Transaktionspreis auf den Zeitpunkt der Leistungserbringung abzuzinsen. Als Abzinsungsfaktor ist dabei der gleiche Zinssatz anzuwenden, welchen das Unternehmen wählen würde, wenn es zu einem separaten Finanzierungsgeschäft zwischen den beiden Parteien kommen würde.[76] In diesem Falle hat der Zinssatz die Kreditwürdigkeit wiederzugeben, unter Berücksichtigung des Zahlungsausfallrisikos, da eine Berechnung mit Hilfe eines risikolosen Zinssatzes gemäß IFRS 15 unzulässig ist. Darzustellen ist die enthaltene Finanzierungsvereinbarung gesondert von den Umsatzerlösen.[77] Bezahlt der Kunde im Voraus und die Leistungserbringung seitens des Unternehmens findet erst zu einem späteren Zeitpunkt statt, ist ein Zinsaufwand zu erfassen. Ist die Konstellation umgekehrt und die Bezahlung findet deutlich nach der Leistungserbringung statt, ist ein Zinsertrag zu verbuchen.

Gemäß IFRS 9 und IAS 39 ist dieser nach der Effektivzinsmethode auf die Dauer der Finanzierungsvereinbarung zu verteilen.[78]

6.3.3.6 Tauschgeschäfte

Gemäß IFRS 15.66 betitelt ein Tauschgeschäft jede Form von Gegenleistung, die nicht in Form von Zahlungsmitteln geleistet wird. Mithilfe des beizulegenden Zeitwerts und unter Berücksichtigung der hierfür geltenden Vorschriften des IFRS 13 Bemessung des beizulegenden Zeitwerts soll der Wert der nichtzahlungswirksamen Leistung ermittelt werden. Kann allerdings keine verlässliche Schätzung des beizulegenden Zeitwerts erfolgen, ist

---

[74] Vgl. Lüdenbach 2015, S. 589.
[75] Vgl. Petersen/Bansbach/Dornbach 2014, S. 143.
[76] Vgl. KPMG 2014a, S. 18.
[77] Vgl. Ernst & Young 2014, S. 80.
[78] Vgl. Petersen/Bansbach/Dornbach 2014, S. 143, Ernst & Young 2014, S. 83, Hagemann 2015, S. 34.

der Gegenwert anhand des Einzelveräußerungspreises der zugesagten Güter oder Dienstleistungen zu errechnen. Für Veränderungen der Höhe des beizulegenden Zeitwertes der Gegenleistung gelten die zuvor beschriebenen Regelungen für variable Entgeltbestandteile.[79]

Zahlungen an den Kunden, wie z. B. listing oder placement fees sind gemäß IFRS 15.70-72 zukünftig prinzipiell als Umsatzminderung zu erfassen. Werden allerdings mit der Zahlung abgrenzbare Güter oder Dienstleistungen erworben, bildet dies einen Sonderfall. Eine abgrenzbare Dienstleistung und somit ein Sonderfall wäre bspw. der Erwerb einer Werbeleistung von einem Kunden. Durch diese Neuerung sollen die im aktuell geltenden Recht bestehenden Ermessensspielräume eingedämmt werden. In der aktuellen Bilanzierungspraxis sind sowohl die Aktivierung eines immateriellen Vermögensgegenstandes als auch die sofortige aufwandswirksame Erfassung oder die Umsatzreduktion denkbar.[80]

6.3.4   Allokation des Transaktionspreises auf die Leistungsverpflichtungen

6.3.4.1   Übersicht
Im nächsten und somit dem vierten Schritt des so bezeichneten 5-Schritte-Modells soll nun der zuvor erörterte Transaktionspreis auf die im Vertrag vereinbarten Leistungsverpflichtungen verteilt werden. Dieser Schritt ist allerdings nur dann notwendig, wenn der vorliegende Vertrag mehr als eine Leistungsverpflichtung beinhaltet und es sich somit um einen Mehrkomponentenvertrag handelt.[81] Gemäß IFRS 15.74 geschieht die Verteilung der Gesamterlöse auf Basis der Einzelveräußerungspreise.[82] Nachdem in den vorhergehenden Schritten bereits die einzelnen Leistungsverpflichtungen identifiziert und der Gesamterlös des Vertrages ermittelt wurden, sind nun die einzelnen Verkaufspreise zu ermitteln, welche anfallen würden, wenn das Unternehmen die Ware oder Dienstleistung aktuell gesondert verkaufen würde. [83]

6.3.4.2   Bestimmung der Einzelveräußerungspreise
Oftmals ist eine isolierte Betrachtung einer einzelnen Leistungsverpflichtung nicht möglich, wodurch eine Schätzung des Preises vorgenommen werden kann. In die Berechnung zur Schätzung des Preises sind die gegebenen Marktbedingungen, unternehmensspezifische Faktoren und generelle Informationen zum Kunden mit einzubeziehen und zu berücksichtigen. Diese Informationen müssen aber für das Unternehmen mit angemessenem Aufwand bezogen werden können. Gemäß IFRS 15.79 werden drei Methoden zur Schätzung des Einzelveräußerungspreises genannt. Die Anwendung des Adjusted-Market-As-

---

[79] Vgl. Petersen/Bansbach/Dornbach 2014, S. 143.
[80] Vgl. Lüdenbach/Hoffmann/Freiberg 2014, § 25 Rdn. 116, Grote/Hold/Pilhofer 2014, S. 342.
[81] Vgl. Lüdenbach 2015, S. 589.
[82] Vgl. Grote/Pilhofer 2014, S. 412.
[83] Vgl. Fischer 2015, S. 15.

sessment-Ansatzes, des Expected-Cost-Plus-a-Margin-Ansatzes und die Residualmethode sind möglich.

Mithilfe der Adjusted-Market-Assessment-Methode, soll der betroffene Markt analysiert werden. Bei dieser Gelegenheit soll herausgefunden werden, was ein Kunde für ein vergleichbares Produkt eines anderen Herstellers bereit wäre zu zahlen.[84] Hauptsächlich befasst sich dieser Ansatz mit externen Faktoren. Dabei spielen auch die Preise der Konkurrenzunternehmen eine wichtige Rolle.

Bei der Auswahl dieses Ansatzes zur Ermittlung der Einzelveräußerungspreise sind bei in Bezugnahme auch die Kostenstrukturen der Konkurrenzunternehmen zu beachten und gegebenenfalls auf die eigenen Strukturen anzupassen. Bei Produkten mit einer hohen Wettbewerbsintensität und vielen Anbietern besteht hierfür eine solide Datenbasis. Handelt es sich aber um ein neu eingeführtes Produkt, kann es bei der Auswahl der Daten zu Schwierigkeiten kommen.

Bei Hinzuziehen des Expected-Cost-Plus-a-Margin-Ansatzes ist es das Ziel, die Produktionskosten für die Leistungsverpflichtung zu schätzen. Im Gegensatz zu dem Adjusted-Market-Assessment-Ansatz liegt dabei der Fokus auf internen Faktoren. Auf die Basis der geschätzten Produktionskosten ist eine vom Unternehmen erwartete Gewinnmarge aufzurechnen. Diese Marge kann sich allerdings auch wieder auf die Marktwettbewerber beziehen, da so herausgefunden werden kann, welcher Endpreis für die Kunden vertretbar wäre. Zur Verwendung dieser Methode ist es allerdings essenziell, dass die zu verwendenden Kosten für die Berechnung des Einzelveräußerungspreises eindeutig ableitbar sind.[85]

Für die Verwendung der Residualmethode ist es Voraussetzung, dass das Unternehmen den Großteil der Einzelveräußerungspreise aus den im Vertrag festgelegten Leistungsverpflichtungen verlässlich schätzen kann. Ist dies möglich, kann die Differenz aus dem Gesamttransaktionspreis abzüglich der verlässlich geschätzten Preise den Einzelveräußerungspreis für ein nicht preislich festlegbares Produkt bilden. Um diesen Ansatz heranziehen zu dürfen, muss indes eines von zwei gegebenen Kriterien erfüllt sein. Demnach muss das Unternehmen das zu bewertende Produkt zu völlig verschiedenen, ständig schwankenden Preisen veräußern. Hierdurch ist es nicht zumutbar, einen verlässlichen Einzelpreis festzulegen.[86]

Das zweite Kriterium beinhaltet die Tatsache, dass ein Gut erst neu auf den Markt gebracht oder zuvor noch nicht einzeln bzw. separat verkauft wurde. Aus diesem Grund können dem Unternehmen wichtige Grundlagen zur Ermittlung des Einzelpreises nicht vorliegen. Auch hierbei ist keine direkte Ableitung des Einzelveräußerungspreises möglich, weshalb die Residualmethode angewendet werden darf.[87]

---

[84] Vgl. Ernst & Young 2014, S. 95.
[85] Vgl. Ernst & Young 2014, S. 95.
[86] Vgl. Grote/Pilhofer 2014, S. 412.
[87] Vgl. Petersen/Bansbach/Dornbach 2014, S. 144.

6.3.4.3   Verteilung von Preisnachlässen und variablen Komponenten

Nachdem die Einzelveräußerungspreise aller in einem Vertrag enthaltenen Leistungsverpflichtungen festgestellt wurden, ist gemäß IFRS 15.79 der Gesamttransaktionspreis nach
der Methodik des relativen Einzelveräußerungspreises zu verteilen. Eine Besonderheit bildet die Allokation von variablen Komponenten und Preisnachlässen. Ein Preisnachlass ist
grundsätzlich erst einmal dann gegeben, wenn die Summe aller Einzelveräußerungspreise
den Gesamttransaktionspreis übersteigt.[88] Liegen Preisnachlässe vor, sind diese proportional auf die Einzelveräußerungspreise zu verteilen. Unter bestimmten Voraussetzungen
ist es laut IFRS 15.84 auch möglich, variable Komponenten oder Preisnachlässe vollständig einer oder mehreren bestimmten Leistungsverpflichtungen zuzuordnen.[89] Hierzu muss
der Preisnachlass eindeutig einem bestimmten Produkt oder einer bestimmten Dienstleistung zuzuordnen sein. Dazukommend müssen gemäß IFRS 15.82 drei Voraussetzungen
kumulativ erfüllt sein. Die zugeordneten Leistungsverpflichtungen werden stets separat
verkauft, entweder einzeln oder gebündelt. Darüber hinaus werden auf die Leistungsverpflichtungen regelmäßig Preisnachlässe gewährt, wobei deren Höhe den Nachlass des zu
bewertenden Vertrages widerspiegeln.[90]

6.3.4.4   Nachträgliche Änderungen des Transaktionspreises

Wird ein Vertrag nachträglich bezüglich des Transaktionspreises abgeändert, so ergeben
sich hieraus auch Folgen für die Verteilung auf die Leistungsverpflichtungen. Demnach
stimmen zuvor getroffene Aufteilungen des Gesamttransaktionspreises nicht mehr mit
dem neuen Betrag überein. Diese Veränderung muss neu berechnet und berücksichtigt
werden. Die Änderung findet bei der erstmaligen Zuordnung statt, wobei es nicht relevant
ist, ob die Verteilung nach der Methode des relativen Einzelveräußerungspreises erfolgte
oder ob Preisnachlässe bzw. variable Gegenleistungen direkt einer Leistungsverpflichtung
zugerechnet werden. Eine komplette Neuverteilung des gesamten Preises ist nicht zulässig.[91]

6.3.5   Erfüllung der Leistungsverpflichtungen

6.3.5.1   Übersicht

Die Umsätze, die auf die zuvor identifizierten und verteilten Leistungsverpflichtungen zuzurechnen sind, sind gemäß IFRS 15.33 nur dann als Umsatzerlöse zu erfassen, wenn die
Verfügungsgewalt hierüber durch den Kunden erlangt wurde. Verfügungsgewalt hat demnach der, der die Nutzung eines bestimmten Vermögenswertes bestimmen kann und die
Fähigkeit besitzt, im Wesentlichen den verbleibenden Nutzen aus ihm zu ziehen. Demnach

---

[88] Vgl. Ernst & Young 2014, S. 105.
[89] Vgl. Grote/Pilhofer 2014, S. 412.
[90] Vgl. Ernst & Young 2014, S. 105.
[91] Vgl. Petersen/Bansbach/Dornbach 2014, S. 147.

verfügt er somit über alle Rechte des Guts oder der Dienstleistung.[92] Hinzukommend stehen ihm alle Zahlungsrückflüsse, welche hierauf zugeordnet werden können, zu.[93] Es gibt verschiedene Arten in Verträgen festzuhalten, wann eine Verfügungsgewalt auf den Kunden übergeht. Entweder das Unternehmen erfüllt diese Leistungsverpflichtung über einen Zeitraum hinweg oder die Verfügungsgewalt geht an einem vorher vereinbarten Zeitpunkt über. Im ersten Schritt ist daher der Übergang der Verfügungsgewalt zu prüfen.

6.3.5.2 Leistungsverpflichtungen, die über einen Zeitraum erfüllt werden

6.3.5.2.1 Allgemein

In vielen Verträgen ist es einfach herauszufinden, wann die Verfügungsgewalt auf den Kunden übergeht. Bei anderen Verträgen ist es jedoch deutlich schwieriger. Um diesen Übergang dennoch problemlos festzustellen, beschreibt IFRS 15.35 drei Kriterien, wodurch der Wechsel der Verfügungsgewalt definiert werden kann.[94] Demnach überträgt ein Unternehmen die Verfügungsgewalt über einen Zeitpunkt entweder dann, wenn der Nutzen der zu übertragenden Leistung dem Kunden zufließt, sobald diese geleistet wurde. Als erstes Kriterium für die Erfüllung wird hierbei ein hypothetischer Austritt des Unternehmens fingiert. Würde das neu eingestiegene Unternehmen ab dem Zeitpunkt des Ausstiegs eingreifen können und müsste die zuvor erbrachten Leistungen nicht nochmals erbringen, gilt die Leistungsverpflichtung als erfüllt. Als zweites in IFRS 15 genanntes Kriterium wird anhand der Leistung ein Vermögenswert geschaffen. Zusätzlich besitzt der Kunde während der Erstellung oder Verbesserung die Verfügungsmacht.

Das letzte Kriterium verlangt, dass eine anderweitige Nutzung des Vermögensgegenstandes ggf. aus vertraglichen oder praktischen Gründen nicht möglich ist. Weiterhin muss das Unternehmen ein durchsetzbares Recht auf Zahlung für die bis dahin erbrachte Leistung besitzen. Abb. 6.4 veranschaulicht dieses Schema zur Bestimmung der Erfüllung einer Leistungsverpflichtung über einen Zeitraum unter Berücksichtigung der drei genannten Kriterien.

Ist eines der genannten Kriterien erfüllt, ist die Erlösrealisierung anhand des Fertigstellungsgrades zu erfassen. Im Originallaut des IFRS wird diese als progress towards complete satisfaction bezeichnet. Der Fertigstellungsgrad ist dabei kontinuierlich, auch für ähnliche Leistungsverpflichtungen, anhand der gleichen Methode zu bewerten. Die Umsatzrealisierung anhand des Fertigstellungsgrades darf allerdings nur angewandt werden, wenn der Fortschritt verlässlich gemessen werden kann. Zur Messung und Berechnung gibt es verschiedene Vorgehensweisen. Zum einen ist es möglich den Fertigstellungsgrad anhand des Outputs zu bemessen. Zum anderen kann hierbei auch ein input-orientiertes Verfahren verwendet werden.[95]

---

[92] Vgl. Lüdenbach 2015, S. 590.
[93] Vgl. Ernst & Young 2014, S. 113, Sandleben/Reinholdt 2014, S. 270.
[94] Vgl. Lüdenbach 2015, S. 590.
[95] Vgl. KPMG 2014b, S. 211, Petersen/Bansbach/Dornbach 2014, S. 148.

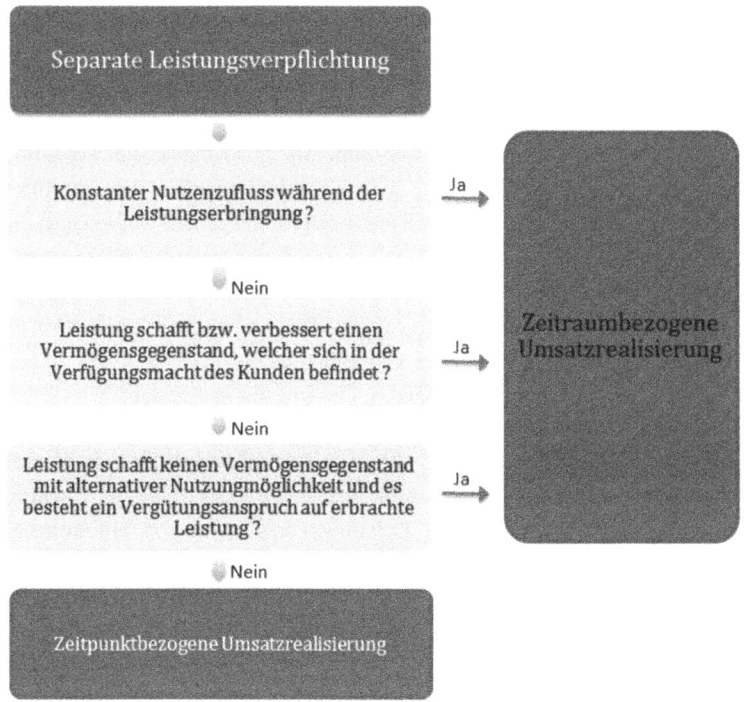

Abb. 6.4 Die Kriterien zur Übertragung der Verfügungsgewalt. (In Anlehnung an Grote/Pilhofer 2014, S. 414)

6.3.5.2.2 Output-orientierte Verfahren

Bei den output-orientierten Verfahren bemisst sich der Fortschritt nach der erbrachten Leistung.[96] Hierbei gibt es verschiedene Methoden, die erbrachte Leistung zu ermitteln. Die im Originallaut bezeichnete Units-of-Delivery-Methode bemisst sich im Verhältnis der bis hierhin produzierten Güter zu der im Vertrag vereinbarten Gesamtmenge. Die Bedingung für die zulässige Anwendung erschließt sich aus der gleichmäßigen Entnahme und Herstellung der Waren oder Dienstleistungen. Diese Vorgehensweise bietet sich hauptsächlich für Massengeschäfte an.

Auch die sogenannte Value-Added-Methode ist eine output-basierte Herangehensweise. Diese bezieht sich auf das Verhältnis des bis dato erbrachten Wertes der Leistung im Verhältnis zu dem Gesamtvolumen. Als Voraussetzung hierfür muss der Wert der Teilleistung gut messbar sein. Die Contract-Milestones-Methode fokussiert sich bei der Bestimmung des Fortschrittes an der Erreichung der zuvor festgelegten Meilensteine. Hierfür ist es wichtig, im Verlauf der Leistungserbringung objektiv gut messbare Zwischenergebnisse analysieren zu können.

---

[96] Vgl. Lüdenbach 2015, S. 591.

6.3.5.2.3 Input-orientierte Verfahren

Im Gegensatz zu den output-orientierten Verfahren richten sich die input-orientierten Verfahren nach den bis dato eingesetzten Faktoren und den angefallenen Kosten.[97] Eines der Verfahren ist die Cost-to-Cost-Methode. Die Basis zur Herleitung des Fertigstellungsgrades bilden hierbei die bis zum Stichtag angefallenen Kosten. Im Verhältnis zu den Gesamtkosten kann unter Voraussetzung einer strukturierten Kostenrechnung der Fortschritt des Auftrages ermittelt werden. Eine weitere Vorgehensweise stellt die Effort-Expended-Methode dar. Durch die Relation zwischen den bis zum Stichtag eingesetzten Faktoren und den Gesamtfaktoren ist es auch in diesem Falle möglich den Fertigstellungsgrad zu ermitteln. Als Bedingung für diese Herangehensweise gilt, dass es sich um homogene Faktoreinsätze handeln muss. Ein Beispiel hierfür wären die geleisteten Arbeitsstunden im Verhältnis zu den geschätzten Gesamtarbeitsstunden. [98]

6.3.5.3 Leistungsverpflichtungen, die zu einem Zeitpunkt erfüllt werden

Für den Fall, dass die Kriterien zur Erfüllung über einen Zeitraum nicht zutreffen, ist wie in Abb. 6.4 davon auszugehen, dass die Leistungsverpflichtung zu einem Zeitpunkt hin erfüllt wird. Das sogenannte „control" Kriterium muss dabei erfüllt werden.

Dieses beschreibt die Fähigkeit, den wesentlichen Nutzen aus einem Vermögenswert zu ziehen, diesen eigenständig zu nutzen und Dritten den Nutzen hiervon zu verweigern. Nur wenn diese Kriterien als erfüllt angesehen werden können, gilt die Verfügungsmacht als übertragen. Abgeleitet werden kann dies beispielweise durch die Nutzung des Vermögenswertes innerhalb der Produktion, dem Weiterverkauf oder Tausch oder das Halten des Vermögensgegenstandes durch den Kunden.[99]

Mit Einführung des Kontrollkriteriums hat sich das IASB von den bis dato geltenden Bestimmungen des nach IAS 18 geltenden Risk-and-Reward-Approach abgewendet. De lege lata ist ein Erlös aus der Veräußerung dann zu erfassen, wenn die Chancen und Risiken an dem verkauften Gut oder Dienstleistung auf den Käufer übergegangen sind. In den meisten Fällen ist das der Fall, wenn der Besitzwechsel stattgefunden hat oder der rechtliche Eigentumswechsel vollzogen wurde.[100]

Auch IFRS 15.38 beinhaltet einen Kriterienkatalog für mögliche Szenarien zum Übergang der Verfügungsmacht zu einem Zeitpunkt. Demnach deutet das Recht auf Erhalt einer Gegenleistung durch einen Rechtsanspruch, auf die Übertragung der Verfügungsmacht und der damit erfüllten Leistungsverpflichtung hin. Auch die Übertragung des physischen Besitzes, des rechtlichen Eigentums und die wesentlichen Chancen und Risiken an einem Vermögensgegenstand deuten grundsätzlich auf eine Übertragung hin.[101] Die Abnahme durch den Kunden und die damit verbundene Akzeptanz des gefertigten Vermögensgegenstandes bildet auch ein Indiz zur erfolgreichen Übertragung. Weiterhin

---

[97] Vgl. Lüdenbach 2015, S. 591.
[98] Vgl. Bohl/Riese/Schlüter 2013, Nr. 62.
[99] Vgl. Petersen/Bansbach/Dornbach 2014, S. 150 f., Tausch 2012, S. 86.
[100] Vgl. Hoffmann/Lüdenbach 2014, S. 168.
[101] Vgl. Lüdenbach 2015, S. 591.

ist der Kriterienkatalog nicht als Checkliste anzusehen. Es ist daher auch nicht notwendig, dass alle genannten Kriterien des IASB zutreffen müssen, da diese vielmehr als Hilfe anzusehen sind.[102]

6.4 Sonstige Neuerungen

6.4.1 Vertragskosten

Eine weitere Neuerung beinhaltet der Standard bezüglich des Umgangs der Kosten für die Erlangung und Erfüllung eines Vertrages. Die Kosten für die Erlangung eines Vertrages sind lediglich die Kosten, die durch die Anbahnung entstehen und die ohne das Zustandekommen des Vertrages nicht angefallen wären. Grundsätzlich sind hierunter z. B. Verkaufsprovisionen oder erfolgsabhängige Anwaltskosten, welche nur bei gelungenen Abschlüssen zu zahlen sind, einzuordnen.[103] Soweit die Kosten erwartungsgemäß wieder erwirtschaftet werden, sind diese zu aktivieren. Hierbei ist es irrelevant, ob die Kosten auf direktem Wege, also durch die vereinbarte vertragliche Zahlung oder auf indirektem Wege, durch eine vertraglich festgehaltene Marge gedeckt werden. Im Zuge einer Sonderregel ist es auch gestattet, Kosten für die Anbahnung eines Vertrages als Aufwand zu erfassen. Allerdings gilt dieser Leitsatz nur dann, wenn der Vermögensgegenstand welcher die Kosten verursacht, innerhalb eines Jahres abzuschreiben wäre.[104]

Ebenfalls sind die Kosten für die Erfüllung eines Vertrages gemäß IFRS 15.95 geregelt. Demnach sind Kosten zur Erfüllung eines Vertrages, die nicht in den Anwendungsbereich eines anderen Standards, wie z. B. IAS 2 Vorräte, IAS 16 Sachanlagen oder IAS 38 Immaterielle Vermögenswerte fallen, unter Einhaltung von drei genannten Kriterien zu aktivieren.[105] Demzufolge müssen die verursachten Kosten in direktem Bezug zu einem bestehenden oder erwartenden Vertrag stehen. Infolgedessen führen die Kosten zu einem Ressourcenzufluss des Unternehmens, welche zukünftig zur Erfüllung von Leistungsverpflichtungen beitragen oder bestehende Ressourcen erweitern. Abschließend ist es Pflicht, dass die Kosten zur Erfüllung des Vertrages gedeckt sind. Nur bei kumulativer Erfüllung der genannten Bedingungen sind die angefallenen Kosten zu aktivieren.

Insofern die Kriterien erfüllt sind, sind Kosten, welche als aktivierbare Kosten in Betracht kommen, bspw. Personaleinzelkosten und Materialeinzelkosten.

Aber auch alle Kosten, welche dem Kunden explizit in Rechnung gestellt werden können, können als solche identifiziert werden. Ebenfalls planmäßige Abschreibungen, insofern diese in direktem Zusammenhang mit dem Vertrag stehen, sind möglicherweise als Kosten zu aktivieren. Hingegen sind andere Kostenarten sofort als Aufwand zu erfassen und nicht zu aktivieren. Hierzu zählen z. B. Verwaltungsgemeinkosten, die nicht

---

[102] Vgl. Ernst & Young 2014, S. 128.
[103] Vgl. Lüdenbach 2015, S. 592.
[104] Vgl. Ernst & Young 2014, S. 149, KPMG 2014a, S. 27.
[105] Vgl. Lüdenbach 2015, S. 592.

ausdrücklich in Rechnung gestellt werden können, Personalgemeinkosten, nicht kalku-
lierte Materialabfälle oder andere Vertragskosten.[106]

Aktivierte Vertragskosten sind uneingeschränkt abzuschreiben. Der darauf anfallen-
de Aufwand der Abschreibung fällt an, sobald die Verfügungsgewalt an den Waren bzw.
Dienstleistungen vollständig auf den Kunden übergegangen ist. Dabei ist auch eine unterschiedliche Abschreibungsdauer der Kosten denkbar. Eine solche Zusammensetzung
kann entstehen, wenn die abschreibungsverursachenden Waren oder Dienstleistungen Teil
mehrerer Verträge sind oder durch einen voraussichtlich verlängerten Dienstleistungsvertrag anfallen.[107] Im Übrigen sind die aktivierten Vertragskosten jährlich einer Prüfung
auf Wertminderung zu unterziehen. Eine Wertminderung ist dementsprechend durchzuführen, wenn die Gegenleistung, die ein Unternehmen auf den Vermögenswert beziehen
kann, geringer ist als dessen Buchwert. Abzuziehen sind hierbei die anfallenden Kosten
für die Lieferung der Güter bzw. Dienstleistungen. Gemäß IAS 36 ist im Gegensatz zu
US-GAAP eine Wertaufholung der Vertragskosten möglich, wenn der gegebene Wertmin-
derungsgrund weggefallen ist.[108]

6.4.2   Vertragliche Vermögensgegenstände und Verbindlichkeiten

Auch im Bereich der anzugebenden Informationen im Anhang ändern sich einige Punkte
gegenüber der derzeit geltenden IFRS Vorschriften. Die Regeln bezüglich der Angaben
des IFRS 15 nehmen im Vergleich zu anderen Standards deutlich an Volumen zu. In
diesem Bezug verpflichtet IFRS 15 erstmalig die Angabe der Posten „vertraglicher Vermögenswert" und „vertragliche Verbindlichkeit". Ein vertraglicher Vermögenswert ist bei
Erfüllung der Leistungsverpflichtung, also bei Lieferung der Waren oder Dienstleistungen
anzusetzen. Dieser aktive Vertragsposten drückt ein bedingtes Anrecht auf die Zahlung
der erbrachten Leistungen aus. Demnach muss die erwartete Zahlung noch von weiteren
Bedingungen als nur der Fälligkeit abhängig sein. Würde der Zahlungsanspruch lediglich
von dem Zeitpunkt der Zahlung abhängen und somit völlig bedingungslos sein, würde es
sich um den Ansatz einer üblichen Forderung handeln. Ein Beispiel für einen vertraglichen Vermögensgegenstand ergibt sich in folgendem Sachverhalt.

Ein Unternehmen schließt einen Vertrag mit seinem Kunden über die Lieferung der
Produkte Y und Z ab. Das Produkt Y wird sofort geliefert, Z erst zu einem späteren Zeitpunkt. Die Ware muss erst bei Erhalt der vollständigen Lieferung vom Kunden beglichen
werden. Aufgrund dieser Konstellation entsteht erst durch die Lieferung des Produktes Z
der Anspruch auf Zahlung. Das Unternehmen ist infolgedessen im Besitz eines vertraglichen Vermögenswertes. Dieser ist durch die Abhängigkeit der vertraglich vereinbarten
Zahlung sowohl von dem Zeitpunkt der Fälligkeit als auch von der Lieferung des Pro-

---

[106] Vgl. KPMG 2014a, S. 27.
[107] Vgl. Ernst & Young 2014, S. 153.
[108] Vgl. Ernst & Young 2014, S. 154.

dukts Z begründet.[109] Eine vertragliche Verbindlichkeit hingegen bildet einen passiven Posten. Diese beinhaltet eine Verpflichtung des Unternehmens gegenüber einem Kunden. Zustande kommt diese Verpflichtung, wenn die Zahlung durch einen Kunden bereits geleistet wurde, während die Leistungsverpflichtung durch das Unternehmen noch aussteht. Hierunter fallen z. B. übliche Anzahlungen.[110]

6.4.3   Lizenzen

Auch die Bilanzierung von Lizenzen ist in den spezifischen Leitlinien des IFRS 15 klar geregelt. Weiterführend identifiziert und regelt der neue Standard Lizenzen für geistiges Eigentum.[111] Diese können bspw. Software, Entertainment wie Musik, Patente oder Marken sein. Grundsätzlich, mit Ausnahme kleinerer Änderungen, findet die Bilanzierung so wie für andere Güter oder Dienstleistungen statt. So ist es zur Identifizierung der Lizenz ebenfalls notwendig, eine Abgrenzung dieser zu schaffen, da die spezifischen Leitlinien hierfür lediglich für abgrenzbare Lizenzen in Frage kommen. Im Ausnahmefall, dass lediglich eine Lizenz Vertragsinhalt ist, fällt sie zweifelsfrei unter die Regelung. Oftmals sind Lizenzen allerdings Teil von Mehrkomponentenverträgen, da deren Nutzung meist in Verbindung mit anderen Dienstleistungen oder Gütern steht. In diesem Falle ist wie in Abschn. 6.3.2 beschrieben, eine Bündelung der Leistungsverpflichtungen durchzuführen.[112]

Lizenzen sind in der Praxis vermehrt nicht einzeln abgrenzbar. Daher hat das IASB entschieden, dass die Leitlinien für Lizenzen für geistiges Eigentum ebenfalls zum Tragen kommen sollen, wenn die Lizenz nicht von einem Gut oder Dienstleistung zu trennen ist, diese allerdings den Hauptbestandteil eines Vertrages bildet.[113] Wurden die Lizenzen eindeutig abgegrenzt, ist im nächsten Schritt gemäß IFRS 15.B56 zu prüfen, ob dem Lizenznehmer ein Zugangsrecht oder ein volles Nutzungsrecht eingeräumt wurde.

Das Zugangsrecht stellt gemäß IFRS 15.B57 eine Zusage zur Nutzung von geistigem Eigentum dar, allerdings unter Erfüllung dreier kumulativer Voraussetzungen. Demnach muss der Kunde nach vernünftiger Einschätzung erwarten, dass das Unternehmen Aktivitäten ausüben wird, die wesentliche Auswirkungen auf das geistige Eigentum haben. Solche Aktivitäten können z. B. das Updaten oder Modifizieren einer überlassenen Software darstellen. Hinzukommend ist der Kunde unmittelbar von all diesen Auswirkungen sowohl positiv als auch negativ betroffen.[114]

---

[109] Vgl. Petersen/Bansbach/Dornbach 2014, S. 155.
[110] Vgl. KPMG 2014a, S. 31.
[111] Vgl. Schmidt/Barekzai/Hüttermann 2015, S. 141.
[112] Vgl. Ernst & Young 2014, S. 154.
[113] Vgl. Ernst & Young 2014, S. 155.
[114] Vgl. KPMG 2014a, S. 23 f.

Abschließend darf aufgrund der Ausführung genannter Aktivitäten kein Gut und keine Dienstleistung auf den Kunden übertragen werden. Weist eine vorliegende Lizenzvereinbarung diese Bedingungen nicht kumulativ auf, entfällt hierauf ein Nutzungsrecht.[115]

Im Falle eines Zugangsrechts findet die Umsatzerfassung zeitraumbezogen statt.[116] Begründet wird diese Auffassung der Boards gemäß IFRS 15.BC414, da der wesentliche Nutzen der übertragenen Lizenz an den Kunden fließt und er diese noch während der Erbringung nutzen kann. Erwirbt der Kunde hingegen ein Nutzungsrecht, erfolgt die Eigentumsübertragung zeitpunktbezogen. Der Zeitpunkt ist dabei so terminiert, dass der Übergang zu Beginn des Zeitraums stattfindet, zu dem der Kunde das Nutzungsrecht erhält.[117]

6.4.4   Vertragsmodifikationen

Im Gegensatz zu IAS 18 beinhaltet der neue Standard genaue Vorschriften zur Abbildung von Vertragsänderungen.[118] Eine Vertragsänderung beinhaltet gemäß IFRS 15.27 die nachträgliche Veränderung eines bestehenden Vertrages, hinsichtlich der durchsetzbaren Rechte und Pflichten. Denkbar ist eine Änderung des Vertragsumfanges oder gar des vereinbarten Preises. Wichtig ist, dass im Falle einer Änderung beide Vertragsparteien ihr Einverständnis überbringen. Weiterhin ist zu prüfen, ob durch die nachträgliche Modifikation ein separater Vertrag entsteht und dieser dann folgerichtig eigenständig zu bilanzieren wäre.

Ein separater Vertrag zeichnet sich, wie in Abb. 6.5 veranschaulicht, durch die kumulative Erfüllung zweier Kriterien aus. Erstens stellt die Vertragsmodifikation eine oder mehrere eigenständig abgrenzbare Leistungen dar. Hinzukommend spiegelt die Preisanpassung die Einzelveräußerungspreise der zusätzlichen Güter und Dienstleistungen wieder.

Hierbei ist auch eine eventuelle Preisminderung der Einzelleistungen denkbar, da durch den schon bestehenden Vertrag keine weiteren Verkaufskosten angefallen sind. Treffen diese zwei Bedingungen nicht zu, ist bilanziell trotzdem eine Beendigung des bisherigen Vertrages und infolgedessen ein neuer fiktiver Vertragsabschluss, unter Berücksichtigung der Veränderung, zu fingieren. Vorausgesetzt die noch ausstehenden Leistungen sind von den bereits übertragenen Leistungen abgrenzbar. Sind diese Leistungen allerdings nicht eindeutig differenzierbar, wird die Vertragsänderung als hinzukommender Teil des ursprünglichen Vertrages bilanziert. Konsequenzen hieraus sind die Neuermittlung des Transaktionspreises und des Fertigstellungsgrades.[119]

---

[115] Vgl. Ernst & Young 2014, S. 158.
[116] Vgl. Baur/Lüpold/Witte 2014, S. 475.
[117] Vgl. Ernst & Young 2014, S. 160.
[118] Vgl. Schmidt/Barekzai/Hüttermann 2015, S. 145.
[119] Vgl. Petersen/Bansbach/Dornbach 2014, S. 153.

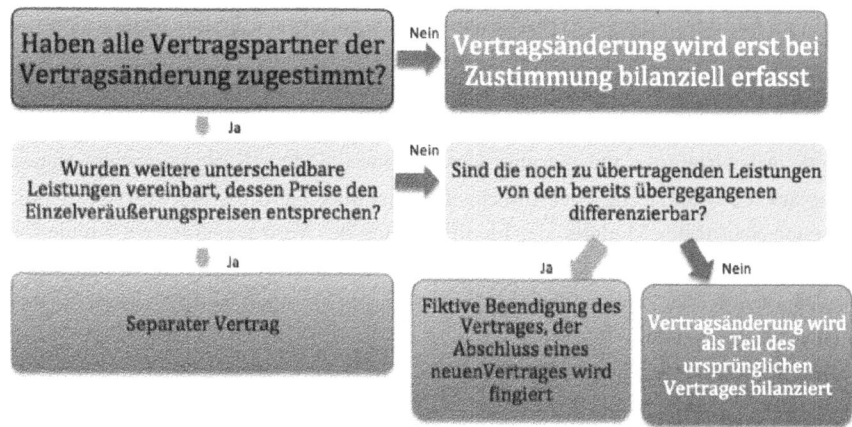

Abb. 6.5 Vertragsänderungen. (In Anlehnung an KPMG 2014a, S. 29)

6.5 Umsetzungsmaßnahmen und gesetzte Ziele

6.5.1 Umsetzungsmaßnahmen

6.5.1.1 Übersicht

Infolge der Neueinführung der Regelungen zu den Umsatzerlösen und aufgrund der Vielzahl an Änderungen diesbezüglich, besteht prozess- und systemseitig ein erheblicher Anpassungsbedarf.[120] Eventuell müssen Daten betreffend der Schätzung der variablen Gegenleistungen oder der Anhangangaben überarbeitet und neu gestaltet werden. Auch die Verwendung des retrospektiven Ansatzes zur Einführung des Standards kann zu einer deutlich früheren Einführung von neuen IT-Systemen führen. Zusätzlich kann eine parallele und somit doppelte Aufzeichnung der Rechnungslegungsdaten notwendig sein.[121]

Eine weitere Umsetzungsmaßnahme stellt auch das Abändern von vereinbarten Umsatzzielen in bspw. Kreditverträgen dar. Gerade umsatzbasierte Finanzkennzahlen werden direkt betroffen sein.[122] Auch sogenannte Earn-Out-Klauseln, Analystenschätzungen oder Vergütungsvereinbarungen können von IFRS 15 betroffen sein. Angesichts der neuen Darstellung und der damit verbundenen Verschiebung und früheren Erfassung von Umsatzerlösen, können solche Vereinbarungen nach Standardeinführung nicht immer erzielbar sein.[123] Da durch das hohe Maß an Detailvorschriften die meisten IFRS-Anwender von den Vorschriften des IFRS 15 betroffen sein werden, wird ein hoher Aufwand für Umsetzungsmaßnahmen auf die Unternehmen zukommen. Welches Ausmaß diese Umsetzung

[120] Vgl. Grote/Hold/Pilhofer 2014, S. 343.
[121] Vgl. KPMG 2014a, S. 7.
[122] Vgl. Fink/Ketterle/Scheffel 2012, S. 2006.
[123] Vgl. KPMG 2014a, S. 6.

annimmt, ist nur durch eine spezifische Analyse der einzelnen Unternehmen identifizierbar.[124]

Dennoch lassen sich auf das neue 5-Schritte-Modell einige Umsetzungsmaßnahmen feststellen. Sowohl das IASB als auch das FASB erwartet infolge der Neueinführung nur punktuelle Auswirkungen für einzelne Unternehmen.[125] Durch die komplette Neuerung in Bezug auf die Bilanzierung der Umsatzerlöse ist dies allerdings schwer vorstellbar.

Im ersten Schritt des Modells, der Identifizierung des Vertrages mit dem Kunden, können sich Neuerungen speziell durch die Zusammenfassung von zeitlich gleichgeschlossenen Verträgen ergeben. Auch nachträgliche Vertragsänderungen werden Umsetzungsmaßnahmen zur Folge haben.

Insbesondere der zweite Schritt wird in der Praxis für einen erheblichen Anpassungsbedarf sorgen. Grundsätzlich wird zwar in IAS 18.13 bereits die Separierung einzelner enthaltener Leistungsverpflichtungen gefordert, allerdings sind die gegebenen Vorgaben nicht ausreichend. Innerhalb der Ermittlung des Transaktionspreises ergeben sich Anpassungen in Bezug auf variable Gegenleistungen, Finanzierungskomponenten und Zahlungen an Kunden. Insbesondere die Beinhaltung von variablen Komponenten wird durch IFRS 15.50 ff. klar geregelt.[126] Der dritte Schritt befasst sich zudem ausgiebig mit der Behandlung von variablen Vertragsbestandteilen. Hierdurch wird sich auch für die Praxis ein hoher Anpassungs- und Änderungsbedarf ergeben, da IAS 18 sich nicht explizit, lediglich in IFRIC 13 und IFRIC 15, hiermit auseinandersetzt. Weiterhin wird durch die Beschränkung der in Abschn. 6.3.4.1 genannten Residualwertmethode innerhalb vieler Unternehmen eine Anpassung der Berechnung stattfinden. Innerhalb des letzten Teils des Modells ergibt sich durch die Einführung des neuen Kontrollkriteriums ein Anpassungsbedarf.[127] Verursacht durch diese Neuerung ist hierbei eine prozess- und systemseitige Angleichung als sehr wahrscheinlich einzustufen.

6.5.1.2   Erstanwendung

Für alle IFRS-Bilanzierer ist der neue Standard zur Umsatzrealisierung für Geschäftsjahre ab dem 01. Januar 2018 verpflichtend. Eine freiwillige Anwendung zu einem früheren Zeitpunkt ist ebenfalls möglich. Allerdings ist dabei zu beachten, dass für EU-Anwender die Transformation in Europäisches Recht infolge des EU-Endorsement zwingend notwendig ist. Bis zur Beendigung dieses Prozesses ist eine vorzeitige Anwendung des IFRS 15 für europäische Anwender nur äußerst eingeschränkt machbar.[128] Die Regelungstiefe nimmt gegensätzlich zu den derzeit geltenden Regelungen beträchtlich zu, was die Neueinführung für Unternehmen weiterhin erschwert.[129]

---

[124] Vgl. Scharr/Usinger 2012, S. 105.
[125] Vgl. Grote/Hold/Pilhofer 2014, S. 339.
[126] Vgl. Grote/Hold/Pilhofer 2014, S. 341.
[127] Vgl. Schurbohm-Ebneth/Viemann 2015, S. 189.
[128] Vgl. Petersen/Bansbach/Dornbach 2014, S. 156.
[129] Vgl. Grote/Pilhofer 2014, S. 415.

Für die Erstanwendung bestehen zwei Möglichkeiten zur Implementierung der neuen Rechnungslegungsvorschriften. Der vollständige retrospektive Ansatz gemäß IAS 8 ist im Zuge dessen gestattet. IAS 8.19 besagt, dass ein Unternehmen jeden Eröffnungsposten des Eigenkapitals so gestalten muss, dass sowohl die früheste dargestellte Periode sowie alle Vergleichsbeträge vorheriger Perioden so angepasst werden müssen, als wäre die neue Rechnungslegungsvorschrift stets angewandt worden. Vereinfachend dürfen einige Erleichterungen eingebracht werden. So müssen Verträge, die vor Einführung des IFRS 15 abgeschlossen wurden und innerhalb der gleichen Berichtsperiode beginnen und enden, nicht auf den neuen Standard angepasst werden. Bei Verträgen mit variablen Bestandteilen, welche ebenfalls vor Erstanwendung abgeschlossen wurden, ist es nicht notwendig den Kaufpreis wie in IFRS 15 vorgegeben zu schätzen. Ein Ansatz der tatsächlich verdienten Gegenleistung ist in diesem Fall zulässig.

Außerdem besteht ein Wahlrecht bezüglich der Anhangangaben. Es ist Unternehmen freigestellt, für Berichtsperioden vor der Erstanwendung die Höhe der Gegenleistung für verbleibende, noch nicht erfüllte Leistungsverpflichtungen anzugeben und die voraussichtliche Umsatzrealisation zu erläutern.[130] Die Anwendung des retrospektiven Ansatzes unter Einhaltung der Vorschriften des IAS 8 hat daher zur Folge, dass die Regelungen des IFRS 15 rückwirkend auf die Geschäftsjahre 2016, 2017 angewandt werden müssen.[131] Dementsprechend ist die Anwendung des neuen Standards zwar erst ab dem Geschäftsjahr 2018 verpflichtend, die Auswirkungen betreffen allerdings schon frühere Perioden. Eine vorsorgliche parallele Anwendung der neuen Regelungen und der derzeit geltenden Rechnungslegungsvorschriften ist notwendig. Die freiwillige parallele Einführung kann zusätzlich mögliche Konsequenzen und Auswirkungen des IFRS 15 auf den verpflichtenden Jahresabschluss 2018 aufzeigen.[132] Allerdings kann eine solche Anwendung zur Implementierung äußerst kostspielig und herausfordernd sein, gerade für Unternehmen mit einer hohen Anzahl an langfristigen Verträgen.[133]

Als zweite Möglichkeit darf auch eine kumulative Methode bei Einführung des IFRS 15 angewendet werden. Vor diesem Hintergrund müssen ab dem 01. Januar 2018 nur Verträge nach den neuen Vorschriften bewertet werden, welche entweder erst danach abgeschlossen wurden oder zu diesem Zeitpunkt noch nicht beendet sind. Allerdings ist auch bei dieser Methode innerhalb des Eigenkapitals der kumulative Effekt aus der Änderung anzugleichen. Angegeben werden müssen unter dieser Prämisse alle Posten mit dazugehörigen Beträgen, welche infolge der Anwendung des IFRS 15 tangiert werden. Zusätzlich sind wesentliche Veränderungen innerhalb dieser Bilanzpositionen zu erläutern.[134]

Die Komplexität und Höhe der Umsetzungsmaßnahmen wird auch nochmals durch die Größe des Standards bestätigt. So beinhaltet IFRS 15 im Originaltext inklusive der Origi-

---

[130] Vgl. Petersen/Bansbach/Dornbach 2014, S. 156, KPMG 2014a, S. 33.
[131] Vgl. Thurow 2014, S. 464.
[132] Vgl. Thurow 2014, S. 464.
[133] Vgl. KPMG 2014a, S. 35.
[134] Vgl. KPMG 2014a, S. 34.

nalanhänge 87 Seiten. Als Maßnahme zur Erleichterung der Einführung haben die Boards am 03.06.2014 offiziell verlauten lassen, dass eine sogenannte „Joint Transition Group" eingerichtet wurde. Deren Aufgabe besteht hauptsächlich darin, potenzielle Probleme im Zusammenhang mit der Implementierung des Standards zu erörtern und diese an Stakeholder zu vermitteln.[135]

6.5.1.3 Anhangangaben

6.5.1.3.1 Allgemein

Gemäß IFRS 15.110 ff. sollen spezifische Anhangangaben zum Verständnis der Kundenverträge und der damit verbundenen Umsatzerlöse beitragen. Im Gegensatz zu den geltenden Vorschriften ist dabei eine deutliche Erweiterung der Anhangangaben festzustellen.[136] Hierbei soll im Allgemeinen über deren Art, die Höhe und den Zeitpunkt der Erfassung informiert werden. Gegenüber vorhergehenden Angabeverpflichtungen sind die neuen Vorschriften deutlich tiefergehender.[137] Die geforderten Anhangerläuterungen lassen sich sachgemäß in fünf verschiedene Kategorien bündeln.

Die erste Kategorie beinhaltet die sogenannten accounting policies. Innerhalb dieser Kategorie sollen die dem Abschluss zugrunde liegenden allgemeinen Rechnungslegungsmethoden beleuchtet werden. Der zweite Themenbereich, den significant judgements unterliegen Angaben zu genutzten Ermessensspielräumen des Managements. Weitergehend werden die Unsicherheiten bezüglich der im Abschluss verwendeten Schätzungen offengelegt. Die dritte Kategorie, die assets recognised from costs to obtain or fulfil a contract zeigen und erläutern sowohl die aktivierten Kosten der Vertragserlangung als auch die angefallenen Kosten zur Vertragserfüllung. Innerhalb der vierten Klasse werden die im Originallaut bezeichneten quantitative information erläutert. Diese schließen jegliche, sonstige Informationen zu den Kundenverträgen ein. Die fünfte und letzte Klassifizierung, die practical expedients geben Aufschluss über die in Anspruch genommenen Erleichterungen bzw. Ausnahmeregelungen innerhalb des Jahresabschlusses.[138] Gemäß IFRS 15.111 sind bezüglich des Umfangs der notwendigen Anhangangaben die unternehmensspezifischen Umstände des zugrundeliegenden Jahresabschlusses zu berücksichtigen.

Im Folgenden werden die einzelnen Anhangangaben erläutert und deren Umsetzungsaufwand spezifiziert.

6.5.1.3.2 Accounting policies

Die allgemeinen Rechnungslegungsmethoden sind innerhalb der accounting policies thematisiert. Nach IAS 1.117 fordert der Standardsetter allgemeine Offenlegungsvorschriften.[139] Der neue IFRS 15.119 konkretisiert diese Vorschriften hinsichtlich der

---

[135] Vgl. Grote/Pilhofer 2014, S. 407.
[136] Vgl. Scharr/Usinger 2012, S. 105.
[137] Vgl. Grote/Hold/Pilhofer 2012, S. 109.
[138] Vgl. Fink/Pilhofer/Ketterle 2015, S. 333 f.
[139] Vgl. Fink/Pilhofer/Ketterle 2015, S. 334 f.

angewandten Rechnungslegungsmethoden. Offengelegt werden müssen der gewöhnliche Erfüllungszeitpunkt von Leistungsverpflichtungen, die üblichen Zahlungsbedingungen inklusive eventueller Finanzierungskomponenten, die Wesensart der vertraglich vereinbarten Leistungen, jegliche dem Kunden eingeräumten Rücktritts- bzw. Rückgaberechte und weitergehend alle Gewährleistungsverpflichtungen.[140] Die Tiefe des Detailgrades kann Unternehmen vor größere Aufgaben stellen. Wie zuvor erwähnt verbindet IFRS 15.111 den Umfang der Anhangangaben mit den Umständen des jeweiligen Unternehmens. Es ist dabei lediglich zu gewährleisten, dass dem Abschlussadressaten ein Verständnis für die Art, die Höhe und den Zeitpunkt der Zahlungsströme vermittelt wird. Diese Formulierung des IASB beinhaltet ein hohes Maß an Ermessensspielraum für den Anwender.[141]

Eine weitere Neuerung hinsichtlich der Angaben bringt die in IFRS 15.119b geforderte Erläuterung der üblichen Zahlungsbedingungen mit sich. Ziel dessen ist es, dem Anwender mehr Klarheit über den Zusammenhang zwischen den angewandten Rechnungslegungsmethoden und den Leistungsverpflichtungen eines Vertrages, mit dem damit verbundenen Zahlungseingang zu verschaffen.

6.5.1.3.3 Significant judgements

Gemäß IAS 1.123 und IAS 1.125 ff. ist ein Unternehmen verpflichtet, alle wesentlich ausgeübten Ermessensspielräume eines Unternehmens und deren Schätzunsicherheiten zu erläutern. Innerhalb der Anhangangaben des IFRS 15 werden diese noch einmal näher thematisiert und analysiert.

Über die Angabepflichten des IAS 1 hinaus, fordert IFRS 15.123 ff. die Erläuterung der wesentlichen ausgeübten Ermessensspielräume und Schätzunsicherheiten.[142] Diese sind in Bezug auf den Erfüllungszeitpunkt einer Leistungsverpflichtung und des dahingehenden Transaktionspreises mit dem Fokus auf die Allokation des Transaktionspreises auf die separaten Leistungsverpflichtungen zu spezifizieren. Hinzukommend werden bei der zeitraumbezogenen Bilanzierung einzelner Komponenten die hierfür angewandten Methoden zur Leistungsfortschrittsbestimmung in Kombination mit der Begründung der Wahl der Methode gefordert. Im Falle einer zeitpunktbezogenen Bilanzierung müssen lediglich die betroffenen Güter bzw. Dienstleistungen offengelegt und wesentlich ausgeübte Ermessensspielräume erläutert werden.[143]

In IFRS 15.126 fordert der Standardsetter hinzukommend die Erläuterung der verwendeten Methoden, Inputfaktoren und Annahmen von Prozessen betreffend der generellen Ermittlung des Transaktionspreises.[144] Weiterführend werden die Begrenzung der variablen Bestandteile, die Allokation des Kaufpreises auf die separaten Leistungsverpflichtungen und die eingeräumten Rückgabe- und Rücktrittsrechte zur Erläuterung abverlangt.

---

[140] Vgl. Morich 2014, S. 2001.
[141] Vgl. Fink/Pilhofer/Ketterle 2015, S. 335 f.
[142] Vgl. Morich 2014, S. 2001.
[143] Vgl. Fink/Pilhofer/Ketterle 2015, S. 336 f.
[144] Vgl. Morich 2014, S. 2001.

Besonders im Bereich der variablen Gegenleistungen können Ermessensspielräume und Schätzunsicherheiten auftreten.[145]

6.5.1.3.4 Assets recognised from costs to obtain or fulfil a contract

Innerhalb des IFRS 15.127 und 15.128 verlangt das IASB explizit die Listung der Kosten zur Anbahnung eines Vertrages und Erfüllung dessen.[146] Demnach sind nach IFRS 15.127 die aktivierten Kosten bezüglich der getroffenen Ermessensspielräume und des zugehörigen Abschreibungsbetrages innerhalb jeder Periode zu deuten. Dabei können sich Ermessensspielräume für Vertragskosten infolge der Beurteilung von Zurechenbarkeit und Einbringlichkeit ergeben.

Weitergehend verordnet IFRS 15.128 die genaue Saldierung der aktivierten Kosten sowohl zur Erlangung als auch zur Erfüllung von Verträgen aufgegliedert in Kategorien. Hierbei ist bspw. zwischen Kosten für die Vertragsanbahnung, Vorvertragskosten und Setup-Kosten zu differenzieren. Überdies ist die Höhe der zugehörigen Abschreibungen und Wertminderungen offenzulegen.[147]

6.5.1.3.5 Quantitative information

Unter den sonstigen quantitativen Anhangangaben fordert IFRS 15.113 sämtliche, sich aus Kundenverträgen ergebenden Umsatzerlöse. Zusätzlich sind alle Wertminderungen der Berichtsperiode, welche auf Kundenforderungen oder sonstige Vermögenswerte aus Kundenverträgen erfasst wurden, darzustellen.[148] Diese Angaben sind allerdings nur notwendig, wenn sich die genannten Informationen nicht aus der Gesamtergebnisrechnung ableiten lassen. Aufgrund der Tatsache, dass sich jegliche Umsatzerlöse aus Verträgen mit Kunden, in der Praxis aus der Gesamtergebnisrechnung entnehmen lassen, wird diese Anhangangabe oftmals nicht von Nöten sein. Wohingegen die Angaben zu den Wertminderungen nicht direkt aus der Gesamtergebnisrechnung abzulesen sein dürften.[149]

Weiterführend sind gemäß IFRS 15.114 einige zusätzliche Angaben verlangt. Demnach müssen aus Kundenverträgen resultierende Umsatzerlöse im Anhang nach Kategorien aufgegliedert werden. Eine geographische oder zeitbezogene Aufgliederung ist denkbar.

Zusätzlich sind die Eröffnungs- und Schlusssalden aller sich aus Kundenverträgen ergebenden Forderungen, vertraglichen Vermögenswerten, Schulden und sonstigen Umsatzerlösen offenzulegen. Abschließend sind nach IFRS 15.120–122 alle Angaben zu den noch nicht erfassten Umsatzerlösen aus ausstehenden Leistungsverpflichtungen zu integrieren.[150]

---

[145] Vgl. Fink/Pilhofer/Ketterle 2015, S. 337.
[146] Vgl. Morich 2014, S. 2002.
[147] Vgl. Fink/Pilhofer/Ketterle 2015, S. 337.
[148] Vgl. Morich 2014, S. 2001.
[149] Vgl. Fink/Pilhofer/Ketterle 2015, S. 338 f.
[150] Vgl. Morich 2014, S. 2001.

6.5.1.3.6   Practical expedients

Unterhalb dieses Punktes des Anhangs, verlangt der Standardsetter die Offenlegung der in Anspruch genommenen Erleichterungen bzw. Ausnahmeregelungen. Grundsätzlich beinhaltet IFRS 15 zwei solcher Fälle. Demnach darf gemäß IFRS 15.63 prinzipiell die Berücksichtigung wesentlicher Finanzierungskosten ausgelassen werden. Dies geschieht allerdings nur, wenn zwischen dem Leistungs- und Zahlungszeitpunkt nicht mehr als ein Jahr vergeht. Diese Inanspruchnahme muss gemäß IFRS 15.129 innerhalb des Anhangs offengelegt werden.[151]

Die zweite mögliche Erleichterung sieht das IASB in IFRS 15.94. Hierbei handelt es sich um ein Wahlrecht bezüglich der Aktivierung von den in Abschn. 6.4.1 erläuterten Vertragsanbahnungskosten. In Abweichung von der generellen Aktivierungspflicht dieser Kosten, darf in einem Sonderfall davon abgesehen werden. Solch eine Ausnahme liegt vor, wenn die potenzielle Nutzungsdauer im Falle der Aktivierung geringer als ein Jahr wäre.[152]

Bezüglich der nach IFRS 15 abverlangten Erläuterungen und Angaben innerhalb des Anhangs kommen einige Neuerungen auf Unternehmen zu. Hinsichtlich des Umfangs wird den Unternehmen ein relativ hoher Gestaltungsspielraum eingeräumt.

Bezüglich der angewandten Rechnungslegungsmethoden werden Unternehmen keine Schwierigkeiten haben, die neuen Regelungen umzusetzen. Die Erläuterungen zu den quantitativen Angaben stellen eine Neuerung dar. Da diese Angaben einer externen Jahresabschlussprüfung unterliegen, werden auch system- und prozessseitige Anpassungen notwendig sein. Besonders die Angaben zu den aktivierten Vertragskosten, zur Aufgliederung der Umsatzerlöse und zu den noch nicht erfassten Umsatzerlösen betreffen häufig viele Prozesse. Zu diesen gehören bspw. die gesamte Konzernrechnungslegung, die Inventarisierung von Verträgen, die Erfassung in die funktionale Währung oder auch die Digitalisierung von Informationen.[153] Die Umstellung und Erstellung der neuen Pflichtanhangangaben wird für viele Unternehmen zur Einführung der Regelungen einen hohen Mehraufwand darstellen.[154] Weiterhin lässt sich auch feststellen, dass auch hierdurch ein deutlich tieferer Detailierungsgrad erreicht wird.[155] Auch in diesem Bereich ist eine frühzeitige Gestaltung ratsam.[156]

---

[151] Vgl. Morich 2014, S. 2002.
[152] Vgl. Fink/Pilhofer/Ketterle 2015, S. 342.
[153] Vgl. Fink/Pilhofer/Ketterle 2015, S. 343.
[154] Vgl. Ernst & Young 2014, S. 167.
[155] Vgl. Scharr/Usinger 2012, S. 106.
[156] Vgl. KPMG 2014a, S. 7.

6.5.2   Gesetzte Ziele

6.5.2.1   Übersicht

Ziel des neuen Standards ist unter anderem die Ersetzung und somit auch Zusammen-fassung der bisherigen Standards.[157] So fasst der neue Standard die bis dato geltenden Vorschriften zu den Fertigungsaufträgen (IAS 11), den Erlösen (IAS 18), Kundenbin-dungsprogrammen (IFRIC 13), Vereinbarungen über die Errichtung von Immobilien (IFRIC 15), Übertragungen von Vermögenswerten von Kunden (IFRIC 18) und Erträ-ge – Tausch von Werbeleistungen (SIC-31) innerhalb eines Standards zusammen.[158] Die Vereinheitlichung und Zusammenfassung soll den praktischen Vorteil beinhalten, dem Abschlussverfasser die Erstellung zu vereinfachen, indem dieser nicht mehr auf verschiedenen Standards und Interpretationen zugreifen und verweisen muss.[159]

Durch die Zusammenarbeit mit dem FASB, dem amerikanischen Standardsetter, soll eine markt-, transaktions- und industrieübergreifende Vergleichbarkeit verschieden bilan-zierter Abschlüsse erreicht werden.[160]

Auch zuvor herrschende Unstimmigkeiten und Schwächen der bisherigen Regelungen sollen durch den neuen Standard eliminiert werden.[161] Weiterhin reagiert das IASB auf bisherige Regelungslücken und -unschärfen.[162]

6.5.2.2   Mehrkomponentenverträge

In den letzten Jahren kam angesichts der Nichtregelung des IASB bezüglich Mehrkompo-nentenverträgen immer mehr Kritik auf.[163] Der bisherige Standard IAS 18 hatte diesbe-züglich keine expliziten Regelungen enthalten.[164] Lediglich IAS 18.13 hatte den Grund-satz enthalten, dass für einzelne identifizierbare Bestandteile eines Vertrages getrennte Umsatzlegung stattfinden sollte. Eine explizite Regelung zur Identifizierung, beinhaltet der Standard allerdings nicht.

Durch die hierausfolgenden Interpretations-und Ermessensspielräume wurde häufig die geringe Vergleichbarkeit von Abschlüssen beanstandet.[165] Dem Wunsch nach einer eindeutigen Regelung der Mehrkomponentenverträge kamen die Standardsetter mit Ein-führung des IFRS 15 nach. So beinhaltet der neue Standard eine weitaus spezifischere und tiefere Regelung hinsichtlich der Mehrkomponentenverträge. [166]

---

[157] Vgl. Schmidt/Barekzai/Hüttermann 2015, S. 146.
[158] Vgl. Deloitte(a).
[159] Vgl. Morich 2014, S. 1997.
[160] Vgl. Baetge/Celik 2014, S. 365.
[161] Vgl. Morich 2014 S. 1997, Grote/Hold/Pilhofer 2014, S. 343.
[162] Vgl. Grote/Hold/Pilhofer 2014, S. 343.
[163] Vgl. Petersen/Bansbach/Dornbach 2014, S. 132.
[164] Vgl. Fischer 2015, S. 15.
[165] Vgl. Grote/Pilhofer 2014, S. 406.
[166] Vgl. Schurbohm-Ebneth/Viemann 2015, S. 183.

Besonders von der Neuregelung betroffen ist die Telekommunikationsbranche.[167] De lege lata bestehen bei Mobilfunkverträgen große Ermessensspielräume. So besteht das Geschäftsmodell der Telekommunikationsbranche oftmals daraus, zu Beginn des Vertrages ein stark vergünstigtes und somit subventioniertes Mobilfunkgerät zu veräußern. Über spätere monatliche Raten wird dann sowohl der Mobilfunkvertrag als auch das Handy bezahlt. Im Falle des IFRS 15 und der damit verbundenen Neuregelung der Mehrkomponentenverträge sind alle inbegriffenen Leistungsverpflichtungen, wie in Abschn. 3.2 beschrieben, zu separieren und einzeln zu bewerten.[168] Konkret bedeutet das, dass bei den zuvor beschriebenen Mobilfunkverträgen Umsatzerlöse frühzeitiger erfasst werden. Grund dafür ist die sofortige Umsatzerfassung der am Anfang eines Vertrages ausgegeben Mobilfunkgeräte.[169]

Laut Michael Brücks, Leiter Principles, Policies & Research bei der Telekom wäre der Aufwand zur Umstellung auf IFRS im Kosten-Nutzen-Verhältnis nicht realisierbar.

Vielmehr fokussiert sich die Deutsche Telekom auf die Bilanzierung des nach IFRS 15.4 zulässigen Portfolio-Ansatzes, nachdem ein Unternehmen nicht mehr jeden Vertrag einzeln untersuchen muss, sondern die Regelungen auf gleichartige Verträge anwenden darf.[170] Mithilfe des Portfolio-Ansatzes möchte das IASB, Anwendern mit gleichartigen Vertragsstrukturen eine kosteneffizientere Anwendung ermöglichen. Allerdings wird erst die praktische Einführung des IFRS 15 aufzeigen, wie kompliziert es ist, gleichartige Merkmale zu finden, welche einen Portfolio-Ansatz rechtfertigen. Infolgedessen müssen hierzu auch Prozesse und Kontrollen von den Unternehmen entwickelt werden, die erst die Anwendung des Portfolio Ansatzes ermöglichen.[171]

Dennoch wird die Einführung des neuen Standards für die Telekom einen hohen Kostenfaktor darstellen. Nach eigenen Angaben wird die Umstellung und alle notwendigen Umsetzungsmaßnahmen das Telekommunikationsunternehmen einen zweistelligen Millionenbetrag kosten. Doch auch nachträgliche Kosten werden der gesamten Sparte nicht erspart bleiben. So ist es branchenüblich, dass Verträge nachträglich, weit nach Vertragsabschluss, modifiziert und abgeändert werden. Wie in Abschn. 4.4 erläutert, muss in diesem Fall geprüft werden, ob sich hieraus lediglich eine Änderung des bestehenden Vertrages ergibt, oder ein separater Vertrag entstanden ist.[172] Insbesondere für die Deutsche Telekom hat die Neuregelung der Umsatzerlöse nach eigener Angabe eine wesentliche Auswirkung auf die Abbildung der Vermögens-, Finanz- und Ertragslage. Weiterhin rechnet die Telekom mit einem substanziellen Effekt auf die Verteilung der entsprechenden Verkäuferprovision auf die Kundenbindungsdauer durch Einführung des IFRS 15.[173]

---

[167] Vgl. Becker 2014, Zülch/Pronobis/Fischer 2009, S. 1941.
[168] Vgl. Eich 2015.
[169] Vgl. Deutsche Telekom 2014, S. 184.
[170] Vgl. Becker 2014, Grote/Pilhofer 2014, S. 413.
[171] Vgl. KPMG 2014a, S. 9.
[172] Vgl. Becker 2014.
[173] Vgl. Deutsche Telekom 2014, S. 184.

6.5.2.3 Kontrollkriterium

Weiterführend verfolgt der Standardsetter das Ziel, wie auch schon bei der Einführung der Standards IFRS 10 und IFRS 11, IFRS 15 in Einklang mit dem im Rahmenkonzept geltenden Asset-Liability-Approach zu bringen.[174] Dieser ist Teil des „Conceptual Framework" Projektes der beiden Standardsetter IASB und FASB. Durch das gemeinsame Vorhaben, der Überarbeitung der bisherigen Rahmenkonzepte, ist es das ausgemachte Ziel, diese zu harmonisieren.[175]

So beinhaltete der innerhalb des ED/2010/6 veröffentlichte Standardentwurf die konsequente Umsetzung des Rahmenkonzeptes. Der im Originallaut des IASB geltende Asset-Liability-Approach besagt, dass die Umsatzrealisation aus der Veränderung der Salden aktiver und passiver Vertragsposten abhängt. Diese Posten spiegeln dabei die Rechte und Pflichten des Unternehmens und des Kunden wider.[176] Bezüglich der Umsatzerlöse würde dies bedeuten, dass Umsatzerlöse grundsätzlich erst dann in ihrer Gesamthöhe erfasst würden, wenn die Verfügungsmacht der Waren oder Dienstleistungen übergegangen ist.[177] Aber auch angesichts der ständig vorkommenden Interdependenzen zwischen den Chancen und Risiken des Risk-and-Reward-Approach des IAS 18, galt es hierbei seitens des IASB die de lege lata geltenden Regelungen zu überarbeiten. Oftmals kam Kritik bezüglich der Inkonsistenz der verwendeten Begrifflichkeiten im Einklang mit dem Rahmenkonzept und zur Problematik der Bilanzierung von Mehrkomponentenverträgen auf.[178]

Durch den Wandel vom Kriterium der Chancen und Risiken des IAS 18 und der Bilanzierung der inneren Leistung des IAS 11 zu dem, mit dem Rahmenkonzept im Einklang stehenden Kontroll-Kriterium, wurde ein konzeptioneller Wandel vollzogen.[179] Wie bereits in Abschn. 6.3.5 der Gliederung beschrieben, zielt IFRS 15 darauf ab, dass Umsätze realisiert werden, wenn eine Leistungsverpflichtung als erbracht oder übertragen anzusehen ist.

Dies ist der Fall, wenn der Kunde gemäß des Kontrollkriteriums die Verfügungsmacht über die vereinbarten Güter oder Dienstleistungen erlangt.[180] Die Verfügungsmacht erfolgt dabei zeitraumbezogen, es sei denn keines der drei in Abschn. 3.5.1 genannten Kriterien können erfüllt werden. In diesem Fall findet eine zeitpunktbezogene Erfüllung der Leistungsverpflichtung statt.[181]

Der Wandel des IASB vom Risk-and-Reward-Ansatz zum Kontroll-Prinzip stellt indes keinen wirklichen Paradigmenwandel dar. Die 2002 geplante Revolution der Umsatzrealisation des IASB und FASB ist ausgeblieben.[182] Für die meisten Unternehmen wird sich

---

[174] Vgl. Grote/Pilhofer 2014, S. 405, Schmidt/Barekzai/Hüttermann 2015, S. 143.
[175] Vgl. Hoffmann/Detzen 2012, S. 54.
[176] Vgl. Schmidt/Barekzai/Hüttermann 2015, S. 143.
[177] Vgl. Grote/Pilhofer 2014, S. 406.
[178] Vgl. Fink/Ketterle/Scheffel 2012, S. 1997.
[179] Vgl. Scharr/Usinger 2012, S. 106.
[180] Vgl. Fink/Ketterle/Scheffel 2012, S. 1998.
[181] Vgl. Fink/Ketterle/Scheffel 2012, S. 2004.
[182] Vgl. Wüstemann/Wüstemann 2010, S. 2040.

durch die Veränderung kein großer Unterschied ergeben.[183] Meist liegt der Zeitpunkt des Übergangs der verbundenen Chancen und Risiken des Eigentumsübergangs zeitlich nahe am Übergang der Verfügungsgewalt.[184] Auch die Tatsache, dass zum zeitpunktbezogenen Übergang das vermeintlich als untauglich eingestufte Kriterium der Chancen und Risiken in dem in Abschn. 3.5.2 erläuterten Kriterienkatalog des IFRS 15.38 auftaucht, überrascht.[185] Ebenfalls die Wiederaufnahme der Teilgewinnrealisierung innerhalb des ED/2011/6, die zu Lasten der konzeptionellen Durchsetzung des Asset-Liability-Approach in Form des Kontrollkriteriums eingeführt wurde, zeigt, dass die Standardsetter von ihrem anfänglichen Vorhaben abgekommen sind.[186]

IFRS 15.BC118(c) verdeutlicht die Annahme der geringen Unterscheidung der beiden Ansätze nochmals. Hierbei wird durch den Standardsetter auf den Hauptunterschied der beiden Ansätze eingegangen. Schließlich heißt es seitens des Standardsetters, dass die Verwendung des Risk-and-Reward-Ansatzes zur Identifikation einer einzigen Leistungsverpflichtung führen kann, wohingegen das Kontroll-Prinzip zwei Leistungsverpflichtungen identifizieren würde.

Diese Ungleichheit der Ansätze kann gegebenenfalls dazu führen, dass bei dem Risk-and-Reward-Ansatz eine einmalige Umsatzrealisation nach Übergang der Chancen und Risiken vorzunehmen wäre. Im Vergleich dazu wären nach dem Kontroll-Prinzip zwei Übergangszeitpunkte möglich. Dieser Fall wäre z. B. dann gegeben, wenn beide Leistungsverpflichtungen zu einem unterschiedlichen Zeitpunkt hin erfüllt würden.[187] Demnach stellt der Wechsel der Ansätze zur Umsatzrealisation keine völlige Revolution dar, allerdings ist eine umfassende Analyse der möglichen Divergenzen aller betroffenen Unternehmen notwendig.[188]

6.5.2.4   Teilgewinnrealisierung

Besonders der Wegfall der Teilgewinnrealisierung und somit der Percentage-of-Completion-Methode wurde nach der Veröffentlichung der Stellungnahme der Standardsetter der ED/2010/6 und der dazugehörigen Fachdiskussion vermutet. Der PoC-Methode wurde häufig unterstellt, den Unternehmen durch Flexibilität und Subjektivität ein hohes Maß an Auslegungsspielraum zu ermöglichen.[189] Die komplette Streichung dieser Bilanzierungsmethode hätte im Ergebnis für viele Bilanzierer eine enorme Periodenverschiebung bedeutet. Dennoch sprachen sich die fast 1000 Kommentierungen der Anwender nach dem ED/2010/06 für das Grundmodell aus. Es wurde Klarstellung zur Teilgewinnrealisierung vor dem Hintergrund des neuen Kontrollkriteriums verlangt.[190]

---

[183] Vgl. Schmidt/Barekzai/Hüttermann 2015, S. 143.
[184] Vgl. Grote/Pilhofer 2014, S. 405.
[185] Vgl. Wüstemann/Wüstemann 2011, S. 3118.
[186] Vgl. Grote/Pilhofer 2014, S. 407.
[187] Vgl. Schmidt/Barekzai/Hüttermann 2015, S. 143 f.
[188] Vgl. Scharr/Usinger 2012, S. 107.
[189] Vgl. Dobler 2006, S. 168.
[190] Vgl. Wüstemann/Wüstemann 2011, S. 3117.

Angesichts der hohen Betroffenheit vieler Unternehmen und dem damit verbundenen öffentlichen Interesse der Neuregelung, wurde im November 2011 in dem Re-Exposure Draft ED/2011/6 ein überarbeiteter Standardentwurf veröffentlicht.[191]

„Revenue from contracts with Customers" beinhaltete die Unterscheidung des zeitpunktbezogenen und zeitraumbezogenen Übergangs und wurde mit der Teilgewinnrealisierung publiziert. Innerhalb dieses Entwurfes hatten sich die Standardsetter von einer anfangs geplanten, ausnahmslosen Durchsetzung des Kontroll-Prinzips abgewandt.

Insbesondere die Bauindustrie hatte die Kommentierung zum ED 2010/06 genutzt, ihre Sorge bezüglich des Wegfalls der Teilgewinnrealisierung im Falle von Werkverträgen zu äußern.

Die in Abschn. 3.5.2 genannten Kriterien bezüglich des Kontrollübergangs können nicht immer verlässlich identifiziert werden. So ist es z. B. im Falle eines Werkvertrages im Sinne des § 631 BGB. Hierbei schuldet ein Unternehmen ein Werk. Es ist in diesem Fall nicht ausreichend, die Arbeit daran lediglich zu beginnen. Aufgrund der Tatsache, dass ein Kunde im Laufe der Erstellung des Vermögenswertes noch keine Kontrolle über diesen erlangt hat, müsste der Kontrollübergang gemäß IFRS 15 zeitpunktbezogen übergehen.[192] Erlöse dürften, infolge der ausnahmslosen Durchsetzung des Kontrollübergangs, nicht mithilfe der PoC-Methode anteilig erfasst werden, sondern erst bei Fertigstellung und Übergabe an den Kunden.[193]

Wie in Abschn. 3.5.1 erläutert ist für einen zeitraumbezogenen Übergang lediglich die Erfüllung eines der drei genannten Kriterien ausreichend. Im Falle des Werksvertrages wird seitens des IASB daher auf das Kriterium der nicht vorhandenen alternativen Nutzung in Verbindung mit dem bestehenden Zahlungsanspruch hingewiesen. Die ersten beiden Kriterien im Sinne des IFRS 15.33 für einen zeitraumbezogenen Übergang kommen nicht in Frage, da der Kunde im Laufe der Herstellung weder auf den Vermögensgegenstand zugreifen kann noch Nutzen aus diesem ziehen kann. Laut der Darstellung des IASB ist aufgrund der Erfüllung eines Kriteriums ein zeitraumbezogener Übergang eines Werksvertrages denkbar, da die anderweitige Verwendung des Gutes durch den Kunden untersagt werden kann. Gemäß IFRS 15.37 ist hinsichtlich des Zahlungsanspruches dieser auch gegeben, wenn ein Vertrag gekündigt wurde. Gegensätzlich hierzu steht der Indizienkatalog nach IFRS 15.38, wobei der Zahlungsanspruch erst bei sicherer Leistungserfüllung entsteht.[194] Hieraus ergibt sich eine gewisse Inkonsistenz des Standards in Bezug auf die Kontrollbedingung.[195]

Grund dafür ist der Druck der Bilanzierungspraxis. Seitens des IASB soll sichergestellt sein, dass bei solchen Langzeitfertigungen eine zeitraumbezogene Bilanzierung und die damit verbundene Anwendung der PoC-Methode, also die Bilanzierung gemäß dem Leistungsfortschritt anwendbar ist.

---

[191] Vgl. Grote/Pilhofer 2014, S. 406 f.
[192] Vgl. Wüstemann/Wüstemann 2011, S. 3118.
[193] Vgl. Baetge/Celik 2014, S. 366.
[194] Vgl. Baetge/Celik 2014, S. 366.
[195] Vgl. Wüstemann/Wüstemann 2011, S. 3118.

Baetge und Celik vertreten indes die Meinung, dass die Boards eine Ausnahmerege-lung der PoC-Methode für langfristige Fertigungsaufträge generell hätten kodifizieren sollen. Durch ein solches Sonderrecht wäre zwar das Ziel verfehlt worden, ein einheit-liches Modell für jegliche Geschäftsvorfälle herauszugeben, allerdings wäre hierdurch die Konsistenz des Kontrollkriteriums erhalten geblieben und die PoC-Methode lediglich auf Langzeitverträge anwendbar. [196]

6.5.2.5   Ermessensspielräume

Ein weiteres Ziel des IASB bestand darin, Regelungslücken der vorhandenen Standards zu versiegeln. Durch IFRS 15 kommt eine deutliche Steigerung an Regeln und Richtli-nien auf IFRS-Bilanzierer zu.[197] Auch Ermessensspielräume sollten mit dieser Reform eingedämmt werden. Laut Fink, Ketterle und Scheffel wirkt die Anwendung des neuen 5-Schritte-Modells auf den ersten Blick klar und deutlich. Doch im Zuge der Anwendung der Vorschriften auf komplexe Vertragskonstrukte wird ein erheblicher Anteil an Ermes-sensentscheidungen notwendig. So beinhaltet bspw. eines der in Abschn. 3.1 dargelegten Kriterien zur Identifizierung eines Vertrages, dass der vorliegende Vertrag eine wirtschaft-liche Substanz aufzuweisen hat. Dieses Kriterium wurde installiert, um die Bruttoumsätze nicht künstlich in die Höhe treiben zu können. Doch bereits dieser Punkt weist einen ho-hen Gestaltungsspielraum auf. Im praktischen Alltag ist es demnach äußerst schwierig den tatsächlichen wirtschaftlichen Gehalt aufzeigen. Infolgedessen stellt es sich als problema-tisch heraus, diese Bedingung zu widerlegen.[198]

Weiterhin verlangt eines der in Abschn. 3.1 beschriebenen Kriterien die Tatsache, dass der vorliegende Vertrag durchsetzbare Rechte und Pflichten für beide Parteien beinhal-tet. Liegen mehrere Verträge mit dem gleichen wirtschaftlichen Ziel vor, sind diese, wie ebenfalls in Abschn. 3.1 beschrieben, als ein Vertrag zusammenzufassen. In der Praxis sind oftmals mehrere voneinander unabhängige Unternehmen in die Erfüllung einer Leis-tungsverpflichtung involviert. Infolgedessen kommt in der Praxis oftmals die Frage auf, wer als Prinzipal und wer als Agent auftritt. Innerhalb eines Vertragskonstruktes, hat der Prinzipal die Leistungsverpflichtung selbst zu erfüllen. Dieser erfasst die Umsatzerlöse und den Warenaufwand brutto. Ein Agent hingegen stellt die Güter oder Dienstleistungen lediglich in fremden Namen bereit.[199]

Der Agent zeigt in diesem Fall lediglich den Nettoerlös bspw. in Form einer Provision oder Vermittlungsgebühr für die Erfüllung der Leistungsverpflichtung.[200] Demnach hängt die Entscheidung, ob ein Unternehmen als Prinzipal oder Agent auftritt, direkt mit der zu realisierenden Umsatzhöhe in Verbindung.[201]

---

[196] Vgl. Baetge/Celik 2014, S. 366.
[197] Vgl. Baur/Lüpold/Witte 2014, S. 476.
[198] Vgl. Fink/Ketterle/Scheffel 2012, S. 1998 f.
[199] Vgl. Baur/Lüpold/Witte 2014, S. 470.
[200] Vgl. Baur/Lüpold/Witte 2014, S. 470, Schmidt/Barekzai/Hüttermann 2015, S. 140.
[201] Vgl. Schmidt/Barekzai/Hüttermann 2015, S. 140.

Im Vergleich zu den de lege lata geltenden Regelungen des IAS 18.IE21 wurden in IFRS 15 neue Indikatoren zur Identifizierung einer Prinzipal-Agent-Beziehung eingebunden, dennoch liegen die Ermessensspielräume weiter vor.[202] Gemäß IFRS 15.B35–37 wurde ein Kriterienkatalog durch den Standardsetter integriert, welcher den Unternehmen ihre Rolle in solch einem Vertragsmodell zuweisen soll. So tritt z. B. ein Unternehmen als Prinzipal auf, wenn es die Verfügungsmacht über die Leistungsverpflichtungen hält, bis diese an den Vertragspartner transferiert wird. [203] Weitere Indikatoren wären bspw. der Gestaltungsspielraum innerhalb der Preisfestlegung oder wer das Ausfallrisiko in Bezug auf die Forderung trägt. Eine Gewichtung der einzeln zutreffenden Indikatoren legt das IASB allerdings nicht fest. Aus diesem Grund können Unternehmen selbst die Gewichtung der einzelnen Indikatoren vornehmen und somit die Umsatzerlöse im Sinne der Prinzipal-Agent-Beziehung variieren.[204]

Auch innerhalb der Ermittlung des Transaktionspreises treten Ermessensspielräume auf. Wie in Abschn. 6.3.3.1 erläutert gestattet IFRS 15 zur Ermittlung der variablen Vertragsbestandteile die Verwendung zweier Methoden. Demnach ist sowohl die Erwartungswertmethode, als auch die Methode des wahrscheinlichsten Wertes zulässig. Durch die Wahl der jeweiligen Methode kann eine erhebliche Periodenverschiebung der Umsätze erzielt werden, da die Einschätzung des jeweiligen Unternehmens für die Wahl der Methode verantwortlich ist.

Die genannten Beispiele der Ermessensspielräume zeigen auf, dass das Ziel des Standardsetters, jegliche Ermessensspielräume innerhalb des neuen Standards zu streichen, verfehlt wurde. Aufgrund dieser Tatsache sind weiterhin erhebliche Interpretationsmöglichkeiten vorhanden.[205]

6.6   Zusammenfassung in Thesen

1. Aufgrund der inkonsistenten Regelungen der Umsatzerlöse nach IFRS haben sich die Standardsetter IASB und FASB 2002 zu einem gemeinsamen Projekt zusammengeschlossen. Innerhalb des neuen Standards des IASB, dem IFRS 15, wurden zuvor geltende Standards und Interpretationen in nur einem gültigen Standard zusammengefasst. Ersetzt werden durch die neuen Vorschriften die Standards IAS 11, IAS 18 sowie die einzelfallspezifischen Interpretationen IFRIC 13, IFRIC 15, IFRIC 18 und SIC-31.
2. Der neue Standard des IASB, IFRS 15 Revenue from contracts with customers, untergliedert die Umsatzrealisierung in ein 5-Schritte-Modell.
3. Im ersten Schritt steht die Identifizierung eines Kundenvertrages im Vordergrund. Demnach liegt ein Vertrag zu dem Zeitpunkt vor, wenn eine Vereinbarung zwischen mehreren Unternehmen deren durchsetzbare Rechte und Pflichten begründet.

---

[202] Vgl. Baur/Lüpold/Witte 2014, S. 470.
[203] Vgl. Schmidt/Barekzai/Hüttermann 2015, S. 140.
[204] Vgl. Baur/Lüpold/Witte 2014, S. 471.
[205] Vgl. Baur/Lüpold/Witte 2014, S. 473.

4. Der zweite Schritt beschäftigt sich mit der Identifizierung und Separierung der im Vertrag enthaltenen Leistungsverpflichtungen. Besonders dieser Schritt stellt in der Bilanzpraxis eine Neuerung dar. Die Erfassung und Abbildung von Mehrkomponentenverträgen, durch Identifizierung der einzelnen Bestandteile eines Vertrages, wurde in IAS 18 nicht vollständig geregelt.

5. Innerhalb des dritten Schrittes ist der Transaktionspreis zu erörtern. Maßgeblich hierfür ist die Gegenleistung, die ein Unternehmen im Austausch für die gelieferten Waren bzw. Dienstleistungen beanspruchen kann. Der Transaktionspreis kann sich aus fixen und/oder variablen Bestandteilen zusammensetzen.

6. Im vierten Schritt ist der zuvor ermittelte Transaktionspreis auf die einzelnen Leistungsverpflichtungen des Vertrages zu verteilen. Die Basis zur Allokation des Transaktionspreises bilden die Einzelveräußerungspreise der Güter bzw. Dienstleistungen.

7. Der fünfte und letzte Schritt des Modells regelt die Ertragsrealisierung bei Erfüllung der Leistungsverpflichtung. Jede einzeln identifizierte Leistungsverpflichtung ist während dieser Maßnahme in Höhe des zuvor ermittelten Transaktionspreises zu realisieren. So kann durch in Bezugnahme der Kriterien des IASB eine zeitpunkt- oder zeitraumbezogene Umsatzrealisierung stattfinden.

8. Die geplante Neueinführung des Standards wurde vom IASB von 2017 auf Geschäftsjahre ab dem 01.01.2018 verschoben. Der Standardsetter stellt den Unternehmen zur Wahl, ob sie den neuen Standard mit Hilfe der vollständigen retrospektiven oder der kumulativen Methode integrieren. Weiterhin lässt sich festhalten, dass ein hoher Umsetzungsaufwand auf die Unternehmen zukommen wird. Der jeweilige Aufwand wird sich erst nach einer Analyse der Anwender feststellen lassen. Eine pauschale Aufwandshöhe ist nicht vorherzusehen. Zu den Hauptumsetzungsmaßnahmen zählen die Implementierung des Standards, die Veränderung der Kennzahl und die damit verbundenen Auswirkungen auf z. B. Kreditverträge, aber auch die Umsetzung und Erstellung der neuen umfangreichen Anhangangaben. Auch die gesamten prozess- und systemseitigen Anpassungsmaßnahmen werden sich auf viele Unternehmen mit hohem Aufwand auswirken.

9. Hinsichtlich der gesetzten Ziele lässt sich sagen, dass das Ziel des Standardsetters, alle bisher notwendigen Standards zur Umsatzrealisation inhaltlich zusammenzufassen, gelungen ist. Den Standard vollständig und ausnahmslos in das neue Asset-Liability-Konzept des IASB auszurichten, hat der Standardsetter nach anfänglicher Zielsetzung abgebrochen. Der Druck der Bilanzwelt wegen dem Wegfall der PoC-Methode und der damit verbundenen unzulässigen Teilgewinnrealisierung war zu groß. Auch der geringe Unterschied zwischen dem neuen Control-Prinzip gegenüber dem bisherigen Risk-and-Reward-Ansatz zur Umsatzrealisation stellt weiterführend keinen Paradigmenwechsel dar. Weiterhin hat es der Standardsetter geschafft, eine einheitliche Regelung für Mehrkomponentenverträge zu erlangen und somit die vorhandenen Regelungslücken des IAS 18 zu schließen. Das Ziel, vorhandene Ermessensspielräume in Bezug auf die Umsatzrealisierung einzudämmen, hat der Standardsetter nicht erfüllt.

Literatur

Baetge, Jörg/Celik, Aydin (2014): Umsatzerlöse nach IFRS 15 – ein inkonsistenter Ansatz, in: IRZ 2014, Heft 10, S. 365–367

Baur, David/Lüpold, Patrick/Witte, Christian (2014): Ermessensspielräume im Umgang mit IFRS 15, in: IRZ 2014, Heft 12, S. 469 ff.

Becker, Julia (2014): Deutsche Telekom: „IFRS 15 kostet uns Millionen", http://www.finance-magazin.de/bilanzierung-controlling/bilanzierung/deutsche-telekom-ifrs-15-kostet-uns-millionen-1307781/, abgerufen am: 05.08.2015

Bohl, Werner/Riese, Joachim/Schlüter, Jörg (Hrsg.) (2013): Beck'sches IFRS-Handbuch, 4. Auflage, München: Beck 2013

Deloitte(a): Erlöserfassung, http://www.iasplus.com/de/projects/completed/revenue/project14, abgerufen am: 11.07.2015

Deloitte(b): Preface to ifrs, abgerufen am 06.08.2015 http://www.iasplus.com/en/standards/other/preface

Deutsche Telekom AG, Geschäftsbericht 2014, http://www.geschaeftsbericht.telekom.com/site0215/de/, abgerufen am: 05.08.2014

Dobler, Michael: Ertragsvereinnahmung bei Fertigungsaufträgen nach IAS 11 und den Vorschlägen des Projekts Revenue Recognition – Vergleich und kritische Würdigung, in: KoR, 03/2006, S. 160–170.

Eich, Jakob (2015): IFRS 15: Mammutprojekt für die Finanzabteilung, http://www.finance-magazin.de/bilanzierung-controlling/bilanzierung/ifrs-15-mammutprojekt-fuer-die-finanzabteilung-1349529/, abgerufen am: 05.08.2015

Ernst & Young GmbH (2014): Im Fokus: Der neue Standard zur Umsatzrealisierung, 2014

Fink, Christian/Ketterle, Günter/Scheffel, Steve (2012): Revenue Recognition: Bilanzpolitische, -analytische und prozessuale Auswirkungen des Re-Exposure Draft auf die Bilanzierungspraxis, in: Der Betrieb, Heft 36 2012, S. 1997–2006

Fink, Christian/Pilhofer, Jochen/Ketterle, Günter (2015): Die Angabe- und Erläuterungspflichten gem. IFRS 15 zur Erlösrealisierung – Alter Wein in neuen Schläuchen oder einschneidender prozessualer Änderungsbedarf, in: KoR, 07-08/2015, S. 333 ff.

Fischer, Daniel (2015): Bilanzierung von Mehrkomponentenverträgen nach IFRS 15, in: Hoffmann, Wolf-Dieter/Lüdenbach, Norbert (Hrsg.) (2015): IFRS 15 Aktuelle Neuerungen bei der Umsatzrealisation, S. 9–19, Herne: NWB Verlag, 2015

Grote, Andreas/Pilhofer, Jochen (2014): IFRS 15: Die neuen Vorschriften zur Umsatz- und Gewinnrealisierung (Teil 1), in: KoR, 09/2014, S. 405–415.

Grote, Andreas/Hold, Christiane/Pilhofer, Jochen (2012): Führt der Re-Exposure Draft ED/2011/6 zu gravierenden Änderungen der Umsatzrealisierung oder wird der Berg eine Maus gebären? – Eine branchenspezifische Analyse bevorstehenden Anpassungsbedarfs auf Basis des gegenwärtigen Diskussionsstands (Teil 1), in: KoR, 03/2012, S. 105–113

Grote, Andreas/Hold, Christiane/Pilhofer, Jochen (2014): IFRS 15: Die neuen Vorschriften zur Umsatz- und Gewinnrealisierung – Was sich (nicht) ändert, in: IRZ 2014, S. 339 ff.

Hagemann, Tobias (2015): IFRS 15 – Erfassung von Umsatzerlösen aus Kundenverträgen, in: Hoffmann, Wolf-Dieter/Lüdenbach, Norbert (Hrsg.) (2015): IFRS 15 Aktuelle Neuerungen bei der Umsatzrealisation, S. 25–41, Herne: NWB Verlag, 2015

Hoffmann, Sebastian/Detzen, Dominic (2012): Das Joint Conceptual Framework von IASB und FASB – Praktische Implikationen aus dem Abschluss der Phase A für kapitalmarktorientierte Unternehmen, in: KoR, 02/2012, S. 53–55

Hoffmann, Wolf-Dieter/Lüdenbach, Norbert (Hrsg.) (2014): IAS/IFRS-Texte 2014/2015, 7. Aufl., Düsseldorf, Freiburg: NWB Verlag, 2014

IASB: Exposure Draft ED/2015/2 „Effective date of IFRS 15", London 2015, http://www.ifrs.org/ Current-Projects/IASB-Projects/Revenue-Recognition/Documents/IFRS-15/ED_Proposed-Amendments-to-IFRS%2015.pdf, abgerufen am: 12.08.2015

KPMG (2014a): Accounting Insights IFRS 15 – Umsatzerlöse aus Verträgen mit Kunden, August 2014

KPMG AG Wirtschaftsprüfungsgesellschaft (Hrsg.)(2014b): IFRS visuell – Die IFRS in strukturierten Übersichten, 6. Auflage, Stuttgart: Schäffer-Poeschel, 2014

Lüdenbach, Christian (2015): IFRS Essentials, 3. Aufl., Düsseldorf und Wien: NWB Verlag, 2015

Lüdenbach, Norbert/Hoffmann, Wolf-Dieter/Freiberg, Jens (Hrsg.)(2014): Haufe IFRS-Kommentar, 12 .Auflage, Freiburg und München: Haufe, 2014

Morich, Sven (2014): IFRS 15: Neue Regeln zur Erlöserfassung nach IFRS, in: Der Betrieb, Heft 36 2014, S. 1997–2007

Oetker, Hartmud (2010): Handelsrecht, 6. Aufl. Heidelberg: Springer Verlag, 2010

Petersen, Karl/Bansbach, Florian/Dornbach, Eike (Hrsg.) (2014): IFRS Praxishandbuch, 10. Auflage, München: Vahlen, 2014

Sandleben, Hans-Martin/Reinholdt, Ago (2014): IFRS 15 – revenue recognition neu gefasst, in: IRZ 2014, Heft 7/8 S. 269–271

Scharr, Christoph/Usinger, Rainer (2012): Der neue Entwurf zur Umsatzrealisierung: Revolution oder reine Evolution, in: IRZ 2012, Heft 3, S. 101–107

Schmidt, André/Barekzai, Omar/Hüttermann, Kai (2015): Umsatzrealisierung nach IFRS 15 – Implikationen auf die Bilanzierungspraxis (Teil 2), in: Der Betrieb, Heft 04 2015, S. 137–146

Schurbohm-Ebneth, Anne/Viemann, Kathryn (2015): Die Anwendung des IFRS 15 in der Automobilindustrie, in: KoR 04/2015, S. 181 ff.

Tausch, Lasse (2012):Bilanzierung von Umsatzerlösen – die geplanten neuen Vorschriften des IASB, in: ICV-Fachkreis „Controlling und IFRS" (Hrsg.) Rechnungslegungstrends für Controller, 2012, S. 83–100

Thurow, Christian (2014): Erstanwendungsregeln des IFRS 15 machen den Standard bereits ab 2015 relevant, in: IRZ 2014, Heft 12, S. 464 f.

Wollmert, Peter/Oser, Peter (2015): Bilanz Check-up 2015, 4. Aufl., Freiburg: Haufe, 2015

Wöltje, Jörg (2013): IFRS, 6. Auflage, Freiburg: Haufe, 2013

Wüstemann, Jens/Wüstemann, Sonja (2010): Umsatzerlöse aus Kundenverträgen nach IFRS – Neuausrichtung an der Erfüllung von Verpflichtungen in ED/2010/6, in: Betriebs Berater, Heft 34/2010, S. 2035 ff.

Wüstemann, Jens/Wüstemann, Sonja (2011): Exposure Draft ED/2011/6 „Revenue from Contracts with Customers" – Überarbeitung als Kompromiss, in Betriebs Berater, Heft 50/2011, S. 3117 ff.

Zülch, Henning/Fischer, Daniel T. (2014): Die Neuregelungen der Ertragsrealisation nach IFRS 15 – Ein gravierendes Umdenken?, in: Der Betrieb, Heft 31 2014, S. 1696 ff.

Zülch, Henning/Pronobis, Paul/Fischer, Daniel T. (2009): Das Diskussionspapier „Revenue Recognition in Contracts with Customers". Befund der möglichen Änderungen bei der Ertragsrealisation nach IFRS, in: Der Betrieb, Heft 37 2009, S. 1941–1946

The manufacturer's authorised representative in the EU is Springer
Nature Customer Service Centre GmbH, Europaplatz 3, 69115 Heidelberg,
Germany. If you have any concerns regarding our products, please
contact ProductSafety@springernature.com

Printed and bound by CPI Group (UK) Ltd, Croydon, CR0 4YY
23/04/2026
02095648-0010